キリスト論 序説

人間の人間性への転換

H.J.イーヴァント◉著
鈴木和男◉訳

日本キリスト教団出版局

Christologie

Die Umkehrung des Menschen zur Menschlichkeit

Eine Einführung in ihre Probleme

Vorlesung, Bonn 1953/54

Nachgelassene Werke

Neue Folge

Band 2

by Hans Joachim Iwand

tr. by Kazuo Suzuki

凡　例

(1) 本訳書は、Hans Joachim Iwand, Nachgelassene Werke. Neue Folge, Band 2（Gütersloher Verlagshaus, 1999）Christologie. Die Umkehrung des Menschen zur Menschlichkeit Eine Einführung in ihre Probleme Vorlesung, Bonn1953/54の邦訳である。
(2) 訳注は〔　〕で記した。
(3) 固有名詞は新共同訳に準拠した。
(4) 聖句引用の訳文は、原著のドイツ語訳に基づき、翻訳者が私訳したものもある。
(5) 聖書各書・続編他の聖句箇所表示の際の略号は次のとおりである。

《旧約聖書》

創世記（創）、出エジプト記（出）、レビ記（レビ）、民数記（民）、申命記（申）、ヨシュア記（ヨシュ）、士師記（士）、ルツ記（ルツ）、サムエル記上（サム上）、サムエル記下（サム下）、列王記上（王上）、列王記下（王下）、歴代誌上（代上）、歴代誌下（代下）、エズラ記（エズ）、ネヘミヤ記（ネヘ）、エステル記（エス）、ヨブ記（ヨブ）、詩編（詩）、箴言（箴）、コヘレトの言葉（コヘ）、雅歌（雅）、イザヤ書（イザ）、エレミヤ書（エレ）、哀歌（哀）、エゼキエル書（エゼ）、ダニエル書（ダニ）、ホセア書（ホセ）、ヨエル書（ヨエ）、アモス書（アモ）、オバデヤ書（オバ）、ヨナ書（ヨナ）、ミカ書（ミカ）、ナホム書（ナホ）、ハバクク書（ハバ）、ゼファニヤ書（ゼファ）、ハガイ書（ハガ）、ゼカリヤ書（ゼカ）、マラキ書（マラ）

《新約聖書》

マタイによる福音書（マタ）、マルコによる福音書（マコ）、ルカによる福音書（ルカ）、ヨハネによる福音書（ヨハ）、使徒言行録（使）、ローマの信徒への手紙（ロマ）、コリントの信徒への手紙一（Ⅰコリ）、コリントの信徒への手紙二（Ⅱコリ）、ガラテヤの信徒への手紙（ガラ）、エフェソの信徒への手紙（エフェ）、フィリピの信徒への手紙（フィリ）、コロサイの信徒への手紙（コロ）、テサロニケの信徒への手紙一（Ⅰテサ）、テサロニケの信徒への手紙二（Ⅱテサ）、テモテへの手紙一（Ⅰテモ）、テモテへの手紙二（Ⅱテモ)、テトスへの手紙（テト）フィレモンへの手紙（フィレ)、ヘブライ人への手紙（ヘブ)、ヤコブの手紙（ヤコ)、ペトロの手紙一（Ⅰペト)、ペトロの手紙二（Ⅱペト)、ヨハネの手紙一（Ⅰヨハ)、ヨハネの手紙二（Ⅱヨハ)、ヨハネの手紙三（Ⅲヨハ)、ユダの手紙（ユダ)、ヨハネの黙示録（黙）

(6) 引用文献の略号は次のとおりである。

CR	Corpus reformatorum. Berlin [etc.], 1834ff
EG	Evangelisches Gesangbuch, 1996
FC	Formula Concordiae
GA GA Ⅰ	H. J. Iwand, Um den rechten Glauben. Gesammelte Aufsätze. Hg. K. G. Steck, München 1959 u. ö. (TB9) ; Ga Ⅱ : H. J. Iwand, Glaubensgerechtigkeit. Gesammelte Aufsätze Band Ⅱ. Hg. von G.Sauter, München 1980 u. ö. (TB64)
JK	Junge Kirche, Dortmund 1933ff
KEK	Kritisch-exegetischer Kommentar über das Neue Testament.
PG	Patrologiae cursus completus. Accurante Jacques-Paul Migne. Series Graeca, Paris 1857ff
PL	Patrologiae cursus completus.Accurante Jacques-Paul Migne. Series Latina, Paris 1841ff
NW	H. J. Iwand, Nachgelassene Werke. Hg. H. Gollwitzer, W. Kreck, K. G. Steck und E. Wolf, 6 Bde., München 1962-1974
ÖEH	Ökumenische Existenz heute, München 1986ff
PM	H. J. Iwand, Predigt-Meditationen. Zwei Folgen, Göttingen 1963 u. o. J.
RE	Realencyclopädie für protestantische Theologie und Kirche. Bd. 1-24, 1896-1913
RuC	H. J. Iwand, Rechtfertigungslehre und Christusglaube. Eine Untersuchung zur Systematik der Rechtfertigungslehre Luthers in ihren Anfängen, Leipzig 1930 ; 2. Aufl. Darmstadt 1961 ; 3. Aufl. München 1966 (TB14)
TB	Thologische Bücherei, München 1953ff
ThSt	Thologische Studien. Hg. von K. Barth u. a., Zürich 1938ff
ThWNT	Theologisches Wörterbuch zum Neuen Testament. Hg. G. Kittel u. a., Stuttgart 1933ff

目　次

『キリスト論―序説』
――人間の人間性への転換――

装　　丁　熊 谷 博 人
カバー写真　児 島 昭 雄
（「復活のイエス」中野滋・作、カトリック麹町聖イグナチオ教会蔵）

『新編　遺稿集』への序言

ハンス・ヨーアヒム・イーヴァント（Hans Joachim Iwand 1899–1960）は、20 世紀における最重要のプロテスタント神学者の一人に値する存在である。

彼が生きた時代の教会および社会の諸事件に対するイーヴァントの関わり方（Engagement）は、著しく刺激的であり、関心をかきたてられる挑発的な類のものであった。その際、イーヴァントは、彼の『説教黙想集』（Göttinger Predigt-Meditationen）〔イーヴァントにより 1947 年以降編集刊行された『ゲッティンゲン説教黙想集』。イーヴァントの執筆のものは、120 編ないし 150 編とされるが同じ標題のもとに一冊にまとめられて刊行されている（1963 年）。その抜粋版である C. C. ラウター編／ H. J. イーヴァント『約束の陽は昇る』（原題 Morgenröte der Verheißung『約束の黎明』ノイキルヘナー社、1990 年）鈴木和男訳「あとがき」参照〕が格別に示しているように、一貫して、宗教改革者たちによって把握された聖書の使信に忠実に留まり続けた。彼が書き遺したものは、イーヴァントがその中に身を置いたところのまことに多面的な諸要求が織りなす緊張の中で成立したものであり、残念ながら、その多くのものは断片（Stückwerk）という形でしか成立し得なかった。彼の同僚であり友人、『旧編　遺稿集』（Hans Joachim Iwand : Nachgelassene Werke）〔全 6 巻は、1962 年より 1974 年に刊行され、略号 NW と表記される。日本語訳では旧編と表記〕の編集者であった H. ゴルヴィツァー〔Helmut Gollwitzer 1908–1993. ドイツの組織神学者。ベルリン自由大学教授〕は、イーヴァントのそのような姿の中に、あとに続くわれわれが担ってゆくべき犠牲の姿を見たのである。そこで、ゴルヴィツァーは、W. クレック〔Walter Kreck 1908–2002. ドイツの組織神学者。ボン大学教授〕、K. G. シュテック〔Karl Gerhard Steck 1908–1983. ドイツの組織神学者。ミュンスター大学教授〕、E. ヴォルフ〔Ernst Wolf　1902–1971. ドイツの組織神学者。ゲッティンゲン大学教授〕と共に、イーヴァントの学問的業績を、それらが学問的形態をとっているか否かにかかわらず、『遺稿集』（posthume Publikation）として刊行することに着手した。その遺稿が秘めている「神学的認識の豊かな宝庫」(reiche Schatz theologischer Erkenntnisse)は、教会にかかわり神学にたずさわるものたちに開示されるべき質を持っていると考えてのことであった。

1962年から全6巻として刊行された『旧編　遺稿集』〔第1巻(1962年)Glauben und Wissen(『信仰と知識』)、第2巻(1966年)Vorträge und Aufsätze(『講演と論文』)、第3巻(1963年)Predigten(「説教」)、第4巻(1964年)Gesetz und Evangelium(『律法と福音』)、第5巻(1974年)Luthers Theologie(『ルター神学』)、第6巻(1964年)Briefe an Rudolf Hermann(『ルードルフ・ヘルマン宛書簡』)は、その刊行以来、ドイツのプロテスタント神学に対して、一部にその影響が認められるもののそれは期待されたほどではなかった。ゴルヴィツァーによって進められた刊行計画も、当時としてはかなり広範なものであったが、それでもなおイーヴァントの遺したもののすべてを尽くしてはいなかった。イーヴァントの神学の核心とされるキリスト論(Christologie)を出版するために必要な原稿化は、当時、とうてい達成不能なことと思われていた。今日、事情は変わり、イーヴァントの全遺稿が収集点検整理され、バイエンローデ(Beienrode)の資料文庫(Archiv)においてそのすべてに近づくことが可能となり、『旧編　遺稿集』と『新編　遺稿集』〔Nachgelassene Werke 》Neue Folge《 略号 NWN〕とにより、その全体が改めて把握できるものとなった。

ここに刊行されるに至ったものはその成果に他ならない。その成果は、イーヴァントやゴルヴィツァーらとは違った時代と世界の状況の中に今その姿を現わす。教会も神学も時の流れに応じて変化し、それがさらにどの方向へ向かおうとするのか、その全展開の思わぬ急転回がいつ登場することになるのかは、まだ誰にも見通され得ない。イーヴァントの遺稿が新たに編まれ刊行されることは、それゆえ、まさにひとつの大胆な企てであると共に一つの希望をも示している。

イーヴァントの神学的思索は、いつも、聖書の証言と時代の精神的・社会的状況との間を動いてきたという点にこそあり、そこにこの刊行企画が良き成果を生むであろうとの希望の根拠がある。さらに加えて、今日の読者が、イーヴァントにならい、イーヴァントによってつねに新たに捉え直されてきた神学の力（Kraft der Theologie）への信頼を手に入れうるということもその希望の根拠となる。「神による解明」(Aufklärung Gottes) の光の中で、その時々の時代というものの解明が求められるところでは、神学は必ずその力を発揮するものである。その時、イーヴァントが指さしてやまなかった「神学的出来事」(theologische Ereignisse) というものがその姿を現わす。読者は、ここで、M. ルター〔Martin Luther 1483–1546. ドイツの宗教改革者。イーヴァントはルター派に属し、ルター研究から学問的出発をした〕の遺産やK. バルト〔Karl Barth 1886–1968. スイスの神学者。改革派に属する。主著『教会教義学』他〕が同行者として姿を現わしてくるのに出会うであろうし、近代的学問の批判的方法や自由主義神学のテーマも採り上げられ、取り入れられていることにも出会うであろう。読者は、また、日常の経験世界の中にあって自己を定位すべき呼びかけを見いだすと共に、逆に、日常の経験世界の中に自己の根拠を見いだそうとすることに対して警告が発せられるのを見いだす。福音主義の神学は、その根拠を別様のところに持っている。その実存の決定的な衝撃と光とは、イエス・キリストの使信を中心とする聖書の証言から得てこないならば己を失うことになる。

このような次第で、この『新編　遺稿集』の目指すところは、「ハンス・イーヴァント財団」(Hans-Iwand-Stiftung) を設立した人々、その中には、K. バルト、G. ハイネマン〔Gustav Heinemann 1899–1976. ドイツの法律家・政治家。元ドイツ大統領（1969–1974 年）〕、M. ニーメラー〔Martin Niemöller　1892–1984. ドイツ・ルター派の牧師・神学者〕らがいるわけであるが、彼らが目指したものと同一のものである。つまり、神学の学徒らを鼓舞してイーヴァントの著作とより深く関わらせ、そのことをもって福音主義の神学を促進することである。そのために、まず、遺された比較的まとまった内容を持った諸講義（Vorlesungen）が選び出されたが、それらは、すでにゴルヴィツァーらも公刊を志していたものである〔遺稿は久しくベルリンのゴルヴィツァーのもとに保管されていたと聞く〕。

この『新編　遺稿集』において提供しようとしているものは、教会の倫理的・社会的委託の問題をめぐる『教会と社会』(Kirche und Gesellschaft 第１巻)、一つのまとまりを持ったものとして読むことのできるボン大学でなされた三つの『キリスト論』(Christologie) の講義 (第2巻)、それに、イーヴァントが「父たちと子たち」と副題を付した『19世紀および20世紀神学史』(Theologiegeschichte des 19. und 20. Jahrhunderts Väter und Söhne 第3巻) である。さらに、イーヴァントの時代と教会の歴史の解明に示唆に富む『書簡集』(Briefe 第4巻)、説教と親しかった者たちの証言を集めた独自な一巻 (Predigten 第5巻) を提供する予定である〔『書簡集』の第4巻は、著作権問題が生じ、刊行不能となった。第5巻は説教・説教論を収録して2004年に刊行され、一応、全体は全4巻として完結した〕。すでにこれらすべては歴史的文書であり、注釈や解説が必要であり〔『新編　遺稿集』の各巻には、周到な注釈・解説が付されている〕、これらすべての刊行にはなお時が必要とされよう。ハンス・イーヴァント財団は、イーヴァントの生誕100年にあたる1999年には、『新編　遺稿集』のなお1巻以上のものを刊行しうる希望を抱いている。

イーヴァントの「人と業績」についてあらかじめの概観を得たい読者は、1992年カイザー社刊行の『ハンス・ヨーアヒム・イーヴァント――時の中の神学　生涯・書簡選・著作文献選』(Hans Joachim Iwand Theologie in der Zeit. Lebensabriß und Briefdokumentation / Bibliographie. Kaiser Taschenbuch 85) を参照されたい。

この『新編　遺稿集』の刊行は、多くの協力者によって練られたプランに立脚しているが、その実現のためには、その本質的な部分をP. P. ゼンガー〔Peter-Paul Sänger 1934−. ドイツの神学者、詩人、編集者〕の労に負っている。彼は、1974年、当時のドイツ民主主義人民共和国〔DDR　いわゆる東ドイツ〕に属していた読者たちのためにイーヴァントの『書簡・講演・説教黙想』(Briefe, Vorträge, Predigtmeditationen) の抜粋を刊行しており、それはイーヴァントの伝記的案内書としても読まれうるもので、当時注目を集めたものであった。それらは、前出のカイザー社刊行の書籍に収録されている。ゼンガーは、1991年から95年にかけて、バイエンローデにあるイーヴァントの資料文庫において作業に専念し、イーヴァントの遺稿の整理を行い、遺稿研究を可能にしてくれた。このような努力を通してゼンガーはここに刊行される『新編　遺稿集』を構想したのである。

われわれは、以下の方々にも感謝しなければならない。この『新編　遺稿集』刊行のための必要な財的、物質的、人的支えに対し、ドルトムントの聖マリア教会、ヘッセン・ナッサウの福音主義教会、ラインラントの福音主義教会、ヴェストファーレンの福音主義教会に、さらに、刊行に必要な諸前提を創出するために支えてくれたバイエンローデの「ハンス・イーヴァント財団」の会員・賛助者たちに、イーヴァントの遺稿の選定また個々の遺稿の扱いについて了解を与えられたイーヴァント家の人々に、バイエンローデにおいて毎年行なわれる「イーヴァント・シンポジウム」(Iwand-Symposium)の参加者たちがこの『新編　遺稿集』の刊行にあたって生じてきたさまざまの問題とその解決のために議論に参加して共に課題を担ってくれたことに、ギュータースロー出版／カイザー社がこの計画のために関心を示し、忍耐強く助言をし、この企てを促進させ具体化に至らせてくれたことに対して感謝をしなければならない。

すべての人々の共働の成果として、今、ようやくこのことが現実となった。しかし、このような企てが意味あるものとなるかどうかは、読者が事柄にいかように関わってくださるか否かにかかっている。そのことは、もはやわれわれの手の中にはなく、読者の手の中にあることであり、われわれはそうなるよう願って待つものである。

ハンス・イーヴァント財団理事会

『新編　遺稿集』(第2巻) 編者まえがき

ここに初めて公刊されることになるハンス・ヨーアヒム・イーヴァントの『キリスト論』(Christologie) をめぐる三つの講義〔内容目次参照。三つの講義は、本書では「序論」「キリスト論 I」「キリスト論 II」と表記される〕は、大学の運営上、定期的になされる大学教員の単なる義務作業 (Pflichtpensum) としての講義をはるかに超える内容を有している。

これは、ドイツという地盤から始まった二つの世界大戦という恐るべき現実に身をさらすこととなった世代に属する一人の神学者が、ようやく終ろうとしているこの世紀の中葉においてなした緊迫した企てである。まさに、この世代は、文化と社会が、巨大な進歩の楽天主義 (Fortschrittsoptimismus) によって侵食されていた時代に登場した世代であった。神学も、その主要な流れはこの楽天主義に身を寄せていた。第1次世界大戦によって明白となった文化・社会の危機は、したがって、また神学の危機でもあった。イーヴァントも、このような経験から、神学や文化の基盤というものを新たに問い直し、それを修正しなければならないという挑戦を受けていると自らを見なした人の一人である。このことは、頽廃史観的展望 (verfallsgeschichtlicher Perspektiv) の中で近代を批判する響きを持っており、イーヴァントの場合にも、このことは折々に読みとれる。もちろん、これは特別のことではないであろう。われわれは、ここで、文化的破局に直面して、人間らしい文化の宗教的基盤というものを問い直し、その宗教的基礎こそふたたび妥当させようとする20世紀に特徴的な神学的傾向の一つに関わることとなる。

イーヴァントの神学は、しかし、危機の神学 (Theologie der Krise) といわれるもの以上のものである。たとえ、その発端からして、その精神性 (Ethos) および情熱性 (Pathos) の両面にわたり、多くの点で、この神学を思い起こさせるものがあるにしてもである。イーヴァントの神学が、今日なお挑戦的であり熟慮に値するのは、解放する力であろうとするキリスト論的中心から批判的 (kritisch) であろうとする神学であるという点である。その神学は、キリスト教の信仰とそれが置かれている時代との矛盾・対立というものを、文化理論的にのみならず神学的に捉える。その際、その根底にあるものは「キリスト論」である。

イーヴァントは、このことをルターに学びつつ発見しているが、神学の中心においては、真の神にして真の人という「キリスト二性説」(Zwei-Naturen-Lehre) やイエス・キリストがわれわれのために忍ばれたという代贖の教説においても表現されるものであるが、万事を己の認識や判断や価値に、つまり何事をも自分にとっての効用という尺度に屈服させようとする不真実な人間と、この人間のためにその姿を現わされる真の神との解放的出会い (befreiende Begegnung) ということが重要なのである。

「わたしのために」という欲求のもとにいっさいのことを帰属させようとする不可避的に自己中心的な人間は、同時に、この地点において自らの不真実ということを知らされ、まさにそのような人間のために姿を現わされる神によって、「わたしのために」Für mich ということから引き出されてくるいっさいの帰結もろとも正されていくことになる。イーヴァントは、すべてを「わたしのために」ということに帰属させようとする人間の傾向を、神の、「人間のために」(Für-den-menschen) という恵みを転倒させるものとして認識することによって、近代神学のイエス・キリストの代贖の教説によって当初から備えられていた発端を恥じ入って避けたり、その鋭さを取り去るのではなく、救済論的堅固さをもってそれを認識し妥当せしめたのである。

キリスト教神学は、人間によって企てられ過大に評価されたあらゆる認識の基点としての自己像を論難することによって、この人間が本性的に批判的となり得ない決定的な場、すなわち自己自身を問うという場において、批判的となる。まさに、人間からすぐれて分別というものを奪いとってしまう汚点、つまり、人間の自己認識という点でその力を明らかにすることによって、啓蒙のプログラムを貫徹する。それは、人間の自己像の仮面を剝ぎとり、秘かに力を及ぼしていた偶像を無力化する。虚しい自己陶酔というものから、十字架につけられたキリストの前においての救いに満ちた自己認識というものに導く。同時に、人間が秘かに宗教的に自らを力あるものとすることを通してこの世界の絶対の中心であろうとし、創造世界と被造物全体のいっさいに対しての認識基準になろうとする強弁 (Rationalisierung) と権力支配（Herrschaft）ということからも人間を緩められたものとする。人間自身にその責任がある人間の未成熟性（Unmündigkeit）というものからの脱出口は、それが人間の人間性への道であるべき限り、悔い改め・方向転換（Umkehr）という道である他はない。

このような意味での真に批判的で解放への道を示す神学は、神学と教会においてまだ自明のものではない。将来にわたっても論議がまきおこされてゆくことであろう。教会が教会であるために求められているこのような論議は、21世紀においても決して弱められてはならないものであり、そのために、ハンス・ヨーアヒム・イーヴァントの『キリスト論』講義の公刊は、世紀の変わり目を前に、イーヴァント生誕100年（1999年）をも前にして必ず資するものとなることであろう。

1998年1月　テュービンゲン／ラフェンスブルク

エーバーハルト・レムプ
エドガー・タイディグスマン

訳者まえがき

ハンス・ヨーアヒム・イーヴァント（1899–1960年）の名は、残念ながら、まだ日本の神学と教会にとって周知のものとなっているとは言い難いが、K. バルト、D. ボンヘッファーと共に、現代におけるドイツ語圏（に限らないが）における最も重要な三人のプロテスタント神学者の一人であるとの評価は、すでに、その突然の死（1960年）のあとに刊行されたH・ゴルヴィツァー編『H. J. イーヴァント遺稿集』(Hans Joachim Iwand : Nachgelassene Werke 全6巻、1962年–1974年、略号NW）に続き、新たに1998年より刊行され2004年に完結した『新編　H. J. イーヴァント遺稿集』(Hans Joachim Iwand : Nachgelassene Werke 》Neue Folge《 略号NWN　全5巻）によりゆるがぬものとなっているが、ここに翻訳刊行されるに至ったイーヴァントの『キリスト論——序論』(『新編遺稿集』第2巻所収）こそは、その評価の過大でないことを示すイーヴァントの中心的業績と言っていいものであろう。

本書において訳出されたものは、三度にわたって（1953／1954年、1958／1959年）ボン大学でなされた講義の第1回のものであるが（第2回、第3回の講義「キリスト論Ⅰ」「キリスト論Ⅱ」は「下巻」として翻訳刊行予定)、すでにイーヴァントのキリスト論の核心と独自性とが十分に展開されているまことに挑発的・刺激的な「キリスト論」である。

「キリスト論」こそは、キリスト教神学の中心主題でありその基礎であるべきものであり、神学は、キリスト論的に、キリスト論的集中をもって展開させなければならないことは論を待たないところであるが、たとえば、K. バルトの神学はキリスト論的に展開された巨大で見事な業績とされるが、しかし、なお、いまだ真の核心そのものには至り得ておらず、われわれは、今、新しい、歴史的にも、神学的にも、教会的状況においても、つまりすべての面において、未聞の状況に置かれている中で、エマオの弟子たちのように、「道で話しておられるとき、また聖書を説明してくださったとき、わたしたちの心は燃えていたではないか」(ルカ24・32）と語りあえる「キリスト論」を待望せざるを得ぬ状況にあるのではないか。「彼は炎（Feuer）だ、他に比すべきはいない」「……彼はわたし以上のものを持っている」「最も美しい神学者とはルター派的改革派であるが、イーヴァントこそ、正にその人である」とバルトをして驚嘆させた人こそイーヴァントであるが、イーヴァントの「キリスト論」は、その証言であり、われわれの神学的渇きを癒し、道を指し示すものの一つであることを信じる。

本書をお読みくださる読者は、まず、ハンス・イーヴァント財団による『新編　遺稿集』刊行にかかわる事情と意図とを「序言」において読まれ、二人の若い世代（E. レムプ／ E. タイディグスマン）によって捉えられたイーヴァントの「キリスト論」の理解のための「編者まえがき」および「解説」により、適切な見取図を得られて本書を読みすすめられることをお願いしたい。二人の若い世代によるまことに優れて核心を衝いた「解説」は、原著の巻末にのせられているものであるが、日本の読者の便を考えて、あえて本書に収録することとした。

『新編　遺稿集』を編んだ人々の願ったように、イーヴァントの「キリスト論」において、日本の読者がその「豊かな神学的認識の宝庫」に触れ、それに触発されて、それが日本の「神学の学徒らを鼓舞し……そのことをもって福音主義（プロテスタント）の神学を促進すること」になることを、訳者としても願ってやまない。

鈴木和男

キリスト論　その諸問題への導入

1953年／1954年

ボン大学講義

第1章　約束としてのキリスト論
自負する人間から現実の人間へ[1]

われわれの講義の対象は、伝統的な慣例に従えば、キリスト論と呼ばれてきたものである。より厳密に表現しようとするなら、こう表現されるべきであろうか。この講義においては、神の神たること（Gottheit）と、人間の人間たること（Menschheit）とが、一人の人間イエス・キリストにおいて、いかに一つになっているかを明らかにしようとしているのだ、と。

したがって、ここでは、人間イエスにある特別なるもの（das Besondere）、ただ一回的であるもの（das Einmalige）、卓越しているもの（das Ausgezeichnete）が重要である。イエス・キリストこそは、トマス・アクィナス〔Thomas Aquinas 1226−74. ドミニコ会修道士。最大の神学的著作は『神学大全』(Summa Theologiae)〕に従うなら、「神と人との仲保者[2]」（der Mittler Gottes und der Menschen）である。大切なのは、まさにここで、まさにそのような仕方で神が見いだされるありようを示すこと、ないしは認識することである。したがって、われわれすべての者がそこに身を置いている“失われたものの群”（massa perditionis）の中から、この一人の人間イエスを引きいだすことが問題なのである。われわれは、ロマ５・15のいう「“一人の人イエス・キリストの恵み[3] による”」ということを妥当させたいのである。神の子が人となりたまわねばならなかったということがどういうことであるか、彼が人となりたもうたということのみならず、このことの必然性を示し、それが、ヘブ２・14やフィリ２・５以下の言う意味において、まさに改めてそれが彼自らの自由の行為であったということがどういうことであるのか理解したいのである。われわれは、み子の派遣ということが、ロマ８・３によれば「罪深い肉と同じ姿で」あったことを想起し、さらに、ヨハネによる福音書の序文（プロローグ）の決定的な個所「言は肉となった」（ヨハ１・14）をも想起する。

しかし、これらすべての言葉は何を言おうとしているのであろうか。あの方は、ここで、いったいどのような役割を演じているのであろうか。

「父のひとり子　神とひとしき方
客人(まろうど)として　この世に　来ましぬ」

と、クリスマスの歌をうたうとき、われわれは何を考えているのであろうか(4)。

われわれが、このことを真剣に考え、父祖たちより、これといって深く考えることもなく受け継いできた極り文句以上のものとして神が人となりたもうという教説を受け止めるとき、別の生の領域に入る時にも、従来から持ってきた立場はなお十分に保持し続けねばならないであろう。そのことは、歴史という概念に対して、いったい、何を意味することになるのであろうか。そのことは、われわれの立っている生と死という現実に対して、いったい何を意味することになるのであろうか。神が人となりたもうということは、われわれがまさに自身人間であるという事実に対して、いったい、何を意味することになるのであろうか。

神の子が人となりたもうたということについて多様な語り方をしている新約聖書であるが、この事態に適用すべきと思える「神人」(Gottmensch) という表現をしていないのは恐らく偶然のことではない。そのことは、神人という表現が古代宗教の神話の中にその霊的故郷を持っており、生ける神の啓示の中に持つのではないことと関連しているのではないか。それゆえ、われわれは、その神人という表現を避けることが好ましい。神の子が人となりたもうたということにおいては、異教的な神話の意味での顕現(エピファニー) (Epiphanie) が問題となっているのではない。そのような場合には、人間は、何か透き通ったものにすぎなくなり、人間と意志疎通し、語り、行動するために神が利用する仮面 (Maske) にすぎないものとなる。そうではなくて、ここでは、一人の人間イエス・キリストが問題なのである。

しかし、まさにここで、この講義全体を通底するわれわれの問題が立てられる。キリスト論という問いに着手するときには、われわれは単に神概念 (Begriff von Gott) のみでなく、われわれがイエスに適用する人間の概念 (Begriff vom Menschen) もまた同時に持ち来ることになるのではないか。

さらに、次のことも問われることになろう。どのような権利をもって、人間の概念をイエスに適用しうるのかという問いである。われわれが、イエス・キリストを真の人間として語るときには、おそらく、われわれはわれわれの持っている人間像と一致させて考えているのではないか。彼は、われわれがそうある他はないところの人間である、と。われわれの内にあり、われわれが目指してきた人間の理念（イデー）（Idee vom Menschen）というものが、ここにおいて現われているのだ、と。それが、しかし、「真の人間」（wahrer Mensch）ということであろうか。

このことをもって、われわれが、虚構の出来事を想定しているのでないことは、ドイツ観念論（der deutsche Idealismus）が人間イエス・キリストについていかに考えてきたかを思い浮かべるだけで直ちに明らかになる。この場合、われわれは、イマヌエル・カント〔Immanuel Kant 1724–1804. ドイツの哲学者。ケーニヒスベルク大学教授。『純粋理性批判』『実践理性批判』『道徳形而上学の基礎づけ』『判断力批判』等〕が、『単なる理性の限界内における宗教』（Die Religion innerhalb der Grenzen der bloßen Vernunft, 1793）において、イエスについて語っていることに思いを留めている。カントは、この書物の第2編において人間支配をめぐる善原理と悪原理の戦いについて語り、さらに直ちに「善原理の人格化された理念」（Personifizierte Idee des guten Prinzips）[5] という標題のもとにイエスについて語る。創造の目標は、「道徳的完全性における人間性（理性的世界存在一般 —— das vernünftige Weltwesen überhaupt）である」。われわれは、さらに次のことも聞く。「このただ神によってのみその意に適うとされた人間（allein Gott wohlgefällige Mensch）とは、永遠に、彼・イエスのことである」と。また、「彼は被造物ではなく、神のひとり子である」と[6]。さらに、「彼において神はこの世界を愛された」のであり、ただ彼においてのみ、そして、このみ子の意向（Gesinnungen）を受け入れることによってのみ、われわれは「神の子となる希望を持つことができるのである」と[7]。人間となること（Menschwerdung）は、カントにとって、この原像（Urbild）がわれわれのために天より到来し、人間性（Menschheit）をとりたもうたことを意味している。われわれとのこの一致が神の子の卑下（Erniedrigung）

の状態の意味するものである。なぜなら、この世の存在を支え促すために彼は試練と苦難との中にその姿を現わす必要があるからである。彼は、この世のために屈辱的な死に至るまでその苦難のすべてを耐えたもうたのであり、その教えと実行とによって、可能な限り広範囲にわたりご自身の周囲に善きものを拡大し、彼ご自身が敵への赦しさえも引き受ける覚悟をし、かくして、この人間性の原像が歴史的人格においてわれわれの間に登場することとなり、人間は悪しきものに捉われているものでありつつ、この原像に忠実に従うことによって、この原像に似たものとなるということを人間に可能としたのである。カントは、これを「神の子への実践的信仰」(praktischen Glauben an diesen Sohn Gottes) と名づけ、それにカッコを付して、さらに、「彼は人間の本性 (Natur) を受けたと表象される限りで」と言い(8)、この信仰によってのみ、「人間は神に喜ばれ祝福される者となる希望を持つことができる」(9) としたのである。

われわれは、ここでもう一度問うことにしよう。われわれの場合においても、イエスとの出会いということにおいて、神の意に適う人間という原像、倫理的に完全な人間という原像のことを考えているのであろうか、と。そういうことであれば、イエス・キリストにおいて成し遂げられた救いというものは、その意味を永遠なものとして考えられている人間性の内側においてのみ有することになる。人間の理念は、したがって、神の内にある。人間的なもの (das Humanum) が、すべてのものに優って優位性を持つ。「人間」(Mensch) の理念は、カントが言うように、神と共に在ったロゴス (Logos)、初めからあった言葉 (Wort)、仲保者 (Mittler) であり、神が彼において人類を愛し人類を創造されたということになる。

これは、悪意はないにしても、教義上の留保もなしにあからさまに語られた怖るべき異端 (Häresie) であり、この後にはめったに登場することもなかったほどのものである。これらは、いわば、観念論 (Idealismus) の要綱をなすものである。しかし、より厳密に見るなら、ここでは、神が人となりたもうことではなく、神によってのみ意に適うとされた人間の真実で純粋な理念 (Idee) が、地上的な姿において、つまり、他のすべてのものと区別されて、悪原理に捉われることのない存在において現われているということになる。

啓蒙主義と哲学とが、「永遠の言葉」とか「天から降った子」とか「祝福を与える信仰」といった古い表現を伴いながらキリスト論の中へ介入してくることによって、今や正に全く決定的なことが生起した。善と悪という形式概念、あるいは、カントのいう善原理と悪原理とが、真実の人間とは何かをめぐる解釈の根底をなすものとなる。律法（das Gesetz）というものが、このことにより天地を支配する絶対の位置を再び占めることとなった。それは、一つの恵みなき律法（ein gnadenloses Gesetz）であり、そこから、真実の人間という理念がわれわれのところにもたらされる。一人の人間への受肉（Inkarnation）ということは、この原理の完全な実現以外ではない。イエスにあっても、したがって、せいぜいのところ、第２の、普遍的モーセ（ein universaler Mose）が受肉したということになる。モーセは、ユダヤの民に、外的に確立された律法を与えたのであり、イエスは、その生涯にわたって、全人類に真実の人間の理念を生きてみせるために、その理念をその意向に従って彼らに刻印するために現われたのである。キリスト教的人間性の宗教の創設者は、したがって、この理念抜きでは考えられない。この理念は、イエスの歴史的な姿においてすでに与えられた意味に満ちたものであり永続するものである。この理念は、イエスをあらゆる歴史的制約から独立した霊のイエスとして際立たせるために、肉によるイエスを相対化してしまう。

この人間イエスを真実の人間という理念をもってからめとることは、キリスト論の中に入り込んできた破壊的でかつ混乱させるものである。このような展開の行きつく終局を考えるならば、それはいつの日かキリスト論そのものを不可能とするもの以外ではない。人間性の理念とか、それが地上に顕現するということは、まことに結構なことであろう。しかし、それなら、なぜ、われわれは、ここで神の子を取り扱うことについて語るのであろうか。神性と人間性とが一人の人格の内にあるという二性説という厄介な教説についてさらに語ろうとするのであろうか。そこで問題になっていることは、神の恵みによって、人間性（Humanität）というものが、人類史の一つの範例の中に全く現実のものとなったということ、その人間性というものがすべての人間のためにその倫理的意欲における一つの更新する力を発揮しているということにすぎない。この道をさらに前進してゆくならば、われわれは、もはや人間イエスと関わることもなければ、おとめマリアより生まれた約束のダビデの子とも関わることもないことになろう。すべてこのような規定は、歴史的なものであるか超歴史的なものかであり、偶然的なものにすぎない。ここにおいて、われわれは、われわれのために十字架におかかりになった方と関わっているのではなく、その理念のために確固として死に赴いた人間と関わっているにすぎない。ここでは、身体において復活した方・イエスと関わっているのではなく、善なるものの理念、つまりその生と死とをもって影響を与え霊的に同じような後継者精神を生みだすものと関わっているにすぎない。イエス・キリストは、そこでは、一つの蜃気楼（Fata Morgana）であるにすぎず、真実の人間という理念をわれわれに照射する現象にすぎず、その肉の形での現れを見るとしても、捉えてみれば手の間から消えてしまう幻影にすぎないことになる。

われわれは問うことにしよう。もし、事態が逆であり、イエス・キリストこそが真実の人間として告白され、あの理念というものからわれわれを解放するためにわれわれの間に登場なさったとしたら、もし、イエスが善原理や悪原理を上位に置くことから人間を救おうと欲していたもうとしたら、もし、イエスと彼を信ずる信仰ならびにイエスとの出会いが、人間自体の理念から人間自体の現実に向けてわれわれを解放するものであるとしたら、どうであろうか。光の中にあったものは闇の中にあり、元来は闇の中にある他はないと思われるものが光の中にあることになるのではないか。もし、人間の理念なるものは、もともとわれわれ自身を無とする（Vernichtung）もののことに他ならず、人間己自身と兄弟たちとの交わりを奪う破壊的な誤った光である他はないのならば、それを消失させるためにこそ、イエスは人間となりたもうたのではないであろうか。そのとき、いっさいは変貌せざるを得ないのではないか。すべての価値の転換ということになるのではないか。

さらに、われわれは問わざるを得ない。イエスは、現実に、われわれを悪からだけに留まらず、われわれを誤らせる善なるものという理念からも救うために来りたもうたのではなかったか。イエスは、われわれを罪から解放するためだけに留まらず、とりわけまたわれわれを己自身の義しさというものから自由にすべく来りたもうたのではなかったか。この自己の義というものこそ、イエスとの出会いの中で、本来の悪として姿を現わしてくるものではないのか。イエスは、われわれが選びとり考え出した善と憶測するところ、善き人間という理念を廃するために人間となったのではないか。この善なるものこそが、それゆえ、イエスを十字架に至らせたものではなかったのか。

このことによって、われわれが追求しようと願っているものについて光が投ぜられる。われわれがイエスを真実の人間と告白するとき、われわれは、彼の内に実現している真実の人間の理念を考えているのではない。理性的存在（vernünftige Wesen）であるわれわれの内にあり、われわれの知っているもののことを考えているのではない。われわれは、理念というものからわれわれを解き放ち、われわれをそれから自由にし、それらの彼方、善と悪の彼方にあり、神のよしとされるものがそこにある人間の現実というものを考えている。このことによって成立する転換は、したがって根底的なものである。今までは、理性の光に照らされた人は誰でも真実の人間の理念をその内に担っているものと思われていた。そして、われわれは、われわれの肉の弱さのゆえにこの理念を実現させることができず、したがって、われわれは真実の人間では在り得ないのだと思われていた。今や、イエス・キリストの認識の光の中で逆のことが起こっている。われわれは、われわれがそうであるような人間であろうと欲していない。われわれの真実である人間の真実というものを妥当させようとは欲していない。事情は、われわれが真実の人間の実現を完成させ得ないということではなく、われわれがそうであるような人間であることを願わないということである。われわれは、真実から生きている人間ではなく、それゆえ、われわれは神の前に立つ人間であろうとしない。われわれは、われわれの可能性の中で生きており、われわれ自身の真の現実の中で生きていない。

神は、裸で貧しく悪しきものであり神をもはや知りもせず神を求めもせず、神をもはや真剣に受けとろうとはしない人間、つまり、美徳とか理念とかをすべて剝ぎ取られた真実の人間をご自身に引き受けるために来りたもうたのである。真実の人間とは、実は神がそこでは死んでいた人間のことであり、彼自身の手で撲殺してしまった神の墓の上に己自身の理念なるものを打ち立てた人間のことである。このこと、つまり、神は死んだということは人間性の理念における戦慄すべき恐ろしいことであり、これが人間性の立つ基盤なのである。それゆえ、救いということは、われわれがそうである人間から救われるということではなく、われわれがそうあろうとは願わない真実の人間に向けて救われるということ、自らと神とを取り違えるということから究極的に自由とされるということ、われわれ自身を超越することができると考える天への梯子から落下することを意味する。なぜなら、この神より遠き人間というものは、よしわれわれが柔らかい絹の衣を身につけ日々贅沢に暮らそうとも、恐るべきものであり転倒したものであり極悪なこと（infernalisch）、また貧しいラザロにおいても富める金持ちにおいても〔ルカ16・19以下〕転倒したことであるからであり、事実それはわれわれの内なる地獄（die Hölle in uns）であり、われわれの生きている生がそうである人間とわれわれの追い求める真実の人間と考えているものとの間で深い亀裂と分裂を来しているからである。神は、それゆえ、われわれの非現実を生きている姿、作りあげられた像に対置して、人間の現実の像（ein Bild von der Wirklichkeit des Menschen）というものを創造される。

さらに、それ以上に、人間の理念というものを追求しそのために自らの現実を拒否し己を自負する人間に対して、つまり、この善き正しき敬虔でさえある人間に対して、真実の人間（der wahre Mensch）が近づいてくるのである。彼らは真実の人間を必要としてもいなければ、真実の人間も彼らを手に入れることもない。真実の人間は、彼が求めている人間が姿を現わすためには、かなぐり棄てられてゆく他はない仮面をかぶった人間たちであるようなものたちのところへ近づいてくるのである。

真実の人間は、現実にある人間を求めて、彼らに近づいてくる。つまり、悪霊に悩まされ、無分別となり、悪しき病によって疎外された人間、すべての真正で真実ないのちというものが抹殺されてしまっている人間、死せる人間、つまり死臭を発しておりすべてを毒してしまう死せる人間を求めてである。

このような人間を、イエスは探し求め、このような人間とイエスは等しいものとなられる。イエスは、現実の人間を探し出し見いだされる。われわれはこのような人間を愛してもいなければ、そのように振る舞ってもいないが、神はこの現実の人間を愛し探し求めておられる。神の現実の愛は、この人間の現実というものと出会うのに十分な力をお持ちである。このために、神の子は人となりたもう。あの地上の日々におけるお姿においてわれわれのところへ到来した福音において、あの方はつねに人間と連帯しておられること、手足のなえた者、身体の不自由な者、差別された者、見棄てられた者、罪を犯した者、「イスラエルの家の失われた羊」（マタ 10・6）と連帯しておられることを、われわれは見る。あの方は、彼らと同じ地平に立たれる。彼らの災いを担い、彼らの弱さを知っておられる。あの方は、死の力を知り、死の最も深き底の底までをも味わい尽くされる。死の夜の闇の中に神から見棄てられるということがどういうことであるかをご承知である。ソクラテス〔古代ギリシャの哲人。著書は残さず、その教説は弟子プラトンたちによって叙述された〕とは違った死を死なれる。その死において成就されるのは、賢者の理想（das Ideal des Weisen）ではない。その死は、彼を襲った闇――神から遠い夜（Nacht der Gottesferne）という比類のない空恐ろしい叫びである。イエス・キリストの出来事がわれわれに提示する問いとは、われわれに対して姿を現わす人間の真実というものをわれわれが忘れていたところの真実であったと承認する準備があるかどうかという問いであり、われわれの思考、われわれの倫理的思考というものを動かしてきた像（die Bilder）を犠牲にする準備があるかどうかという問いである。

この全体をまとめてみよう。

キリスト論の問題とは、ある時代や時期の違いはあるが、つねに、神の子は真実の人間であるかどうか、どの程度において真実の人間であるのかという問題であった。この命題は、しかし、いよいよもって空虚なものとなり、無意味なものとなってきており、教義上の化石（dogmatischen Petrefakt）と化している。あるいは、シュライエルマッハー〔Friedrich Daniel Ernst Schleiermacher 1768−1834. ドイツの神学者。「近代神学の父」と言われる。『宗教論』『信仰論』等〕の言うように、直観なき教説（Lehre ohne Anschauung）となっている。その際、一つのこと、つまり、イエスの人間性ということを保持することを、われわれは考えてきた。イエスが人間であるということがどういうことかを知っていると考えてきた。その場合、単に、われわれが人間であるという事実との類比の中で、われわれの実存の中で出会う人間存在の問題性の中で、そのことを考えてきた。しかし、この一見して自明らしく見える命題が真実ではないとしたら、どうであろうか。

われわれの内にあるという人間の理念が、神の理念が現実の神の傍らを通り過ぎていってしまうように、真実の人間というものの傍らをも通り過ぎていってしまうのであれば、どうであろうか。ある特定の問題設定（Fragestellung）の中を進もうとしているわれわれを妨げるものは、しばしば自明と思われる事柄である。われわれの信仰があまりにも小さいということがわれわれを妨げるのではなく、われわれがあまりにも過信しており、実のところ、深い闇の事柄（eine Sache des großen Dunkels）である事実、つまり、イエス・キリストの真実の人間性について明白に知っているかのように考えているという事実が妨げとなっているのである。われわれが、十字架につけられた主において具体的に明らかになったものとして人間性を理解するものであれば、この理解は、真実の人間という概念、つまり真実の人間という理念に思いを向け、これに囚われているすべての人にとって躓きである。イエス・キリストの真実の人間性というものは自明のものでは決してない。それは、躓きであり、われわれにとって彼の神性（Gottheit）がそうであるのと同じく躓きである。

われわれは、平衡を取り戻したいと願っている。

キリスト論の問題は、一面的なものではないことを明らかにしたい。もし、平衡を取り戻すなら、イエス・キリストは真の神にして真の人であるということが一つのこととして開示され、この一つの面は他のもう一つの面を共に考えることなしには語り得ないのであり、さもなければ、この二つのことは同時にわれわれに身を委ねることはないであろうと思われる。

キリスト論は、イエス・キリストにおいて、神とわれわれ、つまり現実の神と現実の人間とを同時に見いだし、しかもこの両方のものが和解してあるものとしてイエス・キリストを認識することであり、信仰と神賛美の営みの労苦のことである。

結びに、なお次のことを指示したい。

ここで提出されている問題、つまり、イエス・キリストの真実の人間性についての問いは、以前の時代には、われわれにとって切実ではなかった。しかも、観念論の現象とそれに対応しての人間の自己理解が、その神学において、同じ程度において毒性を持っていなかったという理由から、切実ではなかったことである。

新しい状況が生まれ、あたかも何事もなかったかのように古い公式を繰り返しさえすれば良いということが不可能になっている。観念論による人間の規定への過度の強調がわれわれすべてのものにとっての宗教（Religion）となっていた。われわれは、それを克服することを企てねばならない。まさに、それゆえに、われわれは、この点から着手し、まず、イエス・キリストを真実な人間として、つまり、神が隠れています神であること、神の匿名性、神がご自身を低くなさることの中にあるものを理解することを企て、そこから、他のこと、つまり、この人間が、同時に高きにいます罪と死に勝利していたもう真の神であることを理解することを企てる。

注

（１）　イーヴァントに付した標題では「課題」(Aufgabe)。

（２）　トマス・アクィナス『神学大全』(STh Ⅲ q26) “De hoc quod Christus dictur mediator Dei et hominum”〔イーヴァントの参照した『神学大全』は、アルベルトゥス・マグヌス・アカデミー　ヴァルベルベルク版、1934年～(Albertus-Magnus-Akademie Walberberg)。本書での『神学大全』の訳文は、高田三郎・稲垣良典他の日本語訳『神学大全』創文社、1954年～　に従う〕。

（３）　“*τοῦ ἑνὸς ἀνθρώπου Ιησοῦ Χριστοῦ*”(「一人の人イエス・キリストの」)〔新共同訳〕。

（４）　M. ルターのクリスマスの歌『ドイツ福音主義讃美歌』23番5節。〔歌詩原文　Der Sohn des Vaters, Gott von Art, ein Gast in der Welt hier ward und führt uns aus dem Jammertal, macht uns zu Erben in seinem Saal.／Kyrieleis.〕

（５）　I. Kant, Werke in sechs Bänden, hg.W. Weischeldel 編 1956ff. —Ⅳ、712.〔『I. カント全集』の日本語訳は、すでに数種刊行されているが、最近のもの

としては以文社刊行（宇都宮芳明監修）のものが新訳として読みやすく注解・解読への手引きも付されて親切である。本書では必要な限りそれに従う〕

（6） A. a. O., 712f.

（7） A. a. O., 713.

（8） A. a. O., 714.

（9） Ebd.

第2章　神が人となりたもうことと人間の現実[10]

われわれは問うこととする。キリスト論は、教義学の全体の中で、どのような位置を持つか、と。

カルヴァン〔Jean Calvin　1509−1564. ルターと並ぶスイスの宗教改革者。主著『キリスト教綱要』〕によれば、それは、創造主なる神の認識をめぐる教説に続いて起こり、その標題（Obertitel）は、「まず父祖たちに律法のもとに、ついでわれわれに福音の内に啓示されたキリストにおける救い主としての神の認識について」となる[11]。

ここでは、したがって、キリスト論は和解の教説として展開され、それに先立って創造の教説がある。カルヴァンにおいて大いに教えられることとして、いささか別様のものも付け加えることができるかもしれない。カルヴァンは言う、キリストは彼のもろもろの約束[12]というものをもって事をなしたもうたというようにキリストを抱く以外の仕方ではわれわれはキリストを享受することはできないであろう、と。律法と福音とが、ここでは、約束（Promissio）という概念のもとに包括されている。したがって、イエスとの直接の出会いは存在しない。彼は、神のもろもろの約束と共につねに事をなしたもうた。このような衣の内にあってのみ、イエスは神の約束の成就している者としてわれわれに把握可能となる。したがって、カルヴァンにあっては、われわれはそのキリスト論において律法の教説と福音の教説との両方の教説に出会うことになる。

ルター派の教義学においては、事柄はいささか別様である。ここでは、いっさいは「救済論」（Soteriologie）の標題（Überschrift）のもとに立つ。ここには、若きメランヒトン〔Philipp Melanchthon 1497−1560. ルターと並んで宗教改革において最重要の役割を担った福音主義教会最初の教義学者〕の『ロキ・コンムーネス』（『神学総覧』）初版[13]に始まる発端（Ansatz）

が見てとられる。この救済論には2つのものが採り入れられている。「堕落した人間に対する父としての神の意志」[14] と、その意志に従っての第2のものとしての「キリストによる兄弟としての救い」[15] である。第1の部分において考えられていることは「預定」(Prädestination)、つまり、定められた救いに至るまでは罪の許に人間が囚われていることであり、第2の部分においては、神の子が人となりたもうことが、いかに囚われの許にある幽閉の門を開くことになるかという神の決意(Ratschluß)が扱われる。その際、さらに2つの小区分が登場する。まずは、囚われを打ち破り死と罪とを克服するゆえに特別なものである救済者(Erlöser)のペルソナ(persona)が重要であり、他方では、救済者の業(officium)が重要である。このキリストの業に関しては、地上での存在としてのキリストと高く挙げられた者としてのキリストとして業がなされるわけであり、地上での存在としては死において贖い(Sühne)をなしとげ、天的な大祭司としての贖いの業(Erlösungswerk)はご自身が統御なさるのであるから、この特別な場合には、ペルソナと業との関係がどのようなものかという中間部分(Zwischenstück)が生じてくる。これは、キリストの身分についての教説(Lehre von den Ständen Christi)、卑下と高挙の身分についての教説である。この教説は、イエス・キリストのペルソナと業とを相互に結合する蝶番(Scharnier)である。ここに、最初の「ケノーシス論争」〔受肉においてキリストは神としての全知・全能を放棄し、自らを空しいもの(ケノーシス)としたことを強調する16世紀に始まるキリスト論論争における主張の一つ〕において論争の粉塵をあげさせた困難な問題が生じ、さらに19世紀の「ケノーシス教説」(Kenosis-Lehre)において、再び、キリスト論の問題がその全き深みにおいて躍り出てくるところの困難な問題が生じた[16]。もしこの二つのキリストの身分についての教説を廃し、イエス・キリストのペルソナの歴史的・超歴史的な働きと彼の業との関係を妥当せしめないなら、そして、理性主義がイエス・キリストのペルソナと業との関係をすべての人間の生活における人格と行動との関係のように理解した時には、道徳的なものがイエス・キリストの像(Bild)を決定してしまうことになり、イエスは、理念の挫折の中にも忠実に留まることになり、自分のために生きる模範的な良き人間としてある他はない。真実には、しかし、彼は、その業において、われわれのために生きたもうのである。

1．キリスト論の諸前提

キリスト論は、教義学の全体構造から明瞭であると見えるあるものをつねにその前提としている。キリスト論は前提なきもの（voraussetzungslos）ではない。言いかえるなら、イエス・キリストにおいて神が人となりたもうということは、すでに、贖い（redemptio）として、更新（restauratio）として、和解（reconciliatio）として起こるが、それらはつねにみな「反復」〈re〉を伴っている。その事態は、人間が神に喜ばれないものならば起こることはなく、人間が罪に仕え、その奴隷ということでないのならば起こることはない。このことが、天（Himmel）というものを切り開く。下から（von unten）の事実が、上から（von oben）のもう一つの事実と呼応する。

こうも言いうるかもしれない。二つの事実（zwei Daten）があるのだ、と。時（die Zeit）というもの、われわれが歴史（Geschichte）と同時に呼んでいるものをそれ自身によって超越することは、なんと簡単なことであろう。神によりその似姿（Ebenbild）として創造され、神を理解する力を与えられ、神の共働者（Mitarbeiter）として創造された人間が、神に対して拒否（Nein）を語り、その人間が己の神をつくり、人間のつくった神を宗教として崇め、喜んでそれに拝跪する祭儀を行なう被造物となってしまったことは、考えうる限りの境界をすべて踏み越えてしまったことである。それは、あってはならない可能性である（unmögliche Möglichkeit）。しかし、それが可能性としてある以前に、すでに現実としてある。それは、考えられないことであり、今もってわれわれすべてのものにとっても考えられないことであるが、しかし、それがあるのである！　それがあるということは戦慄すべき恐るべきことである。その痕跡はあり、直ちにわれわれの生活の決定的問題となる。われわれが敬虔な者となり、宗教的になるところで、人間は神との関係において精神的な何かをつくり出そうとする存在であるということが姿を現わしてくる。精神というものを与えられ、理解力をもった存在として、神との関係を逆方向に向けさせようとする事実、高貴にして全被造物の頂点に立つものにおいてこのような転倒(17)が起こったという事実、この事実は全体を変化させずにはおかない事実であった。そのことが、かつて可能であったのなら、今また可能でないことがあろうか。このような最高地点で起重機が回転したということであれば、万事は、男と女との関係においても、兄と弟との関係においても、その関係は錯倒せざるを得なかった。このように、おのれを神の力をもったものとした人間が捉えた万事は、それらをおのれの支配下に置く支配の対象とならざるを得なかった。

キリスト論には、したがって、このようなすでに与えられた境界線、この現実から生じてくる出来事の境界線が引かれているということが先行してある。まさに、こうも言いうるであろうか。一面では、自らを神の創造者とする人間の全き救われ難い可能性が姿を現わすとき、他面では、この不服従の人間に対する創造者なる神の救いに満ちた可能性も姿を現わす、と。イエスは、このような人間を愛し、そのために死にたもうのであり、人間によって収奪された神の栄光の光の中にご自身の道を歩まれるのである、と。イエスは、その栄光を取り戻される。イエスは、われわれ人間が人間として神の栄光の世界へ向けてあるものとして証示されていること、このことが戒(いまし)め(Gebot)の内に開示されている人間の真実で意味深い可能性であることを明らかにされる。

キリストが、人間となり得るものかどうかとか、また、人間とならざるを得ないのかどうかという問いは、人間が神によしとされる者でないならば、創造ということが人間の空しい儚い夢ではないならば、虚無的なものと神に敵するものとによって歪められたものでないならば、この問いは、然りか否かで答えが出せる偽りの問い、陳腐な問いである。なぜなら、われわれは、すべての時間内のもろもろの出来事と同じように、ひょっとしたら別様でもありうるといった現実と関わっているのではないからである。この「事実」(Fakten)、人間を神とするということ(Apotheose)、つまり、“人間神化”(Gottwerdung des Menschen)と、神が人となりたもうこと(Anthropopoiesis. Menschwerdung Gottes)とは、人間が問うたり考えたりしうる領域の外にある。ここでは、われわれは花崗岩のようなものに直面しており、そうあるより他あり得ぬもの（Soundnichtanders）、生と死のように、逆にすることのできないものに直面している。この両者は必然のことであると共に偶然的であることの両方である。この両者、罪の内に失われたものであるわたしの存在と、神が罪に対して答えられた十字架、おのれを神とした人間と、人間となってわれわれの只中にお姿を現わされる神。したがって、この世界が神によしとされるものでないならば、誰も、キリストが人間となり得るかどうかとか、ならねばならないかどうかなどと問うことはできない。ただ、この問いは、キリスト論が絶対的なものとして（absolut）、神が人間となりたもうこととして展開される場合にだけ意味に満ちたものとなることができよう。しかし、その時には、キリスト論は何ものも前提としない教説でありうるだけであろうし、一つの原理論（principium）でありうるだけであろう。それは、事実上、創造の教説と救いの教説との中間（Mitte）ということになろう。この領域に関わろうとする者は、確かに一つの現実性というものから出発してはいるが、そしてこれは直ちに認識されるのであるが、一つの恐ろしい把握不能な耐えがたい現実性というものから出発しており、この中間ということからしては、救い主である神（Deus redemptor）への信仰によってイエス・キリストにあって新たに生まれかわりイエス・キリストにあって見いだした神から開始されたみ業（わざ）の共働者となることは挫折することになろう。

トマス・アクィナスにおいては、キリスト論は『神学大全』(Sumna Theologiae）の第Ⅲ部において扱われていることをわれわれは承知している。トマスは、今われわれが言ったことを、そこで確証してくれている。彼もまたキリスト論に先行するもの（prius）のあることを知っている。先行するものとは、「人間のいのちの究極の目標についての観察」ということである(18)。この際、わたしは、このことが真に先行するものであるかどうかについてはそのままにしておくことにしたい。トマスにあっては、したがって、次のことが続いて必要となろう。「われわれの世界の救い主ご自身についての観察と人間の性（さが）において示される恵みの業についての観察」(19) ということが必要となろう。だが、次には、⑴受肉ということ自身の秘義と、他のこと、⑵「神がわれわれの救いのために人間となりたもうたということ」[20] との間に区別が起こることになろう。神が人間となりたもうということは、すでにあらかじめ分かっていることとなり、神学的にも把握不能なことになっており、神が何のために、つまり、われわれの救いのため人間となりたもうたことが明らかになる以前にである。

トマスにおいて明らかになっているこの縫い目というものは、スコラ学〔中世ヨーロッパの教会の展開した学問。その中心は、教会の教義を理性的に弁証すること〕の初期にあってはなかったものであるが、まさに、すべてのキリスト論にとって真正な問い（ein echtes Problem）である。それは、救いの客観的根拠づけということをめぐっており、救いの主観的目標（subjektive Abzweckung des Heils）ということと関係している。まさに、次のように問われるべきではないであろうか。神が人間となりたもうことが、それが何のために必要であるかということが見えてくる前に、神が人間となりたもうということ自体が可能であり考えうることであるかどうかが問われるべきではないのであろうか。トマスにおいても、この神が人間となりたもう「事実」(Daß）は、あらかじめそう定められている預定（praedestinatio）という概念の中に押し出されてはいる（その際、「神は何か他の方法ででも[21] 人間を救いうるのかどうかについては空白のまま残されている）が、他方、「何のために」(Wozu）ということは、たいへん美しい印象的なキリスト賛歌（Anbetung Christi）をもって始められており、その決定的な内容は、「キリストは神と人間との仲保者（Mittler）と呼ばれる」[22] ということの中に示されている。

2. 救済論としてのキリスト論

以上、われわれは、簡潔に、神学の伝統における偉大な著作においてキリスト論が占めている位置について予示しておいた。

キリスト論は、それ自体において成立するものではなく、神が人間となりたもうということについての他の諸連関から切り離された思弁ではあり得ず、神が人間となりうるかどうかとか、いかにしてなり得るのかといった可能性そのものをめぐるようなものではあり得ない。キリスト論は、つねに、救済論的に理解されてきた。それゆえ、まさに、人は、「キリスト論」だけをそれ自身として摘み取ってくるというようなことが差し支えないことかどうかを問題としうるであろう。ヨーロッパの偉大な神学者たち、アウグスティヌス、トマス・アクィナス、ルター、カルヴァン、また、シュライエルマッハーといった人も、独立した、それ自身ひとり立つキリスト論などというものは知らなかったという事実は、際立ったことであるに違いない。キリスト論を救済論から切り離したり、神はいかに人間となり得るかという問いを孤立・分離させたりするのは、キリストは何者であるかという問いの全体を彼は何のために到来したのかといった問いから切り離し、また、彼の人格についての問いを彼の使命、彼の業、とりわけ、肉における到来は何のためかという問いから切り離すことになるゆえに、すでに、根本的誤り（proton pseudos）ではないであろうか。

この問題に関わるカルヴァンの文言を引用しよう。「全聖書は、十分明白に、次のように言っている。キリストが、われわれの肉をとりたもうたのは、われわれの救い主となるためであり、他の理由や目的を虚構するとすれば、それは最高の欺瞞・不遜ということになろう。最初から、キリストによって証示された全約束の目指すところは明らかであり、彼は、この崩壊してしまっている世界を再建し、人間をその失われた状態から救いに至らせるために到来するのである」[23]。したがって、キリスト論の役割は、第１に、聖書の言うところによって決定している。ここでは、神が人間となりたもうという使信に出会うのであり、しかも、「崩壊してしまっている世界を再建し、人間をその失われた状態から救いに至らせるために到来する」という相貌のもとにおいてである。聖書においては、神が人間となりたもうことの根源と目標とは確立している。問題を、この連関より切り離すならば、それは、厳密な意味で、神学の問いであることを止める。その上、直ちに、人格（ペルソナ）と業（persona. officium）ということも崩壊するに至る。それゆえ、カルヴァンにあっては、キリスト論に先行して、「創造者なる神の認識の教説」があるのであり、それゆえ、カルヴァンにとっては、「イエス・キリストの認識は救い主なる神の認識を意味する[24]」こととなる。

キリスト論との結びつきの中で、〈re-〉（復元）ということが、つまり、

「和解」(reconciliatio)、「罪の赦し」(remissio)、「贖い」(redemptio) ということが登場してくる。このことは、きわめて聖書的であることではないであろうか。わたしは、「贖い」(redemptio) ということでロマ3・24、Ⅰコリ1・30、エフェ1・7を想起し、「罪の赦し」(remissio) ということでマコ1・4、使2・38、ルカ4・18、イザ書61・1 (七十人訳) を想起する。

あるいは、われわれは、解放という概念についてロマ6・18を、「移行」(Metastase) ということについて、コロ1・13の「わたしたちを闇の力から救い出して、その愛する御子の支配下に移してくださった」を想起する。この地上でのイエスの出現ということは、つねに、そのように告知されており、神の前において何の権利も義しさも持たぬものが、あたかも現実の力を持ち力を振るい結果として重大な現実性を持つかのように振る舞っているそのことを廃するためにこそ到来したのであると信じられてきた。

ここで、今日もなおしばしば辱しめられたままであるあのメランヒトンの言葉が、その権利・正しさを回復される必要があるであろう。彼が、『神学総覧』(Loci) の始めにおいて、あのような単純化と分離とを溢れるような情熱をこめて表現した文言をである。つまり、「他の主要テーマ、すなわち罪の力、法律といったことを知らない者は、恵みということを知らない者であり、わたしは、今、それらの人々をキリスト者と呼ぶつもりはないが、なぜなら、キリスト者とはキリストを知るものであるはずだからである。キリストを知るということは、その恵みの行為 (Wohltaten) を知ることであり、彼の性質、その人間となり給うた仕方を考案するということは、それ以外のことではないからである。もし、キリストが肉をとりたもうたということ、また、十字架につきたもうたということにどのような利益があるかということを知らないならば、彼の歴史 (Historie) について知ることに何の益があろうか」(25)。

メランヒトンが、「キリストご自身」(Chistus an sich) と、そこから、「わたしのためのキリスト」(Christus für mich) ということが存在しうるキリスト論の問いを孤立化させようとすることに対して異論を唱えたことは正しかった。

キリストにあって「神はわたしのために在したもう」(Für-mich-Sein-

Gottes）という出来事が現実になったのだということであるときにのみ、わたしのためのキリストということが在りうる。しかし、メランヒトンは、ここで、新しい認識原理において、まことに激しいほどの感動的な仕方で事をやりすぎたのであるかもしれない。人間になるということにおいても、その〈仕方〉においても、カルヴァンがいみじくも言っているように、「二つの性質」ということにおいても、神がわれわれのために在すという使信は、捉え得ないのではないであろうか。いずれにしても、ここでは、一つのことが明白である。すなわち、「それ自体」(An sich）と「わたしのために」(Für mich）ということの区別は、キリスト論の内側にあっては止揚されている。「わたしのための神」ということは、み子の人間となりたもうということの中で、「わたしの外で」(extra me）妥当するのであって、わたしという人間は主観的に、つねに後天的に（ア・ポステリオリ）にそれに抗して立つものである。「神は、世を愛された」(ヨハ３・16）のである。このことは、この世がそれに対してどれほど反抗しようとも妥当する。この世がこのことを認め、「われわれのために在りたもう神」を、イエス・キリストという人間において理解するとき、「われわれのための神」ということがこの世を取り囲んでいることを認めることになり、われわれのための神というものなしでも出発しうると考えたおのれの軽薄さと見る目のなさとを悔いざるを得ないことになるのである。

3. 人となりたもうことの必然性

メランヒトンの場合、客観的なるものをめぐる考察において、つまり、真実の「それ自体として真実な存在」(An-und-für-sich-wahr-Sein）と、そこから、「わたしにとって真実な存在」(Für-mich-wahr-Sein）を切り離してしまうという危険な分離があることが認められよう。メランヒトンは、その際、まず、とりわけ、後期スコラ学（Spätschola-stik）にのっとって考察した。そこで、メランヒトンは決して不当なことをしたというのではないが、ここでは、事実、認識問題を倫理問題より切り離す分裂が起こっていた。

したがって、われわれは、さらなる問いに立ち向かうこととしよう。どこから、この分裂は来るのであろうか、と。われわれは、このことを、もう一度、トマスの『神学大全』におけるキリスト論の構造において例示することにする。まず、次のことを確認する。トマスのキリスト論もまた堅固に救済論的に展開されてきているということである。「キリストのみが、神と人間との完全な仲保者である。彼が、その死をもって、人間を神と和解させたのだからである」(26)。しかし、われわれは、さらに厳密に注目していきたい。トマスは、神が人間となりたもうことの客観的に明らかな可能性と人間の堕落の必然性と現実性との間に区別を置く。トマスはその『プロローグ』において(27)、二つの面を区別する。つまり、(a)「人間となりたもうこと自体の秘義について」と(b)「神がわれわれの救いのために人間となりたもうこと」との二つの面である。第1のものは、人間となりたもうことは神に「ふさわしい」(gemäß) ことであったかどうかという問いへ導く(28)。この問いは、然りをもって答えられ、しかも、神の固有の性質(29) に一致するものはすべて「ふさわしい」ことだからである。神の性質は、良きもの (bonitas) であるので、「異質なものとの交流」も神には好都合なこと (konvenient) なのである(30)。かくて、神が人間となりたもうということに対して、この事実が可能であることが前提される。神が人間となりたもうとき、それは、そこから見てとれる神の本質の概念と一致しないものではない。神が人間となりたもうことの可能性をめぐる考察は、その必然性についての考察に先立つ。この事は、それゆえ、優れた意味において、聖書において生起しているもの、宣教の内容、しかも「十字架の愚かさ」(Ｉコリ１・18−25) という考えのもとに立ち現われたものと隔たってはいない。しかも、トマスの示すように、神の性質 (natura Dei) と被造物の性質 (natura creaturae) という概念からしても意味深いものである。なぜなら、この両方の性質は「変わりうる」(wandelbar) ものであるからである。出来事が成るということは、ア・プリオリに、神と人間とからして「可能である」。そして、まさにそれによって、それ自体可能であるものと、この世界の救いのために現実に起こることとの間に区別が生じる。キリスト論的問題を救済論の枠から引き出し、それを無造作に神の教説において扱うという考え方が設定しうることになる。

したがって、次のようにのみ考えうるということになろう。神がイエス・キリストにおいて人間となりたもうということは、神は何のために人間となりたもうたかということと同時に考えるとき理解しうるものとなる(31)、と。このことは、われわれに対して、決定的な帰結をもたらす。つまり、人間はおのれを解放する自由を持たないものであるかどうかという問いにおいてであり、人間の堕落によって他のすべてのものも破滅にさらされているのかどうかという問いにおいてであり、世界はわれわれが出会っている(32)姿とは別様のものと考えられるのかどうかという問いにおいてであり、神が人間となりたもう事実とその理由とを理解しようと思うならば、これらすべての問いにおいて、決定的で引きかえすことのできない決断というものが下されざるを得ず、これらのことを宇宙論（Kosmologie）や人間論（Anthropologie）に向けて、その深層に達する帰結を避けることができない。神が人間となりたまわねばならなかったのであれば、われわれは、この世界を、そのあるがままにおいて、直ちに創造のみ手になるものとして、法則に沿ったものを持つものとして、創造の秩序にあるものと見なすことができよう。そのことをもって、そこから、われわれすべてがどこへ向けて進んでゆくべきなのかを認識するに至る光が燃えあがることになる。われわれに対しての神の近さ（Nähe Gottes）ということのみならず、まさに、そのことによって、われわれの神への遠さ（Ferne zu ihm）ということも明らかにされることであろう。われわれ人間の性質に立ってわれわれが神に近くあるというのではないことが明らかになることであろう。人間の魂という地点から出発するのでは神への道は通じていないことが明らかになることであろう。この世界と人間とが失われたものであり、しかもそれは想像することも不可能な深みと底知れぬ深淵をもった現実であることが明らかになることであろう。このような出来事により、この世界と人間とは、そこから人間とこの世界とが救われるというすばらしいこと、想像も不可能なほどのことからのみ測られうるということが明らかになることであろう。ここから、人間の「自由意志」に対する要求（Appelle）とか、さらにそれを押し進めていこうなどという努力はすべて無用なものとなるということが明らかになることであろう。このような病状の中では、医者や薬はもはや求められないであろう。ここでは、神の恵みによってのみ起こること以外のことは起こってはならない。神ご自身が関わってくださる以外ではあり得ず、神ご自身が、この病状の中に登場してくださる他はない。死に至る病が問題であり、これを救いうるのは、いのちの主でありたもうお方だけである。

4. 救済論と人間の現実

キリスト論は、その場を、救済論（Soteriologie）ないしは和解論（Versöhnungslehre）の枠の中に持つことを、われわれは見てきた。キリスト論は孤立化させられ得ず、孤立した形の中では、その内容は理解し得ない。神が人間となりたもうたということより一つの光がこの世界と生命の全体の上に投ぜられてくる。このことが、神からの救いということであれば、天が開（ひら）け捉えがたい出来事が起こらざるを得ないということがどんなに深みを持った出来事に違いないことか、また、神が人間となりたもうということがどんなに深みを持った出来事に違いないことか。神がご自身をわれわれの間に置いてくださるということがどういうことか、全くもって想像もつかぬほどのことであり、死に至る病に対して医師が出現するといったようなことであり、また、神のこのような啓示ということを離れてはわれわれが苦しんでいる病というものの本来の場や危機の深さということも全く想像もつかぬことである。われわれは、今まで、人間と罪、世界と死といったことを当然自明のこととして、一つのまとまりの中で見ることに慣れてきており、そうあるよりない与えられた事実として、罪と死の現実を放置しておくことに慣れてきており、それらを、せいぜい空想の中で、その存在（Sein）においてではなく、意識（Bewußtsein）の中において、「あたかも」（als ob）取り消しうるものででもあるかのように考えることに慣れてきており、それら罪と死から救われるためには、神が人間となりたもうたという行為からだけしか事は捉え得ないのであり、この世界と人間とは本当はどう考えられねばならないかということも、神が人間となりたもうたという行為からしか捉え得ないことである。そのことを、われわれは「救済論」（Soteriologie）と呼び、神が人間となりたもうたということにおいて完成し明らかとなった恵み

(Barmherzigkeit) に照らして、『ハイデルベルク信仰問答』が言っているように[33]、人間の悲惨ということを考量し、人間の自由意志をもって罪を処理しうるかのように考えることを止める。死において魂の不死性というようなことをもって慰めを見いだすとか、サクラメンタルなものや教会の与える内面的なまた外面的な手段というようなものをもって神について何かを発見し得たかのように考えることを止める。われわれの間にあり、また、神とわれわれとの間にある壁、それを聖書は神の怒りと呼んでいるのであるが、その壁を打ち砕くことはわれわれの手ではできない。

いわゆるキリスト論的命題は、この関連の中にあっては、独りそれ自体であるというものでは決してない。独りそれ自体であろうとするなら、それは無意味であり、奇妙なことであり、教会や神学が設定する目的にとって有用であるだけであり、教義学というチェス遊戯において、好みにあわせて、あちこち引き回し動かすことの可能な駒にすぎないことになる。しかし、神が人間となりたもうということは、また、キリストの誕生と死ということは、われわれがそこで好きなように跳びはねまわれる教義学というチェスの駒とは全く違うことである。馬小屋の御子、十字架のあの方は、神のご意志 (Ratschluß) なのであり、「神の救いの計画」(göttliche Ökonomie)（Ｉテモ１・１）であり、神のご計画とご意志が実現している究極の決定的段階である（エフェ１・11)。それゆえ、われわれはここで簡単に捉えそこねるか、あの真実をもってわれわれ自身を補強しようとしながら、実は、手の内にまがいもの、空疎な形式的なもの、内容なき言葉、覆いにすぎぬわれわれの生命が消失していってしまうようなものを保持するということになる。ここにおいて、このような仕方でご自身をお示しになる神を捉えようとするなら、われわれはどのように接近してゆくべきであろうか。救済論は、このことに確実な答えを出そうとする。その際、われわれは、われわれ自身をそこから締め出してしまうということはできない。われわれは、神がご自身を同位としてくださった (identifiziert) その中で認識される人間である他はない！ その人間とは、良き人間というのではなく、霊的に不死である人間でもなく、己から生きる人間の理念からのものというのでもなく、われわれがあるところの人間である。神が、現実の人間に対してご自身を投錨させてくださったように、われわれも、また、われわれの現実に従って、それを人間として見守るべきであろう。神が、敬虔な者と神無き者とが区別されながら実は両者とも同じように神から遠い者、失われた者であり、合法的でありつつ無法である世界、このような現実の世界に登場してくださったように、われわれも、また、目を開いてわれわれの生きている世界がどのような世界であるかを見るべきであろう。現実の神は、現実の人間に出会いたもう。それが、救済論というものである！　われわれは、現実と関わるべきであって、現実についての虚構された像と関わるべきではない！

5. キリスト論的思惟の思弁的誤り

神学が繰り返し取り組んできた一つの問いを吟味することを通して、われわれは、それを一つの例として、問題を検討してみることにしよう(34)。神が人間となりたもうということ自体の可能性という問いを想定する。ここでは、人間とこの世界の実情ということを別にして、罪と死の現実性ということを別にして、つまり、神の子の顕現のみが事態を転換しうる瀕死の人間がいること、目の見えないことが撤回されることを必要とする人がいること、差別が廃されることを求めている被差別者のいるといった事態を考慮に入れることなしに、神が人間となりたもうということを純粋に思考の問題として考えるということである。

この問いは、すでに中世において採りあげられていたことを想起する。アレクサンデル・ハレシウス（Alexander Halesius　1170 頃-1245. パリで死去）は、スコラ学の基盤を築いた人であったが、この問いを立て、それに積極的な答えを与えた人である。「もし、神が、望まれるならば……」と。神が人間となりたもうということは、神がこの世界を救うために選択し得た数えることも不可能なほどの多くの可能性の一つではないのか、と。なぜ、神は、おとなしい動物の中に受肉されず、石の中や、ある形をもったものの中に受肉されず、人間に受肉したのであろうか。さらに、そもそも、神は人間になりたもうということが可能であるのか。それは想定可能なものかどうか。「有限なものは、無限なものを含むことはできない」(finitum non capax infiniti）ということは、すでにスコラ学が言明しているところである。同様に、トマス・アクィナス（1224-1274）のことも想起する。トマスは、カトリック教会の規範とする神学者であり、新トミズム（Neuthomismus）という形で今日もなおカトリック神学の中で権威的位置を占めている卓越した存在であり、ルターでさえ、トマスに従うと自ら言明したほどである。トマスは、問題を次のように表現している。「人間が、もし罪を犯さなかったとしても、神は、人間となりたもうたであろうか」[(35)] と。トマスは、もちろん、否をもって答えているが、理由は、聖書に立つゆえであり、かつ加えて、アウグスティヌスが「人の子は失われたものを捜して救うために来た」というルカ 19・10 に対する説教の中で「人間が罪を犯さなかったら、人の子の到来はなかったであろう」[(36)] と言っていることを理由としている。彼の否は、しかし全く決定的なものというわけではない。彼は、扉に隙間を残している。扉を全く閉めてしまったというわけではない。彼は、「できたかもしれない」（hätte können）といって論議の余地を残している。「罪がなかったとしても、神は人間となりたもうことはおできになるであろう」と[(37)]。したがって、ここでは、神が人間となりたもうということやその考えは、人間の悲惨ということと分離可能なこととなる。「この世は失われ、キリストは生まれたまいぬ」[(38)] ということ、まことに奇妙な人間の罪という事実とは切り離される。このような考え方にあっては、われわれが異教の神概念で出会うもの、つまりその（神々の）誕生物語や顕現物語（エピファニー）において出会うものと同じものになる。しかし、もちろん、キリスト教の根本の考えである「真の神にして真の人」ということは、それ自体として（an und für sich）意味をもち、考えることは可能であり、在りうることである。こう言われなければならない、この可能性はトマスにあってはただ周辺のこととして閃めいているにすぎない、と。しかも、彼はその可能性にも直ちに蓋をしてしまう。この可能性を現実ならしめるものとして罪を賞揚し、次の復活祭の賛美歌の文句を引用する。「幸いなる罪よ、これほどまでの贖い主を持つに価したとは！」（O felix culpa, quae talem ac tantum meruit habere Redemptorem !）[(39)]。

いずれにせよ、一人の人間イエスから独立して、その彼のみじめな姿での馬小屋での誕生、十字架上の衝撃的な死とを別にして、神が人間となりたもうということを考えることはそれ自体として考えうるものではあろう。しかし、このような「それ自体として考えうること」(An-sich-Denkbarkeit) とか、「わたしにとって必然と考えうること」(Für-mich-Denknotwendigkeit) という影のようなものとか、「できたかもしれない」(potuisset) といったことは、ヨハ1・14の「言は肉となった」(factum est) ということから引き出されることである。トマスにおいては、すでに、小さな細い裂け目が「言は肉となった」(verbum caro factum est) という事実に立つべき彼の神学全体のシステムを破裂させてしまっているかをわれわれは見ることになろう。ドゥンス・スコトゥス〔Johannes Duns Scotus, 1308年死去。フランシスコ会の神学者〕の場合には、事はより鮮明になっており、彼がマリア無原罪の受胎の教義(ドグマ)の父となったのは偶然のことではない。それまでマリアは、中世の教義にあっては子・イエスによって獲得された罪の赦しの中にあって生きる存在の一人であった。つまり、マリアは、他の人と同じ一人の人間、信仰によって生きる人間の一人に他ならなかった。しかし、今や、このような循環は破れ、人間となりたもうということは卓越したこと、人間性の高挙のことになってしまったのである。

ピコ・デルラ・ミランドラ (Pico della Mirandola 1463–1493)、彼は宗教と哲学とを結びつけることを企てた人であったが、彼にあっては、「できたかもしれない」(potuisset) ということが「事実となった」(factum est) と結びつき、しかも、その際に彼はユダヤ教神秘主義カバラー (Kabbala) を借りてそうした。900にも及ぶ彼のテーゼの中に、「アダムが罪を犯さなかったとしても、神は人間になりたもうたであろうが、十字架にはつけられなかったであろう」という文言がある(40)。このテーゼは、受肉ということが十字架上の呪い (Verdamnung. damnatio) と区別がされており、受肉は明らかに卑下ではなく肉の体 (ロマ8・3参照) をとりたもうたことでもなく、両者の間には天と地との間ぐらいの違いのあるものであるゆえに、非常に興味あるものではある。人間になりたもうということは、理念の具体化のことであり、神性の充満・完成のことである。神人 (Gottmensch) によって、ようやく対立は克服されるのであり、ここでようやく、人間は人間性をもったままで神的なもの神に与(あずか)るものとなるのであり、ギリシャ精神とキリスト教の理念(イデー)との高度にして内的な融合(Verschmelzung) が起こる！

このような基盤に立って、宗教改革期の神学者でルターの教えを受けた一人、ニュールンベルクの人文学者グループ出身の一人は、このような考え方を教えるところの多いものとして受けとめ大胆にそれを完結させようとした。アンドレアス・オジアンダー（Andreas Osiander 1489‒1552）は、1550年にケーニヒスベルクにおいて、信仰義認論をめぐる論争の中で、「もし罪がこの世に入ってこなかったら、神の子は受肉することになっていたかどうか」(An filius Dei fuerit incarnandus, si peccatum non introvisset in mundum) なる標題を掲げて文書を刊行した。オジアンダーの考えは、「神は、この世界を創造した。それは、あらかじめ、神の計画の内にあったからである。天使と人間の世界が、神人（Gottmensch）によって、その頭(かしら)と王(König) とを戴くようになるためである」[41] というのである。創造されたすべてのものは意味をもっている。それゆえ、彼は、コロ1・15によれば「すべてのものが造られる前に生まれた方」と呼ばれる。「神が、み子が人間となることを欲したまわないとしたら、世界の創造ということを考えたもうこともなかったであろう」[42]。その際、オジアンダーは、Ｉペト1・19に従い、キリストの苦難は、「きずや汚れのない小羊のような」苦難とされており、「天地創造の前からあらかじめ知られていた」(Ｉペト1・20) と言われていたことを考慮していた。創造ということが、事実、神の計画から理解されるとき、受肉ということは、創造に先立つということにならないであろうか。オジアンダーにあっては、それゆえ、キリストは「天から来られた霊なる人間」なのであり、Ｉコリ15章が語っているとおりである。キリストは、このような「霊なる人間」であり、人間がそれによって創造される原像(Urbild) である。したがって、真実で、本来の人間が、地上の人間に先立つ。イエス・キリストとの出会いにおいて、人間はその本来の姿に出会うのであり、創1・26にあるように、その原像（Original）に出会う。したがって、オジアンダーにとっては、キリストは人間の真実を啓示するものであり永遠にわたり神と共なる真実である。子は、人間となる以前において、すでに、「肉と等しき者」(quasi incarnatus. gleichsam fleischgewordener)である。「人間」の「理念」・「原像」は、キリストの内に先在しており、ただ肉体的な史実(historisch)としての具体化を欠いているだけである。「キリストの人間としての性質の創造は、したがって、神の内にある最高にして最初の理念である」(43)。

ここでは、人間性というものは、天において、イエス・キリストの神性と同じものとして始まっている。この両者は、罪とは別に、死とは別にして、一つであることになる。ここでは、のちにカントにおいて見ることになるように、神と共なる言葉、理念としての人間、人間性と人間となることとが区別されている。ここでは、聖書の中にあるキリスト論を救済論との関連の中で見ることは解消されてしまい、それ自体が絶対のものとして独立する。ここでは、キリスト論は、創造と救済とを明らかにする、しかもそれらを総括する一つのシステムとなる。この点は、カルヴァンがすでに批判した点であり、オジアンダーが『和協信条』(Konkordienformel)において非難された点である。このような考えが広く浸透し、ドイツ観念論のキリスト論にあっては、それまでになかったような勝利を手に入れていることをわれわれはもちろん承知している。ここから、遂には、神理念と人間理念とが一致することが絶対宗教として姿をあらわし解釈される。ヘーゲル(1770–1831)が、『人間精神現象学』において、「神的存在が人間となるということ、あるいは、それが自己意識の本質的で直接の形態を持つことは、絶対宗教の端的な内容である」(44) と書くに至る。ヘーゲルにとって、人間になるということは、「このような神が、自身(Selbst)として、現実の固有の人間(ein wirklicher einzelner Mensch)として具体的に(sinnlich)見えるものとなる」(45)。

6. 思弁(Spekulation)に抗する聖書のキリスト論

キリスト論の崩壊(Verfall)にかかわる短い歴史記述を、さし当たりもう一度、これまでのキリスト論の教説においてはわれわれが聖書において神の子が人間になりたもうということについて読むところと一致したものではないことを確認して、終ることとしよう。ヘブ２・14は、「ところで、子らは血と肉を備えているので、イエスもまた同様に、これらのものを備えられました。それは、死をつかさどる者、つまり悪魔を御自分の死によって滅ぼし、死の恐怖のために一生涯、奴隷の状態にあった者たちを解放なさるためでした」と言い、その意味は、彼は、われわれの肉をとりたもうたということである。同時に、また、アダムは「最初」の人間であるともいわれている（Ｉコリ15・47）。さらに、また、フィリ２・５以下の周知の個所においては、「彼は、自分を無にして」云々とある。ここでは、人間になるということは、異質のもの、すなわち、「僕(しもべ)のかたち」を引き受けることと見ている。IIコリ８・９によれば、人間になることは、また、「貧しくなること」であると表現されている。人間になることは、したがって、神が、その子にあって、彼の先在することにおいてではなく、われわれの内に与えられ、過ぎ去りゆく法則のもとに置かれ、罪と死とによって印章を押された人間性をとられたということを意味する。このことの中でイエスは神の業(わざ)をなし、そのように服従の道を歩み、「あらゆる点において、わたしたちと同様に試練に遭われた」（ヘブ４・15）のである。

それゆえ、われわれは、次のようにも言いうるであろう。イエスにあって、われわれの肉と血も死より復活し、われわれの肉と血は十字架につけられ、そこで審かれたのだ、と。ここに起こった審きはわれわれにも当てはまり、ここに起こった栄光化は、われわれをも取り囲んでいるのだ、と。われわれの人間であることは、彼にあって一つの歴史を持つことになり、一つの運命を味わっていることになり、われわれの「古い人間」は「彼と共に十字架につけられた」（ロマ６・６）のである。われわれは「共に葬られ」（コロ２・12）、信仰によって、「共に復活させられ」るのであり、「罪の中にいて死んでいたあなたがた」（このことは比喩的に考えられているのでも誇張でもなく、全く現実のものとして語られているのであるが）を、「神はキリストと共に生かしてくださった」（コロ２・12）のである。それゆえ、「天の王座に着かせてくださった」（エフェ２・６）とも聖書は語りうる。神は、み子において、そのように人間となりたもうたので、しかも、人間の持てる性質においてそうなさったので、われわれが人間であり、われわれすべてがこのような人間存在と肉なる者であることを身に負っていることを通して、解放と救いとがわれわれの身に起こる。

さらに、第3のことも追加される。キリストが「天の人間」(Himmelsmensch) として身を低くなさったのではなく、「物質」(Materie) をとりたもうたのでもないゆえに、いわゆる「ロゴスをめぐる思弁」(Logosspekulation) なるものがどういうものかも、ここで、はっきり理解しうることになる。そして、それを退けうる。いずれにせよ、神と共なるロゴスは、「神と共にある」(Bei-Gott-Sein) ということにおいて、人間としての在り様であるのではなく、肉なる者と等しいような何者か (quasi incarnatus) でもない。そのような存在は、「神と共にある」ということにおいて、「ロゴス」であり「ロゴス」に留まっているものであり、「肉なるもの」(logos asarkos) の外にある。その彼が、われわれの肉と血とをとりたもう。その彼が、われわれと等しい姿 (Gestalt) において、われわれに出会いたもう。神の子は、その人間性において、その人間の姿において、決して「先在のもの」(Präexistenz) ではなく、われわれがその背後に予示的に思弁的にグノーシス的に立ち入っていけるような前史 (Vorgeschichte) などは持たない。そうではなくて、彼の肉の姿、地上での生活が「出来事」(Szenerie) であり、「器官」(Organon) であり、そこにおいて神はわれわれの只中に共に在すのであり、「われわれのために在す神」(Für-uns-Sein Gottes)、「われわれのためにお姿を現わされる神」(Für-uns-Eintreten Gottes) であられる。この彼に固着することが、まさに、「わたしのための神」(Für mich Gott) に固着することである。この彼にあって、神がわたしのために在すことが捉えられ理解され信じられ認識させられる。この彼に固着することこそ、「わたしのために」(pro me) 肉をとり、彼の独自の歴史を獲得したもうたことに固着することであり、わたしが、ここで、神的な義の出来事が起こり、遂行されていることに関わっているのだということを学び、そのようにして神を義とすることである。

しかし、なお、問いが残るかもしれない。人間が、罪を犯さなかったなら、神は人間となり得たか、ならねばならなかったかという問いを立てることは、もともとできないのはなぜかという問いである。人間の罪の背後に入ってゆくことはできるのか、神が人間となりたもうということの背後に入ってゆくことができないかという問いである。われわれは、万事を、あたかも非有・存在しないもののように考えることはできるが、われわれの罪人であるということは、存在しないかのように考えることはできない！　なぜなら、罪ということが十分に前面に差し出されることがなければ、人間としての実存を止めることになるのだからである。われわれは、「わたしは人間である」ということと「わたしは罪人である」ということを分離・分解してしまうことはできない。あるいは、罪人であるということ（Sündersein）は、人間であることをその中に含まないかのように分離・分解してしまうことはできない。このことは、まさに、神が人間になりたもうということについても言えることである。なぜなら、罪が何か道徳的欠陥というような程度のことであるのならば、それを防ぐには規則があれば十分なことであろう。しかし、罪は、存在としての欠陥（ein existentieller Defekt）である。われわれが、罪人であることを止めるとすれば、人間であることを止めることにならざるを得ない。われわれは、一つの新しい生命に、現実に変えられる必要がある。われわれが人間であることの中には、罪人であるということが受肉して（inkarniert）いる。そのように、まさに、われわれのような人間ではない一人の人間の中に、つまり、イエス・キリストの中に、神の恵みと慈しみとは受肉して（inkarniert）いる。したがって、人間が罪を犯さないかのように（si homo non peccasset）考えるとしたら、それは空想的（phantastisch）であるという他なく、そのような誤謬に立てば、誤ったキリスト論を立てることにならざるを得ない。

したがって、われわれは、文言を逆転させるべきである。「人間が失われたものであるので、神は、人間となりたまわねばならなかった」と。キリスト論は、したがって、救済論としてのみ展開されるのである、と。

７．認識の転換

キリスト論は、その場を、救済論ないしは「救いの出来事」との関連の中に持つということを、われわれはすでに見てきた。いずれにせよ、われわれが聖書の全体において出会うのは、そのことである。神が人間となりたもうということは、全く明確な世界と明確な人間を前提としている。さらに言うならば、救い主というべき方が出現するとき、そこからのみ、ようやく、底知れぬ深みをもった人間の損傷の全体もまた認識されうるものとなるということである。

さらに、われわれは次のことも見てきた。

聖書の中に横たえられている事実は、イエス・キリストにおいて神が人間となりたもうという教説の秩序（Ordnung）と順序（Einordnung）とを顧慮しているということである。それは、一つの関連性というものを指示しており、もし、こう言ってよければ、その関連性においてのみ聖書の中に横たえられている事実は意味をもち、「解明されうる」ものとなる、と。したがって、そこでは、神の慈しみと栄光ということのみならず、人間の悲惨ということも問題にならなければならないのである。神の可能性を確認するということだけではなく、その可能性は、人間をその悲惨の深みにおいて憐れむためには、いかに身を低くし、貧しい姿となり、小さきものとなりたまわねばならなかったかということをも見ざるを得ないことになろう。この上から下への運動、天から地への突入ということは、一つの転換（Umkehr）を呼びかけるものとならざるを得ない。というのは、人間が真実な人間存在となるために神の運動が上から下へのものであるのに対して、人間はつねに逆のこと、つまり、下から上へ、低みより高みに向かおうとするものであり、そのことによって真実な人間であることを棄ててしまうものだからである。

われわれは、次のことも見てきた。キリスト論は、一つの可能性、つまり、「神は、人間となりたもうことができるかどうか」（potuisset）とか「人間は、罪を犯さないでいることができるかどうか」といった可能性に基盤を置くものではないということである。そうではなくて、キリスト論は、「言は肉となった」（ヨハ1・14）という直接性にこそ基盤を置く！　われわれの考え方は、いかに困難なもののように見えることであろう。想像もつかない、不思議な現実である神の啓示という現実の中にあっては、神のなさること（Tat）は、人間の洞察とか理解を超えるものである。人間の心に思いも浮かばなかったこと、捉えがたきこと、理解を超えたもの、それが、神が

「その愛する者たちのために準備されたこと」（Ｉコリ２・９）である。したがって、神を現実に捉えようとするならば、神はわれわれの心より大いなる方でありたもうゆえに、想像もできないもの、予想することも不可能なことを予想するという準備が必要であろう。現実に在したもう神を現実に理解するためには、われわれの考え出し生み出したような神概念なるものを棄てる準備が必要であろう。誰も、神が人間となりたもうということを信じることと、われわれがいつもそうしているような、神を世界の創造者、従うべき律法の授与者、永遠の愛、青銅の運命（das eherne Schicksal）として神を考えるといった自分のつくり出した神についての概念に固執することとを同時にしようなどということは不可能である。われわれが、ベツレヘムの馬小屋に登場なさった方をもって「言は肉となった」という聖書の文言を現実のものと考え、この方を礼拝しようとするのであれば、人間によってつくり出され考え出されたすべてのもの、われわれの精神なるものが生み出したような神概念と神の像とはすべて犠牲にされる他はない。われわれは、新たに生まれたもののようにならなければ、その方を理解し得ない。われわれすべてが、神と人間とについて、われわれの暗闇と神から全く遠き地点で描いてきたような理念から離れるときにのみ、われわれが、このことのみを知ろうとし、人間となりたもうという神のみを知ろうとし、その他の何も知ろうとはしないときにのみ、われわれは、キリストにあって神を知ることができるであろう。われわれは失われた者たちであり、非現実の世界へと失われてしまっている者たちであり、つまり、虚しく神をわれわれのほうへ引き寄せようとすれば、いつも、ただ貧弱で偽りの「人間神」（Menschengott）をつくり出すものでしかないのであるが、そして、また、いつも、神への新しい懐疑の種子を播く以外のものではないわれわれであるが、さらに、われわれは終りゆくものであり、肉であり、死の束縛のもとにある人間であることを拭い落とそうとする努力を棄てようとしない人間であり、しかも超人（Übermensch）であろうと欲し、そのことによって正しく人間以下に転落していってしまう者であるので、そのようなわれわれは、新たに生まれた者として、神と人間を認識しうるものとなり、聖書の使信を発見し、この福音をこそ理解するものとなるべきなのである。

もう一度、確認をしておくことにしよう。神の奇跡と行為とは、いつも、ただ背後より、あとからのみ、はじめて知りうる（einsichtig）のであり、後天的（ア・ポステリオリ）に（a posteriori）のみ知りうるのである。神の奇跡と行為とは、すべての「歴史的」（geschichtlich）出来事と呼ばれるものと関係がある。といって、歴史的出来事と同じものというわけではない。なぜなら、歴史的出来事というものは把握可能な枠の中にあることであり、神の行為は、そのようなわれわれが歴史と呼んでいる歴史的出来事の関連の中では捉えうるものではないからである。歴史的出来事というものは、すべて、多かれ少なかれ、最後の人間の歴史に関係したものであるが、他方、われわれがここで歴史と呼んでいるものはすべて最初の人間に関係したものである。神の似姿において創造されたこの霊的存在とされるものの死なしには、歴史はない。神の行為というものが、われわれの思考などによって接近・洞察しうるものではなく、あとになってはじめて洞察しうるものであるとき、ただわれわれがあとになって考え（Nach-Denken）、ただ、神の軌跡（vestigia Dei）に従っていこうとする時にのみ、認識というものは信仰に従うものであるゆえに、とにかく、認識（intelligere）に対して信仰（credere）を先行させるときにのみ、神がなし得、またなしたもうことについて、神がわれわれを事の審判者となさることなく、われわれが予断を下しはじめる前に判断中止をさせてくださる時にのみ、われわれは、単なる、今までなじんできたものでもない、罪と死と無関係でありうるような、真空の中に立ち入ってゆくような可能性に立って、神が人間となりたもうという現実の背後に立ち入っていこうなどとはしないことであろう。

いずれにせよ、人間と罪、人間と死を区別することは、神が人間となりたもうことによってのみ可能なことである。「罪なき方」が、しかも、「真実の人間」が、ここで、ようやくわれわれの只中に登場なさる。ここで、ようやく、われわれは、死――この中にわれわれは生まれ、われわれの血の中にそれを持ち運んでいる時の徴し（Zeitze-ichen）のように死はわれわれの中で音をたてている――と、一人の人が自ら進んでご自身に引き受けたもうた、もう一つの別の死というものとの間に区別をおくことを学ぶ。ここで、ようやく、われわれは、いままでどんな宗教も哲学も捉え得なかった考え、つまり、人間がその実存において罪人とも呼ばれることもなく追及されるのでもない一つの街（まち）が存在するのだという考えを抱きうることを学ぶ。

注

(10) イーヴァントの草稿では、Die Stellung der Christologie im Ganzen der Dogmatik（教義学の全体の中でのキリスト論の位置）

(11) De cognitione Dei redemptoris in Christo, quae Patribus sub lege primum, deinde et nobis in Evangelio patefacta est.（『キリスト教綱要』(J. Calvin, Institutio Religionis Christianae, 1559) II, edd. P. Barth/W. Niesel 228（O. ウェーバー訳, 239)〔日本語訳は、中山晶樹訳、渡辺信夫訳他を参照〕

(12) J. Calvin, (a. a. O., II, 9, 3, 401（465)）をそれぞれ参照。

(13)『神学総覧』Ph. Melanchthon, Loci conmunes（1521）

(14) "De benevolentia Dei erga hominem lapsum" H. Schmid, DELK〔Die Dogmatik der evangelisch-lutherischen Kirche. の略記号。M・G・ペールマンによる新しい編集（1990年）版がある〕§30（標題, 183）

(15) "De fraterna Christi redemptione…" a. a. O., §31（標題 , 196）

(16) (S. u. S., 174)

(17) 「神の真理を偽りに替え、造り主の代わりに造られた物を拝んでこれに仕え……」(ロマ1・25)

(18) 『神学大全』(STH Ⅲ, 序論（プロローグ)）を参照。

(19) "ut…de ipso omnium Salvatore ac beneficiis ejus humano generi praestitis nostra consideratio subsequatur" (ebd.)

(20) "quod Deus pro nostra salute factus est homo" (ebd.)

(21) "multis aliis modis"『神学大全』(STH Ⅲ, q1 a2)

(22) "quod Christus mediator Dei et hominum dicitur"『神学大全』(STH Ⅲ, q26)

(23) J. Calvin, a. a. O., II, 12, 4, 440（517）

(24) 『キリスト教綱要』(Instituto, II）における標題

(25) "Reliquos vero locos, peccati vim, legem, gratiam, qui ignorarit, non video quomodo Christianum vocem. Nam ex his proprie Christus cognoscitur, siquidem hoc est Christum cognoscere beneficia eius cognoscere, non, quod isti docent, eius naturas, modos incarnationis contueri. Ni scias, in quem usum carnem induerit et cruci adfixus sit Christus, quid proderit eius historiam novisse?" (Loci communes [1521], Introductio, Melanchthons Werke in Auswahl, (『神学総覧』Locicommunes, 1521. その序言。『メランヒトン著作選』Hg. R. Stupperich, Bd. II/1, 7；Übers. n. H. G. Pöhlmann, 23).

(26) "Solus Christus est perfectus Dei et hominum mediator, inquantum per

suam mortem humanum genus Deo reconciliavit."『神学大全』(SThIII, q26 al).

(27) 『神学大全』(SThIII) プロローグ。

a) de ipso Incarnationis mysterio

b) quod Deus pro nostra salute factus est homo.

(28) "Utrum fuerit conveniens Deum incarnari"『神学大全』(SThIII, q1 al, 3).

(29) "secundum rationem propriae naturae" (ebd).

(30) "Pertinet autem ad rationem boni ut se aliis communicet" (ebd).

(31) イーヴァントの欄外メモ。2Kor 5, 19.

(32) イーヴァントの欄外メモ。nondum considerasti quanti ponderis sit peccatum!

(33) 『ハイデルベルク信仰問答』第一部 "人間の悲惨について"〔『ハイデルベルク信仰問答』の日本語訳は、竹森満佐一訳、その他数種がある〕

(34) 以下を参照。I. A. Dorner, Entwicklungsgeschichte der Lehre von der Person Christi von den ältesten Zeiten bis auf die neueste dargestellt, Bd. II, 1855., 420-455.〔I・A・ドルナー 『キリストの人格に関する教義の発展史』〕E. Hirsch, Die Theologie des Andreas Osiander und ihre geschichtlichen Vorawusetzungen, 1919年〔E・ヒルシュ『アンドレアス・オジアンダーの神学とその歴史的諸前提』〕。

(35) "Utrum, si homo non peccasset, nihilominus Deus incarnates fuisset"『神学大全』(STh Ⅲ, q1 a3).

(36) "Si homo non peccasset, Filius hominis non venisset" von Thomas による引用 (ebd.)

(37) "potuisset enim, etiam peccato non existente, Deus incarnari" (ebd.)

(38) J. D. Falk『ドイツ福音主義教会讃美歌』EG 44, V. 1〔クリスマス讃美歌の一つ〕

(39) 『神学大全』(STh Ⅲ, a. a. O.)

(40) "Si non pecasset Adam, deus fuisset incarnatus, sed non crucifixus" E. ヒルシュの引用, a. a. O., 154.

(41) E. ヒルシュ, a. a. O., 152f.

(42) "Nisi…deus voluisset filium suum incarnari, nunquam de mundo condendo quicquam cogitasset" (E. ヒルシュ, a. a. O., 153)

(43) E. ヒルシュ, a. a. O., 158.

(44) G. W. F. ヘーゲル, Phänomenologie des Geistes 1807, Ⅶ. C.『精神現象学』啓示宗教、577.

(45) Ebd

第3章　ヘーゲル以後のキリスト論の思惟の道 構築(Aufbau)—解体(Abbau)—再建(Umbau)[46]

キリスト論をめぐる作業を進めるにあたって、重大で有意義な前作業(Vorarbeit) というものがすでになされてきていることをわれわれは承知している。キリスト論をめぐる作業はわれわれをもってようやく始まるのだなどと考えることは誤りであろう。その際、われわれは、古代教会において成立し、明確な信条として固定され、正統と非正統、また異端との厳しい抗争のなかで形をなしてきた個々のキリスト論的諸命題、それらがやがて451年のカルケドン信条において「二性説」(Zweinaturenlehre) の形で一定の終結を見るに至った命題のことを考えているわけではない。

むしろ、それとは全く別の時期を考えている。つまり、19世紀前半におけるテュービンゲンの偉大な神学者であり歴史家でもあったF. Chr. バウル〔Ferdinand Christian Baur 1792-1860〕の仕事、さらに、この問題について卓抜な仕事の多くをなしてきたシュヴァーベン出身の神学者たちのひとりI. A. ドルナー〔Isaak August Dorner 1809-1884. ベルリン大学組織神学教授〕、同じくエアランゲン学派に決定的影響を及ぼしたフランケン出身のG. トマジウス〔Gottfried Thomasius 1802-1875〕の仕事のことを考えている。これらの人々によってなされたキリスト論上の、また教義史の業績は、この時期に集中している。

1839年に、ドルナーの第一作『最初の4世紀におけるキリストのペルソナに関する教説の発展史』[47] が刊行されるが、これはキリスト論の研究とその問題解明の分野における最も輝かしい業績の一つである。1845年には、バウルの全3巻にわたる『神の三位一体と神の人となりたもうことについてのキリスト教教説の歴史的展開』[48] の刊行が始まる。同じ1845年に、トマジウスは、その著作『教会的キリスト論への寄与』においてはじめて公にわれわれの課題に対する発言をなし、続いて1852年には、きわめて注目すべき最重要のキリスト論的著作『キリストのペルソナと業』(全4巻) を刊行した(49)。しかも忘れてならないのは、すでに1835年にD. Fr. シュトラウス〔David Friedrich Strauß 1808-1874〕の『イエスの生涯』が刊行されていることであろう(50)。Th. ツィーグラー (Theobald Ziegler) は、正当にも、「これこそ圧倒的な注目を集め強力な作用を及ぼした著作であり、もしこう言ってよければ、この書物の出現によって1835年という年は運命の年、もう少し好ましい表現をするとすれば近代神学の革命の年となった。というのは、問題 (*das* Problem) そのものが、つまりキリスト教を創設したイエスとは誰であったかという問題が提示されると共に、この問いの背後になおもう一つの問い、シュトラウスが30年ののちにわれわれはなおキリスト者であるかと言い表わした問いが、中途半端な仕方においてではあったが示されていた」と書きそえたのであった(51)。シュトラウスの目論見は、神が人となるということの中に全き人間性の理念を見いだそうということにある。「一つの範例の中に理念の全内容を注ぎ込み、他のあらゆるものに抗するということは、理念が実現される仕方ではない」(52) からである。

真の神人 (Der wahre Gottmensch) はそれぞれの個人ではなく、類 (Gattaug) としての人類 (Menschheit) のことである。「夾雑物は個人 (Individuum) にのみついてまわるが、類において、またその歴史にあっては夾雑物は廃される」(53)。シュトラウスは、人間性の起源とそれをめぐる論争とを導き出すために二性の説 (Lehre von den beiden Naturen) を利用する。このことは、彼にとっては、「人類は可視的な母と不可視的な父との間の子であり、精神と本性 (Geist und Natur) との子である」ということである(54)。その生成過程は、精神の中へ本性が採り入れられてゆく過程であり、父性的原理が母性的原理に対し勝利してゆく過程である。

ここにおいて、今回は、大がかりにしかも中心に引き出され、一見正統的なキリスト論の教説、つまり「二性説」(Zwei-Naturen-Lehre) の影が姿を現わしている。これは、啓蒙主義がもう一度復讐に現われたといった事態であり、教義 (Dogma) というものが神話論 (Mythologie) へ変貌してゆく中で、来るべき神学の展開に対して陰険な問いが途上に姿を現わしてきたかのような事態である。問題は、われわれがキリスト論というものを押し進めてゆく中で、ナザレのイエスの本来の姿とその宣教とから遠く離れてきてしまっているのではないかということであり、キリスト教と神話との間にある濠を土砂で埋める最初の一歩がすでに踏み出されているのではないかということである。つまり、ドイツのプロテスタント神学において、100年前に確認しうる以上のようなキリスト論の問題領域における刺激（Aufregung）と懸命な努力（Geschäftigkeit）とが、正直に言うならば、同じ100年の後半期に、歴史的批評的研究（historisch-kritischen Forschung）への素材を提供してきていたということである。

歴史的批評的なるものは、19世紀の前半にはまだなかったものである。19世紀前半にあっては、事は歴史哲学的に（geschichtsphilosophisch）、もしこう言ってもよければ、歴史的哲学的に（historisch-philosophlisch）遂行されてきた。それは、ドイツ観念論哲学の偉大な仕事によって担われてきた。とりわけ、ヘーゲル〔Georg Wilhelm Friedrich Hegel 1770-1831〕とシュライエルマッハー〔Friedrich Schleiermacher 1768-1834〕がこのようなキリスト論の新しい発見に対する霊的父祖たちである。ヘーゲルが、神が人となりたもうということの中に最高で固有の事実、「絶対精神の具現」（die faktische Absolutheit des Geistes）を見たのに対し、シュライエルマッハーは、原像的なもの（Das Urbildliche）という概念を彼のキリスト論に新たに適用し、この原像的なものを神意識の全き強力さの中に見た(55)。

しかし、ようやく次の世代、第2世代によって、キリスト論は本来の固有の主題として提示されることになる。いまや、才能があり思弁的関心を有する神学者たちの世代は、教義史（Dogmengeschichte）を新たな仕方で読み、理解する。教義史は全体を見通しうるもの、理解しうるものとなる。教義史は、教会当局によって承認された教説を恣意的に並べただけの総体であることを止める。それは、歴史の中における真に理性的なものであり、まさにキリスト教意識の展開と発展とが問題となる歴史における理性的なものである。なぜなら、教義においてこそ、キリスト教の精神はそれ自身の中から立ち現われ、一定の具体性において現われる形態となるものだからである。

このことにより、教義（Das Dogma）は孤立したものであることを止める。教義は、それ自体によって立つ命題ではない。むしろ、その展開において理解されうるものとなる。

「真の方式（Die wahre Methode）というものは、事柄そのものに内在する運動、あるいは、自ら運動する概念でしかありえない。概念の自己運動とは、精神の活動と運動こそが思索することであるかぎり、精神の自己運動なのである。教義をその概念性において捉えるためには、われわれは、思索する精神という事の本質に立ち帰る必要がある」、あるいは、「教義史の全行程というものは、したがって、絶えざる発展史である」(56)。それでこそ、それは教義史である！　ただ、このような教義史においてのみ、このような全体の展開においてのみ、遂には完結することはない出来事の生起の中においてのみその全体と真実とは捉えうる。精神が、一つの命題（Satz）を真実なものとしてその実を示すやいなや、その真実は、精神にとっては、外的なものとなってしまう。精神は、その真実を反対命題の中に止揚せざるを得ず、それゆえに、古い位置づけを破棄して新しいものを得ていく他はない。「それは、つねに結び解くという休むことなき精神の活動であり、その中では、新しいものを開始するためには、(ギリシャ神話のオデュッセウスの妻ペーネロペイアが、義父の棺衣を昼は織り、夜はそれをほどいたといわれるように）繰り返し結びまた解く」(57)。まさにそのように、イエス・キリストのペルソナ（人格）の把握ということにおいても、まずはその神性（Gottheit）の否定ということにおいてその人性（Menschheit）を考え把握する他はなく、そこにキリストを単なる人間として捉えるいわゆるエビオン主義的キリスト論として知られているものが立ち現われてくる。明らかにユダヤ教的といえるこの立場がひとたびとられるならば、イエスの神性というもう一つの面を捉えるためには、人性の否定という形を考えざるを得なくなる。精神が、本来の自分に至るために通り抜けるこの段階は、仮現説キリスト論（doketische Christologie）であり、これはさらにひときわ異教的・ギリシャ的なものである。神性と人性の双方が対置されて考えられたのちにようやくその双方の一致ということが可能となる。それは、単なる対置が克服され、真の人性と真の神性とが、一つの主体において同位のものとして主張されるという仕方によってである。

このような展開史の視点からすれば、真実から最も遠いように見える立場も意味を持っており、それらは通過点として、しかも無くてはならぬ通過点として意味を持っており、それ自体が個別のものとして捉えられるのではなく、キリスト教精神が本来の姿に到達するために必要な段階として意味をもつと見ることができよう。たとえその段階がやがて背後に棄てられるものとなろうともである。真実は、その過程全体の中で姿を現わしており、異端（Häresie）といわれるもの、その誤謬もこの過程全体の中にその必然の場を有する。

さて、19世紀は、どのような理由から、キリスト論なるものに向かっていったのであろうか。それは、まさにキリスト論の教義を追求していくことの中でこそキリスト教精神自体を保持することができると考えたからに他ならない。というのは、このキリスト教精神なるものは、イエス・キリストご自身についてキリスト教的意識が形づくったところの、自己を定立しまた廃棄した諸命題の中に見いだされうるのだからである。キリスト論の背後には、したがって、顕著に教義学的関心、つまり絶対宗教としてのキリスト教の本質への問いが立っている。

われわれは、依然として、この意味でキリスト論的に問いを立て考えているかどうか、あるいは、「真実の人間」（Wahren Mensch）について問う問いがとりわけ前面に押し出されている以上、その問いについていかなる新しい道を意図して行なおうとしているかについて釈明をしなければならないことになろう。「われわれ」というとき、そこでは20世紀に至って発表されたイエスに関する著作（Jesusbücher）のすべて、多かれ少なかれ特別のキリスト論上のタイプ、すなわちエビオン主義的―終末論的タイプに属するすべてのものを考えている。さらに、われわれは、いわゆる弁証法神学の中から姿を現わしてきたキリスト論を考慮に入れる。その際、わたしは、エミール・ブルンナー〔Emil Brunner 1889-1966. スイスの神学者。チューリッヒ大学組織神学教授。来日している。『仲保者』『矛盾の中の人間』他〕、ハインリヒ・フォーゲル〔Heinrich Vogel 1902-1989. ドイツの神学者。ベルリン神学大学、フンボルト大学教授〕、カール・バルト〔Karl Barth〕、フリードリヒ・ゴーガルテン〔Friedrich Gogarten 1887-1967. ドイツの神学者。ゲッティンゲン大学教授〕といった人たち、いわゆる互いに無関係ではないにしても、おのおの独立した仕方できわめて大がかりな「近代的」(modern) キリスト論を呈示した人たちのことを考えている。奇妙にも、20 世紀の仕事は、19 世紀のキリスト論の諸研究に対して無関係である。こうも言いうるかもしれない、20 世紀の教義学的考察は、自己自身を運動において理解する教義史的考察を駆逐したのだと。もちろん、いかなる権利をもってこのような移行が遂行されたのかは問われねばならない。19 世紀のあの世界(この際、その前半期のことを考えてのことであるが)より 20 世紀の世界への移行は、人にはあたかも何も変わらぬ同一の姿のように見える。ただし、当時は春であり、すべては流動化していたが、教義学(Dogmatik)と呼ばれていたものはその動きの硬直化を示し、精神の凍結した冬の時を示していたのである。いずれにせよ、われわれの記述における課題は、当時のキリスト論的作業と今日のそれとの間の比較を行なうことである。

われわれは、キリスト論が本来の理解に即して展開されていた最初の 4 世紀以来、キリストのペルソナについての教説に対して最も重大な意味を持ち、わたしの見る限り最も実り多かった神学的作業のなされた時期について語ってきた。しかし、また、キリスト論研究が最高度に花ひらいたあの時代に、他の仕事、1835 年に刊行されその年の内に 4 版を重ねた D. Fr. シュトラウスの『イエスの生涯』(Leben Jesu)、それは神人についての教説を神話の中へ置きかえてゆくことによって、いわば古傷に指を触れることとなった著作が出現していたこともすでに指示しておいた。史的イエス(Der historische Jesus)と、その教団の信仰において史的イエスから「創出」(gemacht)された神人とが、別々のものとして登場し、史的なもの(das Historische)で偶然的なもの(Zufällige)とが背後に引きさがることによって、まさに理念だけが、人類が己自らをそこで把握し人類自身の内在する独自な表象を形づくる理念だけが生じてきた。史的なものと理念的なものとは、両者は共に見られるべきものである。教義学は神話論的なものから分離されないものかどうか、人間的実存それ自体から把握しうるものではないのかという、教義学に対する怒りに満ちたシュトラウスの問いかけにおいて、啓蒙主義というものが新しく目ざめてきた正統主義信仰なるものに対して復讐をしており、そのことによって、正統主義信仰なるものは、事実にのっとってではなく、つまり根源からではなく、ただロマン主義的にその問題が克服されたということを暗示した。「史実のイエス」(historischen Jesus)、つまり直接の歴史的現象であるイエスと、教団の信仰が前面に押し立て解釈したキリストとの間の分離ということが断固として保持され、それゆえに、あのように高度な成果を生みだした19世紀後半期において、神学は教義としてのキリストの背後にある史実のイエスに立ち帰り、少なくともそのことによって、教義学的思考の背後にある真の根拠（Realgrund）であるイエスを発見するという試みを果たすことになった。

教義としてのキリスト、つまり神人とはわれわれの理念ではないのか、教団信仰の宗教的創造性の産物ではないのかという、この憂鬱は今日に至るまで続いている。教会の存立をめぐる苦闘、教会の宣教の自由をめぐる諸努力というものが後退していったのちに、プロテスタント各派において自らを確固たるものだと自負している正統主義が、深いところで感得されながら今まで解決し得ていないこの問題を否定しようとしても、この深く巣食った懐疑は我々を養う食物となっている。懐疑は存在する。19世紀における教義の擁護者のなした教義の規定は、他の人々が教義の中に神話との親近性を感じとり、このようにしてキリスト論そのものを解消したことについて、恐らくは責任なしとはされない。まさに、「足跡は、わたしを懼（おそ）れしむ！」(Vestigia terrent）である。この同じ危険個所で挫折することを避けるためにはいかにあるべきかという問いの前にわれわれは立たされている。

わたしは、19世紀と20世紀を包括する「キリスト論の叙述」(Darstellungen der Christologie）を、つまり、父祖たちとその孫たち、過去と現在を包括する叙述、それを三つの部分に分けて扱いたいと考えている。

第1に、19世紀がキリスト論の再発見ということにおいて共通の精神的・霊的項目としたものは何であったかを示す。

第2に、これらのキリスト論的企ての特殊性を把握する。

第3に、ゴーガルテン、フォーゲル、バルト、ブルンナーといった人々の新しいキリスト論をとりあげ、この人々において何か決定的な前進が見られたかどうか、ルビコン河〔イタリア中部、アペニン山脈に発し、アドリア海に注ぐ川。古代ローマの境界。カエサルが「賽（さい）は投げられた」と言って渡った川〕を渡ったのかどうか、シュトラウスの厳しい問いの影はもはやわれわれの背後にはついてきていないかどうかを問う。その際、われわれは、簡潔にであるにせよ、近年のイエス叙述（Jesusdarstellungen）に言及せざるを得ない。それらが、ほとんど十分には考え抜かれたものではない史的エビオン主義的立場からのものゆえに教義学上多くを与えてくれるわけではないにしてもである。

1．ヘーゲル学派における新しい開始（G. W. F. ヘーゲル、I. A. ドルナー、F. C. バウル）

キリスト論的論述というものは、それが教義上（dogmatisch）の事柄としてであれ、教義史上（dogmengeschichtlich）のこととしてであれ、いずれにせよ、シュライエルマッハーとヘーゲルという二人の存在の肩によって担われてきた。こうも言いうるかもしれない。教義上のキリスト論的論述の企てに関してならば、教義史上の論述の企てほど重要性を持たないが、より多くのものをシュライエルマッハーと彼のいう原像（Urbild）としてのキリストという教説に負っており、他方、教義の概念を厳密に受け取る人々はヘーゲルに多くを負っている、と。格別の興味をひく後者の人々のことから始めることにしよう。

G. W. F. ヘーゲルにおける神が人間となること

まず、以下のことが承知されなければならない。ヘーゲルの全哲学は、その根源性（Wurzel）と正統性（Rechtfertigung）とを神が人間となるということ（Menschwerdung Gottes）の内に持っている、と。事実、ここでは、神人（Gottmensch）ということが精神の絶対性（Absolutheit des Geistes）に対するすべての真正で突出した認識の最高の原理（das oberste Prinzip）である。神人こそ学問と信仰とを真に宥和（ゆうわ）するもの（Versöhnung）であり、精神の絶対性の表出（Darstellung）であり、顕現（Erscheinung）なのである。神人がそのようなものである限り、その絶対性のゆえに定義不能なものではあるが、神人は存在（Das Sein）と非存在（das Nichts）とを自らの内に持ち、しかも、今や、その顕現においてつまり遂に人間としての顕現において対象として把握可能となる。今や、神は、その歴史の内において在るものであり、この場所において、「ここに在るもの」（dieser da）として(58) 把握しうる。しかし、神人は、この地上の人間といった存在であるからといって、まさにその非直接性のゆえに、外的実存の意識に対してのことではあるが、神人は決して過ぎ去りゆく世界に属する現象の一つというわけではない。このような過ぎ去りゆくということ（Vergänglichkeit）は、彼にあっては止揚されなければならないが否定されてはならず、克服されなければならぬことである。つまり、より厳密に言うなら、この経験世界における精神の表現としての顕現は絶対精神の自己意識の中に取り戻されなければならない。彼は死ななければならないのであり、しかも、霊として、復活しなければならない。地上のものであるとして挙げられたものでもあるその双方のものであるためにである。このことによって、有限なるもの（das Endliche）、いわゆる歴史というものがその隔離より解かれ、絶対精神そのものの運動の中に吸収される。絶対的なものと相対的なものの区別は、（神の内にある）即自（An-sich -sein）と（地上にあるものの形態）としての対自（Für-sich-sein）とは、止揚される。両者の区別は、見極め得ぬ究極の深みに到達した地点で止揚される。聖なるもの、この世界を超えたものとしての神と、罪ある人間となることとの間は超えられる。それゆえ、神が人間となることが同時に宥和（Versöhnung）なのである。神学的に見ればそれは拘束性をもって強制される信仰の命題（Glaubenssatz）であるが、精神に対しても権威ある命題として表現される。哲学的に見れば、教義（das Dogma）は精神によって捉えうるものとなることを欲しており、精神に対して疎遠なものでないことが求められ、精神に対しての対象となり、精神において、精神を通して自己自身となり、その独自の自由と絶対性の意識に到達しうるものとなる。「キリストは、教会にあっては神人と呼ばれる。この唯(ただ)事(こと)ではない構造性（Zusammensetzung）は、人間の理解力（Verstande）(59) にとっては矛盾そのものであるが、神的本性と人間的本性との一致ということは、人間にとっては、全く別の存在（das Andersseyn）が、つまり人間の本性の有限性、弱さ、虚弱性というものが、この一致と結合され得ないものではないという意識と確信とに至るということである。……このことこそ、われわれがその必然性に注目してきた唯事でない構造性である。このことにより、神的本性と人間的本性とはそれ自体違ったものではないということが言われている[60]。神は人間の姿において在すのである（Gott in menschlicher Gestalt）。真実は、唯一の理性（Vernunft）、唯一の精神（Geist）があるということであり、有限性としての精神というようなものは真の実存（Existenz）を持たないものだということである」[61]。

ここで神人といわれているものは、原理的には、神と人間との間の相違性の止揚のことである。しかし、この相違性の止揚ということは、主であり創造者である方とその被造物であり、子らである者たちとの間の相違は残っているが、ただ、シュトラウスがあのように格別に固着した、「一つの範例」（ein Exemplar）においてのみ、一人の人間の言葉が神の言葉であり、その一人の人間の存在が神の現在であるその場所において相違性は止揚されるという事情ではない。そうではなくて、この一つの範例において、まさに範例的に示されることは、絶対なるものと歴史的相対的なものとの間にわれわれ有限のものが受け止めてきた区別・違いは仮想（Schein）のものであるということであり、われわれが存在するもの（das Seiende）を生成の範疇の中に解き放つと直ちに消失していくものであるということが示されている。神が人間となり、そのことによって、人間は神となる。

ヘーゲルに対して、軽蔑して鼻に皺（しわ）を寄せることは簡単であり、彼をグノーシスとして咎（とが）めることも簡単である。彼の中にはそれが事実としてしかも威圧的な仕方であるとして、しかし、神が人となることについて考えることを止めてしまい、そのことを歴史の全関連の中に位置づけることを止めてしまうのなら、ヘーゲルの過ちを避けることは簡単である。平らな地平にだけ留まろうとするものには山から転落する危険に陥ることはなく、あるいは、山へ登ろうとするものが誤った道を選ぶなら空虚の中へ落ちてゆく他はない。あえて同じ地平に立とうとするものだけが、その同じ地平で神と人間との一致ということを考えるような思慮を根本から拒否するという批判をなしうるものである。キリスト論とは、教会が（ここでわたしは同時に新約聖書のこと、さらには新約聖書の促しと指示とのもとに身を置いた教会のことを考えているが）この一致とはいかなることであるかについて決定的な思考を遂行することを止めようとはしなかったということである。もちろん、教会は、神的本性と人間的本性が同位であること（Gleichheit）などを語ったわけではなく、教会がそれをしなかったのは、二性説には躓き（つまずき）になるもの（das Ärgerliche）と証明に役立つもの（Zeugnishafte）の両方があるという特殊性があったからであろう。「二性」（zwei Naturen）ということが語られていたとすれば、この教説は、相違性それ自体を固く主張していることをわれわれに告げているのであり、ここで、まさにそのことが確証され保持されるべきである。罪と義とはそれ自体一致し得ない対立の内に留まっているようにである。たとえ信仰者の人格の中ではこの二つが「同時に」（zugleich）、つまり、「義人にして罪人」（Simul iustus et peccator）[62]とか「神にして人」（Simul Deus et homo !）[63]というように同時にありうるにしてもである。もちろん、今日、神が人間となるという中心教義を、ヘーゲルがしたように受け取るということはほとんど想像もできないことであり、むしろ、カントに従って、すべての超越的なものに対して踏み越えてゆくことのできない境界（Grenze）を設定し、ただ倫理学だけをこちらからあちらへ至る掛け橋として立たせたようにすることになろう[64]。そして、このことは神学者たちにも作用を及ぼしたのであり、歴史的な問いかけに面してキリスト教の信仰告白の堅持をはかった神学者たち、啓蒙主義のようなものの前では、神や善についての単なる理念や不死の魂といったことに事を限ろうとした神学者たちにも作用を及ぼしたのであった。キリスト教が一つの歴史的宗教であることは、シュライエルマッハーが明確に知らせてくれたことであり、歴史というものは個々の実存の多様性の中での生命の充溢（Fülle）であることは、人々はロマン主義時代のあらゆる風穴を通してすでに吸い込んでいたことである。歴史と理念、歴史の中の神の啓示、教義の中にあるもの、それを一つのものとして見ようとする門は今や開かれた。「偶然的な歴史の真実というものは、必然的な理性的真理（Vernunftwahrheiten）の証明たり得ない」[65]という理由から、レッシング〔Gotthold Ephraim Lessing 1729-1781〕でも越えられるとは考えられなかった「不快で広い濠」(der garstige breite Graben) が今や飛び越えられた。今や、突然に、あれか、これかが廃された。神が人間となるということにおいて、永遠で必然なるもの (das Ewig-Notwendige) と歴史的偶然的なるもの (das Geschichtlich-Zufällige) とが一つになった。信仰と知とが新たに宥和する門が開かれた。それゆえ、このことが新しい世代のなすべきことであった。

I. A. ドルナーにおける神人 (Gottmensch) の理念

若きドルナーが、その最初期の著作において提示し、のちに彼のすべての著作を貫く方向性を示すものとなったものは、まことに簡潔にしかもきわめて鮮明に一義的に主題提示のなされているその最初期の著作の導入部・序論において、すでに十分に見てとることができる[66]。彼の言うところに従えば、いっさいのことがそこをめぐっており、いっさいのことがそこで明らかになってくる肝心の点、つまり決定的な決戦場 (Entscheidungsschlacht) というものをすでに彼はそこで見てとっている。

「キリスト教と理性との間の長い闘争史にあって、その争点が決定的となる地点では、とりわけ何が問題であるのかが、徐々にではあるが、いよいよ一般的となりいよいよ明白に意識されてくるのを見るのは、何と喜ばしいことであろうか」[67]。ドルナーは考える、「すべての論争の当事者たちの論争の力量 (Streitkräft) は、いよいよ、『キリストの位格（ペルソナ）』(Person Christi) ということに集中している。ここここそ、すべての思想と世界観とが決断を下さざるを得ない地点として彼らを捕えてはなさない主戦場 (Feldherrnhügel) である」[68]。しかも、「神的なものと人間的なものとの真に完全に統一された人格 (die persönlich vollkommene Einheit) として表れているそのようなキリストが肝心である」。このようなキリストが「必然であり現実である」かどうかが肝心である[69]。ドルナーは考える、このことこそ、昔から、すべてのキリスト論の教説とその意義であった、と。「神人イエス・キリスト、神の子の理念が人間であり教会の頭（かしら）であるということこそ、ドイツのキリスト者に課せられている謎を解く言葉である」[70]。あるいは、彼は、こうも言っている、わたしの根本理念は、「キリストが単なる (sic) 史的なものでも、単なる観念的・形而上学的意味を持つものというのでもなく、完全なるその位格（ペルソナ）において唯一のものであって、その双方であるということである。そのことにより、彼は、単なる集団（Masse）としての人類の頭であるのではなく、有機体（Organismus）そのものなのである」[71]。

ドルナーは、このことを教会がもはや理解し得なくなっていたことを知っていた。彼自身は、シュライエルマッハーの神学思想を己の独自なものとしており、そのことにより、錯乱していた教会の意識を純化し、教会がそのために遣わされている使命というものを確かなものとしようとした[72]。このことにより、人は最初のキリスト教に立ち戻り、モンタノス主義的・禁欲主義（montanistisch-asketisch）的な、あるいは、グノーシス主義的・仮現説的（gnostisch-doketisch）なものの誘惑（Anfechtung）をくぐり抜けて教会本来の使命の意識に到達した最初の教会の教義上の歩みの過程というものを理解する。こうして、人は、新約聖書の時代ではなく、キリスト教がまだ分裂しておらず、教義学というものが端的にキリスト論であり得た時代、つまり、あのエキュメニカルで普遍的であること（ökumenisch-katholisch）で一致していた時代に近づき親近感を抱くことを知る。いったい、なぜなのであろうか。当時の（教会）の受けとめていた主題は、まさに、啓示（Offenbarung）と哲学（Philosophie）であった。人々が、宗教改革に対してもまことに冷淡となり距離をもった関わりしかしようとしなかったのは、宗教改革の中で信仰と教義の統一が破られてしまっており、必然ではあったにせよ当時の時代制約をうけて信仰の主観的要素が強調され、客観的な教義上の題目が破られてしまっていたと見たからである。まさにこの亀裂をこそ人々は癒したいと願った。この亀裂にこそ、キリスト教の感情規定（christliche Gefühlsbestimmung）と異教的哲学的思考形式との混合という形を取った救いなき啓蒙主義というものの登場に責任があるのである。ドイツ民族の精神構造上のどっちつかずの状態こそ人々は乗り越えることを願った。

若い世代が、そこからの解放のたたかいをしたことは、決して、お粗末で小さなことであったというわけではない。同時に、しかし、それは、〔ドイツ史の1848年のいわゆる〕三月革命以前の時代における希望に満ちた着手者たちと同様に、未完のまま取り残された主題である。われわれは、もう一度、ドルナーの課題設定の全くの徹底性（ラディカリテート）というものに耳を傾けることにしよう。「われわれは、以下のように前提を立てる。キリストの位格（ペルソナ）というものは、すでに言ったように、その内に矛盾する表象を持つものであり、したがって（人間には）不可能に見える在りようであるが、そのことを哲学にも矛盾なく証明し、すべての思想家たちにも承認させるところとなるならば、キリスト教神学と哲学との間には争いはもはや存在しないことになる。なぜなら、キリストの位格（ペルソナ）のゆえに、キリスト教神学も教会同様、存在することを止めることになるからである」[73]。このことをもって、ドルナーは、あらかじめ次のことを考えている。つまり、「哲学がキリスト教信仰の全教説を支配することになり[74]、首都を完全制圧した者がその全土を掌握するに至るように、一方の側が克服されることによって到達し回復されるような平和ならば、それは哲学の内側の諸闘争によっても妨害されることであろう」[75]。しかし、「歴史のイエスと観念のキリストという理念（Idee）」は承認されないことはなく、「哲学と神学は、本質的にも内的にも宥和しないことはなく、むしろさらに共同作業（eine gemeinschaftliche Arbeit）へと前進することになろう。そして、哲学も、それゆえ、その存在（Existenz）を止めるのではなく、むしろ強められるのではないか」[76] と。

結びにあるドルナーの興味つきない言葉を、もう一度確認しておきたい。キリスト論というものが成功すれば、哲学と神学の両者において、つまりキリスト教と理性という互いに抗争してきたこの二つの強力な力に対して決定的なことが起こることになるということは、ドルナーがヘーゲルから借用してきたものであることはもちろんである。その背景には、宗教改革の問題の後退ということがあることについてはすでに触れた。宗教改革は、キリスト論の過程にあっては、単なる一つのエピソードに留まる。つまり、このことは、最初の4世紀という時期、G. カリクト〔Georg Calixt 1586-1656. ルター派神学者〕のいう“consensus quinquesaecularis”（信仰告白箇条における基本的一致）の時期、神学者たちが霊的に飛翔し、その神学者たちをキリスト論の教義の形成過程における卓越した解釈者とさせた時期に近づくということである。しかし、彼らを動かした希望からわれわれを遠ざけさせるものは何なのであろうか。もし、信仰と理性とを神人の理念の内に宥和することに成功するとしたらどうであろうか。この世界像のすべてを改変させることになる永遠なるものと過ぎ行くものとの宥和ということが、すでに、神の側から成就されていることが把握しうるということであるとしたらどうであろうか。ユダヤ人と異邦人との間に高くそびえている対立（Antithese）に、総合（Synthese）が存在するということを示すことに成功するとしたらどうであろうか(77)。一方には、（神的なものと人間的なものを）区別しようとし続けるユダヤ人がおり、他方には、神的なものを地上的なものの上に溶解し、消滅させる異邦人がいる。つまり、イエス・キリストにあって、神的本性と人間的本性との接触ということが起こり、絶対原理と相対的歴史的顕現との接触が起り、相対的なものが絶対的なものの内に受容され止揚されるということになるとしたらどうであろうか。もちろん、この地上にあって有限性を持った人間の理解力にとって、このことは捉えうるものであるという事情にはないであろう。ユダヤ人にとっては、イエスは、「肉によるキリスト」（Christus nach dem Fleisch）に留まるであろう。しかし、精神は、再び、彼イエスの内に、それ自体で異なる（fremd）形態があることを知っており、つまり、この形態は、この過程にあって、永遠に生きるためには身を低くせざるを得ないものであるということを知っている。

観念論的キリスト論の問題

これは、まことにすばらしいコンセプト（Konzeption）ではないであろうか。シュヴァイツァー〔Albert Schweitzer 1875-1965. 神学者、医師〕の『イエス伝研究史』(Geschichte der Leben-Jesu-Forschung-Von Raimarus zu Wrede, 1906）さらには今日のわれわれの歴史的・批評的イエス伝研究のコンセプトに至るまで、史実的なるもの（das Historische）の問題にいかに結着をつけるかが、支配的な枠をなしているものであるのではないかということである。

次の文言を引くことにしよう。

「キリストの死において、精神の真実な意識にとっては、人間の有限性（Endlichkeit）は死に至らしめられている。自然的なるものの死は、ここでは普遍的意味をもつものである。有限性、悪一般というものは破棄された。この世界はそのように和解（versöhnt）させられた。この世界からは、この死によって、悪そのものが取り去られた。死というものを真実に理解するならば、そのことの中に、主体それ自体に関わる関係というものが入りこんできている。歴史をただ眺めるだけといったことはここで終る。主体自体が軌道にのって登場してくるのであり、悪というものの痛みを感じとると共に、キリストが人間性をとることにより、しかもその死によって破棄されたものとして悪というものの痛みが独自な仕方で取り去られていることも感じ取るのである。

内実がこのようであるので、宗教的側面から言えば、ここに教会の成立が始まる。これが聖霊の注ぎ（Ausgießung des Heiligen Geistes）といわれていることと同一のことである。このことを啓示するものが霊（der Geist）というものである。単なる人間への関係というものが、霊によって変えられ変貌させられるところの一つの関係の中へ変えられてゆく。そのようにして、神の本性がその中で啓示されていく。……キリストの死は、一面では人間の死であり一人の友人の死であり暴力その他によってもたらされた死である。しかし、この死は、霊的に捉えるなら、救いそのものに至るもの、和解（Versöhnung）の中心点となるものである(78)。神は本来ご自身にとっては疎遠なるもの・異郷にあるもの（Fremde）をご自身に引き受けたまい、そのことによって、人間の考えており聡明を自負する人間の理解力の中にある疎遠性・異郷性（Fremdheit）を廃し、神ご自身にとっては疎遠なもの・異郷にあるものをご自身と和解させたもうのである。これが、ヘーゲルが「教会の意識」(Bewußtsein der Gemeinde）と呼んだものであり、「単なる人間から神人への移行」をなすもののことである」！(79)。

わたしは、このことを問いたい。この解決策、もちろんそれが成功するとしてのことであるが、「人間的なものは、あの方〔神―― H. J. イーヴァント〕にとっては疎遠なるもの・異郷にあるもの（ein Fremdes）ではない」(80)という解決策は受け入れられうるものであろうか、と。これが、受肉の教説のより深い意味がそこに横たわっている所へ向かうときのわれわれもまた向かうべき方向なのであろうか、と。霊そのものが再認識される教会の意識

(das Bewußtsein der Gemeinde) についてならば、それをわれわれはすでに教義の中に所有している！

ここがまさに、この略図（Aufriß）全体のもつ問題性というものが鮮明になってくる地点である。ヘーゲルは言う、キリストの死によって、「精神の真の意識にとっては、人間の有限性（Endlichkeit）は死んだのである」と[(81)]。それならば、人間の有限性は、神にとって疎遠なるもの・異郷にあるもの (Gottfremde)、廃されるべきものなのであろうか。むしろ、それは、非有限性（Unendlichkeit）を夢みるということであり、非有限性の理念の中での神との相似性（Ähnlichkeit mit Gott）を夢みるということではないであろうか。これが、ドルナーも提示しているように、われわれもまた、観念論全体に対して、そのキリスト論の原コンセプト（Urkonzeption）に対して立てる問いである。われわれは、いつ、いかようにしてわれわれの有限性から解放されるべきかではなく、そうではなくて、われわれの持つ非有限性、われわれの持つ絶対であろうとする願望、われわれの持つ意志、肉体とか歴史とか言われる、時と空間の束縛を脱するべきかということではないか。いつ、いかようにして、人間と共にこの世界の中に入り込んできた悪という罪のその深い根拠より解放されるべきかではないか、と。

このような問いの一つでも、あの世代の人々の心に浮かばなかったとは、驚くべきことである。非有限性なるものへの野心（Unendlichkeitsstreben）とか、真の人間性にあっては有限性は消滅するのだといったことが、実は、われわれの最も深い悲惨であるということが心に浮かばなかったとは驚くべきことである。キリストがわれわれを救うために人となりたもうたということは、有限で死ぬべき、時間と空間の中に生きる他はない人間であるということが心に浮かばなかったとは驚くべきことである。イエス・キリストが人となりたもうたということは、自己を超えて外へ出ていくことではなく、神であろうなどということは企てず、神と共に生き、神にあって生きる一人の人間がいるということを示すためであったことが心に浮かばなかったとは驚くべきことである。神が人となりたもうことにより、人間の有限性が廃されるのではなく有限性が再び提示されるためなのである！　このことにより、あの方は、貧しい者、小さき者、失われた者、罪人、疎外された者たちの近くにあることをお示しになるのである。なぜなら、有限性の消滅ということは、その重荷を代わって担ってくれる他者の存在によってこそ取り去られるのだからであり、われわれを苦悩と咎(とが)とのはるか彼方へ押しやってくれるのだからである。このようなコンセプトにおいてこそ、言(ことば)は肉となり、肉は言(ことば)となるのである。神は、遂にそのような仕方において事をなしたまい、そのことによって有限性というものが神の中に受け止められるのである。まさに、この方向(Tendenz)、過程の逆転こそ、より深い問題点の存するところである。ヘーゲルは言った、絶対精神なる神は、教会の意識の中にあって全く自己自身であるために、また、すべてのことにおいてすべてであるために人間とならざるを得ず、人間となることを欲したもうのだ、と。シュトラウスも言う、人間は、有限ならざるもの、つまり神を考えるために、また、自覚的に自分自身になるために、回り道(Umweg)をあえてゆく他なかったのだ、と。この非有限性へ向かう回り道において、人間ないし人間性は自己自身の意識そのものに到達するのだ、と。聖書の宣教の中のどこに、このような転換は不可能とする鍵を見いだしうるであろうか。

このように問いを立てることによって、われわれは、まことに重大な地点に立つことになる。聖書は、神が人となりたもうということを、神ご自身の否定的なものへの自己疎外(Selbstentfremdung)とも自己転換(Sich-Verwandeln)というふうにも証言していない。生成(Werden)とか自己転換といった要素は、全く人間の側のことであって、神の側にあることではない。ロゴスはロゴスであり、「肉」となりたもうところでもロゴスであり続けたもう。神は、このようにありたもうことによって、神の人間への、人間の神への関わりとしての関係というものを再び回復したもう。神的なものと人間的なものとの一致といった夢(Einheitstraum)などは誤った一致である他はないし、正しい関係を再建するためには、混合(Verschmelzun)ということと「一致(ヘノーシス)」(henosis)ということを区別する他はない。神は、人間によって宗教的らしく見えはするが「律法的」(gesetzlich)な一致ということに溶解させられてしまい倒錯させられてしまった関係というものを再び新たに開始しうる相手、一つの新しい契約というものを立てざるを得ない。つまり、神ご自身が代理となりたもうこの地点において、神が見捨てたその地点において、人間となりたもうのである。神は、父と子との一致（Einheit）において、神と人との相違を新たに設定したもうのであり、このことを、われわれすべてに対して、み子の人間となりたもうことにおいて啓示されたのである。

したがって、「この世界の巨大勢力、つまりキリスト教と理性との間を襲っている」この決戦場をいかに歩き回るかということが、あの人々を動かしていた問いであった。彼らは、闘争が、いよいよ「いっさいのものを得るか失うかということが集中している『点』をめぐっていたことを見てとっている」。「軽率な和解」（voreilige Versöhnung）などは許されない。なぜなら、そのようなものは「真実の和解」（wahre Versöhnung）を遅らせてしまうことになるからである。したがって、哲学もまた知る必要があった。「キリスト教神学は、どのような要求から距離を置くことができないか」ということをである(82)。ドルナーには、歴史的なものを単なる思弁の中へ解消してしまう危険と、それによってイエスとキリストとの間に分離（Zertrennung）が起こる危険と、歴史的啓示とそれに結びついているイデーとの間の分離が起こる危険こそ彼の時代の固有の危険性であり、それは新しい一つのグノーシスを手に入れることになると思われた。なぜ、キリスト教の最初の数世紀に向かうべきかを、ここで、人々はようやく理解するに至る。あの時代こそ、目の前の異教的な、特にギリシャ哲学的なものとの対決ということが教会にさし迫っていた。全き徹底性をもって同じ問題に取り組むべき状況の相似性が、あの時代を特徴づけていたキリスト論的探求の理解と模写（Nachzeichnen）への貴重な機会（Einmaligkeit）を開示していた。

F. Chr. バウルにおける教義（Dogma）の意味

さらに、われわれは問い続けることとしたい。なぜ、あの世代は、教義というものを、彼らの研究にとって決定的なもの、同時に十分に信頼しうるものとしてその研究の中心に据えたのであろうか。さし当り、われわれの時代との相違というものにいささか触れておくことも許されよう。教義というものは、あの時代にあっては、反発すべきもの（Abstoßendes）でも異質なもの（Befremdliches）でもなかった。教義は真理であり、啓示に即したものであった。「教会の認識というものは、神的精神への関与を示すものである」(83) とドルナーは言っている。教義においては人間が認識の主体であるのではなく、教義は「単なる人間の所産ではない」。それは、信仰に与えられた精神の可能性の究極のものであり、それ自身確実なものである。「教義は単純に信仰と同一のもの（identisch）であるというわけではない。教義は、信仰が熟慮し同時に把握可能のものとして捉えたものの事である」(84)。

もし、すべての研究作業の根底をなす教義について、その最善のしかも現実に事を前進させる定義を得ようと思い、そのことに成功するためには、F. Chr. バウルに向かうのが良い。彼にあっては、一つの措定をするや否やその固有の措定を止揚する運動のプロセスとしてのヘーゲル風の認識方法というものが、教義の分析とそのことの内実を実りあるものとするプロセスとして活用されている。まず、次のことを明確にしておく必要があろう。なぜ、教義というものは、それを強意に理解してのことであるが、ただ教義の歴史（Dogmengeschichte）というものの過程（Prozeß）の中においてのみ存在するのかということである。教義というものは、教義から生じてくる多様な命題（Setzungen）の中でのみ完備せられてゆくその独自な過程のことであるからである。なぜ、ヘーゲルは次のように言ったのであろうか、「結果というものは、その意図したもの（die Tendenz）が、その背後に棄てた死体のようなものである」(85) と。だからこそ、今、死者の骨のように孤立して取り出されたような教義上の命題に、再び新しい生命を吹きこむべき独創的な可能性というものが生じてきている。こうつけ加える必要もあるであろう、命題の措定と止揚ということの中でこそ遂行されるような運動の段階、教義の段階というものが認識されなければならないのだ、と。決定的なことは、孤立して取り出された端的なそのもの（das isolierte Einfache）ではない。そのようなもの自体は無意味なものである。決定的なことは、（教義）を、その形成（Bildung）と解体（Auflösung）という過程の中でこそ見るということである。そうでないなら、キリストの「二性」についての命題も、それ自体としては空虚で何も言っていないに等しい。解決（Lösung）と解体（Auflösung）ということがその内にあるような矛盾の対置

(Gegensätzlichkeit) の中で事を見るとき、また、その過程の中でキリスト教意識がその全体としていかように表現されているかを見るとき、また、イエスをただ人間としてだけ見、神と人間との違いだけを厳守するユダヤ教的・エビオン主義的精神の危険からいかに脱出するか、また、おおよそエロス (Eros) 的なものの内に働いているものは一体化すること (Einigung) である限りそうしてくれる神々を熱望し、そうしてくれる神々と一体となることにより人間的なものを溶解してしまう異教的精神の危険性からいかに脱出するかということを視野に入れるとき、そしてさらに、先に通過してきたこれら二つの精神の時代に対する拒否 (Nein) を行ない、その拒否という背景に立って独自の然り (Ja) が確かとされるとき、その時はじめて、「混合されず」(unvermischt)「分離されず」(ungetrennnt) ということが、心安らかに受け取られうることになろう。そのとき、ようやく、われわれは、教義の中にある真理性 (Wahpheit) というものを推論しうることになろう。

Th. クリーフォト〔Theoder Kliefoth 1810-1895. ルター派の神学者〕のようなその人柄からしても正統ルター主義者であった人に対しても、また、カトリック教会の教義理解に対しても、バウルは言った、つねに同一である教義が問題なのではなく、「教義に対する意識 (Bewußtsein) の位置というものが問題である。その意識の位置というものは、それぞれの時代によって異なる」(86) と。このような教義の歴史の中にあって、「教義は量的に増加していく」(87)のであり、すでに先行してあったものに対して新しい教義の命題というものが加えられてゆく。その際、しかし、次のことが見てとられていなかった。新しい教義の追加ということは、新しい教義の命題によって「止揚」されるべきものを内に含む古きものの否定 (Vernichtung) のことであるということ、そして元来は個々の命題の中に全体としての過程を内包しているものだということ、その過程は、教義が自己発展してゆく中でのその時代時代に刻々制約されていたとはいえ、新たな突破口を示しているものだということが見てとられていなかった。バウルは、上に述べた過程において、つまり教義の展開ということの中で、自らの内に自己止揚 (Selbstaufhebung) があると見なそうとしていた啓蒙主義というものに対しても、相対している。ちょうど、シュトラウスが、彼の時代に対し、『キリスト教の信仰教説』(1840年)の中で、より詳しく、機械的整合性(mechanische Gesetzmäßigkeit)ということでそのことを一貫させようとしたように[88]。ここに、個々の教説の歴史の終りにおける、信仰に対する理性の勝利としての教義の解体(Auflösung)ということが立っている。われわれの時代の中では、ベルンの神学者M.ヴェルナー〔Martin Werner 1887-1964. 神学者。ベルン大学組織神学、教義史、哲学教授〕が、この芸当(Kunststück)を、もう一度繰り返してくれた[89]。

量的(quantitativ)な構築と質的(qualitativ)な解体というこの二つのやり方(Methode)の中に、バウルは確かに正しいものを見てとっている。誤りは、しかし、分離・孤立化(Isolierung)にある。教義形式の過程というものは確かに生産的なもの(produktiv)である。聖書の中にはまだ無かったような教説や教義さえ成立してくる。しかし、その教説なり教義なりが定着してくる外的過程が決定的なことであるのではなく、むしろ、一つの教説が棄てられ、その棄てられることによって、それに代わる積極的なものが獲得されるということが決定的なことであり、このことは偶然的なことというのではなく、精神の展開の中に必然であり内在する過程だということである。こうなってこそ、量的構築と質的解体の両方が正しいこととなる。教義の歴史、あるいは歴史というものは、個々の教義が規定されてくる中で教義が措定されたり止揚されていく教義の歴史のことであり、それは措定されると直ちに解体されるものである。教義規定を正統主義的に配列してそれで良しとするならば、この構築と解体という構造を見のがしてしまう。そして、解体ということを、単に理性的な判断ということだけで行なうならば、解体の中にある新たなる構築ということを見のがしてしまうことになる。正統主義的なやり方も、理性主義的なやり方も、両方とも、教義というものがその究極で純正な形態に到達するための必然の運動性(Bewegung)や歴史を見のがしてしまう。「このような企てに決定的に欠けているものは、教義の歴史という概念やそれに付随している教義の発展過程を規定するに当たって、まさにその歴史的過程というものそのものを明確に見ていないということである。真の方法というものは、事柄そのものに内在する運動、あるいは、自己自身をも動かすところの運動を明確に捉えているもののことである」[90]。

バウルは、したがってまた、教義というものを、思考（Denken）という面からも理解していこうと試みる。「思考する精神（der denkende Geist）というものの本質に立って、われわれは、教義をその概念規定において捉えてゆくために、その本質に立ちかえらねばならない」(91)。しかし、いったい、「思考の本質」（Wesen des Denkens）とは何なのであろうか。バウルは、このことを、あのヘーゲルの時代の全情熱と歓喜の輝きを輝かせてみせてくれるまことに見事な文言で表現してみせてくれた。「おおよそすべての思考とは、精神それ自体との媒介（Vermittlung）のことであり、精神それ自体であるものをめぐっての媒介のことであり、また、その自覚（das Bewußtsein）にとっての媒介のことである。そのようにして、思考の媒介ということを通して、自覚して思考する精神（der denkende bewußte Geist）であろうとすることである」(92)。思考とは、したがって、わたしが、わたし自身を精神（Geist）として自覚するようになるということである。思考とは、しかし、また、疑うこと（zweifeln）であり、単に認識するだけということではない。思考とは、その事をもって、さし当たり絶対とされていること、信仰において把握されている真実に向かって、あえて分裂（Entzweiung）に突入することであり、光と影、真理と虚偽との混在（Ineinander）が始まることである。思考するとは、わたしの時代範疇、わたしの持つ世界像をもって、特別なもの（das Besondere）と相対的なもの（dao Relative）が突出する事態を捉えることに着手することである。真実は普遍的で時間を超えた妥当性の中にある。真実なもの自体に、つまりさらには啓示そのものに向かうとき、思考の最初の過程はこの時代精神（Zeitgeist）というものによって囚えられており、したがって、教義の形式の過程は、われわれの捉えようとしている内実が確実にそのもの自身であるところの形態をなしてくるためには一つの改修（Umbildung）と反発（Abstoßungsprozeß）である他はないであろう。

したがって、キリスト論の教義が形成されてくるときには、ひとたびは、ユダヤ教的・異教的思考形式というものが退けられなければならないということが回避されてはならない。なぜなら、それらは、捉えられるべき内実、人間における神の啓示ということに対して適当でないからである。しかし、それらは、それらに対して一度しっかりと相対し、その上でそれらを断ち切り、そのことを通ってのち改めてもう一度、ユダヤ教的・異教的思考が問題領域の中に引き入れられ、啓示との弁証法的関係の中へ置かれるという仕方においてなされるべきことである。それゆえ、教義は、それらとの対置（Gegensätze）の中を運動してゆくことを通して、それらを己のうち内に取り入れてゆくということになる。そして、真実の形態に到達した時には、通過してきた領域へ、直ちに、その教義の真実の確かさを照らしかえすことになる。それは、孤立したものの中に己を保持することであることはできず、異質なものの領域を通過してゆくものであり、そこで自らを疎遠なものとなすことなく、むしろ、その疎遠なものを自らの内に受容してゆくものであり、真実にとって欠いてはならない不可欠要素として捉えてゆくものである。「精神のこの二重の活動、自らを出て、自らへ帰還するというこの二重の運動、あるいは、一致における区別、区別における一致ということこそ精神の運動の原則である。精神の活動の全要素はこのことによって決定されている」(93)。

F. Chr. バウルは、まことに天才的な方法をもって、理性と教義というものの和解という企てを行なった。教義という権威のもとに理性を放棄するという意味においてではなく、教会の権威というものを、啓示の歴史の中における子の身分（Kindheitszustand）と見なすことによってその企てを行なった。理性が、成人したもの（mündig）となった今は、理性は以前にはただ信ずる他はなかったことを、明確に捉えうるものとする。理性が、見る力を持ったものとなった今は、イエス·キリストにおける神の啓示との出会いは、理性がその中で自らを再認識するということへ導くものとなる。そのとき、理性は、自らを精神として把握しうる対象は他にはないこと、理性が自らの自己疎外性（Selbstentfremdung）から解放され、イエス・キリストにおける神と人間との一致（die Einheit von Gott und Mensch in Jesus Christus）のように、自己自身との一致に到ることを認識する。ヘーゲルが、歴史の中の理性（Vernunft in der Geschichte）について語ったとするならば、人々は、今、ヘーゲル右派の神学者のグループの中に、救いの歴史の中の理性（Vernunft in der Heilsgeschichte）を見たことになる。教義の歴史は、彼らにとって、救いの歴史の中における理性の確固とした純粋化の過程である。「教義というものを、その概念において捉えるためには、われわれは、思考する精神の本質に立ち返らねばならない」(94)。いったい、なぜなのであろうか。そして、どこまで立ち返るべきなのであろうか。思考とは、そもそも、何なのであろうか。「すべての思考は、自己自身との精神の媒介のことであり、自分自身であるものをめぐっての精神の媒介のことであり、また、自覚するための精神の媒介のことである。このようにしてこそ、はじめて、この思考の媒介を通して、思考する自己意識としての精神でありうる」(95)。教義とは、絶対精神の最高の地平における思考の過程以外のことではない。われわれが教義における信仰と理性の和解というこの申し出を承認しうるかどうか、そこからキリスト論を展開させうるかどうかは問われなければならないことである。

われわれは、もう一度、テュービンゲン学派が、存在と意識をめぐるこのような過程をいかように思っていたかを明確にしておくこととしよう。単純な信仰においては、われわれは主観的なものの中に生きており、客観性（Gegenständlichkeit）に向かって高揚した真実の確実性や意識存在の中には生きていない。思考することによって、わたしは、わたしの信じるものを明確な文言をもって語ろうと企てうる。このような表明への過程抜きでは、つまり、客観的になる（Gegenständlich-Werden）ことなしには、教会において、教説というものは存在しない。客観化された文言の中で、つまり教義となった文言の中で、わたしがわたし自身を対象化して見るや否や、主観的な受け取り方の中では隠れて見えていなかったあの確実なものに対しての自分の異質性（Fremdheit）というものが見えてくる。あの確実なものが、自らを異質化するという過程の中で、このようなことが起こる。つまり、自己自身に忠実であろうとするなら、自ら造りあげたものを一度は解体せざるを得なくなる。したがって、教義形成の位置に身を置いたかと思えば、直ちに、その形をなしたものを否定（Negation）するということを通して自分自身を証しすることになる。目標は、思考する自己意識の精神としての理性の自己発見（Sich-Finden）ということである。

次のことが何を意味しているかを熟考するがよい。教義というものが一度は理性に対して示した異質性を、理性がこれを克服し、教義を自分の内に取り戻し、失われた存在が再発見されるというその独自な過程の中で自己を発見し、啓蒙主義が教義と理性との間に置いた最深の互いの異質性というもののあとに、また、この異質性ということのゆえに主体における底なしの内的分裂（Entzweiung）という苦痛を味わったあとに、理性の思慮のなさが脱落し、理性が教義の中に神の設定し啓示より示された鏡というものを持ち、その鏡の中で自らを永遠にして絶対の精神として認めるという門が開かれるとしたら、どうであろうか。かくして、およそ理性にかなうものは同時に教義にもかなうものとなり、おおよそ教義的なものが同時に理性的ともなるということになる。われわれが、そこから出てきて、信仰と知識との二律背反（Antinomie）の状態に投げこまれた分裂というものはもはや無くなる。わたしが神を知り、そのことにより、神にあって自らを認識するに至るのだからである。つまり、有限なるもの（Das Endliche）、人間性は、精神が己自身を把握し、自己理解へ到達する形式となっているということである。なぜなら、「宗教自身は、本質的に、精神の精神への関係である」(96)からである。教義がなければ、精神の歴史的啓示への媒介ということもなく、この歴史的（historisch）で、しかも絶対精神といわれるものも、教義の内に自らを再発見するということもないであろう。イエス・キリストにおいて神が人となりたもうという教義において、かの史実なるもの（jenes Stück Historie）は、ようやく、精神に対する開示（Erschließung）ということを経験することになる。教義において、はじめて、救いの歴史（Heilsgeschichte）は精神に対して自己を開示（öffnet sich）し、そのことにより、信仰の自由と信仰の意識性（Bewußtheit）とが開示される。

批判へ——言葉と教義

今まで述べられてきた企て（Entwurf）全体に対して、言っておくべきことがある。信仰と理性とは教義にあって一致するに至るということは、よしそれが終結することのない過程にあるものだとはいえ、このことは、まさに我々が回避すべきことである、と。もしそうでないなら、それは信仰の終りということになる。それは、信仰と見ること（Glauben und Schauen）との間にある構造的違いというものを廃棄するということになろう。信仰の道は、究極には、神を見る（Gottschau）ということに至るはずのものではある。神を見るということは、遂に、いっさいのものを聖霊のそれ自身の確かさ（Selbstgewißheit des Geistes）の中に解消することにならざるを得ず、聖霊は絶対のものであり、いっさいはその許にある。バシリウスが、教義（Dogma）というものの理解について、ここでは沈黙が支配する（sioopatai）(97)といい、言葉と説教（Verkündigung）と使信と福音とは表に出、形をとる、つまり、説教は公然と行われ（kerygmata demosieuetai）(98)、説教は教義の中に眠っている真理を宣言するものであるといったのは正しかった。ここに、教える教会（ecclesia docens）と聞く教会（ecclesia audiens）との違いということも登場してくる。聞く教会にあっては、教えるということに対し聞くということが上位に立ち、つまり、ただみ言葉にひたすら注目しみ言葉の許につねに留まり続けようとするものであるときにだけ、われわれは教える教会であるのにふさわしいものとなる。「福音の生きた言葉」（viva vox evangelii）は、教義によって規定されていたものを外に排出させるものである。教義というものは、思考ということが純正であろうとし自らを伝えていこうとする過程にあって、姿を消してゆく。教義というものの文言においてではなく、言葉、それも神のみ言葉（verbum Dei）において、つまり神ご自身がご自身をわれわれにその真実において証言なさろうとするその御言葉においてこそ、信仰というものは相対すべき対象を持つ。神が人となりたもうということが、言葉なきものであるのならば、つまりベツレヘムの馬小屋に示された使信というものでなかったならば、それは何であるであろうか。十字架ということが、言葉なきものであるのならば、つまり神のみ言葉や神学における言葉、さらにパウロの言葉というもの抜きであるのならば、それは「あなたがたに与えられた」ということを根拠づけうるであろうか。イエスのバプテスマが、天からの声なしで起こったとすれば、どうであろうか。復活が、天使たちの証言なしで起こったとすれば、どうであろうか。しかし、人は、この天から起こった地上での出来事の中に突入してきた言葉、神のために、その啓示のために再び返還される言葉にちょっと触れるだけで、まさにそこでご自身を証ししようとなさり、恵みと憐れみの内にわれわれにご自身を知らしめようとなさるその言葉をいわばちょっと盗みとるだけであれば、そこで取り残しているものが何であるかをやがて見ることになる。このような程度の奪取では、ペリシテ人によって十戒の板が奪われたという出来事ぐらいにしかならず、祝福の乏しいことになる。神ご自身は、たとえわれわれがあれこれの事実の根源に迫ろうとしても、そこにおいてご自身を見いださせてくださるようには拘束されておられない。その程度のことの中には何も残されてはいない。われわれが思考ということを信仰と理解との媒介のことだと考えている限りは、そこからは手に入るものは何もないであろう。われわれは、ただ、弁証法的な過程の中に留まり続けるだけであろう。しかし、神のみ言葉は弁証法的なものというわけではない。われわれは、信仰の不確実性（Ungewißheit）を確立するだけであろう。なぜなら、完全な確実性というものは、ただ、過程の途上にある目標（Ziel）であるからである。

われわれは、教える教会の権威のための足場を追求するだけであり、その前に跪（ひざまず）くだけになるであろう。われわれは、このことによって、理性からその批判的能力を奪い、批判的思考の力を解消させてしまう。なぜなら、(理性から批判的能力を奪い、批判的思考の力を解消させる弁証法が教義を正当化し、教義の最深の意味内容も、理解可能なもの理性的なものとして示そうとするからである。

信仰と理解を媒介しうるものは、神の言葉、しかも、宣教の言葉、説教の言葉、「生きた福音の声」（viva vox evangelii）である。教義も、その内容規定への諸努力も、宣教（Verkündigung）に仕えるものである。聖書の理解するところに従えば、教義とは、成熟した（mündig）、しかも信仰と告白とにおいて成熟した教団の表明するものであるということは真実である。教義上の関心の背景にあるものは、「わたしは信じているものを知っている」(99)という文言である。教義にあっては、信仰の確かさ（certitudo fidei）ということが問題である。シュライエルマッハーが、いっさいのことをナザレのイエスにおいて起こった出来事と関係づけて知ろうとした限り、彼は正しかった(100)。教義学を信仰の教説として叙述したとき、彼はその限り正しかった。「わたしは、信ずる」という文言の位置に、他のものが登場してくることは決して断じて許されない。「教会が、教える」という文言がそこに登場することは決して断じて許されない。なぜなら、信仰が問題であり、その確かさということが問題となる場所においては、わたし（das Ich）というものをその第１の位置から何か依存する役割へ追い出すとか、教会の教説からも、教義というものからも、いかなる正統主義というものからも追い出すなどということは許されてはいない。さもないと、信仰は死んだものとなる。知識とか理解とかいうものが、よし、意味深いものであろうとも、それは死せる信仰という墓所の上で実現される。それは、回想（Erinnerung）から生きようとするものであり、「今日」(Heute）から生きようとはしないものであり、現在というものに対してはそれゆえ無力なものである。信仰は、教義にあって上昇しまた下降するものである。

信仰の墓場としての教義！　このことは、テュービンゲン学派の人々が受け取った以上に真剣な事柄である。ここでは、信仰は、信仰が破壊したところへ、不敬と懐疑、拒否と拒絶をしたところの中へ転落してゆく。信仰は、そこでは、生きている姿さながらにバルサム油を塗られたミイラ化した死体のように、地の底深く没落してゆく。それは、時間の外で生きるのである。時と永遠との相違は廃されてしまう。死が永遠であるかのようになり、不変のもののようになり、そして、キリスト教の真理も教義も、そのようになる。もちろん、テュービンゲン学派の人々も、この問題を見ていなかったわけではなく、他の誰もがしなかった仕方でこの死後硬直（Totenstarre）を解消しようと企てはした。しかし、彼らは解消させることはできず、思考することの媒介としてのみ仕えただけであった。ただ生ける神の言葉である言葉だけが、教義から発するのではないものが、自己自身との孤独で物言わぬ独白としての思考を廃棄するすばらしいものが、ただこの変わらずつねに「今日」において、まさにこの今日においてこそ聞かれうる言葉（われわれは、その今日というもののいっさいを、われわれのところに届けられ、われわれに向けられ、われわれを慰め、立ち上がらせ、恵みを与え、解放してくれる、さらにわれわれを過去からも解放し未来というものを贈りものとしてくださる言葉を通していただくのであるが）その言葉こそが、教義という、信仰がそこでは死んでいるその囚われを打ち砕くことができる。

言葉が、この捕囚を打ち砕くことにより、また、言葉が信仰をその確実性（certitude fidei）に向けて解放することにより、言葉がわれわれ老若誰しもに主を認めさせてくださることにより、言葉が教える教会（ecclesia docens）と聞く教会（ecclesia audiens）との間の違いを根底より廃して、われわれすべてに精神の貧しさというものを想い起こさせ、認識への祈りを想い起こさせ、教説というものは言葉の学校においては通常の意味とは別様になることを想い起こさせることにより、教義は、仕える機能を持つに至る。教義は、もはや神と人間との対話に干渉することは許されず、ここでは神が独自の仲介者（Mittler）でありたもう。それは、そのみ言葉においてわれわれと語り合いたもう神と、信仰において応答する人間との間の語りかけ（Reden）と聞くこと（Hören）の出来事を前提とする他はなく、また、そうすることが許されている。教会とその成員たちとがみ言葉に聞く教会であるところでは、教える教会というものは閉めだされている。そのような場がないならば、「しもべ聞く、主よ、語りたまえ」（サム上 3・9）ということが最上の文言でないならば、教会の教えるということもまた、もはや、信仰の自由の中にあって生起することはないという危険が生じることになろう。

教義に対する自由ということは――ここがテュービンゲン学派の人々の決定的に誤った点であるが――思考ということの自己運動（Selbstbewegung des Denkens）から捉えうるものではない。思考ということの自己運動からの自由というものは、つまり、われわれが「啓蒙された」人間、思考する人間であろうとする限り、教義においてこそ自己確立していこうとする教会などというものからわれわれを立ち去らしめようとするであろう。教義に対する思考の自由ということは、むしろ、神の言葉と結びついてゆくところに成立するのであり、自らを絶対化することの中にではなく、自らを相対化し、言葉との関係を持ち続けることの中にこそ成立する。

信仰と言葉というものとの間にこのような決定的な関係性があるとしたら、教義というものは、なお、何か意味を持ちうるのであろうか。教義学（Dogmatik）というものは、なお、何か意味を有するのであろうか。つまり、あの釈義（Exegese）というものだけが妥当するということになるのではないであろうか。教団（Gemeinschaft）も、各個の教会（Partikularkirche）も、その宣教（Verkündigung）を聖書神学（Schrifttheologie）から直接に引き出すということが正しいことになるのではなかろうか。

これらのことをまとめてみることにしよう。とりわけ、次の一事が大切である。つまり、信仰は、存在（Sein）が意識（Bewußtsein）によらないものであるように、教義というものに関係づけられるものではないということである。そのように（教義というもの自身に）関係づけられた信仰などは死んでいる信仰である。信仰と教義というものとの間には、この両者から浮かび上がってくるものではない、それ自体としてあるもの、純粋の第三者であるものが、つまり、言葉というものが媒介者として存在する。言葉というものによって、教義との断絶（Zerbriche）ということが起こり、同時に、信仰への解放というものも起こる。イエスの言葉は、教会というものがその許において開始された命題（Satzungen）をも破壊し（コロ２・14）、イエスの言葉がそのように破壊することを通して、信仰というものはその墓より復活の力によって立ち上がる。信仰は、教義において信じるのではあるが、教義において自ら働きたもう霊（Geist）を信じるのである。このような教義というものは、言葉との出会いによって獲得された信仰告白（Bekenntnis）が公然と知れわたることにより打ち砕かれてゆかざるを得ない。このような告白が、神がわれわれより期待なさる応答（Antwort）である。信仰とは、沈黙することにおいてその確かさを示すものだなどと考えることは間違いである。信仰とは、神の真実（die Treue Gottes）が保証している一つの現実（Wirklichkeit）を捉えているということである。真実の徴（Zeichen）を捉えているということである。神を信じず、徴だけを信じる者は、真実を虚しくしてしまうものである。馬小屋の飼い葉桶の幼子をさして、「これが、そのしるし」（ルカ２・12）といわれている。まず、聞いて、それから徴を探すのである。まず、約束があり、それから実現（Wirklichkeit）があるのであり、そこで神の約束を捉える。アブラハムに対して約束ということがあり、イサクはアブラハムがただ単に言葉だけを信じたということではないことのその確証となったのである。問題は、こうである。信仰と実現が連続しているのではなく、信仰と約束とが連続しているのである。というのは、信仰は、徴(しるし)に賭けて言葉を断念するという危険性をもつということである。言葉は抽象的なもの（Abstrakte）で現実は具体的なものと考える危険性を持つということである。教義というものは、告白を吟味する。教会の証言を吟味する。信仰の表出を吟味する。それらが真実に信仰の表出となっているか否かを吟味する。その中心に、大穴がちゃんとあいているか否かを吟味する[(101)]。われわれが知っているとしているいっさいにおいて、なおそこで一つの問い（Frage）が響き続けているかどうか、つまり、神が問題であるときに、われわれは神について実は何も知らないものであり、しかも、神はわれわれにご自身を知らしめようとしている方であるという問いが響いているかどうか、教義の文言というものが、その積極的な主張において、遂には、認識と解明と明晰さを神に祈り求める祈りとなっているかどうか、精神の貧しさへの洞察となっているかどうか、神の恵みと奇跡とを廃棄せず、むしろその前にあって礼拝すべきもの、秘義としてその前に立っているかどうか、これらのことが、われわれの知っているものよりはるかに大いなるものであり、深いものであり、栄光に満ちたものであり、測り難いものであるとされているかどうかを吟味するものである。

教義というものは、したがって、キリスト論への関係にあっては、二重の機能を持つということになろう。一つは、比較的に単純な機能であり、つまり、イエスの中にただ一人の人間、ないしは預言者、異端者を見いだすということに対して対峙するという機能である。イエスは主であるという告白、われわれがイエスについて何らかの判断を下しうるというのではなく、イエスがわれわれを超えていますお方であるという告白をもって対峙するという機能である。われわれがイエスこそ主であると承認し、彼こそがわれわれを捉えているお方であり、われわれを超克しているお方であると告白することをもって対峙するという機能である。われわれは、あの方に対して態度決定をすることからのがれうるものではない。これが第１のことである。さらに、しかし、不信仰ということは、世俗性（Profanität）の中にのみあるのではなく、礼拝や告白といった宗教性（Spiritualität）の中にも存在する。たとえば、ユダヤ人たちがイエスを彼らユダヤ人の一人と見なそうとしたこと、ファリサイ人や弟子たちが、罪人や徴税人の仲間の一人としてあの方を見るのではなく、彼らの持っている神性についての能力とか超世界的能力を手軽に利用して、イエスの中にヨナに等しい徴しがあるなどと考えたようにである。これらは、礼拝や神性やメシア性の承認という形における不信仰である。これは、（十字架の上で）悔い改めなかった盗賊の姿であり、（十字架のイエスにおいて）無力さと十字架刑とこの世の力の勝利といっさいの人間的希望と信仰の挫折しか見えなかった姿に他ならない。

結びに言っておきたい。教義というものは、復活して生きていますあの方が言われた「わたしに、触れるな」（ヨハ 20・17）という言葉を真剣に受けとめるという課題を持っているものだ、と。これが現実の規則である。これが、イエス・キリストにおける神の啓示ということをめぐって立てられた垣根である。教義というものは、「あなたがたは、キリストを誰だと思うのか。彼は、誰の子なのか」（マタ 22・42）という問いから逸脱していないかどうかを憂慮するところのものである。「たとえ、預言する賜物を持ち、あらゆる神秘とあらゆる知識に通じていようとも、たとえ、山を動かすほどの完全な信仰を持っていようとも、愛がなければ、無に等しい」（Ｉコリ 13・2）とあるように、救いが無いということ（Heillosigkeit）も、単なる知識として知っているにすぎないのではないかを憂慮するところのものである。

教義が、完全無欠のものであるかのように捉えられたり理解されたりするならば、それは、無用にして悪しきものである。教義は、拒否されたりするところでもなく、肯定されるところでもないところにおいてこそ有用である。教義は、それ自身の内にその意義を持つものではない。それは、われわれをイエス・キリストから引き離すものでもある。教義は、イエス・キリストとは何者であるのかというところにおいてのみ意味を持つ。

2．キリスト論の解体——自由主義的イエス像から終末論的イエス像へ[102]

キリスト論の新たな基礎づけをめぐっての深い苦闘を通して知ったあの世紀とわれわれの現在との間には、一つの著しい独特の展開が存在している。それを、キリスト論の解体とも、教義をめぐる思考の解体とも名づけることができよう。このことを、もう一度解明してゆくことは実り豊かなこととなる。A. シュヴァイツァーの『イエス伝研究』(Leben-Jesu-Forschung) の天才的な叙述に続くべき１巻は、残念ながら、まだわれわれの前に現われてはいない[103]。もし、それが書かれるとしたら、何が描き出されるであろうか。ハイトミュラー (Heitmüller)[104] からブルトマン (Bultmann)[105]、自由主義的イエス伝研究から終末論的なそれに至るまでのものが描き出されるということになろう。

判断基準としての倫理 (Ethik)―― A. シュヴァイツァー

A. シュヴァイツァーによれば、イエスは彼自身において聖書 (die Schrift) は成就すると現実に考えていたとされる。このようなイエス像は、十字架への道をもって神の国は突入してきていると主張する立場の中で今日においても生きている。彼 (イエス) は、神に、その約束の実現を迫ったということである。しかし、彼自身を犠牲とすることによってユダヤ的黙示文学的夢 (Traum der jüdischen Apokalyptik) を現在化させるという希望は、挫折させられたのであり挫折せざるを得なかった。もちろん、彼の犠牲が無駄であるわけではなく、無駄であったわけでもない。彼は、愛の理念 (Idee der Liebe) を天よりこの地上にもたらした。彼は、来るべき神の世界をこの世 (Äon) との間の終末論的距離 (eschatologischen Abstand) に橋を架けた。彼の犠牲は、「かしこ」と「こなた」との、「こなた」と「かしこ」との橋となった。彼は終末論的な車輪の輪を回したのであり、その運動を起こしたが、彼の死体は寸断されて大地に横たえられてしまった[106]。

それは、一つの破局 (Katastrophe) であったのであろうか。それは、一つの挫折 (Scheitern) そのものであったのであろうか。まさに、挫折そのものであったとシュヴァイツァーは答えている。史実としては (historisch)、ナザレのイエスは挫折をしたが、しかし、霊的には (geistlich)、つまり精神の世界における行為 (Tat) と現実性 (Realität) としては彼は勝利したのであり、彼の精神、彼の形姿 (Gestalt) は、さらに勝利し続けるであろう。彼の名は、天からの霊を断念する必要はないということの徴(しるし) (Zeichen) となり告白（Bekenntnis）となった。「祝福してくださるまでは離しません」（創32・27）とあるように。このことは、イエスにおけるユダヤ的・旧約聖書的終末待望の没落がイエス自身の没落と同定されたということであるが、その表層を破って、精神と真理における神の現在という真の核心の発見となった(107)。ヘーゲルは、この「挫折」（Scheitern）を、「理性の狡智」（List de Vernunft）と名づけた(108)。しかし、聖書は、この「狡智」についても「挫折」についても語ってはおらず、むしろ、勝利と完成、犠牲とその血による罪の赦しについて語っているということはわれわれを驚かすことであるといわねばならない。

いずれにせよ、倫理（Ethik）ということが、なぜわれわれはなおキリスト者として留まるのか、なぜわれわれは十字架につけられた方の姿と名とを除去してしまわないのかを決定する貨幣代用品（Wertmesser）となる。そのことは、シュヴァイツァーにおいても避けることはできない。この点で、シュヴァイツァーは、他の人々と共に、カントによって確立された伝統の中に立っている。誰かが、このような倫理なるものの価値と意義、愛と犠牲の価値と意義に疑いを向けることは、いつ、どのように到来するのであろうか(109)。神殿を支えているこの最後の柱が腐敗しないわけではないことを、誰が、いつ、どのように気づくことになるのであろうか。1850年と1950年のあの時期に言われたように、つまり、「すでに亀裂の入ったものは、一夜にして倒れる」(110)のではないかとあるように。『ツァラトゥストラ』の中では、いったい何と言われているか。同情（Mitleid）というものには注意せよ、そこから、人間に重い雲のかかる天気の異変の徴しを知るのだ、と(111)。

イエス像

新しいエトス（Ethos＝戒め）をもたらすものとしてのイエス、宗教とエトスとの結合を造りだすイエス――これこそ、目下のところ、新約学者たちの企てているイエス叙述（Jesus-Darstellung）のアルファでありオメガである(112)。この点に、過去と現在との緊張が登場していた。歴史的視点からの研究は、新約聖書の時代の歴史的背景というものを（今までとは全く違ったものとして）認識させる。あの時代を現在に移すということには尋常でない困難さがあると思われるかもしれない。「われわれは、神の現在（Gegenwart Gottes）を必要としているのであって、その過去（Vergangenheit）などを必要としているわけではない」とラガルド〔Paul Antoine de Lagarde 1827–1891.〕は言っている(113)。「神は、われわれに対し、われわれの言葉で語りたもうに違いない」という文言を、1913年に著わされたハイトミュラーの『イエス』という書物においても読む(114)。この意味で、過去の歴史の中における姿のイエスに関心を持ったのではなく、生きた存在（der Lebendige）、つまり今の歴史の中で生きて働き、その集団（Gemeinde）の仲間の中にあって生きて活動し、われわれの知ると知らざるとにかかわらず、われわれすべてのものに対して働きかける方としてのイエスに「関心がある」（interessant）のである(115)。

ハイトミュラーが、こう言うのをわれわれは耳にする。「神と共なる、そして神より来る生命というものは、独自な力に満ち溢れているものであるはずであると考えるとすれば、イエスにおいて、われわれはそのことの実現されているのを見る」と(116)。「もし、このような方が神であるのなら、現実に神はイエスにあってそのように働き、彼においていっさいのことをなさったであろう」(117)。イエスにおいて、「神の正しい者たちに対してのみ良きことをなしたもう」ということとは相対立する一つの生き生きとした表象というものが登場してきた。「イエスにおいてわれわれの目にするところのものは、われわれもほのかに予感し、期待するのが当然であるところのものである」(118)。あるいは、ヴァイネルの言う声もわれわれは耳にしている、「イエスが、現実に、愛を求めたもうとき、それは当然に倫理的要求を伴うものであり、……具体的行動（Affekt）にまで深められるべきものであり、」「それは、遂には、民衆の敵に対してだけではなく、神に敵対するもの罪人や悪人に対しても同じ愛を要求するものであり、イエスはそのように事実生きたもうた。それは愛が到達しうる究極のものであった」と。そこで、一つの決定的ともいうべき動機が繰り返されることになる。「倫理的思想というものは、われわれの到達しうるものより高いものであり、人間がこの生命の激しい深みにまで自分を改造しうるものかどうか、もしその道が存在しないとしたらどうであろうかという疑問が残ってきた」ということである。「しかし、イエスは、この道を歩み切りたもうたのである」(119)。

これらの叙述において本質的なことの一つは、「……イエスの説教によれば、宗教的関係性の中にあっては人間の神への直接の関係ということだけが肝心のこととなっているということが疑いないことである。神と人間との間には、何ものも存在してはならず、イエスさえもその間に立つ場を持たない。本来の意味の宗教的重要性をイエスは持たない」(120)。A. フォン・ハルナックも次のように言い得た、「この意味で、道徳（Moral）と宗教（Religion）とはイエスによって結合されている。この意味で、宗教は道徳の魂（Seele der Moral）であり、道徳は宗教の身体（Körper）と呼ぶことができる」(121) と。これは、神への愛と隣人への愛の一致ということである。イエスは、倫理的なものの範囲を、彼以前のだれもがなし得なかったほどに転換した(122)。ここに「子ではなく、父のみが、イエスの宣べ伝えた福音に属する」という簡潔な文言が成立する(123)。イエスの福音は決定的なことではあるが、しかし、教義ではない。教義への発展ということは、ギリシャ的なものの影響によって生まれてくるのであり、その結果、神人（Gottmensch）の教説が成立してくる(124)。このような方向で、ブセットもまた彼の『主・キリスト』(Kyrios Christos) を展開する(125)。いずれにせよ、ここでは、教義というものは、イエスの説教の持っていた端的な宗教的・倫理的基底というものに対しての異質化（Überfremdung）である。

このようにして、われわれが勝手に作り出してそれを拝むというイエス像というものが、繰り返し登場してくるということになった。ある人々は、イエスの生涯を理想化して描き、ある人々は、イエスの死というものを理想化した。そこには、つねに変わらず、一つの形姿（ein eidos）・理想像（ein Ideal）というものが立っており、それはわれわれの測る尺度に応じてのものであり、われわれはその姿に最高の位置を与えるべき存在としてその姿を思い描いてきた。ここでは、まさに、われわれ自身が、評価する者（Wertende）の立場に立っていた。この時代が、神に対していかなる態度をとったかということは、彼らの著した、彼らが尊敬し、熱中した「イエスについての書物」(Jesusbücher) 以上に明確に読みとれるところはない。「人々は、わたしのことを何者だと言っているか」（マコ8・27）と問われているが、イエスを、自分の考えている像に従って思い描くことは、イエスがイエスでありたもうところに従って描くということにはならない。われわれが、イエスを、彼が真実そうありたもうところに従って描くことは不可能なのであろうか。われわれの勝手に思い描く像に従ってではなく、彼が真実ご自身を顕わしたもうたものに従って描くということは不可能なのであろうか。このような勝手に思い描く像を抜きにして、われわれはイエスに出会うことはできないものであろうか。

批判へ――像と判断

イエス・キリスト(126)――これは、像なしで、イエスと出会うということである。キリストであるイエス――これが、神がイエスについて設定された像に従ってイエスに出会うということである。キリストとは、神が彼に与えられた称号である！

神がそのように彼を見られているのであり、これが旧約聖書の神の前に立つイエスである。われわれが、彼をわれわれの主と告白するのであれば(127)、それは、このイエスが神から与えられたとの証言を、われわれに対し、われわれのもとで妥当せしめるということを考えるということである。

「しかし、あなたがたは、わたしを誰と言うか」「あなたこそ、キリスト、生ける神の子」(128) とあるのは、次のことを意味している。わたしたちは、あなたを知らないのですということである。あなたは、わたしたちの手の中にある方ではないのです、と。さらに、次のことも意味している。

「イエス・キリスト」とわれわれが呼ぶとき、それは、彼がわれわれを超える方であるということ、われわれの、あれこれの判断、よしそれが正統主義的なものであれ自由主義的なものであれ、これらの判断を下す者であることを止めるということである。ここでは、われわれは判断することをしない。ここでは、判断することが己を偽ることになる以外ではないからである。「あなたの言われることは正しく、あなたの裁きに誤りはありません」(129) である。これをもって、われわれは、あらゆる倫理的判断でなした模範像を放棄し、先入観・前理解（Vorverständnis）というものを断念する。あの方は、自らお姿を現わされるのであり、ご自身を啓示なさるに違いない。イエス・キリストとは、「わたしはある。わたしはあるという者だ」（出３・14参照）ということであり、わたしは、知られざる神の謎を解く鍵ではないということである。わたしは、本来の意味における、その最深の知られざるもの（Unbekanntheit）である。しかも、あなたはお気づきであろうか、あの方は、あなたの生命の大いなる知られざる方としてこそあなたに出会われるということを。いっさいの誤った解釈などによっては、見棄られた者のようになり、弱い者、嘲けられる者となり、人間の判断、あなたの判断によって、見棄てられた者のようになって、そのような姿であの方はあなたに出会われるということをお気づきであろうか。人間の考える形姿において神と出会うなどと考えている限り、われわれは自らを欺いていることになる。われわれがこうだと判断するとき、われわれはいつも真実であったと考えてきた。しかし、そこでは、まさに神を見てもいなかったし認識もしていなかったのである。どんな神を神としていたかが示されていたのである。それゆえ、あの方は、街や市場で、貧しい者の姿で、隠れた姿において（im Inkognito）、何も持たぬ無力の姿で、枕する所もない者の姿で（マタ８・20）歩まれ、人間の勝手につくる神（Menschengott）の姿というものを無にされ、人間のつくった神の姿というものに恥をこうむらせられたのである。ここにおけるほど、神の隠れていますこと（Verborgenheit Gottes）が決定的なところは他にはない。創造の業（わざ）においても、神を、その独自な実在として予感することはできるかもしれない。全き夜の暗黒の中に陥ってしまうことはないであろう。しかし、それも、いっさいを創造したといわれるものについての残影を見ているにすぎず、あの上からの（da oben da）ある知られざる者（X）への絶対依存の感情（ein Gefühl unserer schlechthinnigen Abhängigkeit von einem X da oben da）[130] というものがあるにすぎないであろう。しかし、ここでは、つまり、イエス・キリストにあっては、隠れているということ（Verhüllung）は、完璧（vollkommen）なのである。十字架につけられたる神（der gekreuzigte Gott. deus crucifixus）とは、隠れた神（deus absconditus）である[131]。ここでは、われわれがなお神について知っていると考えていること、すでに知っていると考えていたことはすべて役に立たない。この門を開く鍵などは存在せず、この隠れていますことに対して役に立ちうるどんな内なる光（lumen internum）も存在しない。この門が開かれるとすれば、その門の内側より開かれてくる他はない。完全な啓示とは、同時に、絶対の隠匿性（absolute Verborgenheit）のことである。神の国の近さ（Nähe）が語られるとすれば、同時に、それはその絶対の遠さ（Ferne）のことである。神がわれわれに近づいておいでになることにより、われわれがいかに神に遠いものであるかということが明らかになる。

終末論的イエス

世紀の転換期以来、イエス像の新しいカテゴリーが発見された。いわゆる、終末論的イエス像のそれである。終末論的イエス像が、いかように把握され描き出されたにせよ、たとえばA. シュヴァイツァーやE. ローマイヤー（Ernst Lohmeyer）のように黙示文学的・空想論的（apokalyptisch-phantastisch）なものであれ、R. ブルトマンやM. ディベリウス〔Martin Dibelius 1883-1947. ルター派神学者。ハイデルベルク大学教授〕のように実存論的（existentiell）なものであれ、J. シュニーヴィント〔Julius Schniewind 1883-1948. グライフスヴァルト、ケーニヒスベルク、キール大学教授〕やA. シュラッター〔Adolf Schlatter 1852-1938. スイス改革派の神学者。ベルリン、テュービンゲン大学教授〕のように旧約聖書から見ての終りの時の成就とその出現（Heraufführung）のようなものであれ、それらを貫いているものは一つである。イエス・キリストは、来るべき方（der Konmende）として示されているということである。イエスとの出会い（Begegnung）ということが決定的なこと（Entscheidung）であるということである。終末論（Eschatologie）とは、まさに、決定的なことという意味であり、今・ここで（jetzt und hier）、わたしの人生全体にかかわる永遠の重さを持つ決定的なことが起こっているということである。ディベリウスによれば、「この決定的なことにあっては、肝心の問題は、人があの黙示文学的希望というものを適切に評価しているか否かということではなく、福音の徹底性（Radikalität）とその福音を告知する者の人格において、神の現実性（Werklichkeit Gottes）というものの真正の徴（しるし）（Zeichen）を認識しているか否かということである。これに然りと言う者は、同時に、この現実性がこの時間と空間の中にはないということを見ていると共に、しかも、それが現実に存在（existiert）していることを知っており、――あらゆる現象の中でどうでもよいことのように見えはしても――その現実性が、一度限り決定的に到来せざるを得ないものであることを信じているのである。そうでなければ、神は、この世界の主でも歴史の主でもありたまわないことになろう。新約聖書が伝えているキリストであるイエスの伝承において、神の真正な徴を見るものは、同時に、この現実性というものがすでに開始されていることも知っている。まさに、その新約聖書という形で形をなしている歴史の中においてである。これこそ、信仰者たちにとっての終末の意味である」(132)。

R. ブルトマンの『イエス』(133) をもって、今や、まさに、一つの新しいものが開始された。それは、キリスト論に関する問題を容易にするものというものではなく、逆に、重大なものとするという意味で新しいものであった。もちろん、ブルトマンの『イエス』は、今日に至るもその価値を失うことのない驚くべき本であり、ブルトマンの新約聖書神学の原型がそこにある本である。今までのすべてのイエス像は、ここで、全く破壊されている。「彼の神についての理解、赦しについて捉えている事柄は、イエスがいっさいの人間中心主義的な理想主義（humanistischen Idealismus）というものからいかにはるかに遠く立っているものであるかを明確に示しており、罪の概念などもともとないのだと考えたり、人間には能力とその発展の段階があるのだとするような考えに対していかにはるかに遠く立っているものであるかを示しているものである」(134)。ブルトマンの『イエス』は、この点において、明確に、人間がイエスに対してあてはめてきたあらゆる像と理想像のすべての清算（Abrechnung）である。全く鋭く、一つの事柄が、ここに突出して姿を現わしている。すなわち、イエスの要求の今・ここで（Hier und Jetzt）ということ、瞬間ということ（Augenblick）、罪の核（Konkretion）、人間が現実に失われたものであることとその赦しということである。ブルトマンは、断固として、一つのことを主張している、罪の赦しはイエスの死と復活にかかっている、と。しかし、彼にとって、イエスとは誰なのかと問うと、彼は答える、「彼は、言葉の担い手であり、言葉において、人間に、神の赦しを確約するものである」(135) と。その際、ブルトマンは、言葉というものの許で、さし当たり言葉なき（wortlos）状況に甘受させられている状況（Stand）の表れを見ているのみならず、言葉というものは、語る者の外側にある事柄（Sachverhalt）にも関わるものであるということを見ている。そこで、「言葉は、聞く者たちへの呼びかけ（Anrede）として出来事（Ereignis）になる」(136) と言う。それは、ブルトマンによれば、人間の実存の決定性（die Determination der menschlichen Existenz）を開示するものであり、決断における出会い（Getroffensein）に道を自由に開くものである。「したがって、客観的に観察される言葉として言葉はあるのではなく、それが出来事となるのは、聞く者にかかっているということである」(137)。問題は、「イエス・キリストとは、誰か」ということであり、したがって、彼の言葉の中にあり、彼にあって、わたしというものが何者なのかということも同時に認識されるに至る、そのように問いを呼びおこす問いが問題である。

ブルトマンの答えは、次の二つの命題に分かれる。言葉は、聞く者において出来事となるという客観的潜在性（objektive Potentialität）と、聞く者にその内実（Sachverhalt）を開示するという主体性（Subjektivität）とである。言葉とは、したがって、カール・バルトの教義学の第１版(138) におけると同様、それが何であるかは（was es ist）聞く者との関係の中にある。言葉は、それ自体のためにあるのではなく、わたしのためにあるとき、言葉である。したがって、ここには、「キリスト論」は存在しない。

3. 20 世紀におけるキリスト論の新しい開始
—— F. ゴーガルテン、E. ブルンナー、H. フォーゲル、K. バルト

3.1　F. ゴーガルテン（Friedrich Gogarten　1887–1967）

ブルトマンの釈義の立場に立って、新しいキリスト論を構築展開しようとしていた者たちのキリスト論の内、今までの論議との関連の中で最も重要な関係に立つ現代のキリスト論は、F. ゴーガルテンの『イエス・キリストの

宣教』(Die Verkündigung Jesu Christi)[139]である。この著作の主題は、歴史性（Geschichtlichkeit）ということである！　キリスト教信仰を神話（Mythe）から解放すること、われわれの歴史的実存（geschichtliche Existenz）を人格的応答性（personale Verantwortung）の中で受け取ること——このことこそ、ゴーガルテンの目指したことである。その中には、自ずから、人間の変貌（Wandlung des Menschen）ということも含まれている。「神話世界からの人間の解放は、人間の、世界（Welt）と物（Ding）と、それらに対する関係性についての表象（Vorstellung）の変貌ということのみならず、世界への関わり、自己自身についての理解（Vertändnis）が根底より変わるということである」[140]。わたしが、わたしの実存というものの歴史性（Geschichtlichkeit）と人格性（Personalität）を経験するならば、わたしは、神話的世界理解からわたし自身を解放しうることになる。「歴史性と人間の人格性とは、キリスト教信仰においての他に純粋に捉えられうる場所はどこにもない」[141]。ゴーガルテンにとっては、イエス・キリストこそ、「唯一の神的出来事」(das Eine göttliche Geschehen)[142]である。つまり、ここイエス・キリストにあってわたしは神に出会うのであり、しかも、この世界とも出会い、わたしのために行為なさる神に出会う。「この唯一の出来事は、聖書においてもそうであるが、部分的に神話的衣装をまとっているとしても、その歴史性において純粋に（rein）誤解なく（unmißverständlich）把握されうるものであり、この点こそ、すべての注意が向けられるべき課題点（Aufgabe）である。もし、この点がいい加減になるのなら、個々の問題点もいい加減になり、処女降誕とか昇天とか、いわゆる復活の体（Auferstehungsleib）とか、およそどのような事柄も全くといっていいほどにいい加減となる。正しい解明を混乱させる誤ちのもつ重大性も見失われてしまう」[143]。ゴーガルテンは、キリスト教信仰によって開始され、自然科学によって完成されるとする（カントと同称）「この世界の中立化（Neutralisierung）と、この世界の呪縛を解くこと[144](Entzauberung)」を、消極的に（negativ）しか理解していない。ゴーガルテンは、それを「世界に対する現代人の自立性」(Selbständigkeit）と呼んでいる[145]。それは、キリスト教信仰の「当然の帰結」(legitime Folge）であり、これに反対する者は、自立性にも反対することになる。彼は、モーセの律法に従うべきことを求められた時にユダヤ人たちのしたことを、必要な訂正を施して（mutatis mutandis）行なったのである(146)。

ゴーガルテンは、しかし、また、この世界の自律性（Eigengesetzlichkeit）の世俗化（Säkularisierung）ということに対しても肯定（Ja）する。「キリスト教信仰なしでも、そのことは、成るべきときにはなる」と(147)。それに付言してこうも言う、「キリスト教信仰なしでは、真の自立性（Selbständigkeit）はあり得ない」と(148)。それゆえ、キリスト教信仰の影響するところは人間生活の人間的実態とその人格性とにのみ関わることになり、いかなる神秘的能力とかその特性とかには関わらないことになる。

さて、その場合には、人間の自己自身について設定した人格的自己意識（Persönlichkeitsbewußtsein）は、格別の危機を生じさせることとなろう。それは、己を神的啓示から解き放つことになろう。それは、「己を、己自身から理解する」(149) ということになろう。それは、やがて、「人間の自己主張」（Selbstbehauptung）と、さらにはまた「神的な全能」(150) というものに対しても相対立するところに導くことになろう。これにより、人間の霊的自立性（geistige Selbstständigkeit）は、「人間実存の恐るべき危険性」(151) に至らしめられることになろう。ここから、ゴーガルテンは、かつての状況とわれわれの今日の状況との違いを指摘する。かつて、人間は神話的思考に囚われていた者であり、そこからの解放（Freiheit）を問題としたのであった。われわれ、「この世界に対し自立する者となったわれわれは、結びつき（Bindung）を問うのである」(152) と。この結びつきは、しかし、聖書とか教義といった客観的なあるもの（Größe）を通してではなく、われわれが具体的な状況において出会う神の言葉を通して可能となる。その際、ゴーガルテンは、過去200年にわたってなじんできた方法論というものを、人間の実存を神の言葉と結びつけるために、それを廃する。われわれが、それを神の言葉によってわれわれに確証してもらうということが問題ではない。それゆえ、ゴーガルテンは、ルターと宗教改革を原始キリスト教団と現在の中間をなすもの（Zwischenstück）として位置づけた。問題は、人間の自立性は限定されうるものかどうかではない。それは限定され得ないものである。しかし、ゴーガルテンは次のように続ける。「問題は、人間は限定されうるものであるかどうかである」(153) と。およそ世界観なるものは、自然神話 (Naturmythos) も歴史像 (Geschichtsbild) も、聖書も含めて、人間を結びつける力を失ってしまっている。ひとり、このばらばらな人間を結びつけうるものがあるとすれば、神の言葉が人間に出会い、人間の「我」(Ich) というものを全面的に変えるということだけである。

このような事態を総括して、ゴーガルテンは、「現代人の実存の喪失」(Existenzverlust des modernen Menschen) (154) と名づけている。現代人は、己を喪失してしまった、と。彼は、もはや真実の人間ではない、と。イエスとの出会いが、ゴーガルテンによれば、人間を完全に彼自身へ取り戻すという課題を持つ。「キリスト教信仰は、純粋そのものの主体性 (Subjektivität) において生きるものである」(155)。さらにゴーガルテンはこれに加えて、「十字架と復活こそが、神と人間との出会いと人間との出会いの起こる特殊な道である」(156)。これが、「見よ、この人だ」(Ecce homo) ということである (157)。「イエスとの出会いは、人間がこの世界の中で自分自身を理解するいっさいの場所の彼方で起こることである」(158)。

この著作の成果は、相対的に小さく、さまざまの神学的グループや方向性—学派とまでは言えない程度のものの内部における批判的対論がこの著作によって全く止んでしまうというような驚くべきところまではいかなかったものであった。(論議への) 真正な関与が起こるときには、それは批判的な相互の討論の形において起こるはずのものであり、互いの業績を承認し合うという形においてのみ起こりうることである。われわれが現在身を置いている状況というものは、互いのそのような交流・関与を欠いた恐ろしいほどの孤立状況である。それだけに、ゴーガルテン自身が、その学問的研究において、ブルトマンとその学問的研究、さらにはディルタイ〔Wilhelm Dilthey 1833-1911. やドイツの哲学者。『解釈学の成立』等〕やクリューガー (Krüger)〔Gustav Krüger 1862-1940. 教会史家〕といった他の現存している人々の学問研究にほとんど言及しようとしていないことはきわめて著しいことである。19世紀のキリスト論に立ち入ることも、彼に示唆するところの多かったはずのシュライエルマッハーやローテ〔Richard Rothe

1799-1867. 組織神学者、ハイデルベルク大学教授〕あるいはトマジウスといった人々の仕事に関わるといったことも欠いている。ルターに関する豊かな内容をもった著作(159) においても、キリスト論に関するルターの数々の特別な文言への関わりもほとんど無い。A. フォン・ハルナックの2巻におよぶ著作(160)、ゼーベルク〔Reinhold Seeberg 1859-1935. ベルリン大学組織神学、新約釈義教授〕）によるルターのキリスト論に関する叙述が多くの材料を提供してくれているにもかかわらずそれへの言及も欠く。もちろん、十分の注意をもって言わなければならないことではあるが、ここでは今キリスト論が問題になっているのであるから、ゴーガルテンが、なぜ、「二性説」や「キリストの神性と人性」「状態論」(Ständelehre)「キリストの職務」といった古代教会の文言の使用を拒否するのかも言及されなければならない。処女降誕、昇天、復活体といった問題も周辺に追いやられる。彼がそうするのは、彼が他の問題、彼にとって固有のことと思われた二つの神学的な項目、つまりパウロとルターという問題に新しい視点より光を与えようとしていたからである。彼は、イエスの宣教から始め、現代の状況分析(161) で終る。彼の著作全体は、われわれはいかなる言語、いかなる思考形態をもって再びイエス・キリストについて語りうるものとなるかを発見するという労苦にかかっていた。そのことは、すでに、その「序論」において以下のような独自な文言に見いだされる。「この本の中心点に立つものは、イエス・キリストの姿である。わたしにとって最大の恥辱に見え、わたしが苦しんでいることは、イエスの姿が失われてしまっているということである。われわれが、彼を失ってしまっているということは、その大部分は、われわれが宗教改革以来、彼・イエスについて適切に語りうる言葉をもはや持ちあわせていないということにある」(162)。言葉（Sprache）の要素が前面に登場してきていることは特徴的なことである。教義学（Dogmatik）ということは、それによって、解釈学的問題設定（das hermeneutische Problem）となる。事は、二つの時の間の緊張領域の中で見られている。すなわち、原始キリスト教の古代の神話的思考の中で開始されたその時と、現代（modern）の、ゴーガルテンが「自立性」(Selbständigkeit）ないしは「自律性」(Autonomie）の時代と名づけた二つの時の間である。ここに、最大の射程をもつ問題性が露呈している。ゴーガルテンは言う、「われわれは、彼（イエス――H. J. イーヴァント）については、ただ独自にして借り物ではない言葉によってだけ語りうる」(163)、と。この文言は、全キリスト論の関心するところ（Anliegen）の全体を支配するほどのことであり、人は、これを正確に分析すべきであろう！　ゴーガルテンが、この文言と並んで第2のことを同時に付言していること、「われわれは、もちろん、つねに正しく彼について語りうる言葉というものを持っているわけではない」と言っていることにより、いささか混乱していることはもちろんである。「われわれは、彼について語りうる言葉をもはや持ち得ていない。なぜなら、われわれは、われわれ人間についても、われわれについても適切に語る言葉を持ち得ていないからである」(164)。われわれは、われわれ自身について語りはするであろうが、しかし、「適切に（gültig）」でも、「適格に」（verbindlich）でも、つまり人間がそれによって真実の前に己を見すえているというようには語り得ない。人間の自己疎外（Selbstentfremdung）の結果は、その「大衆化」（Vermassung）である(165)。ゴーガルテンについて人々が直ちに付言せざるを得なかったように、人間は、人格性（Personalität）を、つまりその「歴史性」（Geschichtlichkeit）を喪失してしまった。人間も、人間イエスも、共に、同時に、喪失してしまった。それゆえ、この両者、人間と人間イエスとは同時に再発見されなければならない。「なぜなら、われわれは彼を失うことによって、われわれ自身を失ったのである」(166) からである。

イエスと実存の喪失

イエス・キリストを再発見するということは、われわれが人間の人間性（Menschlichkeit）を再発見するということを意味するものであろう。「真実の人間」（wahrer Mensch）という主題は、明らかにゴーガルテンの仕事を支配しているものである。それゆえ、彼の企ては、まことに興味深い。われわれは、直ちに問いたくなる。彼はそれに成功したか、と。ゴーガルテンは、ここでは、そう簡単には解決し得ない長くて広範な労苦が問題であると考えている。というのも、われわれは時代の変化（Umbruch）と概念の変化の中に立っているのだからであり、それは急には克服できないからである。しかし、われわれは以下のように問うことが許されており問うべきであろう。彼の約束してくれているものは、出発点（Ansatzpunkt）として支持しうるかどうか、と。その問題設定（Fragestellung）は正当であるか、と。ゴーガルテンは、明らかに人間性の喪失ということに苦悩している。彼は、「人間性、人間であること（Menschsein）は、われわれの内にあって恐ろしいほどに失われてしまったが、それは、われわれが実現させてしまったものであり、この喪失によって大衆化（Vermassung）という運命を受け取ることになった。……この人間性というものは、イエス・キリストにあって測りがたい豊かさと力において贈られている」[167] ということを証示したかったのである。いったい、いかようにであろうか。いかなる程度において、イエスは、「あらゆる世界の外側で」（außerhalb jeder Welt）、意味と目標と同様にあらゆる世界像の。[168] 彼・イエスは、「根源的な非世界性」（radikaler Unwelthaftigkeit）をもった存在であり、「われわれは、彼を、われわれと同類と見なすこと（assimilieren）はできない」[169]。「イエス伝研究史（Die Geschichte der Leben-Jesu-Forschung）は、明らかな失敗の歴史である」[170]。ゴーガルテンは、イエス伝研究の企ての中に、一人の律法の教師像をつくろうとする企てを見てとっており、確固とした道徳的像（eidos）をつくろうとしていると見ており、これらはイエスをこの世界の中へ組みこもうとする（Verweltlichung）誤った企てであると見ている。それゆえに、ゴーガルテンにとっては、律法を破り、イエスとの出会いの可能性を開いてくれたものとしてパウロとルターが偉大な模範像（Vorbilder）となる。それらは、律法を超えたところ、つまり、この世界の外にあるもの（Außerweltlichen）を示す！
この対律法主義的根本思想（antinomistische Grundgedanke）は、ゴーガルテンのキリスト論全体を確実に支配している。律法は、この世界の秩序構成要素（weltliche Ordnungsgröße）であり、人間が自らを「世界の外にある存在」（Außer-der-Welt-Sein）として理解するところでは止揚されざるを得ず、まさに、このような止揚が真正にして真実な人間の自己理解の前提となる。律法は、人間の中に、人間はこの世界の中にある他はない存在であるのにこの世界の中にあることはできないという恐るべき二元論

(Dualismus) を鋭くする。われわれが、この世界の中にあることは、それゆえ、われわれの嘆き (Anklage) となる。

循環 (Zirkel) は、ここで閉じられることになる。イエスが、われわれに対し疎遠であれば、それだけわれわれはわれわれをこの世界に固着した者と (Welthaftigkeit) 見ることになり、われわれが自らを世界の外にある者 (Außerweltlichkeit) として自覚する時、イエスはまことに近くいますということになる。いずれにせよ、イエスはわれわれの近くにいますのであると、ゴーガルテンは言う。「彼は、人間であること、それ以外ではあり得ないことを、しかもこの世界にあっては、『不死なる知られざる異邦人』(unsterblicher Fremdlinge)[171] とマティアス・クラウディウス〔Matthias Claudius 1740-1815. 神学を学んだのち文学・詩の分野で独自の活動をする〕の言うような存在として、彼は、われわれの近くにいますのである」。彼の独自な仕方での異邦人性（フレムトザイン） (Fremdsein) というものは、その罪 (Schuld) についての知 (Wissen) という点にある。彼にあって、失われてしまった人間存在というものは、ようやく完全な仕方で現われる。なぜなら、われわれに対し、イエスは今ここで近くありたもう以上に近くありたもうことはないからである。「われわれが、到底のりこえ得ない程度（ほど）にこの世界に対して疎遠（フレムト）であるその地点こそ、イエス・キリストがわれわれに対して最も近くいましたもう地点なのである。まさに、この世界に対するこのような疎遠性（フレムトハイト） (Fremdheit) がはからずも到来している所でこそ、彼がなお知られざる未知の対手（あいて） (Gegenüber) としてわれわれの前に立っていてくださるその所で、新約聖書が証言しているように、われわれは彼を理解しうることになる。なぜなら、彼は、その人間としてのお姿において、この対手でありたもうからである」[172]。「われわれが、イエスを、われわれに対する対手として再発見することができるならば、彼を知ろうともしなくなって以来ヨーロッパ世界の人間が苦しんできたあの呪わしい実存喪失ということから回復することができるであろう」[173]。ゴーガルテンは、明確に言い切る、「彼は、そのことによって、唯一の決定的指示 (einige bescheidene Fingerzeige) を与えようとしているのだ」、と、「神の現実性への問いはイエス・キリストにおいて意味を持つその地点へ導くことを望んでおられる」のだ、と[174]。彼ゴーガルテンは、われわれは、イエスにあって、イエスによって、神をわれわれへの対手となってくださる方として再び手に入れることになり、いずれは手に入れることになるだろうと確証する。ゴーガルテンは、人間が登場すべき地点、人間を正しく問う地点を指示しようと願っている。

これらの出発点（Ansatz）をめぐって、わたしに不満なのは、三つの事柄があたかも確実なことであるかのように主張されているその確実性（Sicherheit）についてである。第1は、いつ、われわれはイエスを再び手に入れうるのか、ヨーロッパの人間を苦しめてきた人間が大衆社会へ転落してゆくことが必然であったとされるその実存喪失を、いつ回復しうるのかということである。人格性（Personalität）という概念は、人間存在を保証するというのはそんなに確かであるのか。聖書は、しかし、全く別様に考えているのではないか。大衆（Masse）と教会（Kirche）ないしは教会共同体（Gemeinde）との間には相違性もあることも視野に入れておくべきではないのか。大衆は、誰が、主（Haupt）であるのか不明ではないのか。それは、己を統治する者（Souverän）を持とうとするものではないのか。個人というものが大衆社会という墓場に転落していくということは、神の審きであるのかもしれないではないか。というのは、個人というものは（ゴーガルテンは十分承知しているが）、自らを統治者として立て、自らを己の創造者と見なすものだからである。ゴーガルテンが実存喪失と呼んだものは、われわれすべてのものの上に今あらわされる神の怒りであり、われわれの神喪失（Gottlosigkeit）と、不正義の中に真実というものを打ち立てようとする不正義に対する神の怒りであるということである(175)。

ゴーガルテンが、罪をめぐる知（Wissen）というものを、実存喪失それ自身として捉え、人間のこの世界への関係というものの中から導き出していることはきわめて典型的なことである。「われわれ人間が、この世界の中にあって生きざるを得ない者であること、そして同時に、この世的（welthaft）には捉え得ない他の現実性の中を生きるという存在であることは、罪の内にあって明らかになる以外あるだろうか」(176)。プラトンから始めフィヒテ〔Johann Gottlieb Fichte 1762-1814. ドイツ観念的の代表者〕に至るあらゆる時代の観念論というものは、まさに、罪というものを、精神の存在としての人間の実存喪失というふうに定義してきた。ゴーガルテンにおける「世界の外なる存在」(Außer-der-Welt-Sein) ということは、われわれが精神をもっており、人間は知的存在 (intelligibles Wesen) として自らを考える可能性を持ち、自分自身を省察の対象とする可能性をもつものであることを意味している。「我、思うゆえに、我、在り」とは、世界の外にある実存の古典的公式である(177)。精神と肉体とは、われわれに可能な二つの存在様式 (Daseinsformen) であり、同時に、われわれが罪ある者としてそこに組み込まれている二元論である。キリストに類比して得た人間理解といえども、そのいっさいは、キリストの外にある。わたしは、この中に、古い敬虔主義 (Pietismus) の図式、トールック〔Friedrich Gottreu Tholuck 1799-1877. 神学者。ベルリン、ハレ大学教授〕が「自己認識の陰府下り(よみくだり)」(Höllenfahrt der Selbsterkenntnis) という概念で捉えた図式、人間の罪を世界との関係から、そして、救いを神との関係から得てくるという図式以外のものを見ることはできない(178)。さらに、イエス・キリストは、現実に、「あらゆる世界の外」(außerhalb jeder Welt) に在すのであろうか。このことにより、この世界は、それ自身として、その独自の律法・法則性 (Gesetzlichkeit) を棄てたのであろうか。では、いったいなぜ、「神は、キリストによって、この世界をご自身と和解させた」(IIコリ５・19) と言われているのであろうか。「神は、この世を愛された」(ヨハ３・16) と言われているのであろうか。ゴーガルテンが、世界内的実存 (innerweltliche Existenz) と世界外的実存 (außerweltliche Existenz) の区別をしたことが正しいのならば、聖書が「この世」と言っているところでは「人間」のことを描いていると言うべきではないのか。イエスとわれわれとはわたしの自己の「内面世界」(Innenwelt) でのみ出会い、わたしではない (Nicht-Ich) 外の世界においてではないと、言うべきではないのか。言が肉となったということは、現実にそれが起こったのであるならば、その歴史は「語られ」うるのではないか。神が人となりたもうたという福音は、この世のためであるのではないか。ただ、「わたしのため」(für mich) だけに妥当することなのであろうか。何のために、神は人となりたもうたのであろうか。このことにより、現実に死は死として、罪は罪として廃されたのであろうか、それとも、罪も死も、ただ「わたしのため」という意味あいの中でだけ廃されたのであろうか。つまり、苦悩にとらわれており、咎にとらわれている中においてだけ廃されたにすぎないのであろうか。正反対の方向を示すルターからの引用が可能である。ルターにとっては、キリストがそのために死んでくださったこの世というものにわたしが属しているので、わたしは救われている。かの「不死なる知られざる者」としてではなく(179)、全く死に定められたこの世の人間としてわたしは救われている。墓に横たえられたラザロとして、わたしはイエスの声を聞く。「ラザロよ、出て来なさい」、と（ヨハ 11・43 参照）。われわれは、この世から取り去られてではなく、この世と共に、神のご支配の中に入れられる。ここに、事実として、わたしの脱出不能な墓がある。ここでまさに再び、キリストが、原理的に、罪人から分離されてしまう。彼は、この世の外にある存在として真実の人間である、と。しかし、彼は、わたしという失われた人間存在をご自身のこととして引き受けてくださった方として真の人間なのである。「人々は、おのれの愛について夢想し、それをもって罪を担っていこうと夢みる、キリストを、罪という衣から脱がせ、罪と無関係のものとし、罪なきもの（unschuldig）とするということは、罪を人間自らに担わせ、罪をわたし自身の上におくものと見なし、キリストの上には置こうとしないことを意味している」(180)。キリストは、しかし、「罪人の仲間」(181) でありたもう。さらに、「真の神学というものは、もはやこの世界に罪はないことを教える。なぜなら、キリストは、父が全世界の罪を彼の上に置かれた（イザ 53 章によれば）ことによって、そのみ体において、罪に勝利し、これを打ち砕き、無となしたもうたのだからである」(182)。あるいは、われわれは次のように言われているのを聞く、「このことは、止揚されることのない矛盾なのである。罪がひとりキリストの中にあり、それゆえ、わたしの中にもこの世の中にも罪はないというならば……」、さらに、「全世界が信ずるに至り、神がもはやこの世界のどこにも一つの罪をもごらんになることはなく、すべては聖であり清いというのであれば……。したがって、一人の人間イエスが世界の罪を担いたもうということは驚くべきことである」(183)。

もし、イエス・キリストの人間性が「この世界の外にある存在」（Außer-der-Welt-Sein）であり、われわれは彼との出会いをただ「異邦人として」（Fremdlingschaft）だけ想起し、そのような仕方においてだけ、われわれの存在の内に真実の人間が回復されるということであれば、和解の全体は、外なる世界の空間でのこととなり、この世界は律法のもとに見棄てられたままとなり、降誕祭も復活祭も無意味なものとなろう。人格主義（Personalismus）は、イエス・キリストの使信を、人間の己自身との関係性ということの中に限定するだけでなく、神の力（Vermögen）と神の恵み（Gnade）がこの世界に対して無力であるとする最も深い不信仰である。実に、聖書に言われているように、神は、この世界を救われたのであり、われわれは信ずる者としてこの世界にあって生きうるのであり、神がイエスにあってごらんになっているようにこの世界を、つまり、救われた世界として見ることができる。

さて、しかし、ここに、なお問いが生じてくる、もしわれわれがイエス・キリストを理解していないならば、これらのことは単に言葉の上のことに留まるのではないか、と。事は信仰にかかっているのではないか、と。もちろん、事は言葉の上のことであるのみでなく信仰の上のことである。われわれが、罪と死を「キリストにあって」（in Christus）見ているのか、それとも「この世界にあって」（in der Welt）見ているのかどうかにかかっている。われわれが「認識し感得し得ている」ところで見ているか、それとも、神のご意志に従ってそれがあるところにおいて見ているかどうかにかかっている。神の小羊は、この世の罪を負ってくださった(184)のである。

非神話化論と実存の獲得

ゴーガルテンのキリスト論は、現代人の実存の分析ということを同時に含んでいる。もし、非神話化論（Programm der Entmythologisierung）のプログラムに誰がその組織的基礎を与えたかを考えるならば、それはまさにゴーガルテンその人である。今まで、このことがほとんど気づかれずにきており、神学的論議の中ではほとんど取り上げられてこなかったことは奇異に思われる。非神話化論の全プログラムを手中に捉えるためには、（ゴーガルテンの）「世界の外にあること」（Außerwelthaften） という考えを思い起こすだけで十分である。非神話化論は、二つのものを結びつけようとしているが、その一面は、救済の論理を強力に人格性（Personalität）に関係づけており、つまり、人格性の回復として考えるという面である。人格存在（Personsein）とは、自然という存在（Naturwesen）とは相違して、この歴史の中で応答的に（verantwortlich）生きるということを意味しており、それが人格（Person）ということである（ゴーガルテンは、J. W. ヘルマン〔Johann Wilhelm Herrmann 1846-1922. 神学的自由主義の代表者。組織神学論。マールブルク大学教授〕のテーゼを取り入れている）。もう一つの面とは、およそ人格的（personal）でないものを遠ざけること（Entfernung）ことであり、聖書からは「わたしのため」（Für mich） という点から理解可能な表現を受け入れるということである。非神話化論ということは、人間を、つまり、現代人における実存喪失から人間を救うということをキリストの使信（Christusbotschaft）の固有の主題とするということである。その限り、それはまさにわれわれの時代の主題である。

もちろん、この二つの方向性は、たがいに対抗しあう。一方の人々は、人間の実存喪失の回復と、そのことにより、世界を、際限もないものとなってしまった「わたし」（Ich） というものの前で救おうと考えており、他の人々は、この社会の諸制度（Institutionen）のキリスト教化の道において、つまり、外から内への回路（Umweg）において救済の過程を開始していこうとする。実存論的神学者（Existenzialtheologe）たちと制度改革論者（Institutionalist）たちというこの両方向は、現代の、つまりこの西欧世界の実存喪失という状況に出会うのにそれが有効であると確信している。この両方向は、共に現代世界の文明の危機ということから生じてきている。両方向において共に問題となっていることは、今の時代におけるキリスト教の現実化（Verwirklichung des Christentums）ということである。このことに関して、一方は、教会への道（Weg zur Kirche）、つまりシュライエルマッハーの有名な定義のそれに従い、その道においてキリストと人間とを出会わしめるということを企て、他方は、キリストへの道（Weg zu Christus）、つまり人間を再び教会に出会わせようとする道を企てる(185)。

非神話化論は、この第２の道を徹底して拒絶する。非神話化論は、この二つの道の間には、あれか・これかしかないと見ている。ゴーガルテンに従うなら、それではその事実上の根拠づけは何なのであろうか。それは、人間の「自立性（Selbständigkeit）」の概念である。このことは、近代自然科学からの究極点として生じてきたものである。「現代人の生きている現実（Wirklichkeit）はもはや不可解な世界（Welt der Wunder）というのではなく知識によって探求され、技術（Technik）というものによって支配されている世界であるということである」(186)。われわれが聖書において読み、教会の使信として耳にしているところとは違う全く新しい状況が創りだされている。われわれは、その状況を理解し得ない。状況は全く新しいものであり、ルターに対してもそうである。ルターにおいては、信仰と世界観とは、まだ広く手をたずさえあっていたものであった。しかし、そのことは、もはやわれわれにあっては不可能となった。信仰が関わっている現実とは、この世界の外にある神の現実（die außerweltliche Wirklichkeit Gottes）であり、他方、われわれは、人間が自律した（autonomes）、また自立した（selbständig）存在としてもはやこの世のいかなる諸力（Mächten）や勢力（Kräften）によっても支配されることのない存在として見なされる内的世界というものを考えている。「なぜなら、われわれの世界観というものは、聖書において出会うものとは矛盾の中にある」(187)。

しかし、次のことも十分に考慮されなければならない。聖書の中で、特に新約聖書とイエスの宣教の中にあっては、（この世の）呪縛からの解放（Entzauberung）がすでに遂行されているということである。イスラエルの神は、この世界の主であり偶像性（Götze）を持たない。世界の外にあるものとしての生ける神と、この世界内の諸関係や諸事件との中にある人間の宗教なるものとの間には厳然とした（radikal）分離がなされることはイエスの宣教の中を貫流しているものである。福音の中には、人間を神話的なものの絡みつきより解放する独自な基盤が存在する。福音によって、この世界に対する人間の自由は到来する。神話的世界像の中に、われわれはなお人間と世界との統一性というものを持っているとしても、人間はそこでは歴史（Geschichte）をもはや持ってはおらず、自然と歴史とは崩壊している。

ゴーガルテンが、神話的世界像と歴史的世界像の二つの世界像の中にある人間について何を語っているかはまことに興味深いことである。「応答的人間というものは、自己自身に回帰した人間のことである。人間は、そこでは、自己不在ではなく、自分自身（für sich selbst）である。……言葉の根源の意味において、彼は、自身自身を映しだしている人間である。このような人間の反対の人間が自分自身を忘却した神話的人間である」(188)。そうだとすれば、聖書の中で神話的思考というものに出会う時には、つねにそこでは、現実の人間、自分自身を忘却したところから自分自身に目ざめた人間というものに出会ってはいないことになる。「人間の実存の歴史性（Geschichtlichkeit）と人格性（Personalität）とが開示されてくればくるほど、人間は、この世界との神話的関係性から持続的に解放される」(189)。ギリシャ的思惟こそが、われわれすべてに対して本質的なものであるというのならば、事の本質的な解決はギリシャ的思惟の中にあるということになろう。しかし、「人間の歴史性と人格性とが、純粋に捉えられるところは、キリスト教信仰においての他にはないのである」(190)。

このようにして、ゴーガルテンにおいては、「現在性」（Gegenwart）という概念(191)――これは古・グリーゼバッハ的命題（alte Grisebachsche Ansatz）であるが――のもとに展開される明確な歴史像（Geschichtsbild）というものが明らかになる。神話的世界像は、なお、人間と世界との統一性を示しはするが、われわれの世紀は、もはやこのようなものとの関わりから人間は解放されており関係の切れた世紀なのである。一つの自覚的関係が生じ、つまり、事は科学的に（wissenschaftlich）捉えうるものとなった。この世界に対して、人間は根源的な自己自立化（radikale Verselbständigung）をなしとげる。これは、世界からの分離（Ablösung）とか、合理化（Rationalisierung）といったことではなく、「世俗性」（säkular）と呼ばれる事態のことである。いっさいの宗教的言辞なるものは、人格性との関わりの中でこそ理解されねばならない。なぜなら、自立したものとなった世界認識とか世界統治（Weltbeherrschung）といったことが問題であるのではなく、自立するものとなった人間（der selbständig gewordene Mensch）ということがわれわれの今日の問題であるのだからである。人間は、相対するべき真の相手（Gegenüber）を失い、自立してゆく（autonom）べき者となった。神の中にこの相対すべき真の相手とその力とを再発見する道は、キリスト証言だけが示しうる。これが、われわれの今日の宣教（Verkündigung）なのである。

これらの企ては、すべての神話論的また自然から得られる思惟によっての規定をキリスト論から排除することを意味している。イエスは、いったい、どうなるのであろうか。彼こそは、神の内に真に相対すべき相手を証ししている真実の人間である。彼の死において、「見よ、この人だ」（Ecce homo）ということの実を示した存在である。

今までに叙述してきたことの内、ある意味でまことに魅惑的なことは、世界観上の理論がキリスト論の展開の中に折りこまれているということである。バウルは、このような事態をこの時代の主体的関心事（subjektive Interesse）と名づけた。ゴーガルテンは、苦心してこれらのことを引き出すことにより、イエス・キリストへの新しい道というものを獲得し、彼の言うところに従うなら、イエス・キリストにおいて、神的なるもの（zu dem Göttlichen）への道、キリストへの新しい道を獲得した。聖書においてすでに打ち破られているように、神話的世界像なるものは打ち破られ、神がわれわれと共にいてくださる真実の人間が登場し、われわれの内に、言われているような真実の主体（wahre Subjekt）が登場する。この自立したものとなった人間は、信仰において被造物としての謙虚ということを学び、それを真正な「この世界の中における存在（In-der-Welt-Sein）の根底として新たに学ぶ。

ここには、なお答えられていない問題がある。現実に、「現代世界」により、また啓蒙されたとされる概念によって遂行されたという脱呪縛化（Entzauberung）ということは、神学的に妥当されるものと同一のことなのかどうか、神話的世界像と科学的世界像との間には、わたしの神への関係の上で根底的影響を与えるような明確な休止点（Zäsur）が切り裂かれているかどうかである。いずれにせよ、神話的思惟においても啓蒙された思惟の概念においても、世界についての表象ということが問題である。人間の意識の中にある自己認識（cognitio sui）は、神の前での自己認識というものと関係があるものかどうかが問われなければならない。反省的人間（der reflektierte Mensch）というものは、詩編のいう罪を告白する人間(192)と同じタイプのものかどうか。これらの過程には、神の言葉というものが欠けているのではないか。つまり神と人間との間におかれた関係というものが欠けているのではないか。聖書が、人間の世代の展開という点からだけ理解されており、聖書そのものの展開から見られていないのではないか。神話的世界像の中の人間というものは、科学的に反省された世界像の中の人間と同じに、神に近いと共に遠いものであるのではないか。言葉の上から見て、歴史ということは循環の中で動いており、発展という線上で見られてはいないのではないか。ゴーガルテンにおいては、人間の歴史だけがあるのであり、人間と相対する歴史、つまり、教会史の展開ということは存在していないのではないか(193)。アダムは、教会の中にはもう存在しないのであろうか(193a)。ルターも、その他の人々も、イエスの系図について語ろうと願っていたのにである。世界史と救済の出来事（Heilsgeschehen）とに関わろうとするのならば、全く新しい視点が必要であろう。

イエスと人格存在

ゴーガルテンのキリスト論は、それが現代精神の問題の多くを含んでいるゆえに、まことに興味深く教えるところの豊かなものである。それは、キリスト論というものを実存主義（Existenzialismus）の基盤の上に展開した最初の企てである。それは、なんとしてでも、今日のキリスト論（Christologie von heute）であろうとしており、また、明日のキリスト論（von morgen）でもありうるかもしれないものである。（そのキリスト論は）神学的諸概念をとりあげて（論じて）いないが、それは、それらを根底から変えてゆこうとするためにである。「実存の喪失」（Existenzverlust）という概念は、このことについてまことに特徴的なものである。この概念は、根源的義の欠乏（defectus iustitiae originalis）という旧来の神学の限界を想起させるものである。まさにここでも欠乏（Defekt）ということが問題となっており、義（Gerechtigkeit）ということ、つまり、人間がその前に立つことになる神との関係概念を考えるその地点に、実存（Existenz）そのものが代わって登場してきている。われわれは、神なくしては生き得ないのに、神なしで生きなければならない。このように生きなければならないということ（Leben-Müssen）はそれ自体不可能なことであり、生きること自体より疎遠（fremd）になってしまった生であり、このことが問題であるということが、ゴーガルテンのキリスト論の（展開）の全過程にわたっての緊張した筆づかいが示しているものである。つまり、ゴーガルテンは、読者に、あれか・これか（Entweder-Oder）を迫っているのであり、それはちょうどK.ハイム〔Karl Heim　1874-1958. ドイツの神学者〕がその『信仰の確実性』（Glaubensgewißheit, 1916）の中で同じようにあれか・これかをもって迫り、あるいは、S. キェルケゴール〔Sϕren Kierkegaard 1813-1855. デンマークの思想家、『死に至る病』等〕が、満ちたりて（satt）しかも疲れ果ててしまった（matt）ように見え決断を喪失してしまっていたキリスト者に対して「あれか・これか」の決断を迫り「躓き」(Ärgernis）をつきつけることが自らの使命であると見たのと同様のことである。

ゴーガルテンは、次のように言葉を結んでいる。「われわれは、神なくしては、われわれであることはできないのであるから、神をわれわれの神として告白し、その神に相対するのでない限り、われわれは、われわれの咎でありわれわれを消耗させる不可解な謎めいたもの（Rätselhaftigkeit）の中にある他はない。われわれを無たらしめる神の前に、われわれが、われわれでありうる唯一の可能性というものがある。それは、神がわれわれの罪を赦してくださり、神が、われわれのために神ご自身の前に実現してくださっている実存（Existenz）というものを新たに賜ることである」[194]。さらに、ゴーガルテンは、アウグスティヌス〔Aurelius Augustinus 354-430. 古代教会教父の一人。『神の国』他〕がその『告白録』を書き始めたときの主題と同じ主題「われわれの魂は、あなたの内に安息を見いだすまでは、その魂に安息を得ない」[195] をもって結んでいる。イエスへの信仰とは、神をしてわたしの全き主たらしめるために、わたし自身を手離す決断（Entscheidung）のことである。その際に、神の前で「無となる」(zunichte werde）ことにおいて、キリストが負いたもうと同じようにわたしが十字架を負うということである。「われわれがわれわれ自身を求める情熱と同じ情熱をもってまたわれわれから逃亡もする」[196] という、ほんとうの自分とはそりの合わなくなってしまった「わたし」(sich selbst zerfallenen Ich) の死の背後で、生命はすでに合図を送ってくれている。なぜなら、イエスの十字架においてわたしに起こる赦しの中で、孤立して自分のことしか考えないわたしが、愛というものに出会い、また、わたしが最深の負い目を持ちながら見棄てていた隣人という人間において神にも出会うことになる。「イエス・キリストが遣わされているというこの愛の中で、人間は、隣人となるべき人間に出会う」[197]。ご自身をわれわれのために犠牲となさった愛の中でのみ、人間は失われた限界のある者であることと、自らが被造物にすぎない者であることを改めて認識させられる境界 (Grenze) というものを経験する。ここで、ゴーガルテンの言っている言葉はまことにすばらしいものである。「あるべき本来の存在に対応する自己意識 (Selbstbewußtsein) というものは、この世界を人間の被造物ででもあるかのように見なす高慢な人間が語るような己の力にたのむということに根拠づけられたものではなく、そうではなくて、自分が無きに等しいものであること (Nichtigkeit) を知らされる呼び声に応答する「わたし」としての自己意識である。この「わたし」は、自信に満ち (selbstsicher) 独断的で (eigenmächtig) 高慢な (hybrid) 現代人の自己意識というようなわたしではなく、神の前で謙虚ですべての独断性 (Eigenmächtigkeit) より裸にされたところの「わたし」であり、この「わたし」は、わたしを取り囲んでいる愛の前で、自らの無きに等しいものであることを知らされるのである。人からでも神からでもない愛にあっては、自らの無きに等しいものであることを知ることは別様に受けとられてきたのである」[198]。

したがって、ゴーガルテンにあって大切なのは、自らを低くなさったイエスとの出会いによって、はじめて「(自らの) 無きに等しいものであること」[199] (Nichtigkeit) が何であるかを語りうるということであり、神がその独自な仕方で遂行したもうた (神の) 実存喪失 (Existenzverlust) の中でのみ、新しいわたし (ein neues Ich) はわたしの内に誕生するのであり、この「わたし」は、この世界を、自分の思いのままに、己の技能によって造りあげ自分の手で把握しうる十分に考えぬかれた世界に創りあげてゆく能動的存在（Aktiv-Sein）として生きるというのではなく、愛から受領するということを学ぶ受動的存在（Passiv-Sein）において生きる。

受動的義（iustitia passiva）――このことこそ実存喪失の回復であり、人間の独断性によって恥辱にまみれたものとなってしまったわたしの、神の愛における新しい誕生のことである。したがって、十字架につけられ復活なさったイエスこそが、自信に満ち独断的で高慢であった人間から、謙虚で贈られた愛を受領することによる「わたし」に生まれかわることを得させてくださる方なのである。わたしが自分に与えうるものによってではなく、わたしに与えられたものによって生きることを学びとることによって、わたしは新たに自分が被造物にすぎないことを知り、このわたしの被造性そのものが人間性を回復させ、今まで自分が創造者のように振る舞ったことや創造者であるかのように振る舞ったことを改めることを学ぶ。実存喪失ということは、したがって、病気とか死とかとの出会いといったところに明確な座を持つというものではなく、また、あれこれの国家や教会からの束縛を断つということの中にあるのでもなく、わたしが全く無制約にわたしでありうると考えたり、自分を自分の力によって確立しうるとした点にこそその座を持っている。過去100年にわたって苦しみ、近い過去において悲劇的結末（カタストローフ）を見た恐るべき実存喪失ということは、われわれが、「人格としての在りよう」(personale Sein)――相手に対して向かい合うこと（H. J. イーヴァント)――を、ほとんど想像も不可能なほどに喪失してしまったことの中にこそその根拠がある。人間らしい本来の生命（いのち）は、そのいのちの全関連の中で恐るべき転落を経験する他はなくなり、自然とその諸力とが、めくるめくような姿で（つまり、主観・客観の関係領域の中で）力を振るうに至った。もし、人間性（Menschlichkeit）というものを再発見しようと願うならば、主体と主体とが相手として相対し合うこと（Gegenüber von Subjekt)、人格と人格とが（von Person zu Person）相対し合うことが、もう一度、獲得し直されねばならない。この主体と主体、人間と人間とが相対し合うこと（Gegenüber）は、神と人間とが相対し合うことの中でのみ再び獲得されうることである。なぜなら、これらのことは、そこにこそ根拠づけられており、そこで事は定まっているものだからである」[200]。かくて、両者、神と人とは互いに結び合う。両者は一つとして再発見されねばならない。神と隣人との再発見も同時になされるのでなければならない。これこそ、まさに、イエス・キリストとの出会いである。ここで、神はわたしの隣人でありたまい、ここから、「我と汝」(Ich und Du) という関係の中にわたし自身を置くと共に、わたしと隣人との関係の中にもわたし自身を置くことになる。一方は他方なしでは在り得ないという神と人間との一致 (Einheit) ということである限り、ゴーガルテンにおいては、このことが深く彼のキリスト論の中に浸透している。ゴーガルテンは、「神人」(Gott-Mensch) ということはもはや語っておらず、この古き教義 (alte Dogma) を、新たに、実存論的に (existenziell) 捉え直している。つまり、われわれは人間イエス・キリストと出会うことにより人間の実存の回復 (Wiedergeburt) に至る、と。「キリスト教信仰に来ることにより、人間は自分自身に至るのであり、イエスにおいて、またキリスト教信仰において、人間は、最も純粋で何ものにも制約されることのない自分自身であること (Selbstheit)、ないしは、こうも言ってよければ、真の人間性 (echte Menschlichkeit) を受けるのであり、この自分自身 (Selbst) は、神と隣人より同時的に呼びかけられている中で自分自身を知るところの自分自身なのである[201]。

この企てにあっては、数多くの神学的概念、とくに格別にもルター的刻印をもった概念によってその企てがなされていることについては、何らの問題もない。神は、イエス・キリストにあって人間の実存喪失をご自身のものとして引き受けたもうたとか、イエス・キリストは、「われわれのために」(für uns) 神のみ前でご自身を空しくなされたとかいうことは、19世紀のルター派の人々が展開したケノーシス教説 (Kenosislehre) のすばらしい特性を刻印しているものである。能動態 (Aktiv-Sein) と受動態 (Passiv-Sein) の相違ということでわたしに直ちに想起されることは、シュライエルマッハーがその『信仰論』において定義した「自己自身の設定したもの」(Sichselbstsetzen) と「自己自身の設定しなかったもの」(Sichselbstnichtsogesetzthaben) との深い相違性のことである[202]。「この最後の方のものは、あらゆる自己意識に対してわたし以外のものの何かが前提としてあり、それがどこから決定性を持つにせよ、その前提なしには、自己意識はあるべきようには在り得ぬであろうものである」(203)。したがって、ゴーガルテンの志向したような意味での「絶対的自己意識」(absolutes Selbstbewußtsein) というものは在り得ないこととなる。このようなことが主張されるならば、「姿も色彩もない無規定の敏捷さ (Agilität)」が存在するだけとなろう(204)。

人間の理性というものが理性的であるためには、技術的にも科学的な意味においても認識され形成される所与性 (Gegebenheit) が必要であろう。対象物自体の中において認識される規則性にしたがって、問いは問われなければならない。したがって、ゴーガルテンが現代人の中に見た実存喪失を解決するためには、神と自分自身をとり違え、理性が考えたときにはそれを実現させることができると考えるような狂信的ともなる理性というものを冷静に批判的に見る批判が十分に存在しなければならなかったはずである。これら恥ずかしい事態を癒すためには、それゆえ、科学 (Wissenschaft) が必要だったのである。信仰というものも、救いの手段として提示されているものならば、現実に救いとなりうるのか、それとも、現代の技術の時代の相対的危機というものを、人間の実存喪失に面してあらわとなり拡大されもしてきた絶体絶命の危機としてしまうことによって、この恥ずかしい事態をさらに悪いものとしてしまうのかどうかが問題なのである。

自己 (Selbst) とか人格 (Person) とかいう問題、また、歴史性 (Geschichtlichkeit) という問題は、もう一つ違った側面もある。イエス・キリストとの出会いの中で、人間は自己というものを、この世界の外にあるもの (außerweltliches) として再発見するのであるが、このことは、また、永遠なるもの (ein ewiges) として発見するということでもあるが、それはまた、一人の「汝」(Du) という相対する相手に対して応答的である (Verantwortung) ことの中で自己を再発見することでもある。ここで、恵み (Gnade)、赦し (Vergebung)、愛 (Liebe)、霊 (Geist) といった諸概念が、無情な人格主義 (unerbittlichen Personalismus) というものの中に吸収されていくのは、はなはだ奇異なことである。神の恵みということは、それ自体で意味を持つものではないであろうか。それは、実存論的に (existenziell) 解釈し直さなければならないものであろうか。恵みも赦しも信仰も、それ自体において妥当しうる内実を持つものでありうるのではないか。「恵みと真理は、イエス・キリストを通して現れた」（ヨハ1・17参照）という聖書の文言は、それ自身が究極の言葉ではないだろうか。福音書が現実に告げている「あなたの罪は赦された」とある文言も、その背後に立ち入る必要などないものではないか。

これらの問いの背景には、なお、一つの問いがある。人格主義的な解釈をもってしては、宣教（Verkündigung）であることを止めてしまい、宣教も使信も「言葉」（Wort）であることを止めてしまうことになるのではないか。「言葉」は、現実に働き、われわれがそれを真剣に受け取るならば、出来事となるという方向において解釈されるものである。実存することにおいて、言葉は意味あるものである。イエス・キリストは出来事として理解されるとき、イエス・キリストの出来事は人間の歴史の内側にあっていかなる意味をもつかという問いは、意味あるものとなるものではないか。そして、答えも与えられる。彼イエス・キリストなしでは人格性（Personalität）ということも失われ、大衆社会（zur Masse）に至る他はない、と。このことにより、イエス・キリストは、あえてわたしはこう言いたいが、人間歴史の中の不可欠の存在（Figur）になるのだ、と。彼は、われわれみながそこに在り、人間に再びなっていく、そのような存在となる。彼は、アダムと本質的に違うところがあるであろうか(205)。彼はまさにわれわれのためにそうなりたもうた存在ではなかったか、あるいは、彼は、まさに人間であった存在ではないのか。マルティン・ケーラー〔Martin Kähler 1835-1912〕は、かつてこう言ったのである、「イエスは、宣教された者として（als der gepredigte）のみわれわれと出会い、われわれは、その宣教においてのみ彼に対面するのである」と(206)。それゆえ、聖書とその語られたこと（Sprache）こそ、純粋に（sui generis）、事そのもの（Sache）なのである。なぜなら、イエス・キリストはわれわれの只中にいますお方以外ではないからである。ゴーガルテンは、イエスを、十字架につけられ復活されたイエスとして、奇妙な仕方で証人たちの仲間から切り離してしまった。このことにより、ゴーガルテンは、イエスに「聞く」（hören）ために無くてならぬ中心項（Mittelglieder）を遠ざけてしまったのではないか。彼はイエスを、「故郷無き孤独者」(heimatlosen Einzelnen) としてこの世俗世界と対決すべきものとするために「教会」(Kirche) からも切り離したのである。それゆえ、ゴーガルテンには、根本において、キリスト論はない。なぜなら、キリスト論とは、イエス・キリストと共にゆく使徒たち預言者たちの証言のことであり、そのイエスによって召集されたのが使徒・預言者たちであり、その証言としての聖書 (Schrift) より、彼イエスが着るべき「衣（ころも）」が紡ぎ出されるのがキリスト論である。彼は、教会の主として、信ずる者たちにより証言された王、祭司、預言者として、われわれ、この世（失われたこの世といわれる）を生きるわれわれと出会いたもうのである。イエス・キリストとわれわれの出会う「この世の外なること」(Außerweltlichkeit) とは、十字架において頂点に達した「無なるもの」(Das Nichtige) のことではなく、信ずる者たちの共同体、その身体（からだ）、その家である教会のことである。われわれは、われわれ自身を人間性において再発見するのではなく、復活者との兄弟性 (Bruderschaft) において発見する。「兄弟たちの中で（彼が）長子 (Der Erstgeborne hat Brüder) となられた」(ロマ８・29 参照) のである[(207)]。

われわれは、したがって、次のことも注目する必要である。「真実の人間」(wahrer Mensch) という文言を、われわれは、イエス・キリストをわれわれの「人間性」(Menschlichkeit) にあわせて、この姿なら、この世界の中で真実の人間として耐えうるし、我慢もしうるといった仕方で復原したものであるかのように理解するのではなく、ということである。いつか、現実にわれわれがそのような人間と成るであろうその事は今はまだ顕われてはいないが、彼、イエス・キリストの顕われたもう時には必ず顕われることになるであろう。現実に、今、すでにイエスがわれわれの生命であり義であり聖でありたもう。なぜなら、われわれは、信仰においてわれわれがそうあるものに対しては、われわれの中に目に見える証明可能な実存を持っているのではないからである。信仰は、実存 (Existenz) と関わるのではなく、約束 (Verheißung) とこそ関わるものである[(208)]。

イエスのペルソナ

さて、それならば、イエスご自身は、神の人（der Mensch Gottes）としてのイエスは、この実存的な姿にあっては、いかようにそのお姿を現わされることになるのであろうか。ここでは、イエスの神との一致（Einheit）ということが問題である。このことは、三つの文言をもって示される。第1は、位格（ペルソナ）としてのイエスは、神と一体（eins）である、と。もちろん、身体的（physisch）にでも超身体的（hyperphysisch）にでもなく、道徳的（moralisch）にでもない。彼はその位格（ペルソナ）によって——ということであり、神の呼びかけ（Anruf Gottes）によって与えられたその存在（Sein）、彼の実存（Existenz）、つまり、イエス・キリストであるということによってである。それも、「独自にして唯一のペルソナが、それ以外の他の存在とも一つ（eins）である」という仕方・在り方においてである。「他者からの呼びかけを受けていることにより、彼は彼自身（Selbstheit）であり、他者からの呼びかけを聞く中でのみ、彼自身を自覚するという仕方・在り方においてである。ゴーガルテンは、したがって、こう結ぶ、「神の呼びかけの中に（in）あってのみ存在する者（Seiende）、神の呼びかけから（aus）のみ存在する者、さらにそのような存在として自分自身を知る者（Wissende）として、イエス・キリストは神と一つ（eins）なのである」と(209)。これは、われわれがすでに触れてきた問いを開示するものである。それは、創造におけるアダムの状況でもあるのではないか、と。神のご意志とは、そもそも何なのであろうか。イエスへの呼びかけとはそもそも何なのであろうか。「死に至るまで従順であられた」（フィリ2・8）といわれる意志とはどんな種類の意志だったのであろうか。この神の意志、救いの意志を成就するために生きた一人の人間存在があったのであろうか(210)。そのような人間は存在せず、また、存在し得ないであろう。それとも、われわれキリスト者がすべて、生命を犠牲にして兄弟たちを救いうる存在だというのであろうか。

ゴーガルテンは、それゆえ第2の文言において付記する。神のこの呼びかけとは、(イエス) 派遣 (Sendung) のことである、と。ヨハネ福音書の神学の意味において、ゴーガルテンは、父と子の一致 (Einheit) ということを派遣するものとされる者という在り方 (Gesandt-Sein) の意味で理解している。３点においてこの一致は成立する。第１点は、神の創造により、神の呼びかけによってある自己存在 (Selbstsein) であり、そのような位格存在 (Personsein) であること。第２点は、神からの呼びかけにより、自分自身をイエス・キリストとして知るということであり、そこから、第３点は、神から呼びかけられた者として、人間に神の呼びかけを宣べ伝える者であるということである(211)。イエス・キリストとは、したがって、人となった神の言葉 (das persongewordene Wort Gottes) であり、この言葉は、この世ならぬもの (unwelthaft)、時を超えたもの (zeitlos) としてわれわれの間にあり、この世からわれわれを呼びいだすものである。ゴーガルテンは、派遣 (Sendung) と使信 (Botschaft) というものを明確に一つのものとして連結させる。この人となった神の言葉は、それ自体として在るものではない。それは、つねに、人間への存在 (im Sein-zum-Menschen)、ためにある存在 (im Sein-zu) として在る。これが、(イエスの) 派遣ということである。「われわれは、こうも言ってもいいのかもしれない。イエス・キリストとは、神と人間とを包括する一致 (mit Gott und Menschen zusammenfassende Einheit) である」と(212)。したがって、人間を欠いて、イエス・キリストと神との間の一致ということは在り得ない！　これは重大な意味を持ちうることである。しかし、この父と子の一致ということが、それ自体で基礎づけられており、わたしなどとは無関係に、あらかじめすべてに先立って (vorgängig) あるものでなければ、いわゆる「三位一体」(Trinität) の第三位格の場に人間が登場するという危険が生まれることになろう。神・キリスト・わたし――ということになり、それが、イエスの派遣ということが実現されることになる三位一体ということになろう。ここで、聖霊の教説 (die Lehre vom Heiligen Geist) というものが、いかなる構造的意味を持つのかということが明らかになる。聖霊の教説は、派遣に先立つものであり、父と子の一致が成立した中で (ヨハ１・18参照) ようやく成立するものではない、あらかじめ先立ってあるものである。人間は、父と子の一致にとって構造的に（不可欠のもの）でありうるわけではない。人間は、恵みによって与ることが許されているのみであり、人間なしで、父と子は一つである(213)。

ゴーガルテンは、さらにもう一つのことを追記する。自らを子であると証示することにおいて、彼は、同時に、人間に、父を示すものとなるという点である。「あなたがたは、彼を知るときには、父をも知ることになるのだ」(214)と。神を知ることとイエスの派遣された者であることを知ることとは、一つの同じことである。このことにより、何が言われているのであろうか。そのことにより、E. ブルンナー〔第3章2節〕のキリスト論の中核をなす「仲保者」(Mittler) ということが言われているのではなく、全く違ったことが言われている。人間への信仰（Glauben an den Menschen）なくして神への信仰（Glauben an Gott）はないということが言われているのである！

この信仰は、神を人間においてのみ持ち、この信仰は、他の人間との出会いの中で人間を持つということである。このようなものとして人間性(Menschlichkeit) というものが、神性（Gottheit）の心臓部にまで及んでいるということである。これが、イエス・キリストの派遣ということにおける神と人間との一致の意味である。したがって、子は人間ではなく、神の中の理念（Idee）として人間なのであり、その存在なしには神は神でありたもうことはなさらない存在なのである。イエス・キリストは、われわれが神と人間との一致の背後に迫っていくのには、ただ抽象的に（in abstracto）、教義としてだけ、理論上のこととしてだけ可能であって、決して、実存論的(existenziell) にではないという証明になる。イエス・キリストが、人間として、神の啓示であるのなら、そして彼のみが独りそうであるのなら、信仰における神と人間との相違ということは、彼にあって、止揚されてしまうことになる。

このことに対しては、もう何も言うべきではないであろう。ただ、神の子は永遠に人でありたもうとした古い教義学の中でのキリスト論を想起させるのみである(215)。他面、このことは、神が人となりたもうことや、人間性をとること（assumptio humanitatis）が問題である限り、また、独り子なる子と神の子らとしてのその本性からではなく、恵みによって子らとされたものたちとの間の違いが問題となる限り、両者は区別されるということが考えられていることを示している。

終りに、すでに当初において提出していた問いを一つだけ投げかけておくことにしたい。ゴーガルテンは、イエスに対しても人間に対しても、その双方について、「この世の外にあること」(Außerweltlichkeit) を、つまり、「この世とは根源的に違った存在であること」(216) (radikale Nicht-aus-der-Welt-Sein) を要求していた。彼は、現代人がその高慢で自分の欲するままであろうとする思い (hybriden Ich-sein-Wollen) において、創造の世界からの誤った失格態 (Ausgeschlossensein) に陥っていることということを考えていたのであろう。ここには、曖昧なもの (Äquivokationen) があるように思われ、これは考察するに値する。

なぜなら、イエスが、「この世の外なる」もの (extra mundum) としてありたもう者としてわれわれと出会われるというのなら、それはまさに、聖書が証言しているとおり、彼がこの世の主でありたもうゆえであり、またその限りにおいてである。イエスは、この世からのものではありたまわない。この世は、しかしイエスのもの (sein Eigentum) である。イエスは、波の上を歩き、嵐を静められる。病を癒し、死の扉を開放なさる。それが、彼が主で在すということ (Herr-Sein) である。彼こそ、われわれがそうありたいと望むお方である。われわれは、養子とされた者・成り上がり者にすぎないが、そのわれわれがそうありたいと願うお方こそイエスである。イエスは、主でありたもうからこそ、僕(しもべ)となり得たもう方である。われわれが、自ら「この世の外にあるもの」(Außer-der-Welt-Sein) でありうるかのように考えるのは、抽象であり、単に「我・在りと思う」(cogito) ということであるにすぎない。

われわれが、「この世からのもの」(aus der Welt) から脱したいと思うなら、われわれは身体と魂との一体 (Einheit) ということを拒否し、死を知るために、身体というわれわれの与えられた条件を担うことを止める他はない。われわれは、その本性からして、まさに、この世のものではない (unwelthaft) というのではない。われわれは世なのであり、それに属しているものである。「全被造物と共に」(217) これに属しているのである。ゴーガルテンのキリスト論は、すでに、ペーターソン・ブルトマン (Peterson

Blutmann）が問題とした方向線上にあるものである。つまり、イエスは、人間として自身をイエス・キリスト自身として同一視したのかどうか。ここには、彼がわれわれと等しくなりたもうという恵みをわれわれが知るという同等性がある限り、そのような本質的同等性があるのではないかどうか。

3.2 エミール・ブルンナー

1927年に刊行された著作、E. ブルンナー〔Emil Brunner 1889-1966〕の『仲保者』(Mittler)[218] は、1891年に亡くなったブルンナーの洗礼の際の代父（Taufpate）で広く注目された『イエス伝』を書いたフリードリヒ・ツュンデル〔Friedrich Zündel 1827-1891.『父ヨーハン・クリストフ・ブルームハルト牧師』の著者。ブルンナー、バルトらに影響を与えたスイスの牧師〕に献げられた。この著作は、二つの命題を掲げており、一つは、イレネウス〔Irenaüs von Lyon 130頃−200頃〕からのものであり、一つはルターからのものである。この両命題は、その基調において一致する。「彼は、われわれのものを彼のものとなしたもうことによって、われわれのものを（das Unsere）引き受けられた」[219]。イエスの代理的生（stellvertretenden Lebens Jesu）という要素は、ゴーガルテンが、もちろん大いに異なる錯綜した仕方においてではあったが明らかにしようと企てたところのものであった。その中には、1914年以前の歴史主義と対比してみれば、キリスト論の全面的転換という面での両者の一致は著しいとしてよかろう。両者は一つのものと見なされうるし、「われわれのために」ということを中心に据えるという企てとして真剣に受け取られうるものであろう。ブルンナーこそは、シュライエルマッハーやリッチュルの神学を解体する中で、「われわれのために」という主題を貫徹させようとする弁証法神学の運動の中から出てきた最初のものである。それは、宗教改革的であることと聖書的であることを再び明確に担おうとしたところの組織神学者たちの仲間から生まれた最初のキリスト論である。

さて、この著作全体を見わたして言いうることは、これがまことに立派な著作であり、精神的高揚に満ちたものであり、とらわれるところのないものであるということである。それは、まず、解体を目指している。キリスト論の思惟の理念的・観念論的前提なるものを解体することを目指す。「この著作は、その序文にあるように、キリストについての一つの教説であろうと企てないわけではないが、わたしの見るところ、その時は、まだ到来していないように思える。わたしは、一つの道案内を提供すること以上を願うものではない。友人のK. バルトが、わたしのシュライエルマッハーについて書いた書物への批評において、自らが正しい道を行くより他人の誤りを認めることのほうが簡単であるということを想い出させてくれたとき、バルトは正しくなかったわけではない。しかし、わたしの考えるところでは、たとえ新しいものについての認識が不備であるとしても、それなしでは（新しいものの展開）は不可能であるとすれば、解体作業（Abbrucharbeit）というものも必要ではないというわけではないということである。現代の神学への批判という点では、わたしは何一つ控えようとは考えていない[220]」。ブルンナーは、プロレゴーメナ（Prolegomena）〔教義学序説〕としての「たたき台」（Probestück）を提供しようとしているように見える。彼の著作は、完成した教本のようなものであることを意図せず、一つの（論議の）枠組みを、つまり純然たる一つの企て（Entwurf）であろうと意図している。ブルンナーは、神学的分離作業（Scheidungsarbeit）を目指しており、建徳的であるというより批判的である（kritisch）ことを目指している。彼は信仰箇条の多岐にわたろうとはせず、ただ一つの信仰箇条があるということを示そうとしている。このことにより、教会の宣教を新たに力あるものにしようと望んでいる。「決断としての神の問題は、キリスト問題（Christusfrage）である」[221] ということは、われわれはみな神の内にあるとする夢、倫理的・理念的また観念論的・汎神論的な夢のいっさいは解体され破壊されなければならない。正確に言えば、これは同じ時期にブルトマンの著作『イエス』が目指したものと全く同一のことである。イエス・キリストとの出会いにおいてこそ、はじめて神の問題についての決断はなされるのであり、イエスは、われわれすべての内にある宗教なるものの完全で歴史の中に実現した表れということではなく、彼は神自らがこの世に到来した決断であり、あらゆる自家製の宗教なるものの神殿の廃棄であり、ナザレのイエスという唯一の方の人格と業とにおいて真の神礼拝が建設されるということである。彼こそが、それゆえ、仲保者（der Mittler）である。

ブルンナーとゴーガルテンとは、彼らの作業の主力を廃棄（Abbau）という点に置いていることにおいて共通する。彼らの目指したことは、古い基盤を撤去し、新しいものを構築することである。他の人によって構想された新しいものは、彼らにとっては彼らの願っているものとは思われないという点においても、両者は、いよいよ接近し合っていた。（今までの）教義の基盤なるものはもはや持ちこたえ得るものではなく、誤って構成されてきたものと考えられた。したがって、彼らは、古いキリスト教の規定の上に新しいものを積極的に打ち立てていこうとしていたバルトに対しても、二人は共に対立的立場をとった。しかし、まさに、この点に、ブルンナーも考えていた真正の問いが存在している。つまり、古代のキリスト論の廃棄ないしは観念論的・人間中心主義的キリスト論というものの廃棄ということは、どこまで正当化されうるかという問いである。あるいは、どのような形でなら正しく遂行されることになるかという問いである。ゴーガルテンも、また、同じこの問いの前に直面していた。彼も、19 世紀を乗り越えることを目指しており、過去 200 年の中には、啓蒙期以来、没落・崩壊以外はなかったと見ている。彼は、また、残存物を完全に除去しようとしており、改修（Umbau）ではなく廃棄（Abbau）を願っている。そして、正にここに、ブルンナーの命題の実際上の弱点もある。なぜなら、ブルンナーのすばらしい著作は、だからといって問題のないものというわけではなく、生産的なものであるというわけにもいかないものだからである。その「ナイン」（否）を言うことにおいては正しかったとしても、その「ヤー」（肯定）の面においては伝統主義的であって退屈きわまりないものとなっているからである。それは、宗教改革者たちの考えの単純な翻訳に留まっており、無比な例外といえるような独自なものを展開させているものではない。全体として見ても、その教義（学）は、宗教改革の思想を現代風に翻案したものに留まっている。宗教改革からの神学のルネッサンス（復興）として、かしこで起こり把握せられた偉大なるものの勝利を示すものであるとしてもである。したがって、19 世紀という近接した時期以来、伝承してきたものを廃棄するといっても、それは、あの宗教改革という偉大な神学的成果の視野を開示してみせるということに留まっている。ここに、確かにわれわれすべての十字架（crux）があるのであり、若き宗教改革運動（jungreformatorischen Bewegung）[222] の十字架、すべての復興運動に付いてまわる不可避の十字架がある。

仲保者の概念

ブルンナーの命題の中心にあるものは何かと問うならば、答えはその著作の標題が答えてくれている。キリスト論は、「仲保者」（Mittler）という概念の上に構築されるということである。その際、仲保者という言葉が問題なのではない。この言葉は、きわめて珍しいものであり、厳密にいえば、新約聖書にあってはただ１回だけ使われているのみであるが、ブルンナーにあっては、この言葉がキリスト論に対する言葉として支配的な位置を占めている。（新約聖書における）唯一の例は、Ⅰテモ２・５の「神と人との間の仲介者」〔新共同訳〕である。このほかには、ヘブライ人への手紙になお２回登場してくるが、そこでは、キリストが新しい契約の仲介者と表現されている（ヘブ８・６、９・15）。しかし、重大なことは、パウロの真正な手紙で、この言葉が登場する場合（ガラ３・19）、この仲保者〔新共同訳では仲介者〕はキリストにおいてすでに廃されたものとして使用されていることである。そこでは、この存在は律法の時に属するものとされている。ギュンター・デーン〔Günther Dehn 1882-1970. ボン大学実践神学教授。優れた聖書釈義家としても著名〕が、その『ガラテヤ書注解』において次のように訳したのは正しかった。「仲介者なるものは確かに登場してくるのではあるが、それはある数よりなる人間の集団が成立するとき、しかもそこで仲介の労をとる人間が必要とされる事態のときに役割を果たすものである。個人においては、仲介者なるものは必要とはされず、個々人は、一人格として（persönlich）行動するものである」と[223]。ガラ３・19における仲介者は、律法の啓示（Gesetzesoffenbarung）においては不可欠のものである。ここでは、モーセがその仲介者である。ルターは、最初の『ガラテヤ書注解』において、より鮮明に、「仲介者は、代理的に行動するが、それは、主ご自身が到来される時までのことである。イエスの手によって、はじめて、神の律法は霊（Geist）となり生命（Leben）となる」[224] と言っている。ここに、約束（Verheißung）が真剣に受け取られるとき、仲介者・仲保者の概念は廃される。

宗教史的背景を問うならば[225]、聖書以外の世界の救済宗教において、この概念または仲保者像というものは本質的な役割を演じているものであることは、われわれの承知しているところである。ミトラ（Mithras）神、あるいはゾロアスター教の神は、二元的要素の相対立する宗教の神であるが、まさに「仲保者」以外の何者でもないと推定してよかろう。彼らは、仲介の立場をとり、光と闇とを和解させ、善と悪とを和解させる。フィロン〔Philo. アレクサンドリアのフィロン。前 23/20−後 45/50 頃。ユダヤ人哲学者、ユダヤ教とギリシャ哲学の調停をめざす〕は、見えざる神と人間との間を仲介する天使的存在の中に純粋にギリシャ的なものを見ている。プラトンのダイモニオン（daimonion）として登場するものは、これはまさに仲介の役を担うものであり、エロス（Eros）を成立させるものである。もしわれわれがイエスを仲保者と呼ぶのならば、このような考えをもつものと友人関係に立つことになることを知らざるを得ないことになろう。このような関係に立つことになることについて無頓着であることこそ、ブルンナーの命題の深い問題性である。

仲保者ということで、彼は何を考えているのであろうか。

キリスト教の証言にあっては、まず、仲保者は「唯一性」(Allein-heit)[226] を持つことが考えられている。つまり、その唯一のものの持つ「排他性」(Exklusivität）である。このような歴史的存在がひとり中心に立っているというのがキリスト教信仰の本質に属することである、と。「万物の更新」(apokatastasis panton)、つまり、神が創られたいっさいのものを再び回復したもうはずであるとする教説が特別にキリスト教的であるというのではなく、この回復が一人の人間イエスにおいてなされるということがキリスト教の独自性である。「神と人間との間の亀裂を修復するものとして、肉をとりたもうた方、このような卑下をあえてなさった方、聖書の証言するイエス以外、現実にどこに存在しよう」[227]。「『肉をとるということ』(nostra assumsit）の意味は、肉なるもの（das Nostra）が、人間の実存の最深のものであることが示されるところでこそ開示されるということである。十字架上にご自身を与えつくすということは、人間の実存の低み（Niedrigkeit）に身を投ずるということである。これは、すべてのものがそこに到達することになる亀裂の修復という運動と同一のことである」[228]。その限り、われわれは、彼の内に「対立するものの一致」「現実に相対立し合うものの現実の一致」を見る[229]。ここでは、「神の自己運動（göttliche Selbstbewegung）が肝心なことである[230]。理性の神々が沈黙しているとき[231]、啓示の神が働きたもう。これが、ブルンナーの名づけた「神の自己運動」であり「神の国が力をもって到来する」ということである[232]。しかし、イエス・キリストにおけるこのような神の啓示は、秘義における、逆説における、「神の人間性（Gottmenschheit）という全く想像不能なこと」[233]における神の啓示である。それゆえ、ブルンナーは、馬小屋と十字架とを一つのものとして見る。「最初のものは、第２のものにおいて、第２のものは第１のものにおいて始まっている」と[234]。十字架は救い・和解であるが、クリスマスは救い主の誕生である。「原始キリスト教団は、そのように告白したのであるが、これが世々のキリスト教会が古典的に福音の中核にすえてきたものである。彼がイエス・キリストである。彼が、和解がそこにあるお方であり、これが和解なのである」[235]。

イエスが仲保者である――われわれもそのように見ているものであるが、その根拠は、イエスという歴史的人格において、神と人間との和解が出来事となったからである。それゆえ、和解の業（わざ）は、この人格による全く独自の業である。ブルンナーのキリスト論は、人格と業との不可分離の統一の上に構築されている。リッチュル派〔Albrecht Benjamin Ritschl 1822-1889.“文化的プロテスタンティズムの父”と呼ばれるベンゲルの流れをくむ派〕にあっては、和解の業から人格を推論するのであるが、ブルンナーは、そうではなく、両者に同等の価値を置く。ブルンナーは、人格の教説をその業に見、業の教説を人格に対する変わらぬ顧慮の中で提供し、業は人格の中に基盤を持つとする。人格の教説のほうが、どちらかといえば先行する。その際、ブルンナーは、バルトも同様であるが、二性説（Lehre von den beiden Naturen）を採用する。なぜなら、これこそ、和解ということを仲保者の人格において捉えうる唯一の根拠・可能性となるのだからである。「彼こそは、その人格（person）・位格において、人であり神でありたもうからであり、あるいは、今日、より誤解なく言うとすれば、人間的本質（menschliches Wesen）と神的本質（göttliches Wesen）が彼にあって一つだからである」[236]。

A. リッチュルは、アベラール〔Petrus Abaelard 1079-1142〕からシュライエルマッハー、さらには自らに至るまでの一線、つまりイエス・キリストは原像としての人間であると捉え、そこが救済の場であり中心であるとした一線を貫徹してきた人である。それに応じて、さらに第2の線をも示した。つまり、アンセルムス〔Anselmus von Canterbury 1033-1109〕からベルナール〔Bernhard von Clairvaux 1090/91-1153〕、ルターとルター正統主義へ至る代理的苦難（stellvertretende Leiden）を強調する線である。ここでは、その仲保者性（Mittlerschaft）とは満足を与えること（Satisfactio）である[237]。ブルンナーはこの両者を採用し、自らを自覚的にイレネウス、アタナシウス、アンセルムスの伝統の中に置く。彼にとって、イエスの苦難は、「人格的行為」「現実の代理的・連帯的行動」（persönliche Tat. Wirkliches stellvertrendes, solidarisches Handeln）である[238]。「その行為者が全くもって苦難を受けるものであるそのような行為を、われわれは犠牲と名づける」[239]。人間性を神から分離させたものをイエス・キリストがご自身に引き受けられたことにおいて、彼は神の怒りをご自身において引き受けたもうた。「彼の連帯性（Solidarität）というものは、神の怒りの審きを現実に苦しみたもう只中へ自らを与えつくす自己犠牲において頂点に達する」[240]。この犠牲の考え方は、刑法上の処罰概念とは違う人格的行為である。キリストは、人間と共に苦しむのではなく、人間のために苦しむことができる。これは、われわれとの連帯性の彼独特のものである。「彼は、神の喜びたもう存在であるゆえに、原人間（Urmensch）であって、堕落しておらず、分離に至っておらず、無傷の人間（heile Mensch）であり“第二のアダム”であり、人間存在を再建される方、神の創造の業にふさわしく人間を回復する方であるゆえに、それがおできになる」[241]。

しかし、ここで、ブルンナーは、一つの区別を立てる。彼が真実の人間であることは、ただその中心において、彼の自己規定においてのことであり、彼の外に現われたもの、その「“形姿”(Gestalt)、つまりその“僕の姿”(Knechtsgestalt) においてではなく、苦難の姿においてでもない。彼は確かに“罪の肉”(Sündenfleisch) をとりたもうた。しかし、その内なる位置にあっては、“神の姿”(Gottesbild) を示している」(242)。ここが、まさにゴーガルテンと直接相対立するところの点であるが、ブルンナーの命題に独特のものである。人間的なものは、キリストの罪人としての存在の意味においては、「外側」(äußerlich) に留まるという点である。古代教会における救済の教説も同様に理解しているように、ブルンナーにおいても、キリストはこの世界に登場するのではあるが、堕落 (Verfall) とは関わらないままである。彼は変容しつつ (己のものは) 保持しつつこの世界に登場する。世界は彼にとって外に留まるのであり、形成された物質に留まるものであり、他方、彼にあってはこの世界と違う原理が妥当しており、これを、ブルンナーは、「アクトゥォス」(aktuos) と呼んだ(243)。「神の人間 (Gottmensch) だけが罪なき人間であり得る」。なぜなら、「生きている人間というものは、罪人として生きている」のだからである。「この分裂と分離の彼方より到来するものは、神ご自身 (Gott selbst) である以外はない」(244)。ブルンナーのキリストは、ゴーガルテンの方向とは違って、神的なものにおける人間的なものではなく、人間的なものにおける神的なるものである。彼は、ご自身にわれわれを引きうけたもうロゴス (der Logos) である。「彼は、全く人間的なものとしてではなく、ただ神的なものとしてだけ人間の許に到来する。神の国、神の支配と栄光、それが彼の“事柄”(Sache) そのものである」(245)。仲保者は、すべてのことにおける「神の弁護人」(Sachwalter Gottes) である(246)。彼は仕えはするが、支配なさるのであり、祭司の職にあって王として臨まれる。「自らに人間性を関連させうる人は、単なる人間の中にはいない。それは、神である人間のみがなしうることである」(247)。

ブルンナーの仲保者の考えは、代理ということ自体に至るまで迫っていくものである。代理ということは、全く人格的なものであることを彼はまずもう一度強調する。しかし、仲保者は、自らに、「二重の人格性」(248) (Das Doppelpersönliche) なるものを持つものであり、著しく独特のものであるとしても、よく考えれば、全く想定不能のものというわけではない。それは、キリスト両意論（Dyotheletismus）を想起させる。「この行為にあっては、仲保者は人間のための代理であると同時に神のための代理でもある」[249]。ここでは、人間的に苦しみを受け、神的に事をなそうという一つの犠牲が問題となる。「したがって、人間的代理と神的代理を区別することは全く不可能である。一方は他方なしではあり得ず、他方はもう一方なしではあり得ない。この二重の代理における神的なものと人間的なものとの廃し得ざる統一性こそ、キリストの啓示の秘義であり、仲保者としての人格の秘義である」[250]。このことが理解し得たならば、ブルンナーの始めた解体ということが、ここにおいて全うされることになることを知るに至る。この仲保者の歴史に固執することによって史実的なもの（das Historische）は完成することになる。絶対的なもの（das Absolute）は、歴史の中では認識され得ないからである。このような廃棄の地点に、ブルンナーのキリスト論の積極的なものとして、つまり彼がその「付録」(Beilage）の中ではいささか急進的に、しかし根本においては未解決のものであるとしてあえて「キリスト教的神話」(die christliche Mythologie)[251] と呼んだものが、ここに登場してくる。

ロゴスとしてのイエス・キリスト

さて、われわれはこのようなキリスト論的命題に対して、何と言うべきであろうか。

一つのことは明らかであるように見える。それに応じて、ブルンナーの神学的立場の全体というものも、この点から明らかになるように見える。ブルンナーのキリスト論は、「ロゴス・キリスト論」(Logos Christologie）であろうとしているように見える。そこから、新たに開始しようとしている企てであるように見える。ブルンナーは問いかける、「ヨハネ福音書にあっては、ギリシャ的宗教哲学の中心概念であったロゴスという概念をもって、あの不思議な出来事（das Wunder）を表現した」ということは、何か、「不幸な偶然」(unglücklicher Zufall）ということであったか、と[252]。

ブルンナーは、ここで、新しいテーゼを立てる。ギリシャ的ロゴス概念は偶然的なものではなく、ヘレニズム風の思考形態にすぎないというものでもなく、そうではなく「絶対的に必然な思考形態」(absolut denknotwendig)であると(253)。彼・ロゴスは、「思考にとって不可欠の理念（Idee）である。こう言ってもよかろう、人間性の、あるいは人間たること（Humanität)の根本理念（Grundidee）である」(254)。それゆえ、言葉（Sprache）というものもそれなりの意味（Bedeutsamkeit）を持ってくるわけであるが、しかし、語りかけ（Anrede）としてではなく、意義（Sinn）としてであり、言葉の精神的原理、つまり思考（Denken）としてである。ロゴスは、「意義の原理であり、意義に満ちた語り（Rede）の原理」(255) のことである。ロゴス理念とは、「単なるおしゃべり（Wortemachen）を語り（Reden）とするもののことであり、意味のある生命への成長のことである。衝動的で動物的なものを人間的な生命とするところのもののことである」(256)。「神的ロゴスへの参与なしでは、理性は存在せず、人間性（Humanität）も存在しない(257)。ブルンナーは、ここで、M. シェーラー〔Max Scheler 1874-1928. ドイツの哲学者。哲学的人間学の樹立をめざす〕の言葉「ロゴス理念は、ギリシャ人の発明というわけではない」(258) をとりあげる。しかし、ロゴス理念というものは、倫理的意味においてはじめて一つの要求（An-Spruch）に変貌する。ここにおいて、それは正当な語り（Rede）となり、言葉（Wort）となる。

ブルンナーは、したがって、聖書のロゴス概念において、これらの言葉がわたしに対する絶対の要求となる限りにおいてロゴス概念の完成(Erfüllung）を見ようとしている。ロゴスの絶対性（Unbedingtheit）は、人間同士の間のこととしてではなく、ひとり神からのものとしてのみわたしに経験される。ここに、ブルンナーがあらゆる時代の観念論者たちやギリシャ人の考えに対して設定した境界（Abgrenzung）がある(259)。単に認識の意味あいにおいてのみならず、わたしの全実存に関わる真理性（Wahrheit)は、ただ、神の言葉だけがそれでありうる。神から到来するものとして、言葉がそのようにわたしに到来するのは、預言者たちの言葉においてである。(預言者たちの言葉）こそ、すべての啓示の根本形態であるが、ここでは、言葉と人格とは一致せず、預言者は特定の状況における特定の委託のために言葉を受け取るものだからである。預言者が、言葉そのものであるわけではない。イエス･キリストにおいて、はじめて言葉が「到来した」(angekommen) (260)

ということは、ロゴスの働きが、われわれに対して究極の目標に到達したということである。ロゴスへの信仰は、今ようやく、一人の人間である特定の人格への信仰と結合された。ここで、権威と認識とが一致した。なぜなら、この言葉は、「我」(Ich) という人格性の形においてわれわれに出会うものとなっているからである。預言者的のものにあっては、中間というものがあるが、預言者は、人格存在として仲保者ではない。預言者たちは、そのことを承知しており、自らを道を指し示すもの、自分たちの告知は、メシアを指し示すものにすぎないことを示すことによってそれを示した。イエス・キリストにあってはじめて言葉と人格との双方が存在する。それゆえ、イエスが仲保者なのである。

たぶん、ここで、短い挿注 (Zwischenbemerkung) をさしはさむことが許されよう。ここで言う、人格 (Person) とは何のことなのであろうか。ブルンナーは、古代教会を「一つの神性」における「三つの位格」の教説の形成へ動かした一つの概念というものに彼自ら直面するのを見ざるを得なかったのではないか。三位一体の教説という玄関 (Vorbau) なしにキリスト論を展開することは可能であろうか。この言葉、つまり「到来した言葉」の人格性 (Personalität) を、歴史上の一人格と捉えるときに、困難に陥ることはなかったであろうか。この人格は、永遠の言葉なるものの「仮面」(Maske, prosopon, per-sonare) となってしまうという危険に陥らないであろうか。この言葉が「人間となる」(Menschwerden) ということは、その人間が罪人となるということを抜きにしては考えられないのではないか。どの程度まで、この言葉は、われわれの生命というものを引き受けるのであろうか、どの程度まで、イエスにおけるその存在 (Präsenz) は世の救い、贖いであるのであろうか。イデーの救いであろうか。それが救いであり得ようか。

ゴーガルテンは、「エッケ・ホモ・キリスト論」(Ecce-homo-Christologie〔見よ、この人だ・キリスト論〕) を企てたのであったが、彼にあっては、神的なものは全く人間的なものの中に、つまり、被造物そのものである人間の中に現われるということであった。(彼にあっては) 旧約聖書との関連性ということが欠けており、預言者の派遣に際しての言葉が先立って与えられるということも欠けている。言葉は、絶対的なものとして、そこに存在する。ブルンナーは、他の側面にも移行してゆくべきであり、彼は歴史的なものの中に神的なものの透かし絵（Transparent）を見ているのみであり、肉となりたもうた言葉（logos ensarkos）の中に肉となりたまわぬ言葉（logos asarkos）を見るのみであろう。彼は、イエスの人格を歴史から分離せざるを得ないことになろう。なぜなら、イエスはロゴスであり、そのようなものとして絶対のものであり根源的なるものであるからである。このようにして、ブルンナーは、根本的に「仲保者なき」(mittlerlos）現代の歴史概念の廃棄（Abbau）を完成する。歴史の意味と救いとは、この現代の歴史概念によれば、(歴史に）内在するものだからである。「イデー」は「到来する」のでなく、それは「内在している」(seiend）のであり、ロゴスに対して真に対置しているのではない。したがって、現代の歴史概念は、悪についても、この世界が失われてしまっているものであることについても、何も知るところはない。

仲保者概念への批判

仲保者という概念には、われわれは、教義学的には、キリストの職務(officium）という教説の中で出会う。彼が、その全存在を傾注している業(わざ)、仲介の労をとるということ（intercessio）を抜きにしては成就され得ない業のことが問題である。この仲保者という概念は、キリスト教神学の当初から重要な役割を演じていたものであったとしても、こう言うことが許されていよう、われわれはガラ3・20のパウロの警戒標識（Warnzeichen）の許に留まる必要がある、と。そこには「仲介者というものは、一人で事を行う場合には要りません。約束の場合、神は一人で事を運ばれたのです」〔新共同訳〕とある。律法は、一人の仲介者を必要とする。律法は宗教であり、宗教とは律法である。ギリシャ的ロゴス理念から預言者的なるものの原型であるモーセに至るまで一本の線が引かれているのかもしれない。ギリシャ的人間性なるものとユダヤ的預言を総合することも、フィロンがまずそのロゴス思想（Logosspekulation）で企てたように、事実両者の総合というものが考えうるかもしれない。しかし、われわれがイエス・キリストにおける神の啓示という場に立つやいなや、このような接点（Anknüpfung）は消失する。「仲保者概念」(Mittlergedanke）というものは、エプケ〔Albrecht Oepke 1881-1955. ライプツィヒ大学教授。キッテル編『新約聖書神学辞典』の重要な寄稿者の一人〕が考えているように(261)、キリスト教的には実現され得ない。もしこれを採用するなら、一度まず根本的にこれを廃棄し否定されるのでなければならない。ここ、イエス・キリストにあっては神ご自身が現在される。神が、わたしの罪を赦したもう。神が、(罪を）数えたまわないのである。神が、われわれのために在すのである。「子は、われわれのためにインマヌエルとならねばならなかったのである。それがインマヌエル・神われらと共にということである」と、カルヴァンが彼の『キリスト教綱要』のまことにすばらしい１章において見事に訳してくれているようにであり、その章の標題は、「キリストは、仲保者の務めを果たすために、人となりたまわねばならなかった」とある(262)。(しかし）ここでは、神とわれわれとの間を仲介すべき中間の存在（Zwischenwesen）があるというのではない。神の恵みの使信は、「宗教開祖者」(Stifterreligion）のそれではなく、イエス・キリストは、「宗教開祖者」(Religionstifter）ではない。これらのものは、現代の仲保者概念である。イエス・キリストは、仲保者としての宗教開祖者であるのではなく、彼にあって神的なものと人間的なものが一つにされ、彼にあって和解がなるというようなものではない。そのようなものであれば、キリスト教も人間の宗教、単なる宗教（die absolute Religion）ということになろう。あらゆる誤謬に満ち倒錯した律法的神崇拝の目指すものの頂点ということになろう。イエス・キリストは、普遍的な人間宗教の開祖、仲保者ということになろう。彼は、イスラエルの民にとってのモーセのように、全世界にとってのモーセということになろう。全人類に神の意志の到来を告げる新しい啓示者、人の形をとって上から遣わされてきた者ということになろう。なぜなら、われわれは、彼を、そのようにしか理解し得ず、われわれの形にあわせてしか理解し得ないのだからである。

ここに、非常に気がかりで衝撃的ともいうべき問いが立ち現われてくる。われわれが、キリストを神への仲保者と見なすならば、あのパウロの「仲保者など必要となさらない方のほうが問題である」との文言を聞きのがすことになるのではないか、と。イエス・キリストは、まさに、(仲保が必要であるということと）反対のことを示している。イエス・キリストは、われわれを神から離すもののその中心点において事をなさった（コロ2・14)。それゆえ、キリストのゆえに、神とわれわれとの間には何者も存在しない。「それで、兄弟たち、わたしたちは、イエスの血によって聖所に入れると（喜んで）確信しています。イエスは、垂れ幕、つまり、御自分の肉を通って、新しい生きた道をわたしたちのために開いてくださったのです」(263)。仲保者の宗教、祭司制度と犠牲といったものは、二面をもった構築物(Konstruktion）であり、一つは、神がそこに在す聖なる内的のものであり、他は外的な、仲介するものの祭儀行為による媒介によって礼拝がなされるもののことであるが、これらは、没落するのである。彼の「肉」(Fleisch)、つまりわれわれの間における彼の在りようと、彼の「血」(Blut)、つまりその自己犠牲とは、われわれを死ぬことなしに神の前に立たせるところのものである。彼が、その道を開きたもうたことにより、われわれは生きることになるのである。

ただ、これら他のあらゆる仲保者的なるものを廃棄することによってのみイエス・キリストは仲保者である。ブルンナーには、この弁証的境界設定が欠けている。彼は、観念論も内在宗教（Immanenzreligion）も、仲保者という考えそのものも廃棄するに至っていない。彼は、それ以上のところへ踏み込んではいない。もし、それをしていたならば、(新たなる）構築への基盤も手に入れ得たことであろう。彼は、欠陥をもった19世紀の考えを十分に廃棄していないために、(19世紀の）考えの根底にある宗教の概念、つまり、それはわれわれすべてのものの持つ企てではあったが、イエスから一人の仲保者なる神（Mittlergott）をつくり出し、普遍的で単なる人間宗教の仲保者にすぎぬ神をつくり出すという企てをしていたのではなかったか。これでは、彼はプロテスタントの教会の中に立っていることにはならないであろう。この仲保者にあっては、神はわれわれの只中にあってわれわれのために在すのであり、仲保者は、近き存在（die Nähe）であり、われわれをあるがままに、仲保者自身に招き、仲保者自身の内に受け入れる存在、神の恵みの近さを本質的に示す存在ということになる。これが、「言が肉となった」ということになる。

ブルトマンは、まことに詳細なあの『ヨハネの福音書』（注解）において、ヨハ1・14につき、「肉（σὰρξ　サルクス）ということをもって、霊（πνεῦμα　プネウマ）の次元のものである神的なものに対して、この世の人間的（irdisch）な次元のことが言われている」と言っている(264)。ブルトマンは、「肉」（サルクス＝地上的なもの）と、「神に敵対するもの」としての「スコトス」（skotos）とを区別しようとしている。しかし、なぜ、彼もまた、決定的停止をしてしまうのであろうか。「肉」とは、単に、神と人間との相違、永遠と時との相違といったことではない。「肉」とは、われわれのことなのである！　ここでも、最後の一歩が踏み出されなければならない。「言は肉となった」ということに注意することが肝要である。ここでは、「人間」のみが、「地上のものにより限界づけられ、時間と空間の内に置かれた存在」のみが考えられているのではないということが注意されるべき肝心のことである。そうしたときに、もちろん、事を正しく理解してのことであるが、人は、一つの「仲保者たる神性」（Mittlergottheit）がどのようなものであるかを手に入れることにはなろう。それは恐らく魔術的なもの（magisch）ではなく、倫理的・宗教的で、実存論的でありつつ、もはや敬虔主義的に理解されたものとは違った仲保者性をもったもの、天の神と地上の人間の中間存在（Zwischenwesen）、つまり、一人の仲保者を手に入れるということになるであろう。イエス・キリストは、（しかし）、そのような中間存在ではない。そうではなくて、神が、イエス・キリストにあって、神とわれわれの間にあるいっさいのことをその中心よりなしとげられたのである。神とわれわれとの間に、何か新しいもの（etwas Neues）を置くために事をなさったのではない。神ご自身が、（神とわれわれとの間という）この場所に登場なさったのである。

「肉」は、われわれの間に在（あ）ったのである。「肉」とは、神から離れることによって、そのような者として呼ばれ、「肉」から生まれたものだから肉である他はない者のことであり、神に敵対する者として考え行動し理解する人間、そのような明確な人間のことである。このような人間を、神はご自身に引き受けたもうた。聞こうとはせず、見ようともせず、物も言えず、疎外され、死んだものである人間を、神はご自身に引き受けたもうた。われわれは、次のように言うべきであろう、彼は、われわれの「肉」を引き受けたもうたのだ、と。彼は、罪と死とが、われわれの「肉」の内にあって接近しあっているその近さにまで到来なさったのだ、と。神に敵対するいっさいのもの（Widergöttliche）、野卑で賤（いや）しきもの（Gemeine）、他を疎外するもの（Aussätzige）がわれわれの内にあってうごめきあっているその近さにまで到来なさったのだ。その只中にまで、彼はわれわれに近く到来なさっている。これが、神とわれわれの出会うことの中の基本のもの（Element）である。われわれが神を決して求めようともせず期待もしようとしないまさにその地点に、恥ずかしいわれわれの立っているその地点に、死んだものであるわれわれがいるその地点に、ラザロの墓の中にいるようなわれわれのその地点に、まさに、そこに、神はお姿を現わされる。そこを、神の栄光（*δόξα* ドクサ）の輝く場となさる。彼は、イエス・キリストにあって、神から遠い者たちの（所）を、神の栄光の輝く場となさる。これが、神が人となりたもうということである！　死の闇の夜の中にまで、罪がわれわれの肉の中に食い込み肉に罪がからみついているその秘所（Winkel）にまで、光は到来してきている。「生来神の子であるもの（Gottes natürlicher Sohn）が、われわれの身体を身体とし、われわれの肉を肉とし、われわれの骨を骨としてくださったことにより、すべてのことにおいてわれわれと等しい者となってくださったことにより、われわれは今や神の子であるという保証に立ち、深く信頼してそれに身を寄せるのである」(265)。ここで、カルヴァンは、「聖なる兄弟性」（heiligen Bruderschaft）について語っている(266)。つまり、「肉」（Fleisch）が接合点（Anknüpfungspunkt）となっているというのではなく、肉がこの聖なる兄弟性の接着剤（Bindemittel）となっているというのでもなく、そうではなくて、肉であるわれわれがこの聖なる兄弟性の中に受け入れられたということである。そのことにより、われわれは「神の子ら」なのである。この「肉」は、われわれ人間同士の間を接着するものであり、すばらしい霊的交わりに到達する時にも、人間同士の接着剤なのである。その事情を知らないものはないはずである！　しかし、この「肉」こそが「スケーネー」(σκηνή)〔天幕、住居、ヨハ1・14では「宿られた」〕となったところであり、神が近づき来りたもうた所(Nähe)、また神の現在されるところ(Gegenwart Gottes)である。

イエス・キリストにより、この肉は神の国(Gottes Reich)の中へ引き入れられたのである。啓示の場へ引き入れられたのである。この意味において、彼・イエスが仲保者なのである。彼なしでは、彼の人となりたもうということなしでは、このことは不可能である。われわれにあっては、肉は霊となることはない。われわれにあっては、この両者は敵対しあっており、それは神とわれわれのようにである。人間の側では、空しく救い主を待ち続けるのであるが、肉なるものからはいかなる救い主も生まれることはない。もし肉が肉であることを超えて、肉の肉なるもの(Fleischlichkeit)を止揚するならば、肉は肉であることを止めざるを得ないことになろう。われわれが考えたり生みだすものが、われわれを救うことはない。ブルンナーが、仲保者は、裂け目の彼方から到来するといったのは正しい。仲保者は、肉なるものからは到来することはない。所詮は肉であり、肉以外ではないものとして形づくられた肉の法則のもとに人間世界は立っている。

「言は肉となった」(ヨハ1・14)とは、ここで、われわれが人間であるとはどういうことかということを聞き理解することになるということである。もちろん、われわれは、われわれの「肉の存在」(carnem esse)! ということについて、別のことも聞きたいと願っているであろう。われわれは、こう言う、「人間は、しかし、肉ではあるけれども、神の像(imago Dei)であるのだ、霊であるのだ」と。もちろん、その通りであろう。しかし、人間は、その霊といえども人間的なもの、肉の霊(fleischlicher Geist)なのである。人間が神というものを考えるとしても、そこでは、いったい、どんな種類の神が姿を現わすというのであろう。人間は己のことを考えているにすぎず、それが役に立たないものであるとわかれば棄ててしまう。被造物にすぎない神々のまわりをへめぐっているにすぎない。イエス・キリストを、そのような人間の霊のもとに引き渡してしまうなら、同じことをすることになるのである。それこそ、「肉なるもの」(Flisch)である! 神は、「肉」となることによって、霊なるものや宗教なるものに突き刺さっている「肉なるもの」、「万事を自分にのみ引き寄せようと願うこと」(Alles-nur-auf-mich-beziehen-Wollen)、「わたしのための宗教」(Pro-me-Religion) なるものを廃棄なさった。「肉なるもの」以外でないわれわれはすべて、神の言が肉となるということを通して、神に向かい (für Gott) 神からのみ (von Gott her) という (方向に向けて) 決定的な止め金 (Beschlag) を打たれた。「肉なるもの」は、神がその栄光を宿らせたもう所となしたもうたことにより、神に向かう以外にはなく、もはや、己自らのためということではあり得なくなった。イエスが仲保者である限りは、そうなのである。なぜなら、われわれの肉と血とが、神のご支配 (Majestät Gottes) である栄光と栄誉の場となっているのを、われわれはイエスにおいて見るのだからである！「永遠の善きものが、われわれの貧しい肉と血とを身に着てくださったのである」(267)。われわれの内にあって、「肉」が聖とされたというのではない。われわれの「肉」が、イエス・キリストにあって、神により義とされ聖とされ、新しい生命、つまり死人からの復活に向けて召し出されているということである。人間全体が、神に聖とされ、受け入れられているのである。人間全体が、この肉的霊である存在 (geistleibliche Wesen) が、あの「聖なる兄弟性」に召し出されているということである。

神は、人となりたもうことにより、神として留まりたもう。しかし、神は、その神でありたもうこと、そのご支配、その力を、神に最も遠い領域にまで及ぼしたもう。「肉」ということは、われわれが己の内に、「この世にある存在」(In-der-Welt-Sein) を持つということである。われわれが、「肉となった言」(fleischgewordenen Wort) というものに出会うとき、この世界の涯にまで (ins Außerweltliche) その言が届いていることに出会うとき、われわれは、ようやく、われわれが、いかに福音の使信からはるか遠くまで来てしまっていたかを了解することになる。まさに、そこが、われわれが神に出会おうとしなかった地点であり、われわれが「肉」である地点であり、罪と死が存在する地点であり、情熱も衝動も、目の欲も貪欲さもマンモニズムもその恥ずべき姿を示していた地点であり、パウロが、ロマ1・18以下で「神の怒りの裁きのもとの人間」として描いているものの地点である。現代の人間の没落に対してこのような神の怒りがあり得ることを、たとえ遠くからであろうとも、これを見、これに心動かされ関心を抱いた人々がごくわずかしかいなかったということは珍しいことではない。「肉」は、「神の怒り」を引き起こすものである他はないものであり、その比類のない喪失状態というものは、また、その深く病める状態というものは、ある日、必ず示されてこざるを得ないものである。なぜなら、われわれを捉えている「肉」の傾向というものは、もし、われわれがそれに身を委ねたままであるなら、それは死を意味するものだからである。人間は、それと共に死に至ることであろう。死は、その秘かな首領（Regent）であり、罪は、この畑より実る果実に他ならない。神のロゴスが肉となるということは、この領域の只中に、この自己消費（Selbstverzehrung）と自己分解（Selbstauflösung）の過程の真只中に、イエス・キリストという一人の人間が現われたということであり、この領域の真只中に、罪の肉（Sündenfleisch）に面して神の主権（Herrschaft）が確立されたということである。しかも、この世界の外（außerweltlich）においてではなく、肉において現われるという仕方においてまさにこの世界の真只中において（mitten in der Welt）、それは起こったのである。人が、もし、罪というものをこの世界と、つまり、わたしの「肉にある存在」（Im-Fleisch-Sein）ということと結びつけるのでないならば、（罪ということは）、頭の中だけの抽象的なものの発見ということにすぎないことになろう。エサウは、一杯の「レンズ豆」の煮物〔創 25・27 以下〕のために長子の権利を売り、ペトロは、女中の視線に不安を覚え〔ルカ 22・54 以下〕、主を裏切り、ダビデは、一人の女性を手に入れるためにその夫を死に至らせ罪を犯すのである〔サム下 11・1 以下〕。ユダは銀貨 30 枚のゆえに主を売るのである〔マタ 26・47 以下〕。これらは、「肉」ということであり、この「世」というものである。ここに、神は突入してこられ、われわれ、エサウでありペトロでありダビデでありユダであるわれわれの只中で、肉でしかあり得ないそのようなわれわれのために、「肉」となりたもう。われわれの生きる上の諸行動、神への信仰を破壊する諸行動、われわれを罪の奴隷とする諸行動は、たいてい「偶然に」外側からわれわれの生活の中に入りこんでくるものではあるが、これらの悪、貪欲、殺人、虚偽、不正義といったものは、われわれをその内面の最深のところで捉えている。そのため、

「無制約のもの」(das Unbedingte) も、「ロゴス」も、「イデー」も、役には立たない。律法なるものは肉に対して弱いものである他はない。まさに、この地点へ、神は独り子を遣わし、「肉」にある罪を罪のゆえに（それゆえ、ゴルゴタ！)、律法の正当性ゆえに、律法をその本来の意味においてわれわれの内に成就させるために、罪を審きたもう。このようにして、われわれの歩みの法則となっている「肉」を廃し、「霊」に向けて、この地点でこそ確立された神の勝利に向けて、われわれを生かしてくださる（ロマ8・3–5参照)。「肉」の領域の真只中に、イエス・キリストにより、神の霊が登場する。肉における罪への審きにおいて、そこでは肉と罪の両者は一体化して現われるのであるが、神は、そこでまさに霊への道を開きたもう。これらのことは、しかしなお、仲保者について正しく語るためのほんの端緒（Ansatz）にすぎない。人間が、新しいもの（das Neue）を設定することなどは不可能である。人間が、われわれの生活の原理となっている肉の終りを導入するとか、律法の正統化（Rechtfertigung des Gesetzes）としての霊の開始といったことを導入したりすることはできない。こういったこともすべて、「われわれのために」ということが中心になってその権利性が登場してくるのだからである。ロマ4・25は、「誰が、われわれの罪のために死に渡され、誰が、わたしたちが義とされるために復活されたのか」と言っている。彼・イエスが、われわれの義（Rechtfertigung）であり、聖（Heiligung）なのである。しかも、それは、一方には神が在し、他方に人間がおり、第3のものとしてイエス・キリストがあり、彼において、われわれは神に対して「仲保者」(meson) を持ちうるかのような仕方においてのことではない。そうではなくても、神が、ここで、独自な彼ご自身の業をなさり、それがわれわれのためのものであることを許し、そのようにあるべきことを認識させてくださるという仕方で起こっている。神の、「神ご自身のために在ること」(Für-sich-Sein) と、「われわれのために在ること」(Für-euch-Sein) とは、ここでは、不可分離のことである。イエス・キリストにあって、神は、そのように、われわれの神でありたもう。Ⅰペト2章に、イザ53章が反映していることを考えることができ、そこには、「キリストもあなたがたのために苦しみを受け」(Ⅰペト2・21) とあり、「十字架にかかって、自らその身にわたしたちの罪を担ってださった」(2・24) とある。このことは、われわれの生活や歴史から生じてきたことではなく、彼・イエスの出来事として起こった。いったい、誰がこのことを信じ得たであろう！　イエスが、キリストが、わたしとわたしの罪との間に登場なさったのであり、わたしとわたしの死との間に登場なさったのである。彼が、その間に、立っておいでになるのである。彼にあって、わたしは、もはや、わたしであるわたしではなく、現実のわたしとわたしとは同一ではない。彼が、わたしのために現実に救いの「仲保者」である限り、事情はそうなのである。しかも、彼が一致する (einigen) という仕方においてではなく、分離する (scheiden) 仕方によってである。あの方は、驚きのあまりわたしが何一つなす術（すべ）もない最初から失われてしまっている過程に関与なさる。「誰が、神の選ばれたものたちを告発しようとするだろうか。義となさる方は、神である」(ロマ 8・33〔イーヴァントの私訳〕)。あの方は、わたしたちをこの悪の世 (Äon) から分離させるために、この悪の世の只中に登場なさるのである (ガラ 1・4 参照)[268]。わたしは、したがって、逆の道をたどるべきであり、代理ということから仲保者の考えを引き出すのではなく、むしろ、あの方が、わたしの立つところへ登場なさる、そのことをあの方の「充足」(satisfactio) と「仲介の労をとること」(intercessio)、つまりそれを仲保者の内実また定義と見なすべきであろう。わたしのために肉になって、つまり、死の中へ来りたもうたあの方を神の前でのわたしの保証人 (Bürge) とすることが許されており、それが可能である。新約聖書は、旧約聖書に比して、よりよき保証人を持つということになろう！ (ヘブ 7・22 参照)。

しかし、いかようにこのことを同意せしめ得ようか。

「神が、わたしのために登場してくださる」(Gottes Für-mich-Eintreten) ということを、わたしを義としてくださること (meine Rechtfertigung) として同意させることによって、つまり、神がわたしの主であると理解することをもってのみ同意させることとなろう。あの方が仲保者でありたもうということは、あの方こそが中心に (in die Mitte)、つまり、わたしの死とわたしの間に、わたしの咎（とが）とわたしの間に登場なさったということである。あの方が、わたしと役割を交換してくださったということである。わたしは、このことにより父の許に平安の内に在ることが許され、他方、あの方は、神から遠く平安なきところへ身を置きたもうのであり、まさにそうしてくださることによってわたしは平安の内に在ることが許される。何ということであろう！

永遠に失われたものでしかないというわたしの不変と思われた在りようは、あの方の中にあって、今この時に、出来事（Ereignis）となった。人間の、その状態を終らせるために、あの方が人間のこの状態を引き受けられた。あの方において、まさにこの人間の状態は終った。このようにして、われわれがあの方のものとして新たに生きる道が、前方に向かって、開かれた。あの方が、事実として、「仲保者」――神と人間との仲保者でありたもう限り、事態はそのようである。なぜなら、この人間イエスにおいて、神の神たる存在（Gottes Gottsein）が、わたしを、この失われた人間であるわたしを受け入れてくださり、もはや棄てられ排除されることはない。あの方が、わたしを神に受け入れられるものとする神の義（die mich in Gott einschließende Gerechtigkeit Gottes）となってくださった。その義は、すべての罪ある者、すべての失われた者を受け入れ、義とし、新たに呼びかけ召すところの義である。それゆえ、事情は、彼の代理の行為を、仲保者存在ということから誤って引き出すべきではなく、あの方の代理ということが、あの方が新しい契約の仲保者となったことが何であるかをわれわれに明らかに示されたということである。われわれが所有していないところのいっさいのものを、われわれがあの方においては所有している。しかも、神の直接性を隠蔽・隠匿したりするのでなく、反対に、神への道が開けており、神の内に秘められているわれわれのものを所有するという仕方においてである。

ブルンナーの仲保者概念にわたしが納得し得ないのは義（institia）の概念が欠けている点である。義という概念が、訴訟手続き（Rechtsverfahren）においてその場を持っていることを人が見ていないということである。ブルンナーは、ただ、存在の仲介（Seinsvermittlung）ということを引き出しているだけである。しかし、仲保者というものは、神の義（Recht Gottes）を、再び、回復するもののことである。あるいは、こう言ったらよいであろうか、神は、ご自身、イエス・キリストにあって、その義を、わたしのより頼みうる恵みの義（Gnadenrecht）として回復したもうのである、と。もし、イエス・キリストと共に、仲保者たることは、いずれにせよ廃されたのだとか、いかなる業（Werk）も、いかなる律法（Gesetz）も、わたしの義と救いを期待しうる何者も神とわたしとの間には存在しないなどというのであれば、それは全く不当なことではないであろうか（Ｉコリ１・30参照）。

ブルンナーは、19世紀の子であることに、古代教会のキリスト論の子であること、仲保者の考えから代理ということを考えるというところに停滞している。自然神学の内にいる立場が、人間の「イマゴ・デイの教説」（Imago-Dei-Lehre）を彼が受け入れることが、彼を誤らせたのであるかもしれない。今や、しかし、逆のことを思いみるべきであろう。神は、人間の本来の場、人間がそうあろうとは願わなかったのに罪人としてある他はなくなった場に登場なさったのだ、と。神から遠い場所に、現実の人間が生きており、己を自負した人間（der eingebildete Mensch）が己の倫理的・宗教的観念に従って生き、繰り返しそこへ逃亡していこうとしている場所、その場所に、神は登場なさり、われわれが棄て去り忘却していた現実存在というものをご自身に引き受けたもうたのである。人間にとって、罪人であること（Sündersein）は、もはや単なる外面のことではない。その身体と魂との全体においてのことであり、わたしの生命を転調させてしまったことに等しいことであり、それは、われわれが、ご自身を啓示なさった神をなんとも思おうとはしなかった人間であったというわれわれの真相（Wirklichkeit）を想起させるもので、まことに腹立たしいことである。己を自負した人間に対しての審きを招かざるを得ないことなのに、それなしで神の登場が起こったのである。「あなた自身のことなのだ！　わたしのためではなく、あなた自身のために泣け」ということである。このことは、十字架への道の途上でのイエス・キリストとの出会いの中で成就した非常な省察（Re-flexio）である。ここでは、神が人間に抗して正しくも手に入れたもうた人間の真実が生きられており、他方、われわれにあっては、神に反抗していつまでも生きようとする人間の不真実が生きられているのである。もし、われわれが、キリストがわれわれの仲保者であると呼ぶのであれば、それは、一人の人間が、神のご意志と約束に従って、われわれの立つ場所に登場なさったのであるということの意味が最高に明確になるという意味においてのことである。

3.3　H. フォーゲル

〔Heinrich Vogel 1902-1989. フンボルト大学、ベルリン神学大学組織神学教授。賛美歌詩人『ドイツ福音主義教会賛美歌 292 番の作者。「ルター派の特別種の鳥（フォーゲル）」と呼ばれた神学者〕

ゴーガルテンの『エケ・ホモ・キリスト論』(Ecce-homo-Christologie〔見よ、この人だ・キリスト論〕) と、仲保者概念より展開されたブルンナーのキリスト論と並んで、H. フォーゲルは、代理的実存・現実存在のキリスト論（Christologie der stellvertretenden Existenz）を提示する。

彼のキリスト論は、また、優れて、一つの『エケ・ホモ・キリスト論』である。そのキリスト論は、その補遺（Anhang）において、彼が提案しアイゼナッハの教会総会（Synode）において採用された呼びかけ「見よ、この人だ」(Seht den Menschen!)(269) をもって閉じられている(270)。しかし、フォーゲルのキリスト論は、キリストの独自性をその非世界性（Außerweltlichkeit）の中や終末論的に理解された現実存在・実存（Existenz）の中に見ているのではなく、逆に、この世界の人間であることの中に見ている。そのキリスト論は、われわれは、イエス・キリストにおいて、現実の人間と真実の人間の一致を見るという命題に向けられている。この人間イエスは、特に、十字架につけられた者として現実の人間と真実の人間は一つであるという命題である。「われわれの根源の認識（die Erkenntnis unseres Ursprungs)、われわれの本質（Wesen)、われわれの規定（Bestimmung）の認識は、したがって、キリスト論的であると共に終末論的に封印された (versiegelt) ところの認識である」(271)。「ただこの人間においてのみ、神がご自身をわれわれの一人となしたもうた、ただこの人間においてのみ、われわれは真実の人間を認識する」(272)。「イエス・キリストの人間性の現実は、神ご自身が引き受けられ、担われた人間の人間性のことであり、非人間性と神喪失という呪いに転落したものとしての人間にあっては知りえないものとなってしまった人間の人間性のことである」(273)。フォーゲルにとっては、人間が自分自身において人間の理解に至る道は存在しない。（ブルンナーがなお持っていたような）内在的人間性（immanenten Humanität）も、フォーゲルにとっては存在しない。人間の現実と真実とは、一人の人間イエスにあってこそ一つに結ばれてありうる。われわれにあっては、この現実と真実とは、つねに分裂している。われわれは、現実の人間としては、人間の観念から生きる。なぜなら、われわれは、フォーゲルが名づけたように、「矛盾の内に」（im Widerspruch）生きるものだからである。ゴーガルテンと同じように、フォーゲルも、また、この矛盾は本来的には生き得ないものであること、不真実から生きるものにすぎないという結論に立ち至る。

フォーゲルにあっては、「イエス・キリストの真実の人間性ということは、一つの信仰箇条である」[274] という決定的な文言がある。イエスの真実の人間性への問いは、「人間の存在についての一つの前理解」（Vorverständnis vom Wesen des Menschen）[275] なるものによっては答えられず、代理という啓示の秘義（Offenbarungsgeheimnis der Stellvertretung）において答えられうるものである。このことによって、そのキリスト論の命題（Ansatz）は明白である。このことにおいて、まさに、このことにより、死のみならずイエスの生命も真剣に受け取られ得るのであり、神が人となりたもうことの全体は、代理の現実存在・実存として真剣に捉えられる。それは、当時の状況下ではやむを得なかったさまざまな不備な点（Unfertigkeit）があったにせよ、わたしの考えるところでは、われわれがさらに押し進めていくべき方向と考えられる方向に向けての偉大な構想（Wurf）であった。ここでは、イエスは、バウルやドルナーやトマジウスらが見ていたような、人間の観念と神の観念とが歴史的統一に至る仲保者といったものではない。人間の観念は「真実の人間」という他の概念によって退けられる。しかも、この真実は、肉をもった存在の外にあるのではなく、その肉をもった人間の内側にある。つまり、人間の現実と真実とは、イエス・キリストにおいて一つである。ロゴスの主権性（Majestät）とその従僕従僕の姿（Knechtsgestalt）といったブルンナーの区別、非本来的実存と本来的実存とのゴーガルテンの区別は、現実の人間と真実の人間との区別に回帰するが、この両方は、一人のナザレのイエスにあって、一つである。彼こそ、神により、われわれの罪のために罪とされた人間であり、審かれた人間である。

フォーゲルは、人間がいとも簡単に観念論（Idealismus）や歴史主義（Historismus）に脱線することの問題性を見抜いていた。彼は、彼の立てた区別によって、従来吟味されてきた企てのすべてにまさって的確に正しいもの（das Richtige）をつきとめていた。「神によって受けとめられた人間性の秘義」(276)「人間の秘義の啓示」(277)「人間論的前理解の克服」が問題である、と。これらは、「教会の教説が明確に語り得ないところのもの」(278) であった。ここでは、フォイエルバッハ〔Ludwig Feuerbach 1804-1872. ドイツの唯物論哲学者〕やシュトラウスの扱った事柄、つまり、神学が人間論と神話論とに解消されていくという問題が真剣にとりあげられている。ここでは、人間が人間になるということに対して、ただ一人の人イエス・キリストが問題となっている。「彼の登場によって、われわれが神に帰ると共に、われわれにも帰るそのような(279) 存在である」イエス・キリストが問題となっている。神が人となりたもうということによって、はじめて、神が人間を彼自身へ連れ帰ることが起こり、われわれすべては、われわれ自身にあって失われたものであるとの認識も開示されることになる。「なぜなら、神がご自身を開示なさらないならば、人間は己自らを知り得ぬものであり、神の前でどのような者であるのかも知らないからである」。「さもなければ、人間は、相変わらず、己自らを真実とし、己を正しいもの賢いものと見なし、格別にも、自分自身に対しても他者に対しても、自分がそのようなものであることを正当化しようとするものである。しかし、今や、神がわれわれに対し何をお考えになっておられ、どのようにわれわれをご覧になっており、つまり、われわれすべてが罪人にすぎないとご覧になっていることを啓示なさったのである。われわれが、神の啓示のこのような事実、つまり、神のこのような言葉に対して場を開き、それを信じ、それを正当とし、真実として確認することによって、かつてはそのように認識し得なかったわれわれ自身をも、これらの事実に対する信従（Gehorsam）の中で、罪人として告白するに至る」(280)。

代理のキリスト論とその諸問題

フォーゲルは、まことに鋭く、そして全く顕わに、さらには教義上の留保を十分にもってではあるが、彼の全キリスト論を支配する中心の考えに、代理の考え（Gedanken der Stellvertretung）を据える企てをしている。イエス・キリストが、われわれと同じ人間であるだけならば、彼がわれわれと同じにまさに史実的（historisch）にも捉えうる生涯を有する人間であるだけならば、つまり、「彼自身の生涯」（für sich gelebtes Leben）を有するということだけであれば、彼の生涯が、われわれのために、われわれすべての者に妥当するような保証（Einsatz）を有すなどということは考えられぬことであり、彼はただ彼をわれわれにとって意味あらしめようとする程度の主観的なものであり得るにすぎない。しかし、フォーゲルは、さらに先に進む。彼・イエスは、その生涯というものは自分のために（pro se）生きた生涯にすぎなかったということに対して、フォーゲルは異議を申し立てる。彼の生涯は、つねに、「わたしのために生きられた代理の生涯」（einstellvertretend für mich gelebtes Leben）として生きられ、それは、生涯の初めから終りの日までそうであった、と。このような生涯の現実存在・実存（Existenz）は、イエスが、人間の生涯を生きるということの意味での代理の現実存在・実存ということであり、それはわれわれがそうあろうとは望まず、そうあろうともしない生涯である。イエスの生涯が一貫して代理としての生涯であるというのであれば、彼は、他者の場にあって「生き」られたのであり、その死もまた代理的意味を持つということに抗弁する理由はないことになる。彼の生涯の出発が代理ということであれば、その終りもまたそのようであったであろう。

ここに、しかし、われわれはこの命題の大きな問題性を見る。もし、イエスが、「自分のため」（für sich）の生涯というものを持たないというのであれば、いかにして、なお、歴史的内容を持ったものであり得ようか。彼がイエスという名を持つとしても、彼は、教義（ドグマ）としての像というものにならざるを得ないのではないか。名というのは、それ自身ではたいしたものではない。

フォーゲルは、われわれの世紀の決定的問題が写し出される地点まで、批判的立場を前進させた。つまり、われわれは、イエス・キリストを、教義としての像にするのかどうか、そのことによって、歴史主義（Historismus）というものを完璧に遂行するのか、シュライエルマッハーのキリスト論をも簡単に棄ててしまい、17世紀へ逆行するために19世紀を棄ててしまうことをするのかどうかということである。

フォーゲルのキリスト論には、わたしもそれを際立たせたいと思っている三つの特別に注目すべき点がある。まずは、イエスという名に関することである。フォーゲルにあっては、そのキリスト論は旧約聖書に根差している。「約束のメシアは、神的本質とその働きの啓示を示し開示するところの名を帯びる。つまり、神の自己啓示（Selbstoffenbarung Gottes）である」(281)。フォーゲルは、確かに、このことによって、そのキリスト論を旧約聖書に根差すものとし、旧約聖書の概念に根差すものとしている。旧約聖書では、キリストの名を持つものは神のみ名の保持者であり、インマヌエル（Immanuel）つまり神がわれらと共に在すものであり、神の子であり、「驚くべき指導者、力ある神、永遠の父、平和の君」（イザ9・5）である。フォーゲルは、神の子また人の子として到来する油注がれた者の確証を、すでに、旧約聖書に見ている。彼は、その中に旧約聖書の契約の非完結性（Unabgeschlossenheit）を見ているが、それは、大祭司と犠牲の羊、王と僕とが同一である存在がまだ出現していないからである。「キリスト論は、イエスがこの地上に登場する以前にほとんど準備は完了していた」（Die Christologie war fast fertig,ehe Jesus auf die Erde kam）――ヴァイネルの言葉(282)。イエスは、誕生においてキリストの名を帯びたのではなく、そうではなく、「神が人となりたもう中で、キリストは、イエスという名（Jesusname）」をとる(283)。「イエスという名において、神の名（Gottesname）は、われわれにとって、語りうるものとなる」(284)。「先在のキリスト」「旧約聖書のキリスト証言の隠された実質」（verborgene Substanz des altestestamentlichen Christuszeugnisses）は、その内在（Inexistenz）においてイエスという名を帯びる(285)。

フォーゲルは、このことをもって、一つのことをきわめて明確なものとした（W. フィッシャーも、この点で、神学内部における軽騎兵的一撃をもって先行していた[286]）が、つまり、キリスト論はイエスという名と結びついたことであること、そして、逆に、この名は旧約聖書のキリスト証言と結びつくものであるということである。ゴーガルテンとの対論の項で指示していたことであるが、われわれは、イエスを、単に「人間的現実存在・実存」からのみ理解することはできず、イエスは、彼を証言する者らの仲間の中に立っており、その名であるものや、われわれが彼について知り告白しているその言語は、すでに、旧約聖書において先立って成り立っていたものである。したがって、われわれは、旧約聖書の言語の中において彼を証言するとき（新約聖書もそうしているのであるが）、その証言は宣教（Verkündigung）でありうる[287]。しかし、一つのことがなお全く明白ではない。イエスという名は、現実に、神の名を語るもの（Aussprachbarkeit）であるのかどうかということである。このことは、新約聖書においても固有のこととして語られてはいない。

わたしも明確にしたいと願っている第2の点は、フォーゲルがヨハ1章をめぐる広範な解釈に関して展開した言（ことば）は肉となることを人間の現実性（Wirklichkeit des Menschen）のことと見なした点である。これは、最高に重要な点である。なぜなら、この人間から、その他の人間の現実として語られるいっさいのことにまさる判断が発せられたからである。ピラトの発した「見よ、この男だ。“エケ・ホモ”（Ecce homo）」（ヨハ19・5参照［新共同訳］）[288] は、“violà un homme”（ここに、人間がいる）[289] と相対しているものである。「エケ・ホモ」にあっては、旧約聖書において深い嘆きを発して祈る人間すべて、特にヨブや詩編の中の「わたし」（詩22編）の声は、よしとされ受け容れられる（rechtfertigen）[290]。

「イエス・キリストの現実の人間性にあっては、神により受け容れられ担われた人間の現実の内にあるものとして、神の呪いのもとに屈服させられている非人間的人間の現実存在が明白になり、神なき姿（Gottlosigkeit）とか非人間性の中にあっては、人間は人間であることもあろうとすることもできないことが示される[291]。フォーゲルは、われわれは、イエスという人間にあって、「真実ならざる人間」（unwahre Menschen）であることが明らかとなるのだと考えている[292]。いったい誰が、われわれが再び人間となるべく助けうるのであろうか。

このことをもって、第3の点も示されてくる。人間の非真実性（Unwahrheit des Menchen）というものは、神を神とせず、人間が人間たり得なくなっている点にこそある。このことは、新しい生命の三位一体的形態においてのみ克服される。つまり、個々の人間が再び人間となり、隣人が隣人となり、共同体の中で神の前に立ち、隣人と共に生きるという形態においてである[293]。このようにして、フォーゲルは、人間の現実というものから、赦し（Vergebung）、義認（Rechtfertigung）を、人間の真実から聖とされること（Heiligung）を獲得する。

なお、しかし、問うべきことが残されている。フォーゲルは、これらすべてのことを、イエスの現実存在・実存（Existenz Jesu）から読みとってはいないのではないかという問いである。彼にあっても、言葉（das Wort）は、イエスの現実存在・実存において立ち現われてくる。この両者は不可分離である。フォーゲルがイエス・キリストについて教えようとしているいっさいのことは、われわれがそれを信じうるためには、告知される必要がある。ロゴス（der Logos）は、それが肉をとり、われわれがその現実存在を神学的に解釈するということによって立ち現われたり消滅したりするようなものではない。むしろ、言葉は、彼が何者であるかを啓示する。宣教ということだけが、イエス・キリストとは何者であるかを、われわれに語りうる。

われわれは、すでに、古代教会の教義学において、特に、アンセルムス以来、イエス・キリストの代理の苦難と死の概念が、決定的な役割を演じてきており、新約聖書における「われわれのために」（für uns）といわれていることが本質的にこの点に関していることを明確にしてきた。イエスの死は、イエスの生涯の本来の目標であり、イエスがわれわれの肉と血とを備えたもうことは、われわれのために死ぬためである（ヘブ2・14、フィリ2・5以下もそのように言っている）。われわれは、代理的充足説（Lehre von der stellvertretenden Genugtuung. satisfactio）が、ソツィーニ派〔Sozinianer. 反三位一体的キリスト論をとるユニテリアン主義の立場〕の批判によって葬り去られたことも承知している。つまり、代理ということは、人格的実存という事柄上、不可能であるとする批判である。それに加えて、カントの言ういっさいの理性的・倫理的存在の自己責任（Selbstverantwortung）と自由という実践理性の自律性の発見ということがある。ここから現われてくるものは、代理的充足の考えやわれわれの意志と無関係に生じる赦罪というようなことは非理性的で無意味であり、むしろ、非倫理的であるということであった。理論的理性によってではなく、むしろ実践的に今やこの代理の教説は危機にさらされる。19 世紀のプロテスタント神学は、罪をそれ自体としてではなく、つまり罪ゆえ（reatus culpae）の告発（Angeklagtsein）としてではなく、罪意識（Schuldbewußtsein）をこそ人間の危急（Not）の総括であると見なすことによって転換をはかった。いかなる罪意識に立つことによって、神と不和になっている人間は和解しうるかというのが彼らの問いであった。彼らは、代理的教説から、いっさいの法的要素を取り去り、あたかも、和解ということにおいては、「裁判記録」（Gerichtsakt）だけが問題であるかのように、そこでは和解（Sühne）は、違反の量（かさ）に応じて行なわれるかのようにし、救い（Erlösung）・解放ということは、倫理的存在としての人間は良きものの理念（イデー）と現実との矛盾、行動と意識との間の把握可能な実存としての矛盾とのみ関わるとしたのである。このような矛盾の中に人間の自己疎外ということを見、イエスの死という使信の中に自己疎外から人間が神に帰り自己へ帰る道を見たのである。このイエスの死の中に、神がわれわれを愛していたもうことが明らかになっているとしたからである。

　このことによって、また、人間に眼差しを注ぐ中で、福音の正しい理解ということも再び手に入れうるということになるにしても、なお、一人の人間が他の人間のために、あるいはすべての人のために死ぬことは、いかにして可能であろうかという古い問いは残ったままである。福音主義的・宗教改革的義認の教説が再発見されたことにより、この問いが開示されるはずであったが、しかし、その諸前提、三一論や二性説といった諸前提は欠いたままであった。教義学者の努力は、いまや、その点を目指す。つまり、この古い基盤（Fundament）を新たに調整し直すことである。そこで、フォーゲルは、身近な十分批判的に考えぬかれたというわけではない解決策に立ち至る。イエスの全人間性というものは、まさに神より受領したものであり「アンヒュポスタシア」(anhypostatische)〔実体のある〕人間性であるから、代理的に生きられないことがあろうか、と。この考えは、全く新しいものというのではない。イエスの代理を言い表わそうとした時、人々は、根源的にただ受動的服従（oboedientia passiva）についてだけ語ってきたが、のちに、和協信条（Konkordienformel）においては、積極的服従（oboedientia activa）として語られたのである(294)。イエスは、われわれのために苦難を負いたもうたのみならず、その生において、その行動においても、われわれのために、律法（Gesetz）を十分に成就された。彼は、われわれに対して、代理として生き、死にたもうた。フォーゲルは、それをさらに一歩進め、イエスは、われわれの真の生命を代理的に生きたもうた人間であることを明らかにする。イエスの全現実存在・実存は代理的（stellvertretend）である。イエスにおいて、人間性はその真実の歴史を手に入れる、と。

このことにより、フォーゲルは、ある意味で、キリスト論に久しく重くのしかかってきていた問題、つまり、われわれは人間としてキリストに「よって」(durch) なのかキリストに「あって」(in) 救われるのかという問題、ないしは、この両方の表現は、他の表現の妥当性の根拠たりうるものかという問題を解決したのである。もし、人間性全体がイエスにあって創造されたのであれば、彼によって（durch）救われるということであれば、もはや、抑圧（Vergewaltigung）も、現実存在の「外国資本化すること」(Überfremdung) ということもない。「充足説」(Satisfaktionslehre)〔犯した罪に対する償いは、キリストによってのみ充足されるとする説〕を退けたG. メンケン〔Gottfried Menken 1768-1831. ブレーメンの牧師〕も、L. A. ドルナーも、J. Ch. K. フォン・ホフマン〔Johann Christian Konrad Hofmann 1810-1877. 神学者。過激な敬虔主義的発言のため追放される〕も、このことは見てとっていた。逆に、イエスによって（durch）救われてイエスの内に（in）あるというのであれば、人間性というものはただ信仰者の内にのみあるものということになる。救いは、人間としての現実存在・実存と関わるというより、わたしの人間としての生き方・在り方、わたしを理解する仕方に関わることとなる。ここでは、人間は、その「ここに、在る」(Da-Sein) ということにおいてではなく、その「在り方」(So-Sein) において救いと関わることになる。フォーゲルが正しく、われわれが代理ということをキリストの人となりたもうたことと関わらせるのならば、この両方のことが有効となる。人間としての「ここに在る」ことにおいてキリストと関わり、彼において、人間存在の真実は現われることになる。われわれの「在り方」においてもキリストと関わり、イエスにあって、われわれの逆倒した人間の在り方の現実も発見される。そのことにより、神が人となりたもうということは、救い主の誕生ということは、代理の行為という概念から、生命の出来事として獲得されうることとなろう。

このことに対する聖書の証言も教会の証言も、神はわたしの人間存在をご自身に引き受けてくださったという面についてなら、いずれにせよ、控え目であるということは考慮に値する。「見よ、この人だ」という言葉は、イエスの裁判の上で発せられた言葉である。イエスは、そこで、わたしの罪を担われたのだということ、わたしの罪を償われたのだということは、あまねく、聖書と古代キリスト教の教えるところである。十字架についた者に対しては、次の表現が妥当する、彼はわれわれの罪のために棄てられ、われわれの義とされるために甦りたもうたのだ（ロマ4・25参照)、と。

しかし、それは、それゆえ、人となりたもうたということについても妥当することなのであろうか。このことは、神のご意志とご計画として、より強力に讃(ほ)めたたえられていることではないであろうか（ロマ8・3「神は……してくださった」と、ガラ4・4「神は御子をお遣わしになった」と、ヘブ1・1「神は、……この終わりの時代には、御子によってわたしたちに語られました」と)。とりわけ、思い起こされるのは、エフェソの信徒への手紙における（1章）救いの計画（Heilsplan. oikonomia)、み心（boulema)、意志・判断（eudokia）である。神の子の人となりたもう道は、人となりたもうものを十字架の死に導く道とは異なるものである。それゆえ、イエスはご自身の生を生きられたのだとする文言については、十分に注意深くある必要がある。それは、その生命の歴史としての現実性（Realität）を危うくするからである。

「代理」(Stellvertretung）の概念は、イエスの生涯の終り（Ausgang）に限って、そこに留まるべきであり、単なる人間性そのものからではなく、イエスの生涯の終りからのみ獲得されることが許されるものだとわたしが考える理由は、聖書がそのことに固着し、代理の考えに対して非常な影響力をもったイザ53章のようなテキストが、死と裁きということを考えているゆえにである。十字架につけられたキリスト、彼こそが、そのことが「代理としての苦難」(stellvertretenden Leidens) の概念の根底 (Wurzel) となったものである。現実存在するものは、それ自体として、苦難であるべきはずのものではない！　イエスの生涯の出来事、その終り (Ausgang) は、一つの裁判 (Prozeß) である。ここにおいて審き手は人間であり、神も審き手 (Richter) である。神の審きは、人間の審きの判決などを引き受けられることはない。人間の判決がイエス・キリストを審くという仕方によって、人間のその判決が自らを審くことになるという仕方によってである。ここで考えられていることは、この一人の人によって、われわれすべては審かれている。ここでは、われわれの正しさ (Gerechtigkeit) は棄てられ、神の正しさ (Gottes Gerechtigkeit) が明らかになる。イエスは、この死への道すじをご自身の歩むべき道として、ご自身の自由なる服従の道としてこの道すじを歩みたもう。この彼の苦難、神のご意志と一致する意志の内に起こるこの苦難に対し、われわれは感謝をささげる。

このイエスの苦難の服従の中に、「わたしのため」(Für mich) ということの秘義が存在する。あの方は、われわれのために死を願われた。ここ、この死において、あの方は、われわれの場所 (Stelle) に登場なさる。ここ、最後の審きが起こるところ、この地点に、あの方は、「われわれのために」(für uns) 代理となられる。ここでは、われわれは孤独 (allein) ではない。ここでは、人間は、自分の生きた人生というものを自己として引き合いに出すことはできない。ここで、人間の真相 (Wahrheit) が、神によって罪人の名に値するものとしての人間の真相が明らかになる。キリストが、人間となりたもうということによってではなく、人間となりたもうた神の子が、われわれのために死にたもうということによって、人間をめぐる状況がどういうものかが明らかにされる。神が人となりたもうということは、十字架から理解されるべきであって、その逆ではない。イエスの出来事 (Geschichte) のこの方向性は逆転されてはならないものである。

このことは、さらに次のこと、終局的なもの（Letztes）をも意味している。イエス・キリストへのわれわれの接近（Nähe）ということは、われわれ人間の現実存在・実存、したがって、われわれが人間であるということから起こるのではなく、イエスがわれわれに接近なさるのである。神の判決（Spruch）と判断（Urteil）から、このことは起こる。神の判断はわれわれの現実存在を超えるものであり、その判決とその真実において、その判決と真実がわれわれをイエスに結びつける。なぜなら、イエスは、その服従において、ご自身を、われわれを超えて、神に結びつけたもうたからである。イエス・キリストは、単に、神の啓示であるのではなく、神の義についての啓示（die Offenbarung von Gottes Gerechtigkeit）である。この光の中で、人間は罪人として姿を現わし、その罪はしかもイエス・キリストにあって審かれている。このことは、われわれが人間である限り、われわれすべてに対して妥当する。肉と血とからなる人間は神の国を嗣ぐことはない。きらめく神の剣がわれわれの人生の上に輝いていることは認められねばならぬことであり、ここから、われわれの己の義などは虚しいもの効力なきものとして捉えられる他はなく、「わたしの外、キリストの内に」（außer sich in Christus. extra se in Christo）神の真実の義は求められねばならず、そこで見いだされる。これが、イエス・キリストへの信仰というものである。神から、われわれすべてを超えて、特に、わたしを超えて起こっていることとして、この判断は妥当とされる。ここで、われわれは神を転倒するもの（Verkehrer Gottes, perversi Dei）として審かれ、ここで、われわれすべてがすでに真実にそうある真実の人間（der wahre Mensch, verus homo）であることが明らかにされる。ここに、その代理（wirkliche Stellvertretung）ということがある。そして、ただここにのみである！　われわれが、もし、この代理を、最後の審きが問題となる終末論的地点、つまり、神がご自身によるご自身の義の啓示というものから分離するなら、また、そこから「エケ・ホモ」の教説をつくるなら、また、人間の自己表現を神の判決よりつくりだすならば、われわれは、神が人となりたもうということを、われわれの真の現実存在の表出とする危険の中に立つことになろう。われわれの真の現実存在は、確かに神の人となりたもうことでもあるが、神が人となりたもうことが第1

ではない。なぜなら、キリストの代理ということは、その人間となりたもうということにあるのではなく、死への道行きの中にあるのであり、その中にあるのである。というのは、この道行きこそ彼が熱望された服従であり、その結果、われわれの生命の道行きの秘義は、この一つの生涯の秘義の中に封印されているのではなく、彼の死の服従の中に啓示されているのだからである。

4. K. バルト

〔Karl Barth 1886-1968. スイス・改革派に立つ現代最重要のプロテスタントの神学者。10年の伝道牧会（1911-1921年）ののちゲッティンゲン、ミュンスター、ボン、バーゼル大学教授。主著『教会教義学』(13巻未完。このすべては、井上良雄、吉永正義の手により日本語に訳されている。全説教も、『カール・バルト説教選集』（日本キリスト教団出版局）に収められている。『カール・バルト著作集』として主要論文も邦訳されている)。著作のすべては目下刊行中の『カール・バルト全集』(Gesammtausgabe)（2007年までに43巻を刊行）に収められている〕

キリスト論と並んで別に（neben)、キリスト論の外側に離れて（außerhalb)、いかなる神学的人間論（theologische Anthropologie）もあり得ないということ、人間イエスが、カール・バルトにとって、人間についての教説の出発点であり根底であること、この一事を見、この立場に立つとき、人は、バルトが企て、探求しようとしている新しいものの中でのバルト（Karl Barth in dem Neuen）を容易に理解しうるものとなるであろう。バルトにとって、われわれすべての人間存在は、それ自身において設定されたり意味あるものでありうるのではなく、本来、付随的なもの（Abgeleitetes）であり、第2次的なもの（Sekundäres）であり、ただ、人間イエス、この真実の人間(der wahre Mensch）に関係づけられてのみ意味あるものとなり解明せられうる存在となる。「それゆえ、人は、人間をこのようなものとして、人間イエスと共に選ばれたもの・〔共同人間〕〔共に生きる人間〕(Mitmensch des Menschen Jesus）と呼ぶことが許されているし、そう呼ばなければならない。人間の交わりと出来事の領域は、創造主の永遠のみ心がまさにここでこそ実現され、ここでこそ出来事として起こることこそが永遠の神のみ心の実現であるという事実によって初めから定められている」(295)。「人間は、初めから、その方の中で、被造物のために創造主の勝利が遂行されたあの主・頭（かしら）の体であるべく定められている」。人間は、「人間イエスと共に選ばれた者（Miterwählter）として人間である」(296)。「なぜならば、彼はそのような人間として人間イエスの中に自らの主・頭を持ち、人間イエスによって基礎づけられた戦いの交わり（Kampfgemeinschaft）、人間イエスによって開かれた勝利の歴史の中に立っているので——（もちろん自分自身が人間イエスであるということなしに）初めからして可能な限り最も確実な仕方で守られ、保護されている」(297)。「神の被造物としての人間について、ここでは、ただ、彼は人間イエスと共に選ばれたものとして、存在するものが非存在（Nichtsein）に対して自らを防ぎ守る際、降服者にではなく勝利者に定められているということが言われなければならなかった」(298)。

イエス、真実の人間

このような文章において、バルトのキリスト論にあっては本来何が起こっているのかが直ちに明らかになる。ここでは、断固たる（resolut）一歩が踏み出されている。それは他のすべてのキリスト論のすべてにおいても現われてはいたが、あまりにも根底的（radikal）であり、あまりにも大胆（kühn）なことに見えたために思い留まらされてきたものであった。

バルトは、ルビコン河を渡ったのである（Barth hat den Rubikon überschritten）。真実の人間とは、バルトにとって、イエスであり、イエスのみである！　われわれは、この人間と共に選ばれている者である。人間として、われわれは、他のすべての被造物、天使、動物たち、植物とは異なって、神の永遠のご意志（Rat）、予見されていた行為、その栄光、その「無なるもの」（das Nichtige）に対する勝利の実を示すことに与（あずか）っている。われわれは、人間として、神の栄光が示されるということが生起するまさにその地点に立つ。われわれは、人間イエスとの出会いの中で、はじめて、高貴さ（Adel）、責任性・応答性（Verantwortung）、人間存在の勝利に満ちた可能性の何たるかを学ぶ。そこから目をそらすならば、それらは七つの封印に封じられたままのものとなろう。われわれの扱ってきたキリスト論は、ある意味で、トマスにおいても、「信仰告白の諸文書」においても、ローマ・カトリック教会の『教理問答書』においても、『ハイデルベルク信仰問答』においても、全ヨーロッパの神学において企てられてきたものであるが、人間論とキリスト論、アダムとキリストとは、つねに併行するものとして（Nebeneinander）捉えられてきた。バルトは、この両者を一つに結びつける。すなわち、人間イエスにおいて神が人となりたもうたことこそ、永遠と時、天と地、創造主と被造物の触れあう中心の出来事（Datum）である。そして、すべて人間の眼差しを持つものは、ここから、一人の人の上に、イエスのみ顔の上に昇り、そこから輝く太陽の光を受ける(299)。もはや、内なる光（ein in neres Licht, lumen internum）で、人間と他の被造物とを区別するのではなく、外なる光（ein außeres Licht, lumen externum）が人間を特徴づける！　神が、人間存在（Menschsein）を、神の啓示の場として選んだ人間性（Menschheit）のゆえに、われわれすべての者を選びたもうた(300) こと、つまり神によって選ばれた一人の人間イエスが、多くの兄弟たちの長子でありたもう。自然神学（aus der natürlichen Theologie）からではなく、キリスト論から、イエスにおける神の啓示から、われわれは、一人の人間であるとはどういうことかを捉えるのであり、また捉えうる。このことは、イエスによってであり、イエスにおいて神が人となりたもうたことによりあらかじめ決定されており、確証される。

人間の生命全体の「原像」(Urbild）としてのイエスというシュライエルマッハーの考えは、ここで、終末論的なものの中に移項されると共に、再び、受け止められる。イエス・キリストの人格についてのシュライエルマッハーの有名な第93パラグラフ「新しい全体生命の自己活動は、救い主の中にあるのであれば、彼が歴史上の個体（Einzelwesen）であると同時に、原像的なもの（das Vorbildliche）である」(301)。シュライエルマッハーの宗教哲学的枠組みから引き出されたこの文言は、そこから、その中心たるイエスについての前理解（Vorverstädnis）をめぐるものとなる。バルトは、この像（das Bild）というものを、その枠から引き出し、鋭く明確な分離をわれわれの眼前に示す。イエスにあって、人類（Menschengeschleht）は、人類の特質と選びとを神から受け、神にあってそれを経験する。こう言おうとしているようである、あなたがたが、他のすべての被造物の前で、人間イエスによって人間として特質されるということを捉えるならば、あなたがたは、人間とは何を意味するか、どのような可能性、勝利の可能性が、この一人の人間のお陰で、あなたがたすべてに対して開示されることになるかも捉えることになるのではないのか、と。

バルトのキリスト論は、ニーチェやフォイエルバッハ、さらには、無(das Nichts) と戯れたというべきサルトル〔Jean-Paul Sartre 1905-1980. フランスの文学者・哲学者。『存在と無』 他〕や、無に呪縛されたようなハイデッガー〔Martin Heidegger 1889-1976. ドイツの哲学者。キェルケゴール、フッサールの現象学に基づき人間存在の根本構造を実存論的に分析したドイツの哲学者。主著『存在と時間』『形而上学とは何か』他〕を、背後に棄てた最初のキリスト論であるとの印象を持つ。バルトは、神が人となりたもうということを、かつて哲学が理性について主張したような、人間すべてを超えて到来する選び、また目印となるもの (Wahl und Auszeichnung) と見ていたし、そう捉えていた。若いフィヒテ〔Johann Gottlieb Fichte 1762-1814. ドイツの哲学者。イエナ、ベルリン大学教授〕が人間の意味において語ったこと、それがここで再び繰り返され、言葉に、啓示に復帰し帰還することがくり繰される[302]。フィヒテが人間について語ったこと、「我・在り」(Ich bin) と言い得ること、精神的行為 (als geistige Tat) として、理性的設定 (als vernünftige Setzung) として語ったことは、バルトにあっては、われわれの人間存在に関して、イエスに一直線に帰ることである。イエスは、ご自身でご自身を取りたもうたのではなく、神であり父でありたもう方のところから生きたもう。啓蒙主義は、「我」(Ich) を発見し、この「我」から人間を欲求し、人間を、もっぱら理性即我 (Vernunft-Ich) から理解した。しかし、このことにより、啓蒙主義は、理性と感性 (Vernunft und Sinnlichkeit) の対立を己の内に持つこととなり、自己自身を分裂させ、「不幸な神々」(unglücklichen Götter. infelices Dei.――ルター)[303] を人間から造り出し、精神と物質、神との親近性、動物との親近性を引き裂くこととなった。バルトは、しかし、人間存在の解明 (Enträtselung) を、われわれの外 (extra nos)、一人の人間イエスの内に移す。イエスにおいて人間について明らかになることは、人間であることのすべてを含む。人間が、全被造物の内側における、そこから創造主ご自身を通してかなたから助けと救いの到来する中心点である。しかし、それはわれわれの内に助けと救いとを所有するかのように、われわれから理解可能となるかのようにではない。そうではなくて、イエスにあって啓示され、そこにある人間存在からくる。「被造物は、台無しになり、不意になってしまうべきではない。被造物は失われ滅びてしまうべきではない。被造物は、その創造主に属しているのであり、他の何ものにも属しているのでもない。そのことが、被造物の真中での人間イエスを通して語られているのである。すなわち、神の言葉としての、したがって論争の余地なく真実であり、取り消すことのできない絶対に有効な言葉として、人間イエスを通して語られたことである」(304)。われわれの近くにあり、われわれに理解しうる神の言葉とは何であるかという問いに、神は、イエスにあって答えたもう。「神の言葉とは、端的に要約するならば、彼・この人間イエスのことである」と(305)。「したがって、人間とは何者なのかを語るものは、何よりも、多くの人間の内の一人の人が、まさにこの言葉であるということ、そして、すべての他の者を念頭に置いて言えば、それらほかの人間は、この言葉が存在しているところの存在であるということである。彼らのための言葉、彼らの希望の言葉、彼らに対する脅(おど)かしにもかかわらず自由と守りと生命を述べ伝える言葉が存在しているところの存在である」(306)。彼が、人間論全体を、キリストの許に置くことによって、バルトは、どのような躓(つまず)き（そう言わざるを得ないが）を引き受けたかをわれわれは見てきた。もし、イエス・キリストが、真実の人間であるなら、彼はそう考えているが、彼にあって、彼の現実存在・実存から、人間とは何かということが読み取られ引き出されねばならない。フィヒテが、人間の絶対の「我・在り」とした地点で、まさに、バルトは、その「我・在り」を、われわれと等しくあり、しかも、われわれとは全く比較にならない人間、神であり人である人間イエスの「我・在り」に置くのである。この人間イエスを、神はつねにその傍らに持ち、彼にあって神が啓示され栄光が現わされる限り、罪と死への勝利も勝ち取られており、人間存在は、そのようなものとして、すべての被造物の中で、創造主ご自身が、その被造物の中で生き、ご支配なさる場と空間である。神が人となりたもうことから、すべての人間は、そのようなものとして聖とされており、われわれがやがて見るであろう、新しい、観念論的人間性の理解と相対する人間性の理解が得られるのである。

宇宙（コスモス）の中の人間

人間は、バルトによれば、宇宙の中心にあっての一つの特異なもの（ein Besonderes）であり、また、逆に、宇宙からその特異な中心（Mitte）として理解される。まさにあのドイツ観念論に由来する人間とこの世界との区別、ゴーガルテンが、われわれの現実存在・実存の「脱世界性」(Außerweltlichkeit）と名づけたもの、非神話化論において密やかにその独断的中心思想として作用していたもの、それらは、ここで排除される。人間の教説における観念論的な命題は克服され、聖書の創造物語がここに登場する。人間は、宇宙（コスモス）の中にあり、「虚空の中にあるのではない」(nicht im leeren Raum)。われわれは人間を天使たちや獣たちとの共存関係（Nachbarschaft）の中で見る。人間は、この地上に、真実に、留まるものである他はなく、その上に天があることを忘れることは許されていない(307)。これは、キリスト論の前提として、人間が人間になることをめぐっての新しい理解を可能とするものとして、一つの転換（eine Wendung）と呼んでいいであろう。このことによって、人間と自然、人間と大地との関連性が、遂に、改めて確立される。遂に、われわれが再び、神が人間を他の被造物の中で特別な被造物として選ばれたことにおいて神がなさろうとしていることは何か、そのことをもって神はご自身の栄光と恵みとを示されることを見る目を持つことになる空間が明らかになったのである。

短く注を入れさせてもらうことにしよう。哲学の内部にあって、特に現代の生物学や精神分析学の影響のもとに、人間と宇宙的諸力との関連性ということは、人間の根底にあり、人間を超えてあることが、ゆっくりとではあるが、すでに明確に妥当性あるものとされてきている。ドイツにあっては、特に、マックス・シェーラー〔Max Scheler 1874-1928. ドイツの哲学者。『宇宙における人間の位置』他。現象学の立場から哲学的人間学の確立を目指した〕が、このような関連性について、存在論的（ontologisch）に、価値論的（axiologisch）に問題を看取してきている。全宇宙的存在の内側にあって、人間とは、そもそも何ものなのか、と(308)。ハイデッガーの名を挙げることもできよう。彼もまた「人間とは何か」という問いから出発する。そして答える、人間は時間の中の存在である（Er ist das Sein in der Zeit）(309) と。人間の現実存在・実存の宇宙論的連関性の視座は、むしろ現代文学においていっそう明白である。特に、英国、アメリカの作家たち、わたしは、Th. ドライザー〔Theodore Dreiser 1871-1945. アメリカの作家。『シスター・キャリー』、『アメリカの悲劇』等〕、W. フォークナー〔William Faulkner 1897-1962.『響きと怒り』『サンクチュアリ』『八月の光』『アブサロム、アブサロム！』、ノーベル文学賞受賞のアメリカの作家〕、D. H. ローレンス〔David Herbert Lawrence. 1888-1935. 英国の作家。『チャタレー夫人の恋人』『息子と恋人たち』等により精神分析による方法で現代文学に大きな衝撃を与えた〕を想起する。人間の規定（Bestimmung des Menschen）は、宇宙の中の一定位置を持つものとしての人間ということでは終らず、救いはこの宇宙の中の連関にあって有効かどうか、一般的には有効でないのではないか、脱世界的実存という非現実界（in der irrealen Sphäre）においてのみ有効なのではないか。人間の規定は、人間の倫理的・身体的実存の両方を包括するものであり、身体と魂との全体としての人間を包括して見ている。人間は、この地（Erde）に帰りゆくものであり、天（Himmel）は人間を超えて張られているのであり、人間は不死の夢において救われ、身体の復活の希望によって慰められる。

ここで、われわれは、われわれの同僚たちが始めに立てた標語にいよいよ接近していくことになる。神が人となりたもうということは、われわれが現実の（wirklich）人間となることを意味しており、われわれが、この地上で、自らを疎外された者と感じ、天をわれわれの上にあるものとして感じ得ず、われわれの中にあるという思い違いをするような不幸な神々（unglückliche Götter）であることを止めることである。バルトは、このような変換をもって、神学的に暴力を振るったのでは決してなく、反対に、一つの新しい約束に満ちた通路を入手しているのであり、今日の生物学や心理学が人間についていかに見ているかについての、人間はその本性上において宇宙と不可分離のものであり、そこにのみ場を持つものとしての約束に満ちた通路を入手している。バルトは、創1章、2章を、「われは信ず、神がわたしを―他のすべての被造物と共に―創造されたことを！」(Ich glaube,daß mich Gott geschaffen hat-samt allen Kreaturen)(310) といったルターの解明したところと別様に見ているわけではない。宇宙との連関性が失われた事実と、それがどのように失われたかということを示すその極端な場合は、恐らくフィヒテである。フィヒテにとって、世界 (die Welt) は、「物質」(Material) の法則に沿うものにすぎず、同様に、その際、われわれもいよいよ現実の人間であることから離れ、飢えと渇き、情欲と不安、愛と死によって全体的にこの宇宙の中に組み込まれたものであることが認識されている。19世紀の神学者たちの内、観念論に反対の立場をとったM. ケーラー〔Martin Kähler 1835-1912. ルター派のドイツの神学者、ハレ大学教義学教授。『いわゆる史的イエスと歴史的聖書的キリスト』をもって大きな影響を与えた存在〕は、哲学者F. パウルゼン〔Friedrich Paulsen 1846-1908. ルターを哲学的に解明しようとした〕のためにその故郷の村のシュレースヴィヒ・ホルシュタイン州ランゲンホルンの教会に建てられた碑文――それは、以下のようなものであったが、「真実と健全なる理性を友とし、良き事柄の学徒たりし、偽りと見かけのものを敵とし、勝ち誇ってこの世の栄誉を率先して求めるのではなく、力への意志の服従者としてでもなく、……すべてのものが反対のことを考え、よりよきものへの希望でこの世をゆだねることを棄てた時代の中を生きた」を読んだときに、それに対して、詩的な表現をもってこう付言して言おうとしたのである。

「そうだ、わたしはこんな世界に属しているのだ、
感覚的快楽と憎しみが歪み、
自己追求が仮面のもとに支配力を振るい、
人間であることが、洗練された仕方で野獣化し、
そこでは相互に欺（あざむ）き合いが起こり、
他者の大地を平気で踏みにじる世界、

しかもわたしもそこに買収されてしまってはいるが、
肉と魂において霊のバプテスマを受けており、
反抗と愚直とからは身を離し、
同情と忍耐に満ちて平和にありうるのは、
十字架につけられた者が、
この世界を見捨てず、この世界を保ち、
わたしをその愛の内に保っていてくださるからだ(311)」と。

神の言葉と人間の自由

ところで、われわれが人間をイエスから捉え、つまり、イエスにあって、いかに神が人間を考えていたもうか、誰が神に喜ばれる真実の人間なのかを学びとるとき、それは、人間の現実存在・実存の理解にとって何を意味しているのであろうか。ここでは、まずさし当り、言葉（das Wort）ということがある。言葉と実存（Wort und Existenz）ということにおいて、バルトは、言葉に優位性（Priorität）を置く。それに対して、実存ということは、そこから付随するもの（Abgeleitete）、第2次的のもの（Sekundäre）である。「人間は、神から語りかけられた存在である。彼はしたがって、そうであるから、人間はあとになって初めてこのような存在になるというのではない」(312)。バルトは、この言葉の前に（vor）、あるいはこの言葉の外に（außer）ありうるかのような人間の存在については知らない。したがって、われわれは、われわれをこの言葉の語りかけられた者として知るのでなければ、自分自身から引き出されてくる実存理解なるものは存在し得ない。神の言葉との関係の中で、特にイエスにあってわれわれに先行する神の言葉において、人間は人間の実存を持つ。

このような存在であることをめぐって、バルトは、まことに多様で豊かな表現を駆使して〔バルトの『教会教義学』Ⅲ／2（Kirchliche Dogmatik, 1948年刊）は、人間論をめぐっており、このためだけに約800頁が費やされている。『創造論』（菅円吉・吉永正義訳）も3巻、1500頁が当てられている〕、こう言う、「人間は、この言葉によって呼び出され、自分自身から外へ出ていこうと用意し、言わば外に向かって飛躍しようとする人間に、存在する」[313]。この言葉は、したがってまた、人間に対する真正な超越（Transzendenz）を意味する。「この超越は、しかし、また、人間が、自分自身に信頼することも絶望することも命じられていない仕方で、（バルトは見事な表現をしているが）、「ちょうど船から外に投げだされた錨のように神に向かって信頼するように命じている」言葉によって、自己を超え、自由の行為をなすように呼び出されているということを意味している」[314]。この言葉は、（この人間に―― H. J. イーヴァント）、創造主への信頼に身をゆだねること（Wurf）という意味での呼びかけ（Aufruf）である[315]。しかり、バルトは、人間存在というものは、「この身をこのようにゆだねることをあえてする限りにおいて」、歴史的（geschichtlich）・出来事的な存在であると考えている[316]。バルトは、このような行為において起こることは何であるかということも明確にする。それは、対応（Entsprechung）であり、応答（Antwort）であり、反応（Reaktion）である、と。彼は、それを、感謝すること（Dank）と呼ぶ。神に対する行為のいっさいは、感謝することとしてのみ理解されうる、と。そのようにあることによって人間は彼に対し恵み深い神に対応する（entsprechen）ものとなる。ここにおいて人間は人間の歴史・出来事の主体（Subjekt seiner Geschichte）である。神により神から生かされている他のすべての被造物とは異なって、人間は自覚的（bewußt）であるべきであり、その生命の独自な行為において生きるべきものである。バルトは、それを、感謝すること（Danken）と呼ぶ[317]。この感謝することの中に、バルトは、恵みとしての自覚的受容（das bewußte Geltenlassen）を見いだす。バルトは、さらに、われわれはただこのような感謝することの中においてだけ、われわれがわれわれを神から守られているものとすることによってわれわれ自身を守ることができると考えている。バルトは、さらに、考える、感謝することにおいて人間の実存の可能性が開かれること、われわれが神に感謝することにおいてわれわれは一つの根底的な真正ないのちの可能性、また、他のすべての被造物の前で人間が味わいうる特別なこと（Besonderheit）、人間が神に感謝するように呼びかけられているという特別なことを開示される、と。

ここより引き出されるいっさいのことは、なお、ここで際立たせるべき一つのことの前で脱落させても良いこととなろう。つまり、ここで、際立たせられるべき一つのこととは、人間の自由（die Freiheit des Menschen）ということである！　われわれは問うこととしよう。人間の選びということが人間イエスとの共同存在（Zusammensein）の中にあり、つまり、われわれがイエスの種（Geschlecht）に属し、イエスがわれわれの種に属したもうということの中にあるのならば、いったい信仰ということはどこにおいて成立することになるのであろうか、と。イエスは、わたしの現実存在・実存の事実と同一（identisch）ということになるのではないか。まさにバルトは、そう考えている。神がわたしに呼びかけ、言葉においてわたしに出会いたもうということの中にのみ、わたしがわたしである自由が根拠づけられている、と。自由とは、わたしがわたしでないものでもありうるということを意味しない。(このことがビーレフェルトにおける論議で問題となったことであるが)(318)、自由とは、われわれの存在が彼の前で「われわれ自身」(selbst）でありうるということである。「この人間のわれわれ自身でありうるということが人間の自由の性格（Freiheitscharakter）である」(319)。「〔その自由〕が人間の存在を構成している。〔その自由〕が、現実の人間（wirkliche Mensch）を成り立たしめる。その自由、それはその起源（Ursprung）からして当然その神認識の中でその起源に対して応答するということの中においてのみ、神への服従ということの中で神を問うという問いの中においてのみ、実現され用いられることができる。もし、その他の自由を実現し用いるならば、人間はただ虚空の中に落ち込み、自分自身を放棄し失ってしまうことができるだけである」(320)。人間が神に対して自由に行動することによって、人間は、神から、自己自身として呼びかけられている。「神によって置かれたすべての客体（Objekt）の中で、主体であること（Subjekt)、自分自身でありうることは、まさにこのもの（人間存在）の特色なのである」(321)。バルトによれば、神が人間と契約（Bund）を結びたもうことにより、人間は他の存在とは区別される。「この契約は、自由な被造物と結ばれた自由な創造主の契約である」(322)。人間は、この契約締結の中で、神のパートナー（Gottes Partner)、契約の対手（Bundesgenosse）と考えられている。

ここで、したがって、バルトは、自己存在（Selbstgein）、つまり自由を、人間を他の存在するすべてのものの前で人間を特徴づける自由、観念論の最も内的な最深の問題であった自由という問題へ帰ってくる。しかし、この自由は、もはや、神との相似性（Gottähnlichkeit）ということからは捉えられておらず、そうではなくて、自由な神に向きあうこと（Gegenüber）から捉えられている。神が、人間に、その自由な恵みから向きあってくださったことにより、神は、人間に、人間独自の自由であること（Freisein）、つまり主体であること（Subjekt zu sein）を可能としてくださっている。人間は、自己を定位する自由を、神から得る。人間は、神に対して自己決定することによって自分自身である。人間は、神を問い、自分の判断に相対することにより彼自身である。したがって、存在すること（Sein）は、能動的存在（Aktiv-Sein）であることである！「それゆえ、人間的自己は、ほら穴の住人などではない(323)。そうではなくて、自己自身を選ぶ（Sich-Selbst-Wählen）行為の中にある」。「人間の自由ということは、神の前で応答の責任を拒否する自由のことではない。人間の自由は、罪を犯す自由のことではない（Sie ist nicht die Freiheit zu sündigen）」(324)。

もう一度、しっかり眼前に見すえておく必要がある。いかに、人間の自由についてのシェリング〔Friedrich Wilhelm Joseph Schelling. 1775-1854. ドイツの哲学者。80 巻におよぶ著作を遺す〕の著作が、善と悪との間における選択の可能性を、人間の存在に帰そうとしていたかを、さらに、そこではいつも、善を自由な決断へ持ち来らすために、悪は誘惑（Reiz）として、潜在性（Potentialität）として理解されていたかを(325)。神学弁証学（theologische Apologetik）においても、またいかに、あれか・これかの考え方がつねに支配的であったかを見ておく必要もある。彼はメシア・キリストであるか、あるいは、妄想家！（Wahnsinniger）であるか、と。われわれが、いかにこの弁証学が好きであるかは、それはこの弁証学がいつも否への自由を未解決のままにしておいてくれるからであるが、この非拘束性や二つの可能性の間を遊ぶことがいかに非キリスト教的であり、いかに非聖書的であるかを、しっかり見すえておく必要がある！「罪を犯す者は誰でも罪の奴隷である」（ヨハ８・34）！ われわれは、善と悪との間で選択しうるゆえにではなく、そうではなくて、われわれは、神により神の言葉の呼びかけの中にあり、われわれ自身を選べるゆえに自由なのである。この選択の行為において、人間は、その可能性に従って在りうるのであり、さらに言えば、神において、すでにそう在りうるものを選びうるのである！「奴隷意志」（vom unfreien Willen. servum arbitrium）についてのルターの命題とのまことにすばらしい一致の中で、バルトは次のように言いあらわす、彼に与えられた二つの可能性の間でではなく、彼にとっての一つの、そして唯一の可能性と不可能性との間で、自由な人間は自らを選ぶ、と。「彼は、この応答の責任をとることを遂行する中で自己自身を選ぶ、あの認識すること（Erkennen）と服従すること（Gehorehen）と呼び求めること（Bitten）に向けて自分自身を選ぶ」、と[326]。自由に選ぶとは、自身のこの自由において、自己自身を選ぶことである！ したがって、バルトは、人間の自律性（Autonomie）というものを、他の全被造物に対する徴（しるし）、他の全被造物と人間とを区別するものとして保持する。しかも、必然性と自由とは一つのことであるという仕方においてである。自由であるとは、善きものに対して、ただ善きものに対してだけの自由のことである。

まさに、これがイエスの自由である。イエスは、父のご意志を行なうことによって生きたもう。イエスは、したがって、超人（Übermensch）ではなく、われわれと等しい人間であり、われわれが神の中にそのような存在可能性を探し求めるとすれば、そうありうるわれわれと等しい人間である。神の恵みとわれわれと共にいてくださる（Beistand）というわれわれへのみ言葉の中にあってである。

共同人間としての人間（Der Mensch als Mitmensch）

以上のことに立って、バルトにあっては、人間の規定は、その共同人間としての関係の中に（im Verhältnis zu seinem Mitmenschen）あることが結果されてくる。久しく、われわれは神学がこの点をめぐって動いてきたことを見ている。「我と汝の関係」（Ich-Du-Verhältnis）の中で、たとえば、F. エブナー〔Ferdinand Ebner 1882-1931. オーストリアの哲学者、教育学者〕、F. ゴーガルテン、M. ブーバー〔Martin Buber 1878-1965. ユダヤ教哲学者。『我と汝』他。全21巻の『全集』が刊行中〕といった人々によって、問題は看取され解明されて来、「真実の人間」(wahre Mensch) ということが追求されてきた。バルトは、ここで、まだほんの開始されたもの (Ansätze) にすぎなかったものを完成させる。バルトは、しかし、それを、イエスについて、このイエスを真実の人間として、ここから出発するという点で、その開始されたものを完成させる。バルトは、イエスはご自身の中に、つねに二面を持っているという。その神性 (Divinität) とその人間性 (Humanität) である。その神性は、彼のなさることは神の立場 (Stelle) からなさるのであり、神の栄光のために、神から遣わされたものとしてなさるという点にある。しかし正確にはイエスは人間のためにもそれをする。なぜなら、イエスは、人間の許における神の恵みの現在 (Gegenwart) そのものだからである。「彼の神性ということに、厳密に、彼の人間性ということが対応する。彼の存在 (Sein) は、共同人間 (Mitmensch) に向かうということの中にある」(327)。バルトは、加えて、その内容は、存在論的な性質のもの (Sachverhalt ontologischer Natur) であるとする。つまり、イエスは、この宇宙内でのイエスの位置が問題となるところで、もし彼について何かそれとは異なったことを言うならば、イエスはイエスではあり得ないことになろうということである。なぜなら、神は、この自由な宇宙の中でのこの自由な人間をお望みだからである。「そのように望まれ、断固として人間となりたもうたみ子が、この宇宙の中で行動したもう神であるということこそが、人間イエスのなす救いの業 (Heilandswerk) の根拠である」(328)。先に挙げた人々の企てと違う特別なことは、バルトは、人間性というものから、我と汝という関係から、したがってまた法則 (Gesetz) から出発したのではなく、神性から出発していること、恵みから出発していること、共同人間への関係の中へ身を低めたもうたということから出発していることである！　したがって、バルトは、共同人間への関係ということの中に、原初なるもの (Original) をでなく、一つの対応 (Entsprechung)、父と子の原初の関係との原初的相似性 (Urähnlichkeit)、神性そのものの中の永遠の愛へのそれを見ている。「神と人間との永遠の契約の中において繰り返され（wiederholen）追構成される（nachbilden）関係が、イエスの人間性において時間の中で啓示され力あるものとなっている関係が神の存在の内側での在りようの中にある関係（Beziehung）である」(329)。そして、バルトは、さらに大胆に、今までに厳然として妥当してきたと思われる基盤（Fundamente）をまさに廃棄するところの恐るべき文言を述べる。「人間の人間性（Humanität）ということは、彼の神性（われわれはこの中に彼の神的な愛の意志の圧痕（Eindruck）を見てきたのであるが—— H. J. イーヴァント）の繰り返しまた追構成（Widerholung und Nachbildung）であるのみならず、神ご自身の繰り返しまた追構成である……。それが、神像（das Bild Gottes）、イマゴ・デイ（die imago Dei）である」(330)。「像」（Bild）と、バルトは言う！　このことをもって、バルトは、神の中には、我と汝の違った関係があるのだということを言おうとしている。人間に対する神の愛とは違った関係がある。父と子の内なる行動・関係（Verhalten）のことである。それは、人間的な我と汝の関係（Ich-Du-Verhältnis）に先立つもの（vor-）であり、それに対して優位に立つものである。そして、人間性（Menschlichkeit）というものが神によって選びとられている限り、神の栄光が輝き示される場所は、まさにこの共同人間性（Mitmenschlichkeit）という場である。ここには、「“関係の類比”（analogia relationis）ということがある」(331)。

ここから、バルトは、人間性の根本形式（Grundform der Menschlichkeit）というものを得てくる。しかし、まさにここで注目すべき一つのことがある。バルトは、イエスとわれわれとを同等の立場に置くのではないということである。なぜなら、イエスは、われわれの共同人間性の実現（Ermöglichung）である。彼の存在（Dasein）は、単に範例（Beispiel. exemplum）であるのみでなく、第1級に、われわれの真正な共同人間性の秘義（サクラメント）（Sacramentum, Sakrament.）である。「なぜなら、次のことは確実だからである。元来からして、またその実存からして共同人間のための人間でありうるものなどはあり得ない。人間に対する神の言葉でありうる存在など他にあり得ない(332)。自らの生命をもって他の生命を実現し現実のものとしうる者など誰もあり得ない。生命の砦でありうるものなど誰もあり得ない。われわれが、われわれの救い手、救い主などではあり得ないように、われわれと同じものが他のものの救い手などではあり得ない。それをなしうるのは、イエスのみである。彼こそ、われわれに対する、われわれのための神の行為また言葉である」。

バルトは、このような限界づけを行なったのちに、逆に問う、もしわれわれがイエスによって神の共同人間（Mit-Menschen Gottes）であるというのなら、そのことは、われわれ自身の人間性にとって何を意味することになるのであろうか、と。人間性（Menschlichkeit）、人間であること（Humanität）、人間という被造物性（Geschöpflichkeit）とは何なのであろうか。われわれは、どこに（wo）、人間性の内側における神の似像（Gottebenbildlichkeit. imago Dei）を見いだすのであろうか。ここに、バルトのなしとげた転換がある。すなわち、バルトは、人間的なるものの内側に（innerhalb des Humanum）神の似像があるということを排除するというのではなく、それをそのあるべき場に置くのである。バルトは、それをもはや実質（Substanz）としてではなく、行動（Aktion）として捉える。なぜなら、われわれは現実に（in actu）行動において人間であるのであり、似像は、われわれの間に、その只中にある。それは、我と汝の関係の中にある。ここに、共同人間なるものを知らぬ人間性と共同人間によって構成される人間性との間の裂け目が生じる。イエスが、ご自分のために生きた人間ではないこと、つまり自由主義神学の言ってきたような「人格性」(Persönlichkeit）などではなく、あくまでも人間の様相をもって行動するもの、その生命を傾注して仕える人間（dienende Mensch）であることは、すでに十分に見てきたことである。「人が、人間の像から共同人間ということを抜きにして考えるならば、つまり、人間を共同人間に疎遠（フレムト）なもの（fremd）、それに対立するもの、ただ偶然的にだけ相対し合っているものにすぎないものとするなら、人間の本質を単に部分的にだけ誤って受け取っているというだけでなく、その本質を全体として全く別様のものとしてしまっている」[333]。「非人間性（Unmenschlichkeit）とは、自称人間性であるにすぎず、その根底からして、もとより共同人間性ではあり得ないものである」[334]。共同人間を欠いた人間の理念（Idee）というものは、始めからして耐え難いもの（unerträglich）、問題にもならないものである[335]。ニーチェの開示しているものこそ、その巨大で恐ろしい例として、バルトは、ここで、真正な神学的弁証の問題として、“現代の呪い”(ein modernes anathema) としてそれを示す[336]。

バルトは、さらに、男と女という二つの性（Doppelgeschlechtlichkeit)、男と女とが相対し合うこと（Gegenüber）という事実の中に、共同人間の根源的に本質的なもの（Ursubstanz）を見ている。「卓越した意味において男に対して女、女に対して男であること、これが共同人間である」[337]。もし、ここで、その根底において、人間性が破壊されるなら、人間性というものを展開させることはできない。ここで、人間性（Menschlichkeit. humanitas）というものは、その本質において立つか失われるかする。そのゆえに、教会（die Gemeinde）が、主の花嫁（Braut ihres Herrn）と見なされる。なぜなら、この関係の中に、神と人間との契約の対手ということが、われわれが、その写しを我と汝、男と女、人間と共同人間として持つ契約の対手ということが希望として成就するのであるからである。バルトは、このような認識の教義学的性格を指名する。「人間は孤独の存在であるというのであれば、その人は、呪われよ」[338]、と。

「我と汝」の関係ということは、神学の領域においても、その立ち上げ（Einbau）が久しく待たれてきたことである。とりわけ、F. エブナー、M. ブーバー、F. ゴーガルテンらの名が挙げられる[339]。エブナーは、キェルケゴール〔Søren Kierkegaard. 1813-1855. デンマークの思想家。『あれか・これか』『不安の概念』『死に至る病』 等〕から出発し、そこから我と汝関係（Ich-Du-Verhältnis）に至っている。ブーバーは、旧約聖書より、つまりその契約の考え方から、ゴーガルテンは、汝との出会いの中で現実に経験される要求としてのノモス（Nomos）の解釈から事を引き出している。わたしの見るかぎり、これらの人々は、いずれもみな、倫理におけるその我と汝関係という点で動いている。ゴーガルテンにおいて格別に顕著なことは、イエス・キリストも、これらの関係の許におかれるのである。バルトにあっては、まさにその逆のことが遂行されるということが生じないわけにはゆかない。我と汝関係は、イエス・キリストから理解されるのである。なぜなら、イエスこそ、まことに格別の仕方において、独自な仕方における「他の人間のための人間」(der Mensch für den anderen Menschen) であるのだからである[340]。人間性ということ (Humanität) は、キリスト論から展開され捉えられうる。したがって、人間性ということは、人間の己自身に根拠をおくもの、己自身の内にある人間性ということに対しての最も強烈なアンチテーゼとして理解される。バルトによってそのように特質づけられた共同人間性 (Mitmenschlichkeit) は、現実の人間の概念に対して、まさに卓越した実り多い方向性を指示するものである。我と汝の関係が、倫理的なものから本体論的なものに組み込まれていくのがわたしにも正しく思われる。それは、イエス・キリストにおいて神が人となりたもうこと (Menschwerdung Gottes in Jesus Christus) においてこそ、その本来の深みに達するものである。イエスは、人間の共同人間 (Mitmensch des Menschen) である。(ヘブ 4・15 の「わたしたちと同様に」というそのことから、このことは格別に明らかとなる)。人間であること (Humanität) の理解の中の覆われていた対立もあることは、また、問題なく、当然である。「我は、我である」(Ich bin ich) という定式から出発するかの観念論的自己理解、その人間性ということ、それらは、あの「神の人間性」(Menschlichkeit Gottes) ということやテト 3・4 の言う「神の、人間に対する愛」(Menschenfreundlichkeit Gottes) ということと鋭い対立をなす他はないことは確実であろう。〔バルトの言うような〕命題 (Ansatz) ののちに初めて、共同人間ということが行動の目標 (Objekt des Handelns) となり、またわたしの実存ということを倫理的にも保持することが問題となりうる。人間イエスに対して、わたしがそのようなものでないことが確実になればなるほど——わたしは、イエスに対して「目標」でなく、高度に救済史的意味でもそうでない者であり、人間存在というものを私物化しようとする人間、そのような「主体」(Subjekt) なのであるが——他者というものは、わたしにとって倫理的課題というものでなく、むしろ、ここでようやく、〔他者というもの〕が、わたしにとっての賜物 (Gabe)、贈り物 (Geschenk) であることが確実となり、そのことにより、わたしの人間性ということもわたしに実現される。

人間性と罪（Humanität und Sünde）

バルトは、人間であること（Humanität）は、「その発見のためには、われわれは神の啓示に向かうべきことが指示される。これは信仰の秘義（Glaubensgeheimnis）である」と呼ぶ(341)。つまり、それは、それ自身から簡単に明らかになったり捉えうるものとなったりするものではないということである。目に見うる限りの領域においても、人間であることは、いかに広く破壊されており、人間であることとは逆に非人間性（Unmenschlichkeit）というものに現実に変貌させせられてしまっていることか。「その解決には懐疑的とならざるを得ないほどである」(342)。しかし、バルトは、この人間であることそのものの中に、一つの「連続しているもの（Kontenuum）、攻撃することのできないもの（Unangreifbares）」(343) を見ており、したがって、罪でさえ止揚し得ざる、破壊し得ざるあるもののあることを見ている。人間についての神的規定が止揚され得ないものであるように、人がその神の規定から身を引くようなところにおいても、その世界内的、その被造物としての、他者への関わりの中に措定された人間であることは、止揚されることはない。われわれは、それによって生きるのである！　われわれの人間であること（Menschsein）は、それが現実に人間イエスとの類比（Analogie des Menschseins Jesu）に従っての真実の人間である限り、それは他者なしの存在であることはない。バルトは考えている、人間の関係は、「下のところにいる」(da drunten) (344)、人間の関係は、したがって戒めの板の第２の板が描いているいっさいのことは、神と、神のわれわれへの関係の啓示の事柄である、と。「われわれは、われわれ自身にとって、またこの点でも、隠されており、われわれ自身を認識するためには神の言葉を必要としている」(345)。神の意志と神の道の自然的認識（natürliche Erkenntnis Gottes）というものは存在しない。ここでも、キリストが道である（回り道ではなく、道である！）、人間と人間との間には第３の道はなく、人間の共同人間性を設定し、保持する啓示、光、契約があるのである。「われわれはまず人間イエスの人間性を問う。それは、そこからしてそもそも一般の人間の人間性の形式と本質を問うていくためである」(346)。イエスと出会う以前には、われわれは人間であることの何であるかを本来知らなかった。彼が、このことを初めて明らかにする。彼は、われわれがそうであるように、「自ら一つの宇宙的な存在」(ein kosmisches Wesen) でありたもう(347)。イエスの人間性は、実体変化説 (Transsubstantiationslehre) によるところの聖餐式のパンとぶどう酒の実体が変化するように、その神性により吸収されてしまうのではなく、イエスは真の神にして真の人であるからこそ、ここからこそ初めて、イエスの人間性は真に全くその姿を現わし捉えられうるものとなる。イエスの人間性はどこに成立するのかと問うとすれば、彼の神に対する在りよう (Dasein für Gott) が、彼の人間に対する在りよう (Dasein für die Menschen) と不可分であるという点にこそある。

われわれは、ここから、キリスト論のためのさらなる一歩を学びとることになる。特に、エケ・ホモ・キリスト論 (Ecce-homo-Christologie) に対する限界づけ (Abgrenzung) ということである。ここで、まさに、「わたしのため」(für mich) のイエスという在り方と、われわれが互いに共にある在り方！　との違いというものが保持されねばならない。それは、われわれが罪人であるという点にあるのみならず、われわれが他者のための救い手ではありえないという点にこそある。われわれがそうありうるなどと考えた時、われわれは、われわれの人間性というものを損なうことになる。われわれは神々などではないということのみでなく、救い手、キリストの形でもないということが言われている。しかし、バルトは考える、人間が人間同士の間にあって、共同人間・共に生きる人間 (Mitmensch) であるためには、イエスは、その救いの業をなし得たもうた神によって創造された人間実存の形態として、先立って在りたもう他はなかったのである、と。バルトは、それを「人間性の根本形式」(Grundform der Menschlichkeit) と呼んでいる(348)。バルトは、また、言う、神が神をやめたまわないように、人間もまた、罪を犯すことによっても、人間であることをやめることはない、と。罪を犯すことをもって、新しい創造が成就されないということはない(349)。

バルトは、ここで、明らかにまことに本質的な考え、つまり、神はイエスにおいて人間となりたもうことにより、一つの新しい、空想的で全く手に届き得ないものではないにしても、まずわれわれ人間にとって疎遠な（fremd）、決して存在し得ないような人間性（Menschlichkeit）と人間たること（Menschheit）を設定したもうたのではなく、一つの断固とした「人間性の根本形式」をもたらしたのであり[350]、そして、それをもたらすことによって、われわれすべてが「本性上」(von Natur）からも己のものとしうる「人間性の根本形式」を創造の事実から引き出し明らかにするという仕方でそれをなさったという考えを明らかにしている。それは、イエス・キリストにあって、神がわれわれと共に在す（Mit-uns-Sein Gottes）ことと神がわれわれのために在す（Für-uns-Sein Gottes）ことが〔同時に〕成就するという仕方においてである。われわれは罪を犯し、失われた者となり、人間であることの道より迷い出てしまった人間であるとしても、われわれすべてのものは、クリスマスと共にこの全世界に到来した光の中にいる。「その光は、まことの光で、世に来てすべての人を照らす」(ヨハ１・9)。まさに、われわれの罪人たること（Sünder sein）は、人間であることそのこと自体の中にあるわけではない。キェルケゴールの文言、人間であることは罪人であることであるとの文言は、喜びのない、古色蒼然とした、フラキウス〔Matthias Fracius. 1520-1575. ルター派の神学者〕とその罪の教説を思い起こさせる文言である[351]。それは、決してキリスト教の信仰の文言ではない。われわれが罪人であることは、人間であること（Menschsein）にあるのではなく、われわれが人間であることの中にある神の似像(Gottebenbildlichkeit）に覆(おお)いをかけ、破壊してしまったことにある。神が人となりたもうことにより、神は、われわれすべてのものの近くにあり、われわれすべてのものに持たせてくださった人間性の根本形式を、イエス・キリストにあって承認され救い出された人間性（Humanität）として、真実の人間性（wahre Menschlichkeit）として明らかにされたのである。

人は、ここで、バルトにとっての事の全体に関わることを示す文言を見いだす。ここで、他の個所でも決して小さいというわけではないバルトの聖なるものへの熱心の情熱と不寛容（Leidenschaft und Intoleranz zu heiligem Eifer）とが膨張しており、それが、反対の見方を言語道断なものと断ずるほどの高まりを見せており、そこに、われわれは改めてキリスト論における預言者的なものが引き出されているのを発見する。「われわれはここで寛容であるか不寛容であるか、どちらかである選択の余地を持たない。われわれはここではただそのまま切って捨てることができるだけである。「……われわれは人間イエスの光の中で、人間が明るく照らし出されている姿を問うている。……隣人のない人間（Ein Mensch ohne Mitmensch）〔吉永訳に従う〕、あるいは隣人に対して初めから対立的にあるいは中立的にだけ相対して立っている人間、あるいはまたそのものにとって隣人）〔同胞〕が共に存在しているという事実がただ下位的な（副次的な）意味しか持っていない人間——そういう人間は、人間イエスに対して全く無関係に相対して立っているであろうところの人間、すなわちそのものの救い主、助け主で人間イエスは決してありたまわないところの人間であるであろう」(352)。一人の人間がそのことをなす所では、その人間は「彼の人間性に逆らってそうするのであり、彼が巻きこまれてしまった罪過（Schuld）から解放されることは許されない」(353)。非人間性（Unmenschlichkeit）とは、バルトの考えによれば、われわれ自身の可能性のことではなく、それに対しては人はただ根本から（radikal）否（Nein）を言いうるだけの、そのような不可能性（Unmöglichkeit）のことである。このことをもって、イエス・キリストから、われわれもまた継承すべき決断（Entscheidung）がなされている。共同人間（Mitmensch）という在りよう（Dasein）を欠く人間性を展開させるような人間であること（Humanität）というものは、人間存在の素質（Ansatz）として根本から共同人間性を排除するものであり、わたしの現実存在（Existenz）に対し単にそばに並んでおり、倫理的な添え物としてだけありうるものにすぎず、本当は、人間性を装ってはいるが、そのことによってわれわれの罪の存在を覆してしまっている、あえて言えば、反キリスト的人間性（antichristliche Humanität）である！　したがって、すでに、宗教改革は、愛の戒め（Liebesgebot）を、自己愛が隣人愛の根源形態なのではなく、そうではなくて、この——自分のようにあなたの隣人を愛せよ——が真正で真実な自己へ導く自己愛の根源形態であると改造したのであった。

バルトは、したがって、われわれはこの人間に、「人間は罪人としてその人間性を一度限り失ってしまい喪失してしまった」(354) といった逃げ口上を置くことは許されてはいないと考える。この文言が誤解ではないかどうかは、わたしには確かではない。誤解ではないと考える人は、実は真実に罪人であることの告白をしているのではない。なぜなら、このような告白において、その人は、自らの人間性というものを見つけ出しているのだからである。しかし、われわれは人間性を喪失したのである。なぜなら、われわれは罪人であることを認めることをやめてしまっているのだからである。われわれは、誇り高い、自らを正しいとする、われわれ自らをもってしてだけ満足し、孤立してあること（Allein-Sein）と、自分のためだけの在り方（Für-sich-Sein）で満足している人間になってしまっているのだからである。人間、己の誇り高い確信の中にあって、他の人の持つ懐疑などには触れようともせず、他の人の抱く疑いを彼らの魂の平安のために抜き取ってやることもせず、他の人々が傍らで飢えていようが自分は満ち足りてありうるような人間、他の人々が傍らで、あるいは彼らの許で自由を奪われ（unfrei）ていても自由だとい言いうる人間、権力を求めてわれわれの時代の病患である共同人間性を見ようとしない人間、自分が人間だと感じとるために奴隷を必要とする人間、そのくせ自分は奴隷であるような人間、自らがあらかじめ共に働く者（Mitarbeiter）、共に助けあうべき者、共同人間、共に考える者（Mitdenker）として仲間となるように措定されていることを思わぬ人間。

イエス・キリストにあって見いだされた人間性は、それらとは全く逆のものとしてだけ見いだされるものであり、人間たること（Humanität）の新しい把握などということとして展開されうるものではない。この個所で、わたしのバルトへの問いかけがある。真実の人間性、「人間性の根本形式」は、恐らくただ、転換（Umkehr）ということの中にあってのみ認識されうるものではないのか！　と(355)。あるいは、われわれは、ここで、人間であること（Humanität）についての二つの理解というものを差し換えるだけなのか、と。バルトは、――すべての人間論はこの危険に陥るものではあるが――共同人間性（Mitmenschlichkeit）ということをキリスト教的実存・現実存在（Existenz）の「前理解」（Vorverständnis）として主張する危険の内にあるのではないか、と。

わたしは、さらに問いたい。あの人間たることの誤った理解というものは、われわれの律法の義（gesetzliche Gerechtigkeit）、われわれの業の義（Werkgerechtigkeit）の事柄と連関しているのではないか、と。そこでは、汝（Du）ということは設定されず、真の罪も、他者の生がわたしの生の義というものも問題にはされないのではないか。ここでは、人間は己自ら生きるのであり、つまり、自己措定（Sich-Selbst-Setzen）というものからのみ自らの行為を措定するということになる。イエスの考えに従うなら、ファリサイ人の罪とは何なのであろうか。彼らの天の父は二人の息子を持っているということを彼らが忘れてしまった点にこそあるのであろう。彼らは、己のための存在（Für-Sich-Sein）、彼らの人間性なるものの流儀（Art）を、制御可能な倫理の上に、一定の生活敬虔の道（Wandel ハラハー〔生活全搬を律する宗教法〕）に根拠づけたのである。イエスは、歴史の中に登場なさる中で、その地上での現実存在・実存の中で、彼の真実の人間性の中で、正しい者と罪人とを区別して立てられた「隔ての壁」（エフェ 2・14）を取りのぞく中に彼の共同人間性なるものを示されたのではなかったか。人間であること（Humanität）が、一つの倫理的述語となる時には、それはある人間集団を排除することが起こらざるを得ない。選ばれた人々（electi）というものは、その他の失われた多数（zur verlorenen Masse. massa perditionis）に対して、差別・区別するものとしてある。パウロが、このような区別の一線を引きながらも、ギリシャ人の中にもある「教養ある人々」（Gebildeten）と「無教養の人々」（Barbaren）との区別、主人と奴隷の区別をイエス・キリストにあって廃棄した時にも、問題は、このことと十分に関わっていた。

したがって、わたしには、事はいささか異なった方向を指示しているのではないかと思われる。われわれの中にあっては（イエス・キリストにあってとは異なって）真実の人間性というものは「罪人であること」（Sündersein）、つまり、認識され把握された、罪が認識され概念として把握された罪人であることと関連しているのではないかと思われる。われわれは、われわれが実際にあるわれわれであることなしに真実の人間であることなどはできないし、倫理というものが好んで良きものと悪しきものとを分ける、そのような誤った覆いをわれわれから取り去ることなしには、われわれは真実の人間であることはできない。それは、イエス・キリストにおける神の啓示とは端的に一致し得ない「人間であること」(humanitas)、人間の非人間性というものである。なぜなら、われわれの実行する行為ではなく、われわれが互いに相手に対して持っている罪（Schuld）というものが、われわれの共同人間性（Mit-Menschlichkeit）というものを基礎づけているのだからである。われわれ「すべては、罪を犯して神の栄光を受けられなくなっている」(ロマ3・23)。動物とは違って理性を持っているといった所有（das Haben）ではなく、欠如、神的な、一つに結びつける、良きものとする義の欠如が、共同人間性においてわれわれを一つに結びつけている。これは、一つの根本形式（Grundform）であるのみならず、内実（ein Inhalt）である。人間イエスがわれわれに対して意味しているところのものを、われわれが転換(Umkehr)・悔い改めということとは違ったものとして受け止め、「等しい者である」(フィリ2・6）ことを転換・悔い改めということとは違ったものとして受け止めていないかどうかわたしは、危ぶむものである。ここに、さらなる問いが生起してくる。人間の霊の所有（Geistbesitz）という問いである。転換・悔い改めとは、まさに、霊によって新たに生まれるということだからである。

からだと魂としての人間（Der Mensch als Leib und Seele）

からだと魂とが、互いに並び立っていること（Nebeneinander)、内なる相互性の中にあること（Ineinander)、とりわけ、からだと魂とがその秩序関係の中で相向かいあってあること（Vorhandensein）は、イエスの真実の人間性に属していることである。バルトは、この問題に入ってゆくことによって、シュライエルマッハーのキリスト論において恐らく最も強力に展開された契機（Momente）というものを再度採り上げることになる。なぜなら、シュライエルマッハーは、救い主としてのイエスは、ご自身の中に新しい全体生命（Gesamtleben）を担っており、この全体生命は同時にイエスから始まるものであり、つまり、「その原像的なもの（Urbildliche）は、イエスの内にあって完全に歴史的となるはずのものであった」ということから出発しているからである(356)。この人間イエスの人類の全体生命の只中における出現ということは、彼自身の中に、あるいはこう言うことが許されるとすれば、人間の内的また外的な生命、その両方が関連し合っている中でのその両方が一緒に（miteinander）完成されるという理想的関係が示されているということを意味している。シュライエルマッハーは、イエスと他のすべての人間との同等性（Gleichheit）を、イエスの本性もわれわれのそれと同じように感性（Empfänglichkeit）と行為（Tätigkeit）との生き生きとした交互作用（Wechsel）の中にあると見た。ただ、イエスにあっては、感覚的意識の下位に立つことの決してない「神意識の恒常的強さ」（stetige Kräftigkeit seines Gottesbewußtseins）があり、それはわれわれと彼とを区別するものであることも見ていた(357)。バルトは、この行為と感性の在る場所に、魂とからだの概念を置く。そして、彼は、人間イエスの中に、からだと魂とが独自的な並立（Zuordnung）と従属関係（Unterordnung）があることの中に特別なもの（das Besondere）と卓越せるもの（das Ausgezeichnete）を見る。彼は、それを、イエスのいのちの全体（die Ganzheit des Lebens Jesu）と名づける。イエスは、全き人間（der ganze Mensch）である。「新約聖書のイエスは、特に次の点で、まことの人間（wahrer Mensch）でありたもう。それは、彼がまさに、（人が後に人間をそう定義したように）二つの部分、二つの“実質”（Substanzen）の結合の中で存在したのではなく、むしろ、唯一の、全き人間（“*eineger*” und “*ganzer*” Mensch）として、からだをもった魂（leibhafte Seele）〔吉永訳は、からだをもった精神〕、魂を吹きこまれたからだ（beseelter Leib〔上田光正著『カール・バルトの人間論』日本キリスト教団出版局、1977年参照〕）でありたもうということ、しかも一方が他方の中で――単に他方のものの傍らにではなく、一方が決して他方なしでもなく、むしろただ他方のものと共に、いや、他方のものの中で現在し、活動し、意味深くあり、一方のものが、そのすべての賓辞（ひんじ）の中でつねに他方のものと同じように真剣に受け取られなければならない、といった具合に存在したもうということである」(358)。ここで、バルトは、アルトハウス〔Paul Althaus 1888-1966. ルター派の神学者〕に集約されるような近代の神学者の誰よりもルター派のキリスト論への非常な接近を示すところの認識と文言を継承している。われわれは、また、以下のようなすばらしい印象深い文言をここで耳にする。「この唯一の、全き人間として、そのようにしてこそまことの人間として、新約聖書のイエスは、生まれ、生活され、苦しまれ、死なれ甦りたもう。イエスの死と甦りとの間には確かに変更(Verwandlung)があるが、変化(Veränderung)はなく、分離(Teilung)はなく、とりわけ(何かを)引き去る(Substraktion)ということはない。すなわちからだが後（あと）に残って、魂だけが先を急ぐということはない。あくまで同じ唯一の、全き人間として、魂とからだとして、彼は――死なれたと同じように――甦りたまい、神の右に座し、また再び来りたもうであろう」と[359]。

バルトは、それを、こうも言っても差し支えないのかもしれない。神と人間との関係は、疑いもなく、からだ(Leib)と魂(Seele)の関係の類比(アナロギー)の中に立っているのだからである、と。もし、二元論(Dualismus)というものが、からだと魂との関係を脱落させるものなら、その時は、実際に、復活も昇天も再臨ももはや純粋に霊的な出来事をも意味しないし、身体性(Leiblichkeit)も精神性(Spiritualität)も長い射程を有するものではあるが、身体的推移の中に身体的なものとその徴（しるし）となるものを同時に持たないならば精神性なるものも存在せず、魂の現実性(seelische Realität)なるものも存在しない。ギリシャ人は、ギリシャ的合理性に先立つ密儀宗教(Mysterienreligion)[360]からの影響を受けており、その密儀宗教においては、魂的なもの(seelisch)をからだ的実存(leibliche Existenz)から切り離す中に真の人間性を見ようとしてきており、魂がからだから完全に切り離されるに至る死において、いのちの全き癒しが到来するとしてきた。偶然にではなく、Ｉコリ15章の釈義をもって神学的経歴を開始するバルト[361]、F. Ch. エーティンガー〔Friedrich Christoph Oetinger 1702-1782. ドイツ敬虔派の神学者または神智学者〕やB. F. X. バーダー〔Benedikt Franz Xaver von Baader. 1765-1841〕の「身体性(Leiblichkeit)は、神のすべての道の終りである」[362]を時に引用するバルトは、このようなギリシャ的思惟、ギリシャ的実存のシェーマ(範疇)をイエスの内的また外的生活の解放に際して排除し、それらに代えて、からだと魂の全く区別された統一性(eine differenzierte Einheit von Seele und Leib)、(バルトはそれは強力に〈streng〉秩序づけられた統一性であると言うのであるが）を置く。

ここに、われわれが「史的イエス」(historischen Jesus) と呼ぶものが登場してくる。人間イエス、神に対する、あるいは人間に対するその存在 (Dasein) の中においてではなく、彼自身 (für sich) を呼ぶということが登場してくる。なぜなら、このことが、いっさいの史的なるもの (alles Historischen) の前提であるからである。つまり、からだと魂とを持った存在 (ein leibseelisches Wesen) が、主体存在という仕方で (in der Weise des Subjekt-seins)、時の中に生きる人格存在 (Person-Sein) という仕方で生まれ死ぬということである。そこに共同人間 (Mitmensch) として在りうるあるものがある。われわれは、からだをもったものとして (leiblich) 組み立てられている (organisiert) のでなければ共同人間ではあり得ないであろう。人間が、自らを純粋な精神の存在 (Geistwesen) として考える人間であるならば、それは、それゆえまたつねに孤立した人間、当初は共同人間であり得ても、やがていつか労働することにも仕事をすることにも疎遠な (entfremdete Menschen) 人間ということになろう。イエスは、しかし、仕事をし、われわれの前にからだをもって姿を現わしたもうた日々、働き、動きまわり、つねに活動し続け、事をなし、労働することに疲れれば眠り、飢え、渇きたもうた。彼自身が、魂を吹きこまれたからだ (als beseelter Leib)、またからだをもった魂 (als leibhafte Seele) として在りたもうた限り、魂の苦悩 (Seelsorge) やからだの苦悩 (Leibsorge) を追い出し得たのであり、彼を取り囲む人々もまたつねに全き人間 (ganze Menschen) であり得た。肉体的に (körperlich) 病み、精神的にも病み (besessen) 苦しんでいるところではイエスを必要とし、しかも、イエスに悪霊を追い出してもらったことにより全き人間であり得た。霊にとり憑かれているということは、彼らが神の前で、からだと魂の統一体の全体性において生きる能力を持たないということではなく、彼らが分裂しているということである。精神の分裂 (Geistesspaltung) ということは、最も深刻な病の表れである。ここでは、彼らは、身体的なものとしてあるもう一つの精神の力の領域において、魂的 (seelisch) なのである。権力ある者たちを襲うとり憑かれていることというものが存在する（サウル王、ローマの皇帝たちのことを考えてみよ）。それによって、統合失調症（Schizophrenie）というものが、すべての民族、地球全体に拡まる。ここでは、人間の全体性（die Ganzheit des Menschen）、人間固有の本性、健全性というものが破壊されている。ここでは、また、身体性（Leiblichkeit）ということも、語ることや言葉の一つ一つに至るまで、もはや、内なる魂（Innerseelische）の表れではあり得ず、いっさいは、暗黒の城砦の中にあるようである。

バルトは、新約聖書の証言によれば、イエスにあっては、イエスの人間たること（Menschsein）はこの点において全きもの（vollkommen）であったことは確実であると考えている。なぜなら、ここでは、魂（die Seele）は支配するもの（Herrschenden）の契機（Moment）を説明しており、身体性（die Leiblichkeit）は、支配されるもの（Beherrschten）の契機を説明しているからである(363)。バルトは、新約聖書の記者たちは、イエスの内的魂と彼のからだ的状態（leibliche Zustände）について記述することにおいて非常に控え目であることを十分に承知している。しかも、それは、まさにイエスが全き人間（der ganze Mensch）でありたまい、それはただ彼の全体性（Ganzheit）からしてそうなのであり、そのようなものとして彼自身は捉えられるのだからである。「このような、手で捕まえうるほど明らかなイエスの絵・像（Bild）の内容の貧しさ（Armut）は、その中にイエスの絵・像の満ち満ちた豊かさ（Reichtum）があるということであり、彼の豊かさは、そこで“現に生き”、魂とからだでありたもうイエスご自身のことである。……魂は、ただ実際に、重要なこととして、彼・人間イエスご自身の動揺し、悲しみ、怒り、ある時はまた愛し、喜びの声をあげるところの魂であり、また、からだもまた、ただ実際に重要なこととして、彼・人間イエスご自身の今は低められ、今は栄化されたからだである。だから、つねにこれら両方のものとしてのイエス、両方の中でしかも両方を超越しつつ、またこの点においても、いや、この点においてこそ、イエスは主（κύριον）でありたもうのである」(364)。

霊と人間が新たにされること

ここに、今や、一つの契機が姿を現わす。それは、シュライエルマッハーを超えてゆくところの、イエスの真実の人間存在についてのバルトの教説の中にある特別なるもの（das Besondere）とは何かということである。それは、霊（Geist）というものが果たす役割のことである。シュライエルマッハーも、もちろん、神意識（Gottesbewußtsein）ないし霊ということと、感覚的なあるいは世界意識（Weltbewußtsein）、ないし身体性（Leiblichkeit）ということの対置（Gegenüber）について承知している。バルトは、シュライエルマッハーが霊として見たところに、魂とからだとの共立（die Seele als dem Leibe zugeordnet）、身体性の生かしめられて生きているものの原理（das lebendige,das belebende Prinzip der Leiblichkeit）を見、そのために、霊（Geist）を、自由にして、神からの働きかけの力として、両方の上位に置く。霊を持つということも持たないということも、それは、人間の実存の中でのまことに多事な事柄（Ereignisvolle）である。霊的な人間（Pneumatiker）ないしはカリスマ性をもった人間（Charismatiker）ということは、特別な人間のことではなく、魔術師（Magier）とか先見者（Seher）、忘我者（Ekstatiker）、先導者（Führer）といったことではなく、われわれみながその途上にあるところの十分に全的人間の総括のことである。魂（Seele）とは、霊（Geist）がそれを通してからだ（Leib）に内住する有機体（Organon）のことであり、まさに、自覚的に、指揮的に（dirigierend）内住するものであり、他方、からだ（Leib）は、無自覚的に、神の霊の存在によって動かされ、満たされ、担われているところのものである。霊は、したがって、人間の生命の中で、魂の助けによって、神からの生命へ向けて動かし、押し進めてゆくもの、ある一定条件からは切り離し解放させ、生命の条件というものに向かって、つまりその新たな岸辺に向けて解放する力（freimachende Kraft）である。霊は、バルトにとっては、実体的なもの（Substanz）ではなく、つねに行動（Aktion）であり、出来事（Ereignis）であり現実性（Wirklichkeit）のことである！　霊によって動かされた生命というものは、魂から来るものゆえに、つねにその内より（von innen）形づくられてくるものであり、つねに人格的なもの（persönlich）であり、したがって、その立ち現われてきたものの中で明確な徴を持っているもの（in seinem Heraustreten immer zeichenhaftes）であり、その身体性においてはその内側より指揮するものとして働き、つねにそのようなものとして意志されたもの（Gewolltes）、考えられたもの（Gemeintes）、思いめぐらされたもの（Ersehntes）として示されてくる明らかな生命である。霊が人間を指揮するものとして、そのことによって、つまり内側より動かしてゆくものであることによって、その行為は、証言（Zeugnisse）、徴（Zeichen）である。逆に、人間は、魂を吹きこまれたからだ（ein geistleibliches Ganzes）全体であるとき、霊の活動は、魂において、行為なしであることはあり得ない。行為は生起せざるを得ず、まさにこの行為ということにおいて、人間を神の前に立たせ、神と関わらしめる霊であることが示される。

霊とは、からだと魂との人格の統一性であるから、それは、端的に人間が神の前に立つということである。バルトにとって、霊とは、関わること（Relation）を意味しており、神と人間との間の関わりのことであり、それはイエスにあって特別にまた独自に人間的出来事となったように、事情はその通りなのである。それゆえ、バルトは、霊が与えられること（Geistbegabung）の一連の〔聖書の記述の〕目録（Rolle）を際立たせてみせる。「油注がれること」――これは人が欲するなら、人間イエス・キリストを特別に際立たせるところのものである。バルトは、特にまた「聖霊を受けること」(empfangen vom Heiligen Geist) を強調し、そこから、「処女降誕」ということも解釈される（これは人となりたもうこととは同じことではない）。この一連の目録は、聖書に従って、この一人の人間イエスの復活においても展開されている。彼の地上の生の入ると出るとは、霊の行為であり、霊はその際、力として創造的力として姿を現わす。

しかし、このことはイエスの全生涯の遂行についても当てはまる。バルトは、預言者の言葉に強調点を置く。「その上に主の霊がとどまる」（イザ 11・2）と(365)。イエスは、時折に霊によって動かされ捉えられ支配されたというのではなく、つねに王の霊（Königsgeist）がこの人の上にあったのである。「この人間イエスの霊であるであろうところのものは、正しい王の霊（Geist des rechten Königs）である。そして、この王の霊はイエスの上に留まるであろう。つまり、彼は、絶えず、徹底的に、全体的に、この王の霊によって満たされ、支配された人間であるであろう(366)」。また、ヨハ1・32においても、「わたしは、霊が鳩のように、天から降って、この方の上にとどまるのを見た」とあり、マタ12・18では、「わたしは、この僕(しもべ)にわたしの霊を授ける。彼は異邦人に正義を知らせる」とある(367)。

イエスは、「真実の人間」として、その現実存在・実存を霊に負っている。それゆえに、まさに、霊は彼の上に留まる。他のすべての人間に対しては、霊は「到来」(kommen）すると共に、その結果また「去る」(gehen)。霊には時（καιρός）があり、時間（Stunde）というものがあり、霊は、賜物（Gabe）なのである。霊が決定的に去る時には、最後にはそうなるのであるが、その時、人は死ぬのである！　その時、霊はわれわれを去り、からだと魂とから引き上げてゆき、われわれは死に渡される。しかし、イエスにあっては事は格別である。「まさに、イエスは、聖霊を主体的に全体的に持ちたもう。イエスは次のような人間——すなわち、……すでに魂とからだとしてのその現実存在・実存の中で、神が、このように立ち向かいたもうことによって生きた人間、その方にとっては、地上的なからだの「生ける魂」の地上的なからだであるということは、単なる一つの可能性であるばかりでなく、むしろ、最も固有な、実在を意味している人間——でありたもう」(368)。

バルトは、そこから、魂とからだとの並列（Zuordnung）について多様な結論を引き出す。その際、魂のからだに対する優位性（Überordnung)、命ずる位置（Regiment）というものが問題となる。このことが何を意味するかは、「切望すること」(Begehrungen）をめぐって格別に明らかにされる。なぜなら、「切望すること」は、まず、からだの参与（Mitwirkung)、からだの欲求（Lust)、からだの苦痛（Schmerzen）といったことなしには考えられないことだからである。魂がそれに関わることにより、魂は「切望する」というこの衝動（Treibe）の犠牲となるか、それを支配しなくてはならないところで支配されてしまうか、あるいは、〔魂は〕、その「切望すること」

を、神の霊にかなう意図にそっての意志すること（Wollen）として措定しうるかどうかということである(369)。この中に、したがって、人間が、はじめて全き、行動するものとしての、そのからだを霊によって動かされる存在の有機体（オルガノン）として利用し措定するところの「我・意志す！」（Ich-will）というものとなる。一人の全き人間となる（totus homo）。

われわれは、ただ、バルトの言うように、「それに近いものである」（annäherungsweise）ことができるにすぎないことは、バルトは承知している。われわれに残る問いは、霊と肉の対立（Antithese von Geist und Fleisch）に巻きこまれるということ、「一人の人間の中の二人の人間」（beiden Menschen in einem Menschen）(370) という問いである。

バルトは、彼にとってアダムが人間イエスの写し（Gleichnis）であり、肖像（Abbild）であるゆえに、そのようなことは言い得ないであろう。まさに、イエスにあってアダムは姿を現わし、アダムは、罪に落ちたところから立ち帰ったものとして姿を現わし、神の創造の中に純粋なすばらしい存在として立っている人間であるからである。

注

(46) イーヴァントの標題では、「キリスト論への新しい企て」（Neuere Versuche zur Christologie）

(47) I. A. Dorner, Entwicklungsgeschichte der Lehre von der Person Christi von den ältesten Zeiten bis auf die neueste dargestellt（1839）. 引用は1845年増補の第2版II、Teilenより。Ⅰ. Teil：Die Lehre von der Person Christi in den ersten vier jahrhunderten, 1845.（この版はイーヴァントの蔵書中に収蔵）。

(48) F. Chr. Baur, Die christliche Lehre von der Dreieinigkeit und Menschwerdung Gottes in ihrer geschichtlichen Entwicklung, Ⅰ. Teil（1841）, Ⅱ. Teil（1842）, Ⅲ. Teil（1843）.

(49) G. Thomasius, Beiträge zur kirchlichen Christologie, 1845. 同じく、Christi Person und Werk.Darstellung der evangelisch-lutherischen Dogmatik vom Mittelpunkt der Christologie aus, Ⅲ. Teil（1843-1861）.

(50) D. Fr. Strauß, Das Leben Jesu,kritisch bearbeitet, Bd. 1（1835）；Bd. 2（1836）.〔和訳『イエスの生涯』岩波哲雄訳　教文館〕

(51) Th. Ziegler, Straußの項。David Friedrich, RE, Bd. 19,（1907）, 76-92, 81f.

(52) D Fr. Strauß, a. a. O., Bd. 2, 734.

(53) A. a. O., 735.

(54) Ebd.

(55)「新しい全体生命の自己活動は本源的に救い主の中にあるはずであれば、彼こそが歴史的な個別存在として同時に原像的である他はない。つまり、原像的なるものは、彼において完全に歴史的となる他はなく、原像的なものの歴史的瞬間のいずれも同時にその原像的なるものの内に必然的に担っている。」(D. F. E. Schleiermacher, Der christliche Glaube, Bd. II, 93 の主命題。

(56) F. Chr. Baur, Vorlesungen üher die christliche Dogmengeschichte, Bd. I 1865, 49. 62.

(57) A. a. O., 53.

(58) G. W. F. Hegel,『精神現象学』、Phänomenologie des Geistes : Die sinnliche Gewißheit oder das Diese und das Meinen (1807), A. I, 81-92.

(59) ここでイーヴァントは、カッコに入れて「十分注意せよ、理性 (Vernunft) ではない」と書き入れている。

(60) ここでイーヴァントは、カッコに入れて、「ここで人はようやくカルケドン信条の抗議を評価することを学ぶことになる。つまり、混合 (asygchytovs)―非混合 (inconfuse) のことであり、アタナシウス信条の二つの本性が混合されることによってではなく、位格(ペルソナ)の一致によるという問題である」と書き入れている。〔BSLK 30〕

(61) G. W. F. Hegel, Philosophie der Religion. (1840), 3. Teil, II, 3, 286.

(62)「義人にして罪人」については、M. Luther, WA『ワイマール版全集』2, 496, 37f. 497, 1. 497, 13『小ガラテヤ書注解』(1519)。

(63) Zugleich Gott und Mensch「同時に神にして人」。

(64) I. Kant, Kritik der reinen Vernunft,『純粋理性批判』Bd. II, 27f.

(65) G. E. Lessing, Über den Beweis des Geistes und der Kraft,『精神と力の証明について』、Hg. P. Rilla,『レッシング全集』Bd. VIII, (1956), 9-16, 14. 12. (原文イタリック書体)

(66) I. A. Dorner, a. a. O., XI ― XIV, Vorwort zu den zu Grund liegenden Abhandlungen (引用は、イーヴァントの手によって現代表記となっている)

(67) A. a. O., X III

(68) 原文は、Alle Streitkräfte der beiderseitigen kämpfenden Parteien versammeln sich immer mehr um die Person Christi. (ebd.)

(69)〔原文は、〕daß wirklich alles an der Frage liegt, ob ein solcher Christus… in welchem sich die persönliche vollkommene Einheit des Göttlichen und Menschlichen geschichtlich darstelle, notwendig und wirklich sey. (ebd.)

(70)〔原文は、〕Darf ich diß Werk, mit einem Wunsche entlassen, so ists der : es möge dazu beitragen, daß viele tüchtige Kräfte um Eine würdige Aufgabe sich versammeln, nämlich sie：daß die ldee des Gottmenschen Jesus Christus, des Sohnes Gottes, der Mensch und Haupt seiner Gemeinde ist, als das lösende Wort des Räthsels erkannt werde, was auf der deutschen Christenheit lastet. (a. a. O., XII)

(71) A. a. O. Xf.

(72) B. F. D. E. Schleiermacher, Kurze Darstellung des Theologischen Studiums zum Behuf einleitender Vorlesungen, (1810), Hg. H. Scholz, 4, Aufl. §54-62：Grundsätze der Polemik.

(73) A. a. O., XⅢ.

(74) A. a. O., XⅣ.

(75) Ebd.

(76) Ebd.

(77) I. A. Dorner, a. a. O., Einleitung（序論）参照。

(78) G. W. F. Hegel, a. a. O., 305f.（イタリック書体）

(79) A. a. O., 307.

(80) Ebd.

(81) A. a. O., 305.

(82) I. A. Dorner, a. a. O., XⅣ f.

(83) A. a. O., 110.

(84) A. a. O., 109.

(85) G. W. F. Hegel, Phänomenologie des Geistes, (1807). 序文13「なぜなら、事柄は、その到達点（Zweck）で終るのではなく、その遂行（Ausführung）の中にあるのであり、結果（Resultat）は、現実の全体（das wirkliche Ganze）ではない。生成との関連の内にあるものである。到達点というものは、それ自体では、生命をもたない普遍的なものにすぎない。意図（die Tendenz）というものは、単にしようとすることにすぎず、実現を欠いているもののようである。単なる結果というものは、その意図したものが背後に捨てた死体にすぎない」。

(86) バウルのクリーフォトとの対論。「ここでは、教義がそれ自体つねに同一である限り、教義そのものについて、教義のためにということが問題なのではないということ、むしろ、教義に対する意識の位置（Stellung）ということが問題なのである」(F. Chr. Baur, a. a. O., 45.)。

(87)「教義というものは、つねに、いよいよ量的に……」(ebd.)

(88) D. F. Strauß, Die christliche Glaubenslehre in der geschichtlichen Entwicklung und im Kampfe mit der modernen Wissenschaft, 2 Bd., (1840).

(89) M. Werner, Die Entstehung des christlichen Dogmas, (1941).

(90) F. C. Baur, a. a. O., 49.

(91) Ebd.

(92) Ebd.

(93) A. a. O., 50.

(94) A. a.O., 49. バウルは、Th. クリーフォトの Einleitung in die Dogmengeschichte, (1839). を引き合いに出している。

(95) Ebd.

(96)「キリスト教の教義というものは、キリスト教自身と同様、宗教の上位概念の許にのみ置かれるべきものである。宗教自身は、本質的に、精神の精神への関係であり、精神はそこにおいて、思考という行為を通して、自分自身と媒介しあう」(A. a. O., 49)。

(97) バウルが「偉大なバシリウス」の『聖霊論』(De spiritu qancto) の 27 に関して述べている個所 (Baur, a. a. O., 11) からの引用。

(98) バシリウスは、ケリュグマ (Kerygmata) とドグマ (dogma) とを区別し、ドグマ (教義) は沈黙しているが、説教 (Predigt) というものは、人々の前で公然と行なわれるものであるとしている。〔バシリウス (Basilius von Caesaria 330 頃 -379) は、その卓越した神学と指導性のゆえに「偉大なバシリウス」と称された存在〕

(99) E. A. Arndt, Ich weiß, woran ich glaube (『福音主義教会讃美歌 351 番』、EG 351, V. 1).

(100) F. D. E. Schleiermacher, Der christliche Glaube, Bd. Ⅰ, §11 の (標題文(ライトサッツ))。

(101) K. Barth, Das Wort Gottes als Aufgabe der Theologie (1922.) Karl Barth Gesamtausgabe, Ⅲ., Vorträge und kleinere Arbeiten (1922-1925), Hg. H. Finze, (1990), 144-175, 特に 170ff. を参照。〔日本語訳『カール・バルト著作集』Ⅰ (神学の課題としての神の言葉) 167 頁以下〕

(102) イーヴァントによる標題は、「最近の叙述」(Die neueren Darstellungen)。

(103) A. Schweitzer, Geschichte der Leben-Jesu-Forschung, 2. Aufl. (1913). 『イエス伝研究史』第 1 版のタイトルは、Von Reimarus zu Wrede, (1906). 『ライマールスよりヴレーデまで』

(104) W. Heitmüller, Jesus, (1913). 『イエス』。

(105) R. Bultmann, Jesus, (1926). 『イエス』。

(106) A. Schweitzer, a. a. O., 1. Aufl., 367. 参照。

(107) さらに A. Schweitzer, a. a. O., 2. Aufl., 631ff (Schlußtrachtung)。

(108) G. W. Hegel, Vorlesungen über die Philosophie der Geschichte, (1840). の序論、63 頁。

(109) イーヴァントによる断章には、「コンミュニズムがその社会主義の理念より、ナショナリズムが市民倫理より、キリスト教の愛と和解を除去するとすれば、それは何かうっかり見すごされてしまってよい誤りではないであろうか。キリスト論というものを解体し、倫理へ引きこもろうとする企ては、断じて、挫折せざるを得ない」とある。

(110) L. Uhland, Des Sängers Fluch.

(111) F. Nietzsche, Also sprach Zalathustra, Bd. 2, 504『ツァラトゥストラは、かく語りき』参照。

(112) イーヴァントの欄外のメモには、Persönlichkeit！とある。

(113) W・ハイトミュラーによる引用。A. a. O., 151.

(114) Ebd.（イタリック書体）

(115) a. a. O., 164f. 参照。

(116) A. a. O., 168. イーヴァントの欄外メモには、Das sittliche Ideal ist *zeitlos*. とある。

(117) A. a. O., 169.

(118) Ebd.

(119) H. Weinel. 引用個所不明。

(120) W. Heitmüller, a. a. O., 73.

(121) A. von Harnack, Das Wesen des Christentum, (1950), 44f. 出版50年に刊行の新版。R. ブルトマンの序文が付されている。

(122) A. a. O., 45.

(123) A. a. O., 86.

(124) A. a. O., 91ff. Das Evangelium in der Geschichte. 特に117ff.

(125) W. Bousset, Kyrios Christos. Geschichte des Christusglaubens von den Anfängen bis auf Irenäus, (1913).

(126) イーヴァントによる欄外メモ、Grundlage der Christologie.

(127) イーヴァントによる欄外メモ、Zeugen.

(128) イーヴァントは、マコ8・29とマタ16・15−16を結びつけている。

(129) 詩51, 6；ロマ3, 4。

(130) F. D. E. Schleiermacher, Der christliche Glaube, §4, 4を諷刺している。

(131) ルターへの諷刺。Heidelberger Disputation, (1518). のテーゼXX、XXIとWA I, 362.

(132) M. Dibelius, Jesus（ゲッシェンBd. 1130, 2. Aufl. Berlin (1949), 初版と変更なし）、その第10章、Glaube und Unglaube, 125-133, 131. イーヴァントの欄外メモに、「では、イエスは、徴にすぎないのであるか」(Aber ist Jesus nur ein "Zeichen" ?) とある。〔ディベリウス『イエス』(W・キュンメル補訂版) の日本語訳は、1986に神田盾夫・川田殖訳が復刻されている〕

(133) R. Bultmann, Jesus, (1926).〔日本語訳『イエス』川端純四郎・八木誠一訳、未来社　1963〕

(134) A. a. O., 174.（イタリック書体）

(135) A. a. O., 182.

(136) Ebd.

(137) Ebd.

(138) K. Barth, Die christliche Dogmatik im Entwurf. Ⅰ、Die Lehre vom Worte Gottes. Prolegomena zur christlichen Dogmatik, (1927). 現在、Hg. G. Sauter, Karl Barth Gesamtausgabe, Ⅱ. Akademische Werke, (1982). に所収。

(139) F. Gogarten, Die Verkündigung Jesu Christi. Grundlagen und Aufgaben, (1948).

(140) A. a. O., 453.

(141) Ebd.

(142) A. a. O., 452.

(143) Ebd.

(144) A. a. O., 456.

(145) A. a. O., 457.

(146) Ebd.

(147) Ebd.

(148) Ebd.(イタリック書体)

(149) Ebd.

(150) Ebd.

(151) Ebd.

(152) A. a. O., 458.

(153) A. a. O., 460.(イタリック書体)

(154) A. a. O., 484.

(155) A. a. O., 493.

(156) A. a. O., 503.

(157) A. a. O., 493.

(158) A. a. O., 503.

(159) Ⅲ. Buch : Luther (a. a. O., 277-402.)

(160) A. Harnack, Lehrbuch der Dogmengeschichte, 2. Bd., Idie Entwicklung des kirchlichen Dogmas I, 4.(全面改定増補版(1907)テュービンゲン)

R. Seeberg, Lehrbuch der Dogmengeschichte, Bd. IV/1, Die Lehre Luthers(新版改訂第4版(1933): §79, 223-253 : Christologie, Trinität, Werk Christi.)

(161) イーヴァントの欄外メモ、「"真実の人間"の世間性を脱出していること(Außerweltlichkeit)が問題である」。

(162) F. Gogarten, a. a. O., 18.

(163) Ebd.

(164) Ebd.

(165) Ebd.

(166) Ebd.
(167) A. a. O., 19.
(168) A. a. O., 19f.
(169) A. a. O., 20.
(170) Ebd.
(171) Ebd.
(172) A. a. O., 21.
(173) Ebd.
(174) A. a. O., 22.
(175) Röm 1, 18 参照。
(176) A. a. O., 20.
(177) Descartes, Meditationes de prima philosophia, (1641).〔日本語訳　デカルト『省察録』参照〕
(178) F. A. G. Tholuck, Die Lehre von der Sünde und vom Versöhner, oder Die wahre Weihe des Zweiflers, (1823), 12. 41.
(179) 注（171）を見よ。
(180) Ipsi somniant de sua Caritate, quod per eam velint tollere peccatta. Hoc est Christum exuere et evolvere peccatis et facere innocentem, Nos autem ipsos gravare peccatis, spectare peccatum positum in me et non in Christo (M. Luther, WA 40/1, 25 [Gr. Galaterkommentar (1535), zu Gal 3, 13]). (M. ルター『ワイマール全集』40/1. 25. 同じく、『ガラテヤ書注解』)
(181) Socius peccatorum (a. a. O., 434).
(182) Vera theologia docet, quod nullum peccatum amplius sit in mundo, quia Christus in quem Pater conjecit peccata totius mundi, Esa. 53. Cap., vicit, delevit et occidit illud in corpore suo (a. a. O., 445).
(183) Est enim haec invicta antithesis: Si peccatum est in uno Christo, ergo non in me, non est in mundo.《...》...si totus mundus crederet, deus nullum peccatum nusquam in mundo videret, Sed essent omnia sancta et pura ... Est igitur magna res unum hominem Christum portare peccata mundi ... (a. a. O., 26).
(184) Agnus Dei tollit peccata mundi(vgl. a. a. O., 445). イーヴァントの欄外ノート、「義認と聖化。ゴーガルテンにおいては、キリストは、つまり、救い主」。
(185) S. A. Ritschl, Rechtfertigung und Versöhnung, Bd. Ⅲ, (1874), 484.
(186) F. Gogarten, a. a. O., 433. イーヴァントの欄外ノート、「キリスト教的権威の否認。聖書、ドグマ、教説！」
(187) Ebd.
(188) A. a. O., 442.
(189) A. a. O., 453.

(190) Ebd.

(191) A. a. O., 403-545.

(192) イーヴァントの欄外ノート、「聖書の言葉！」

(193) イーヴァントの欄外ノート、「終末論がない！」

(193a) M. Luther, WA 42, 79, 3ff. Gen 2, 16ff (1535).

(194) A. a. O., 545.

(195) A. Augustinus, Confessiones.（『告白録』）ラテン語、ドイツ語併記版。Hg. J. Bernhart, (1955), 13.〔原文は、et inquietum est cor nostrum, denec requiescat in te.〕

(196) F. Gogarten, a.a. O., 544.

(197) A. a. O., 517.

(198) Ebd.

(199) Ebd.

(200) A. a. O., 494f.

(201) A. a. O., 495f.

(202) F. D. Schleiermacher, Der christliche Glaube, §4, 1, Bd. 1, 24.
「すべての自己意識には二つの要素がある。言うなれば自己自身の設定したものと、自己自身の設定しなかったものである」。

(203) Ebd.

(204) Ebd.

(205) イーヴァントの欄外ノート、「ただ無罪性によってこそ！　それとも、イエスは、"回復されたアダム" であろうか」。

(206) M. Kähler, Der sogennante historiche Jesus und der geschichtliche, biblische Christus, (1892). 新版 Eg. E. Wolf, ThB 2.「現実のキリストとは、宣べ伝えられたキリストである」(44 頁を参照)

(207) ロマ 8. 29. イーヴァントの欄外ノート、Communio Sanctorum。

(208) イーヴァントの欄外ノート、「日本語訳」ロマ 8。

(209) A. a. O., 469.

(210) イーヴァントの欄外ノート、「決定的！」。

(211) A. a. O., 497.

(212) Ebd.

(213) イーヴァントの欄外ノート、「理念人間は、神にあって永遠ではない」。

(214) A. a. O., 497.

(215) イーヴァントの欄外ノート、「オジアンダー！ (Osiander)」。

(216) A. a. O., 9-22.「序論」を参照。特に 20。

(217) M. Luther, Kleiner Katechismus, Erklärung zum 1, Artikel BSLK, 510. イーヴァントの欄外ノート、「身体と歴史！　ペルソナとわたし！　この死の体」〔原文ギリシャ語〕。

(218) E. Brunner, Der Mittler. Zur Besinnung über den Christusglauben, (1927).

(219) Nostra assumsit, ut conferret nobis sua (Luther).

「イエス・キリストは、その限りない愛のゆえに、われわれと同じものとなられた。そのことにより、彼自身でありたもうものを、われわれに対し、完成させたもうのである」(イレネウス)。

(220) A. a. O., VIIf.

(221) A. a. O., V.

(222) この表現は、1920年代の「ルター・ルネッサンス」の意味でイーヴァントによって用いられたものである。

限定された意味で、「若き宗教改革的運動」(Jungreformatorische Bewegung) は、「ドイツ・キリスト者」への反対と、1933年5月に成立した教会政治的グループを指す。(K. Scholder, Die Kirchen und das Dritte Reich, Bd. I, Vorgeschichte und Zeit der Illusionen 1918-1938, (1977), 406f.)

(223) G. Dehn, Gesetz oder Evangelium? Die urchristliche Botschaft. Eine Einführung in die Schriften des Neuen Testaments, Hg. O. Schmitz, Abt. 9, (1934^2), 121.

(224) Rumpatur ergo ordo ille, et iam non sit inter deum et hominem mediator angelus, sed ipse, qui per angelos ordinat et nos longe sibi habet : ipse, inquam, veniat et legem nos doceat, cuius verba erunt spiritus et vitae verba.

Nihil enim proficit, quod nuncios quoscunque mittit, nisi ipsemet venerit. M. Luther, (1519), WA 2, 523, 34-38.『ガラテヤ人への手紙講解（小講解）』Gal 3. 19f.

(225) A. Oepke, Art. ThWNT IV, 602-629. *μεσίτης, μεσιτεύω* を参照。

(226) E. Brunner, A. a. O., 444.

(227) A. a. O., 445.

(228) A. a. O., 446.

(229) Ebd.

(230) Ebd.

(231) A. a. O., 253.

(232) A. a. O., 254.

(233) A. a. O., 446.

(234) Ebd.

(235) Ebd.（イタリック書体）

(236) A. a. O., 447.（イタリック書体）

(237) A. Ritschl, Die chrisliche Lehre von der Rechtfertigung und Versöhnung, I. Bd.: Die Geschichte der Lehre, (1870). 特にその序論と第9章。

(238) A. a. O., 448.
(239) Ebd.
(240) A. a. O., 449.
(241) A. a. O., 445.
(242) Ebd.
(243) A. a. O., 451. 参照、イタリック書体。「行為および生の行為としての彼の連帯性は、彼の存在の非連帯性の証左である」。
(244) すべて引用文。Ebd.
(245) A. a. O., 451f.
(246) A. a. O., 452.
(247) Ebd.
(248) A. a. O., 454.
(249) Ebd.
(250) A. a. O., 455.
(251) A. a. O., 337-356.
(252) A. a. O., 179.
(253) A. a. O., 181.
(254) Ebd.
(255) Ebd.（イタリック書体）
(256) Ebd.
(257) Ebd.
(258) Ebd.
(259) A. a. O., 187.
(260) A. a. O., 199.
(261)「新約聖書の啓示というものは、一般的な宗教史の一つとして受け止められる図式には当てはまらない。それは何か新しいものであり、独立のものであり、同時に仲保者の思想の成就そのものである」(A. Oepke, a. a. O., 628)。
(262) Ha filium Dei fieri nobis Immanuel opportuit, id est nobiscum Deum ··· Christum, ut Mediatoris officium praestaret, oppottuise fieri hominem. (J. カルヴァン『キリスト教綱要』II, XII［O. ウェーバー訳、513］)。
(263) ヘブ 10・19（イーヴァントの訳）
(264) R. Bultmann, Das Evangelium des Johannes, KEK 17, 1962, 39.
(265) Hac ergo arrha freti nos esse fillius sibi corpus de corpore nostro, carnem ex carne nostra, ex ossa ex ossibus aptavit, ut idem nobiscum esset（J. カルヴァン , A. Oepke, a. a. O,. 438 以下［515］）
(266) Sancta illa fraternitas（ebd）.
(267) M. ルター , Gelobet seist du, Jesu Christ, EG 22, 第 2 節。
(268) イーヴァントの私訳による引用。

(269) H. Vogel, Christologie『キリスト論』, Bd. 1, (1949), 477. イーヴァントは、この本の最後の言葉を引用している。しかし、明らかにその全体を考慮に入れてのことである。「見よ、この人だ」(A. a. O., 476f.)。

(270) ドイツ福音主義教会常議員会（Rates der EKiD）の委託により編纂された報告書『アイゼナッハ, 1948』(1948. 7.9-13 開催の総会議事録)（1951, 182f.)。

(271) A. a. O., 385.（イタリック書体）

(272) Ebd.

(273) A. a. O., 248.

(274) A. a. O., 377.

(275) A. a. O., 237.

(276) A. a. O., 239.

(277) Ebd.

(278) Ebd.

(279) Per suum exire nos facit in nos introire（M. Luther, WA 56, 229, 21. ロマ3・5（『ローマ書講解』1515/16）のルターの訳。

Hg. H. H. Borcherdt, G. Merz, Erg. Reiche『ルター選集』Bd. 2（E. Ellwein による。(1965), 99).

(280) non enim potuit homo ex seipso scire Quod talis esset coram Deo, nisi ipse Deus hoc ipsum revelaret...Alioquin homo semper se reputasset veracem, Justum, sapientem, maxime quia coram se et hominibus talis esset. Nunc autem Deus revelavit, quid de nobis sentiret ac Judicaret, sci. quod omnes sint in peccato. Huic ergo revelationi su[a]e sive sermonibus suis debemus cedere et credere ac sic justificare et verificare eos ac per hoc nos ipsos (quod non cognoveramus) secundum eos peccatores confiteri.（M. Luther, a. a. O., 24-32. Übers. n. a. a. O. 99f.)

(281) H. Vogel, a. a. O., 57.

(282)「ドレーフス〔Paul gottfried Drews 1858−1912. イエナ大学実践神学教授、神学者〕によって、彼の狙いに即して引用され、解釈されたヴァイネル(〔Heinrich Weinel 1874−1936. イエナ大学新約学・教義学教授、神学者〕の文言は、不適切（unrecht）というわけではない、「キリスト論は、イエスがこの地上に登場する以前に、ほとんど準備は完了していた」。(Christusmythe, 176) (H. Vogel, a. a. O., 63)

(283) A. a. O., 65.

(284) Ebd.

(285) Ebd.

(286) W. Vischer, Das Christuszeugnis des Alten Testaments,『旧約聖書のキリスト証言』Bd, 1, (1934), Bd. 2, (1942).

(287) イーヴァントの欄外注、イエスの名、Christo tribuitur...plane monotropoos

〔J. Gerhard, Loci theologici, tom,1,loc. 4, cap. II,19.（E. プロイシュ版 1863, Bd. 1, 454）

(288) H. Vogel, a. a. O., 248-272.

(289) ゲーテに対するナポレオン〔の言葉〕(H. Vogel, a. a. O., 251)。

(290) ヨブについては、H. Vogel, a. a. O., 254-256。詩編 22 編については a. a. O., 253f. 256. 詩編 69 編については、a. a. O., 252f。

(291) A. a. O., 259.

(292) フォーゲルは、「不真実な人間」(unwahren Menschen) についてでなく、「非人間的な人間」、ないしは、「非人間化した人間」(entmenschten Menschen) について語っている。「かくて、彼にあって、人間はその非人間性があらわれるとされる」(a. a. O., 262. 参照 260f.)。

(293) a. a. O., 466ff.

(294) Solida Declaratio III, 15, BSLK, 919.

(295) K. Barth, Kirchliche Dogmatik III/2, 174.〔菅円吉・吉永正義訳『カール・バルト教会教義学』創造論　II/1　『造られた者』上、301 頁〕

(296) A. a. O., 175.〔302 頁〕

(297) Ebd.〔同〕

(298) A. a. O., 176.〔同 304 頁〕

(299) イーヴァントの欄外メモ、「信仰の類比」(Analogia fidei!)。

(300) イーヴァントの欄外メモ、「外部とは神ご自身」(Externum ist Gott selbst!)。

(301) F. D. E. Schleiermacher, Der christliche Glaube, Bd 2, 34.（『キリスト教信仰』）

(302) イーヴァントは、この個所において、詳しく、J. G. Fichte, (Über die Würde des Menschen, 1794.（『人間の尊厳について』）。Hgg. R. Leuth, H. Jacob, Bd. I/2, 89. より引用をしている。

(303) M. Luther, Operationes in Psalmos（1519−21）より Ps 5, 2, WA5、128, 38. を参照。

(304) K. D III/2, 178,〔「造られた者」(上) 308 頁〕

(305) Ebd.〔同 306 頁〕

(306) A. a. O., 178f.〔同 308 頁以下〕

(307) A. a. O., 2f.〔同、(上) 4 頁〕

(308) M. Scheler, Die Stellung des Menschen im Kosmos,（1928）.（『宇宙における人間の位置』）

(309) M. Heidegger, Sein und Zeit,（1927）.（『存在と時間』）

(310) M. Luther, Kleinen Katechismus,（1529）.（『小教理問答書』）の第一項の解明。BSLK 510f.

(311) M. Kähler,（Hg. A. Kähler, Theologie und Christ.Erinnerungen und

Bekenntnisse (1926), 311.『信仰とキリスト　想起と告白』)。
(312) KD III/2, 179,〔『創造論』309頁、イタリック書体〕
(313) A. a. O., 198.〔同342頁〕
(314) Ebd.
(315) Ebd.（バルトにおいてイタリック書体）
(316) Ebd.
(317) A. a. O., 198ff.〔同343頁〕
(318) 1953年9月20日から23日にビーレフェルトで行なわれた福音主義神学(プロテスタント)協議会の会合。バルトは、『自由という贈り物』(Das Geschenk der Freiheit)という題目で講演。現在『神学研究』(ThSt　H. 39）所収。
H. J. Iwand, Bemerkungen（『覚書』）『福音主義神学』EvTh 13, (1953), 286–288. を参照。〔E. ブッシュ『カール・バルトの生涯』365頁以下を参照〕
(319) KD III/2, 230.〔同397頁、イタリック書体〕
(320) A. a. O., 231.〔同398頁〕
(321) A. a. O., 232.〔同400頁〕
(322) Ebd.〔同400頁〕
(323) A. a. O., 233.〔同401頁〕
(324) A. a. O., 235.〔同405頁、イタリック書体〕
(325) F. W. J. Schelling, Philosophische Untersuchung über das Wesen der menschlichen Freiheit und die damit zusammenhängenden Gegenstände, 1809.(『人間の自由の本質についての哲学的研究と関連諸対象』)
(326) KD III/2, 234.〔同404–5頁〕
(327) A. a. O., 249.〔同『造られた者』(中) 15頁〕
(328) A. a. O., 259.〔同17頁〕
(329) A. a. O., 261.〔同39頁、イタリック書体〕
(330) A. a. O., 261.〔引用原文のimago Deiはバルトによってイタリック書体〕
(331) A. a. O., 262.〔同40頁、イタリック書体〕
(332) A. a. O., 265.〔同45頁〕
(333) A. a. O., 272.〔同58頁〕
(334) Ebd.〔同〕
(335) Ebd.〔同〕
(336) A. a. O., 276-290.〔同66頁–88頁〕
(337) A. a. O., 347.〔同195頁以下〕
(338) A. a. O., 384. (Si quis dixerit hominem esse solitarium,anathema sit)〔モシ人間ハヒトリデイルトイウコトヲ言ウモノガアレバ、ソノモノハ呪ワレヨ〕を参照。
(339) F. Ebner, Das Wort und die geistigen Realitäten, (1921)（『言葉と精神的現実性』). M. Buber, Ich und Du, (1923)（『我と汝』). F. Gogarten, Politische・

Ethik, (1932)『政治倫理』).
(340) KD III/2, 242.〔同 3 頁〕
(341) A. a. O., 246.〔同 10 頁〕
(342) A. a. O., 245f.〔同 9 頁以下〕
(343) A. a. O., 246.〔同 10 頁〕
(344) A. a. O., 247. 248.〔同 12 頁。〕
(345) A. a. O., 247.〔同〕
(346) Ebd.〔同〕
(347) A. a. O., 248.〔同 15 頁〕
(348) A. a. O., 264.〔同 45 頁〕
(349) A. a. O., 246. 参照。
(350) A. a. O., 264ff.〔同 45 頁以下〕
(351) A. a. O., 30ff. 参照。〔同『創造論』(上) 53 頁〕
(352) A. a. O., 271.〔同 56 頁〕
(353) Ebd.〔同〕
(354) A. a. O., 272.〔同 58 頁〕
(355) イーヴァントの欄外メモ、「根本形態」(Grudform) 人間から人間へ! 人格性! 大衆の中にも? 〔KD III/2〕384. エフェソ 5 章の教義学的性格。モシ人間ハヒトリデイルトイウコトヲ言ウモノガアレバ、ソノモノハ呪ワレヨ(Si quis dixerit hominem esse solitarium, anathema sit!)。神と人間との間の契約、人間と人間との間の契約の原像 (Urbild)。
(356) F. D. E. Schleiermacher, Der christliche Glaube, Bd.2, §93. (『キリスト教信仰』)
(357) A. a. O., §94, 93.
(358) KD III/2, 394.〔同 280 頁〕
(359) Ebd.〔同〕
(360) イーヴァントの欄外メモ、ローデ〔Erwin Rohde 1845-1898. 言語学者、ニイチェの友人〕の『プシュケ (魂)』(psyche) を参照。E. Rohde, Psyche. Seelenkult und Unsterblichkeitsglaube der Griechen, (1890-94). (『魂、魂の祭儀とギリシャ人の不死信仰』)
(361) K. Barth, Die Auferstehung der Toten.Eine akademische Vorlesung über I. Kor.15, (1924). (『死人の復活―― I コリント 15 章についての学的講義』)
(362) この引用の原文は、Leiblichkeit ist. . . das Ende aller Werke Gottes. KD I/1 138. II/1. 300.
(363) ここでイーヴァントは、KD III/2 , 394f. を詳しく引用。
(364) A. a. O., 398.〔同 286 頁〕
(365) A. a. O., 401.〔同 292 頁〕
(366) Ebd.〔同 292 頁〕

(367) KD III/2, 401 よりの聖書の個所の引用。

(368) A. a. O., 402.（イタリック書体）

(369) A. a. O., 487-502. 参照。〔同 446 頁以下〕

(370) M. Luther, WA 2, 586, 16f Sunt duo toti homines et unus totus homo. Galaterbriefvorlesung 1519, Gal 5, 17.（『ガラテヤ書講義』について）

第４章　真の人間への問いとしてのキリスト論[371]

1．近代の終りの時のキリスト論の問題

われわれは、キリスト論の問題に関する限りでの19世紀、20世紀のさまざまの教説、体系というものについて、その概観（Überblick）を手に入れようと試みてきた。19世紀にあっては、イエス・キリストの神性（Gottheit）への問いが前面に出てきている。事柄の他の面、人間についての問いが、同じ尺度・同じ具合には見てとられることも受け取られることもなかったということは注目すべき大切なことである。イエス・キリストの人性（Menschheit）は神学的問題としては妥当性を持たず、むしろ倫理的な、歴史的事実性（Qegebenheit）ということが妥当性を持った。19世紀の神学者たちにとっては、歴史上の人間イエスの中に、神であることの理念と人間であることの理念とがいかように宥和して（Versöhnung）おり、イエス・キリストにおけるこの宥和が、いかようにして超歴史的な教義的な（dogmatisch）現実性に高められるかを示すことが重大であった。人間とは何か（Was ist der Mensch?）という問いは、なお、その全き徹底性において（in ihrer ganzen Radikalität）見てとられてはいないということが19世紀の特徴である。ただ、神学の外にあった人々（Außenseiter）、たとえばフォイエルバッハ〔Ludwig Feuerbach〕とかシュティルナー〔Max Stirner 1809-1856. ドイツの哲学者。主著『唯一者とその所有』〕とか、のちにはショーペンハウアー〔Arthur Schopenhauer 1788-1860 ドイツの唯物論哲学者。主著『意志と表象としての世界』〕といった人々が、この問題を最後の究極の問題として捉え始める。

神が排除された時にようやく初めて〔人間の問題〕は、その全き深みと徹底性（Abgründigkeit）において問題となりうるし、その問題性に従って完

全に理解される。徹底的無神論（radikalen Atheismus）の時代においてはじめて、このもう一つの問題〔人間の問題〕は示されてくる。無神論こそが、人間にとって、人間の独自の現実存在・実存が問題となり最後の問いとなる前提である。正確には、こう言いうるのかもしれない、それは、またもや閉じられてしまったパラダイスの扉という恐るべき刑罰である、と。なぜなら、近代の無神論とは、神の存在（Existenz Gottes）を否定するのみならず、人間イエスにおける神の現臨（Präsenz Gottes）をも否定することによってだけ成立し、16世紀において、上イタリアの啓蒙主義がしたように、イエス・キリストの神性（Gottheit）を否定するのみならず、さらに押し進めて、つまりイエス自身を神よりはるか遠い世界の中に（in die gottferne Welt）閉じこめ、神から見棄てられている地獄の中へ閉じこめることによって成立しうるものだからである。

これは、まことに奇妙なことである。人間たることのすべての道すじは、イエス・キリストの誕生以来、たとえ近代の無神論哲学が天を廃し人間の内面へ地獄を移項させ遂には神を現実の諸問題の問題領域から閉め出すべきだとしたとしても、イエスがそこに（dabei）いるということによって決定されている。近代の無神論哲学は、イエスを問題とすることによってのみこのことをなし得たのであり、イエスなどは単なる一人の人間にすぎないと立証しようとしたことによってのみこのことをなし得たのであり、イエスは、ニーチェの言ったように、超人（Übermensch）に対する劣等人間（Untermensch）、高尚な、さらに最高に高尚な貴族的価値などを追放してしまった人間、少なくともその名によって、それらの価値が卑しめられ、その名によって「道徳における奴隷の騒動」(Sklavenaufstand in der Moral)(372)が導入された人間であるとしたことによって、このことをなし得た。それゆえ、ナチ時代に新たに生みだされた君主的人間（Herrenmenschen）というものは、まず第1に、十字架につけられた者に対して立ち向かっていったのであり、ユダヤ人を君主的人間にとっては心底から腹立たしい存在の人間としてこれに立ち向かっていった。しかし、ニヒリズムこそ真正の現実だと宣言し、神無きこと（Gottlosigkeit）をこそ己自身に対して標榜した人間の只中においても、イエスは、少なくとも人間イエスは、積極的にせよ消極的にせよ、倫理的にであれ虚無的にであれ、それぞれそれなりの評価を受けた人間として、その真ん中に（mitten inne）留まり続けた。

19世紀市民社会は、キリスト教教義を廃棄するとしても、イエスを、“イエスは、善良なる人間である”（Jesus sei der gute Mensch!）として、倫理的人間の模範ないしその原像（Urbild）としてなら救い出しうると信じた。彼らは、教義を棄てたとしても、倫理という領域の中でなら、人々の軽蔑の前でもイエスを守り得るであろうと考えた。彼らは、イエスが辱しめられる存在以外ではあり得ぬことを知らなかったのである！　彼らは十字架を恥ずべきものとし、イエスを、少なくとも倫理的なものの中でなら理想化しうると考えた。彼らは、教義（Dogma）というものを1度限り犠牲にしても、イエス固有の理想や、良きものや、道徳的人間の理念といったことに関して、それを保持していく形でイエスに従っていきさえすれば、近代社会なるものは成り立つと考えた。19世紀の開始と関連づけるならば、いわゆる自由主義的イエス運動（liberale Leben-Jesu-Bewegung）なるものは、一つの後退運動（Rüchzugsbewegung）であった。それは、キリスト教というものは全人類の最高の倫理的価値を保証するものであり、イエスは倫理的なるものの保証（Garant）、倫理的思考の意義としてわれわれの前に立つ歴史的人格であるとする公式によって、近代世界（die moderne Welt）つまり理性的・科学的世界とも言われる世界と平和にやってゆけるとした最後の企てだったのである。それは、イエスの生涯を描き出すという探求が熟していった結果の歴史的成果というようなものではなく、人間であること（Humanität）に対してイエスを売り渡すという独断的な前理解（Vorverständnis）の結果である。

世界大戦に拡がった二つの恐ろしい戦争は、この神学的倫理主義者（theologischen Ethizisten）たちの夢を打ち砕いた。もはや神の理念だけではなく、人間の理念もまた、その輝き、その信頼性（Glaubwürdigkeit）も奪われてしまった。19世紀以来のヒューマニズムなるもの、人間とは何かを戦争と超人の政治形態とが明らかにしたヒューマニズムなるものは、崩壊した。それまでの境界設定（Grenzbestimmung）、つまり人間の定義として妥当してきたもののいっさいは不確実なものとなった。わたしは、動物と人間との境界といったことを考えている。あるいは、理性と神話といったものの境界のことを考えている。あるいは、現実と夢といった、真の認識と妄想との間の境界ということを考えている（これらの境界は、とりわけフロイト〔Sigmund Freud 1856-1939. オーストリアの精神医学者。『夢判断』『精神分析入門講座』等〕が引き裂いてみせてくれたものである）。わたしは、ハムレット〔シェイクスピアの戯曲『ハムレット』の主人公。〕の重大な問い、生ける者と死ねる者との国（Reich）の境界のことを考えている。これらのことは、Th. ワイルダー〔Thornton Niven Wilder 1897-1975. アメリカの作家・脚本家。『サン・ルイス・レイの橋』『わが町』等でピューリッツァー賞受賞〕やJ. P. サルトル〔Jean-Paul Sartre 1905-1980. フランスの文学者・哲学者。『嘔吐』『自由への道』『悪魔と神』『存在と無』等〕の戯曲においても格別に明らかに見てとれる。死者たちが突如として生きた者たちの真ん中に立ち、地獄とこの地上、無なるもの（das Nichts）と存在するものとが相互に移行しあう。自分について考える時、自分自身が正しい状態にあるということの他は何も考えようとしなかった19世紀の人間というものは、この拠（よ）り所が実は何の基盤（Fundament）ともなり得ず、神が空虚になったと考えたと同様、人間の理念もまた空虚となったことに気づかされる他はなかった。われわれ自身について、われわれは真の現実を持っていない。われわれは、人間とは何かという問いに対して、自分自身からは何の答えも与え得ないものとなった。ようやく、理念の背後にある歴史（Geschichte）というものに遡（さかのぼ）りさえすれば、人間を発見しうると考え、かくして、人は、19世紀における観念論的キリスト論を歴史的（historisch）なものに（その実は倫理的なものということであるが）改造したのである。それから、さらに歴史（Geschichte）の背後に遡ってゆき、そこからイエスの歴史・出来事（Geschichte）を終末論的なものとして理解しようと願い、倫理的キリスト論から実存論的キリスト論が成立していった。しかし、このことによって、人は、人間とは何かという、その前では何の救いも助けも得られぬむき出しの問いの前に立つことになった。

この全過程を、人間をすばらしく魅了・誘惑するものとして表象することもできよう。それは、まず、キリストにある神を、甘言をもって欺（あざむ）き取ることをさせる。誘惑する者は言う、「神が無ければこの世界は無だ。君に、神さまをすすめるよ。でも、君は、ほんとうは神は捉え難いものだということを考える必要がある」。「いいかい、神さまの名をこれみよがしに口にして、信心をひけらかす人はいる。……ぼくはわざわざ名づけない。胸の思いがあればいい。名前は響きと煙みたいで、輝きをくもらせるだけのものだ」(373)。そうではない。初めに言葉があったのではない、名前があったわけでもない。そうではなくて、行為（Tat）、創造（Schöpfung）があったのだ！　この世界、君の世界があったのだ。君にこの世界をまかせ、君に精神と理解力を与えたのが神なのだ。君が、それを使ってこの世界を秩序づけていくためにだ」と。このようにして、理神論風の神というものがわれわれの脳裡の内に侵入してきたが、心情の中にはなお古いものがすべて残ったままであった。そこで人は自問し、言う。「頭の中で起こるものは、心情にとってはほとんど意味を持たないものだ」、と。「心情ではキリスト者、頭では異教徒」と(374)。

しかし、誘惑者は、なお手をゆるめない。彼は言う。いったい、神など必要なのか。神など君が創造者の役割を演ずる時の競争相手ではないか。いろいろな観念や、掟や、禁止項目があって、それが君と君の活動を邪魔しているのだ。そんなものは、棄ててしまうのだ！　君自身が律法（Gesetz）であり秩序（Ordnung）なのだ。神は、君の中にあるのだ。そうであるなら、どうして、君以外のところに神を探そうとするのか。君の外にあって働きかけてくる神など、子供じみた神話（ein Kindermythos）にすぎない。君の中に生きる神が神、ほんとうの神だ」、と。

「どうなさいます、神様　もしもわたしが死んだなら
わたしはあなたの甕（かめ）（もしもわたしが砕けたら）
わたしはあなたの飲物（もしも私が腐ったら）
わたしはあなたの衣装　あなたの蝶番（ちょうつがい）
わたしと共にあなたの意味が失われます」(375)

今や、イエスもまた変貌した。イエスは、もはや人倫の律法でも掟でもなく、神の内在の模範人間のことである。「神の王国は、あなたがたの中にあるのだ」(376)（ルカ 17・21）と〔イーヴァントの私訳〕。人間は、神的なも

の（das Göttliche）を、自分自身の内に有する。理神論的神から、内在の、人間であることのイデー（Idee der Humanität）にとって不可欠の神が形成された。この世界、外界は、全くそれ自身の法則（Gesetz）に委ねられ、政治の世界もまた同様である。かしこでは、「ホモ・ファーベル（homo faber）・労働人間」が活躍し、こちらでは「ホモ・ポリティクス（homo politicus）・政治的人間」が活躍ということになる。内なる世界（Innenwelt）においてだけ人は神を必要とする。「自身のため！」に、「プロ・メ」（わたしのために）である！

誘惑者は、しかし、なお手を休めない。こう言うのだ、「なぜ、君は、内なる世界のために、神など必要とするのか」と。「そもそも、内なる世界などあるのか」、と。「君の考えるような“我”（Ich）などというものはあるのか」、と。「君は途上にあるのではないか。君は君自身から解放されるべきではないのか」、と。ニーチェは、超人（Übermensch）になるためにと語り、マルクス〔Karl Marx 1818-1883. ドイツの経済学者・哲学者・革命家。主著『資本論』〕は、人という類（Gattungsmensch）になるためにと言う。二人とも、内なるもの（das Innen）に対して対抗する。それは、私的実存（private Existenz）、空想的（eingebildete）、内攻的（introvertierte）実存以外のことではない、と。誘惑者は言う、「この内なるものを棄てる企てを、やってみたいと思わないか」、と。「その時、どんな空間と可能性とが君に対して開かれてくるのか、君は、まだ予感していないのだ」、と。「君の魂を、わたしに委ねないか、魂なんてやつは、しょせん久しい前にすっかり色褪せてしまった時代の空想の産物（Phantasieprodukt）にすぎないからだ」、と。「わたしに、どうしろというのか」、と人間は問う。「わたしは、君を、君自身にしてやろう」と誘惑者は言う。「全く自由そのもので、神話なんぞに妨げられず、物の見方でも神話の可能性などというものにも妨げられることのない人間にしてやろう。『すべてのものは、君のものだ』（Ｉコリ３・21）、君自身もだ！　ただ一つ、必要なことがある。君は、すでに神を棄てた。とりわけこの世界に対して何かをしようとしていたような神を棄てるということは勇気を要することだった。さらに、それによって君は単なる教育的意味しかもたぬ道徳的律法授与者としての神をもまた棄てたのだ。そのことが、君を一段上の段階に押しあげたのだ。君自身が「掟」(Gesetz) なのだ！人間が自由であろうと意志するなら、人は自分自身に立脚しなければならないということを認識することになるゆえに、この〔道徳授与者としての〕神など棄てることになるのだ。このことによって、君らは、最終的に人間であることの幼児期という世界を背後にすることになる。この一撃をもって周囲の世界がどんなに変化することになったかを君らは見ることになる。人間の魂などという夢を打ち砕いてしまう必要がある。そのための準備はできているのだ。君らは新しい人間に、つまり、超人 (Übermensch)、人という類 (Gattungsmensch) になるべきなのだと言わしめるのだ。ただ、なお一つのことが残されているなら、“新しい” 人間ではあり得ない。その一つのこととは、イエスのことである。仮に彼が神ではないとしても、また宗教の教祖でもないとしても、君たちは彼を何らか意味ある人間だと思っている。人間イエスというものを、イエスのことを引き合いに出す人々もろとも、わたしに手渡さない限りは、わたしは君らを最高段階へつれてゆくことはできない。人間イエスを、人間の歴史から駆逐すべきであり、さもなければ、人間の歴史はその根底より新しくなることはないのだ。さもなければ、君らの蒙(こうむ)るいっさいの苦難、いっさいの犠牲、いっさいの戦争と危機は、無駄であったことになる。人間イエスを、わたしに手渡してくれれば、イエスを究極的に克服して、はじめて人間の歴史に新しい世紀が画されることになる」、と。

以上述べてきたことが正しいなら、これが、キリスト論が今日直面している問題である。人間が、神、生ける神をもはや放棄してしまい、自分自身をも放棄してしまうことによって、人間の現実存在・実存の一番外の限界にまで追い込まれた地点で、もう一度、イエスが姿を現わされる。ゲネサレの湖で、弟子たちにご自身から進んで姿を現わされたように。自分の中で自身が失われている人間、本当は自分で棄ててしまったのであるが、超人 (Übermensch) を手に入れようとし、『善悪の彼岸』(Jenseits von Gut und Böse)、〔ニーチェの著作名〕を捉えようとして、究極的に自由であろうとして、良心なき人間、自分がそうである点からでなく自分のできることは何かと考える点から生きる部品人間 (Apparatmensch) になろうとして、自分を失い・棄ててしまったこの人間が、イエスにおいて、自らと出会う！　イエスは、われわれが何者なのかを想起させる。彼にあって、イエスにあって、人間は生きる！　この転換（Wendung）を告げるということこそ、今までに行なってきたキリスト論をめぐる新たな記述において、その全体において示そうとしてきた重要な事柄である。良きものに向かっての現実の転換である(Eine wirkliche Wendung zum Guten!)。真の神性（die wahre Gottheit）のみならず、真の人性（die wahre Menschheit）も信仰の対象であるということを捉えるということである。超人か否かという二者択一の前に立つというのなら、イエス、この人間イエスこそは、われわれにとって、信仰の決断である。彼にあって真実の人間たることを告白するということは、あのイエスから超人を造りだそうとしていた誘惑者を拒否することである。かくて、全く新たに——もちろんまだ聖書の言う意味での新しさにおいてではないにしても——かたや真実の人間への問い、かたやそれに対応して真実の神への問いが立ち上がってくる。この二つの問いは、同時に失われると共に、また同時に獲得されるところのものである。これが、今日のキリスト論である！

これがキリスト論をめぐる今日の決定的状況である。

イエスとの出会いにおいてのみ、人間イエスとの出会いにおいてのみ、われわれは、失われた信仰の全歴史を、それ自身の内で独自に全体的に相連関しあって誘惑されてしまっているものとしての全歴史を捉え、それを止揚する力を得るであろう。イエスなき人間というものを棄てる時に、それがどういうことかを理解することになろう。つまり、われわれ自身の中に、われわれ自身の現実存在・実存の中に毒のように注入されていたあの恐ろしい問い、“なぜ、そもそも「存在」(das Sein）と、むしろ「無」(das Nichts）ではないのか”という問いについてである(377)。自分自身に投げかえされた人間は、存在（Sein）と非存在（Nichtsein）との相違というものは人間が自分で措定したもの（Setzung）であり彼の意志（Wille）であり彼の決定(Entscheidung）なのだということを徹底的に考え抜く準備をする時、それらのことを確認することになろう。彼は、神になっていたのである。人間が、自らの存在について、それが事実上（in actu esse)、「我の欲するままに、我の命ずるままに」(sic volo, sic iubeo)(378) ということであったことを一瞬でも考える時には、世界のいっさいは塵の中に転落してゆく。彼にはもはや平安はない。彼は彼自身の主（Herr）である。彼は、彼の欲したすべてのものを所有する。空間も時間も消えてゆき、我と汝との境界も消えてゆき、わたしは他者の中を深くのぞき込みはするが、その他者をただ自分の意志に従って考え、感じ、信じ、希望しているにすぎない。わたしが、手中にあると思っていた人間は、わたしにとって大いなる謎（Rätsel）となる。問うことの奈落である。目標もなく、終りもない。本当に“自分自身の許にある存在”（Bei-sich-selbst-Sein）ではない。確かに、われわれの父祖たちも言った。人は神と共に一つの世界に生きることはできない、と。それゆえ、神を棄てたのだと。しかし、われわれは別の発見もした。すでにイワン・カラマーゾフ(379) やリチャード３世がせざるを得なかったようにである(380)。人間は、自分自身だけで存在しうるものではない、と。それは、地獄である。神と共に一つの世界を生きることが許されず、神なくして自分自身とのみ在る他はなく、神なくして自分自身にだけ身を委ねるしかないこと――このことこそ地獄である。今や、ここで、キリスト論が新たに開始される。19世紀において、イエス・キリストへの信仰が二つの文言を持つこと、つまり、「真の神にして、永遠に父より生まれ」と「真の人にして、乙女マリアより生まれ」との二つの文言が、信じ難いものに思われた〔その理由〕を、われわれは発見してきている。第二の文言は、信仰の文言ではない。「乙女から生まれ」ということは、帰結（Nachsatz）なのである。これは、われわれの兄弟、われわれと共なる人間（Mitmensch）となりたもうたその在りよう（Art）、その仕方（Weise）について言っている。つまり、彼の誕生の仕方（Wie seiner Geburt）について言っている。それは、一つの奇跡（ein Wunder）について報告しようとしているのではない。そうではなくて、彼がわれわれみなと同じく一人の女より生まれたこと、彼が一人の神のように、一人の異邦人のように人間歴史の中にやって来た、超自然的に存在の中に（ins Dasein）登場したということではないと報告している。処女降誕という文言は、信仰の文言ではない。そうではなく、信仰箇条の強調（Unterstreichung）、確認（Versicherung）、また実現（Realisierung）のこと、つまり、真の人間たることは、われわれの外（extra nos）、キリストの内にあるということである。したがって、われわれの独自の人間性、われわれの「存在−可能ということ」(Sein-Können) は、彼の中にあって、しかもひとり彼の中にあってのみ出会いうる。この点において、彼は仲保者 (Mittler) である。この点において、彼はわれわれの救い主 (Heiland) である。彼は、われわれが棄ててしまったもの、つまりわれわれの魂の守り手でありたもう。魂とは、神より来て、神に再び帰りゆく人間存在 (Menschsein) のことである。イエス・キリストは、したがって、神たることは神から、人間たることは人間からという仕方において仲保者であるのではない。神たることは未知のものであり、人間たることは既知であるかのような仕方でわれわれの仲保者であるのではない。何という無邪気さ (Naivität) であろうか！　イエス無しでは (ohne Jesus)、人間であることも、人間存在も、神の神たることと同じように、未知なるもの、底知れぬもの (Abgrund)、限界なきものであることは、われわれは十分に味わってきた。彼が真実の人間である。われわれはそのことを信ずることによって、また、人間の真相 (Wahrheit) も他のところに求めることはしないことを告白するのであり、彼以外のところからは、彼が近くに在すこと以外のところからは、彼の公然たる存在 (Offenbar-Sein) 以外のところからは、人間の真相について何かを期待しようとはしていないことを告白する。このような妥協のない決意の中においてのみ、人間存在が奈落であること、われわれが沈みゆく恐るべき深淵をもった海であることを感じとるときだけ、われわれが彼と出会う同じ平面があるなどと考えない限りにおいて、彼はわれわれを救い得る。彼は、波の上を歩き得たもうが、われわれはそうでない。彼は、われわれのような人間ではなく、われわれがそう成るべき人間である！

今までに述べられてきたすべてのことの結果として、語られるべき最後ことの前に、今、われわれは立っている。このことをもって、人間の教説もまた全く新しい、しかし同時にまた、わたしはそうあることを願っているが、非常に古い、全く聖書的な、非常に真実な表情を手に入れることになる。真実に人間であるためには、人間はいかに形成されるべきかといったギリシャ風の主題は今やもう問題ではない。そうではなくて、聖書的主題が肝心である。つまり、われわれが人間に成るということである。神の現臨の中で大地の上で生きる人間に成るということである。アブラハムが神の現臨の中で信仰の父として生きたように生きることである。ヨブが、神の前で、神に反抗しながら、遂には再び謙虚になり打ち砕かれたものとして神の前を生きたように生きることである。大胆に言うならば、神は、われわれを道徳的人間としてお考えになろうとはなさらないということであり、偽善者、不真実の人間といわれていたとしてもである。われわれは、イエスにおいて、イエスを通して、罪の人間として、そのような現実の人間であり、欠けたる者(Krüppel)、手足の萎えたる者（Lahme)、目の見えぬ者、死ぬべき者、没落してゆく者、金で彼を裏切る者としてある以外にない人間であるが、だが、しかし、それゆえにである！　そうであるからこそ、目の見えない者は見、手足の萎えたる者は歩き、清くない者は清められ、貧しい者は福音を聞き、死者たちは甦る。われわれは、したがって、このような人間として改造されるべく神に全く差し向けられている者であり、われわれは神を創造する存在として――それがイエスにある神であるが――われわれの許に持ち、われわれは、イエス自身より理解し信ずる。神は、われわれ人間をご自身の周りに持とうとしておいでであり、現実の人間を持とうとしておいでになるのだ、と。それゆえに、彼は人間となりたもうた。それは、われわれに対する神の然り（Ja）であり、人間イエスにあっての神の然りのことである。彼の真実の人間たることを信じるとは、超人というものに対して否（Nein）を同時に発することであり、それを自分のものとするということは、真に謙虚になるということである。イエス・キリストを信じるとは、したがって、われわれが、神たることも人間たることも、われわれの中には見いださず、この両方を彼において、一方を他方を通して見いだすということである。神であることから下降しつつ、われわれは真の人間とは何かを見、理解することができる。このような出会いの中で、天から、人間であることは明らかにされる。これが、受肉（Inkarnation）である。同様に、下から上昇しつつ、罪への審きから、死に葬られる存在ということからのみ、神たることは捉えられうる。これが栄化（Glorifikation）である。受肉においても神たることは止めることがないという事情である限り（さもなければ、われわれはケノーシス・キリスト論に留まることになる)、同様に、人間であることも止めるということはない（さもなければ、われわれは精神論的キリスト論に留まることになる)。

問題が錯綜する中、事柄を個々にわたって捉えていくために、われわれは、多様な可能性の中にあって、道を整えてゆくために、論点を明確にする必要がある。論点は、こうである。人間の真実はイエスの中において決定しており、われわれにおいてではないということを信じるということである。人間の真実は、人間にあるが、一人の人間の中にあるべきものである。そうでなければ、それは実存的（existentiell）ではない。この真実が、単にイデーや当為（Sollen）ではないのみならず、わたしがどこででも思いつくことのないあるもの（etwas）であるならば、一人の真実の人間は、そのようなものとして生きる他はない。それだけではまだ十分ではない。それが聖書の教説であるゆえに、わたしは思考する、われわれは、この真実を、われわれの外に（extra nos）求めざるを得ない！　と。真実の人間への道は、イエスによって伝達された道である。もちろん、史的イエスを通して伝達されるものではなく――史的イエスは、その概念によって不可能とされており何も伝達できず、生ける者だけが伝達できるので、復活した主としてのイエスによって伝達される。われわれは、彼の内に真実の人間を見いだすというのならば、彼はわれわれに何を伝達しているかについて語ることができるであろうし語らねばならない。それは厄介なもの（Kompliziertes）でも教義的なもの（Doktrinäres）でもなく、全くもって端的なもの、単純なもの（ganz Schlichtes und Einfältiges）である。つまり、われわれは人間として神の前に立ち、神と共に生きうるということである。このことは、われわれが信仰の内に生きるということである。われわれは、しばしば引用される「義人は信仰によって生きる」（ロマ１・17、ハバ２・４）を承知している。「信仰によって生きる」ということは、二つのことを示している、信仰は生命であり、生命は信仰であるということであり、これはわれわれにイエスが贈られているということであり、われわれが、イエスを通して、われわれに、われわれの人間であることを伝達させるという時には、〔事態はそうなのである〕。

2．人間となることの教説[381]
—— Die Lehre von der Menschwerdung

神が人となり給うという教説は、〔それがいずれかの方向へ〕拉致される（hin-reißen）か、〔一つであったものが〕引き裂かれてしまう（her-reißen）ことになるか、この二つの危険（Gefahren）の間に存在する。「真の神にして、真の人」（vere deus et vere homo）ということを語るこの教説は、〔キリスト教信仰・聖書の使信の〕中心（Mitte）と考えられ、教理史的にも、イエスとは誰であるか（wer Jesus ist）ということを規定する、明確にして、深い意味に満ち、思考可能な規定の中心と見なされてきた。この文言は、その構成（Formulierung）からして、完全に（durchaus）弁証法的に（dialektisch）理解されるべきものである。この文言は、エウテュケス〔Eutyches 378 頃 -454. コンスタンティノポリスの司教職、修道院長。反ネストリオスの立場をとる〕の企てに対しても（“真の人”（vere homo）のみを主張）、ネストリオス〔Nestorius 381-451〕の企てに対しても（“真の神”（vere Deus）のみを主張）、それらと相対峙する立場を語っている。この文言は、まずはさし当り、人が、いかに、今、この「と」（und）ということを考えるべきかを語っている。恐らく、〔この「と」を〕、「同時に」（zugleich）とか、「神と人間を共時的に」（Gott und Mensch zugleich. simul Deus et homo）として考えることを語っている。

この際、人は、神の理念（Idee Gottes）といったことから始めることはできず、われわれみんなが既に十分に承知しているものから出発することはできず、神はしかじかこうこうの神であるとして、それらは人間イエスにおいても見いだされるとして、その本質についてもある程度のことは承知しているといったことから出発することはできない。他の受肉（Inkarnation）ということはないのかどうかを問うことはできよう。受肉ということは仏教においてもないかどうか問うこともいっそう正当であろう。なにゆえに、神はご自身をイエスにあってのみ受肉されると言うべきなのであろうか。ここでも、いずれにせよわれわれは人間的な領域内での神に出会っているにすぎず、一定の形姿、一定の像で神性なるものの機能をわれわれに刻印しているそのような神に出会っているにすぎない。奇妙なことに、そのようなことが起こるときには、それ自身としての人間の真の人間性ということもまたその背後に〔未解明のまま〕残されてしまう。〔その人間性〕は、「苦痛をもって担われる土くれの残り」(ein Erdenrest, zu tragen peinlich) (382) なのである。われわれが神を捉えうると思っているその所では、「神と人間」について語り得ているのではなく、「神か人間か」(entweder Gott oder Mensch) について語り得ているにすぎない。〔神とされた〕ようなもののその形姿が、推理能力も予言能力も持たないものならば、われわれは、そのようなものは単なる人間として見棄ててしまうのがその良い例である。それらはわれわれが期待するものなど何も持ってはいない。まさにそのような可能性、つまり悪魔の誘惑の可能性 (satanische Möglichkeit)、というものが、誘惑物語から、変貌 (Verklärung)、十字架上の苦難に至るまで人間イエスの生涯そのものにも近くに付いて回っている。「主よ、どうぞ、十分、ご自身お気をつけください、なんだ単なる人間じゃないか、貧相な、苦難を負わされた、罪と死の罰に苦しむ人間じゃないのか」と〔言われないように……〕、新約聖書の報告の中にさえ、このような誘惑の願望が存在することにより、ここで、すでに、キリスト論への真正な関心も姿を現わしている。人間の中の神の内在 (Einwohnung Gottes im Menschen) ということが、人間そしてもはや全く人間たらしめないようなときには、それに対して否 (Nein) を言うことが正しい。

それゆえ、新約聖書の諸証言は、イエスは他の人間と同じに (wie) なりたもうたと受肉の性格を強調するとき (フィリ 2・7)、しかし「罪を他にして」(ヘブ 4・15) と付言するのを忘れることなくそれをする。しかし、このことは、ただ、この方が苦難を受けられるということが、〔罪といった理由・根拠からのことではない〕意味で無理由 (grundlos) のことであり、彼ご自身において〔そのことを〕見たのだということである。

しかし、同様のことは、他のもう一つの面についても当てはまる。「真の神」(vere deus) という面についてもである。「永遠に、父より生まれた真の神」(383)――この信仰箇条が直ちに、このあとに、「創られることなく、生まれ」[384]（gezeugt, nicht geschaffen）と言っていることをわれわれは承知している。このイエスは、彼の現実存在・実存の根源（im Ursprung）において、われわれのような被造物（Geschöpf）ではない。彼は、神が彼の生涯とその服従、犠牲のゆえに受け容れたもうた単なる神に養子とされた子（ein adoptierter Sohn Gottes）ではない。確かに、人間が彼を見棄てた時に、神は彼を受け容れたもうた（使2・22以下）。確かに、誰もが彼に聞こうとしなかった時に、神は彼を聞き容れたもうた（ヘブ5・7）。しかし、彼は神に受け容れられたことによって神となったのではない。もし、われわれが復活者の兄弟として神の子と呼ばれるのなら、それは養子とされたということ（Adoption）であり、それはわれわれの本性（Natur）からのことではない。このことは、すでに、アウグスティヌス〔Aurelius Augustinus 354-430. ラテン教会教父の最大の存在。『神の国』他〕が、力をこめて強調したことである。われわれは養子とされたものであるが、彼は養子とされた子というわけではない。彼はその「本性」(Natur）からして、ということは、ご自身そのものからして、恵みによってではなく彼がそうありたもう本質（Wesenheit）からして、"真の神"（vere Deus）でありたもう。養子説（Adoptianismus）というものは、その洗練された形においても、その背後に、つねに倫理的完全主義（ethischen Perfektionismus）というものを持っている。それは、欲すると否とにかかわらず、キリストを最終的には範例（exemplum）、神のみ旨にかなう人間というものの原型（Prototyp des Menschen）とするものである。シュライエルマッハーのキリスト論も、W. ヘルマンのキリスト論も、なにほどか養子説的（adoptianisch）であり、イエスから始まる活動に宗教的・倫理的なものが付着した調子を帯びている。養子説の背後には、――養子説は、分かりやすく見え、単純で、考えるに容易で、それだけを切り離してみれば、聖書記者の何人かもそれを背後に持っているが、「真の神にして真の人」について語るにはあまりにも単純で子どもじみた企てであるゆえに――イエスが「徴税人や罪人の仲間」(マタ11・19、ルカ7・34等）であることを止めてしまうという、もう一つの面での危険性がある。この養子説の理論の背後には、人間それ自体、共に生きる人間（Mit-Mensch）・共同人間、わたしを探し尋ね求めてくださる人間として到来する人間ではなく、その根本において分離され孤立するものと考えられた模範的範例としての人間というものが立っている。「真の神」（vere deus）ということは、「真の人」（wahrer Mensch）ということに対しての勲章、報償として理解されている。

われわれは、全く直截に具体的に、このように理解されたイエス・キリストというものは、真の神でも真の人でもないと言わねばならない！　イエス・キリストを捉える二つの企ては、下からの企てであり、それが捉えようと願っていることにより破壊させられてしまう他はない。「真の神にして真の人」ということは、このような企て、それがよし神話論的なものであれ倫理的な人間の神格化であれ、また、神の人間化（Vermenschlichung Gottes）のことであれ、このような企てに対する「閂」（Riegel）である。この二つとも、この定式（Formel）――「真の神にして真の人」――がまずは言わんとしていることを言ってはいない。

しかし、では、人は、このことについて何か明確に（positiv）語りうるであろうか。あのカルケドン信条の定式を、単純に（カトリック教会がしたように）立場（Position）として解釈することをせず、われわれがしてきたように弁証法的に（dialektisch）、つまり、運動の中で捉える時には、きっと、われわれは正しいことをしていることになろう。この文言には、対峙・対置（Gegensatz）そのものがあるということを強固に明確に保持する時に、「つまりキリストの外にあっては（außer Christo）、神と人間とは互いに遠いものであり、天と地が互いに遠いものであるようにそのことを感ずるということを固持する時に、われわれはその正しいことをなしていることになろう」[385]。事情がそのようである限りにおいて、また、この文言の「と」（und）ということは、意味深いものとなろう。ここ、イエスにあってこそ、他では断じてそうは言い得ぬことを、つまり、一つの事を他の事と切り離すことをするということなしに、見、信じ、主張し、告白しうるであろう。ここで、神と人とは一つであることのみならず、この両者の一致を否定しようとしたならば、また一方を他方のために傍らに除外してしまうとするならば、ここにあるもの、つまりイエスにあって現実に生起しているものをもはや何一つ分かってはいないということになろう。イエスの誕生ということも、もはや何事をも語らぬものとなり、ましてやその行動、行為、語りたもうたこと、苦難も、彼がそこに在りたもうたことも、われわれ神学者や教会やキリスト者たちがイエスにおいてなしたことも、彼ご自身についても、もはや何事も語らぬものとなろう。以上のようにすることによって、ようやく、彼は、彼がわれわれにとっての選ばれた人（Erwählter）であること、いずれにせよ、それがヨーロッパ風の解釈であれ東洋風の解釈であれ、解釈されたキリスト（interpretierter Christus）であること、しかし、とにかく、それは天から来てわれわれの間に立ち、「高いところより……われわれを訪ねて」（ルカ1・78参照）、閉ざされた扉を通って姿を示し海の上を歩いてゆくものとしての彼によって、またその彼において神の約束はことごとく真実に成就するといった子（der Sohn）としてではないということを、彼は語り得たことになろう。われわれは、彼を、われわれ人間の表象の中に溶解してしまったり、新約聖書の報告に関わるときは単に当時の人々の表象概念と関わっているにすぎないのだといった聖なる馬鹿げたこと（heilige Einfalt）を考えてはならない！　われわれの表象なるもの（Vorstellungen）がいったいどこから来たものか、〔新約聖書の人々〕の表象がどこから来ているのか、自問してみるがよい！　受肉（Inkarnation）ということは、単に頭の中で考えられた表象の霧など打ち破ってしまう。受肉とは、神の恵み（Gnade Gottes）のことであり、イエス・キリストがわれわれの間に存在するということである。彼は、恵みを告知することによってではなく、彼が恵みであることによってわれわれの間に存在したもう（ヨハ1章）。なぜなら、彼にあって、今や現実に、神はわれわれに近く在し、われわれも神に近くある。神と人間との間の深淵（Abgund）は、閉じられることはない。肉（σάρξ　サルクス）はしょせん肉であり、霊（πνεῦμα　プネウマ）は霊である。貧しいみじめな現実存在・実存にすぎぬわれわれはつねに新たにこのことに注意し続けてゆく他はない。しかし、われわれは、彼にあって（in ihm）、神に近くあること（verwandt）を得ている。これが、ヨハ1・14の語っている、他のすべての存在の形而上学（Seinsmetaphysik）と決定的に違う「成った」ということである！　ここで、われわれは、神が、かくも親しく人間に近づいてくださるのを見る。他の被造物に対するのとは違って、いと近くに近づいていてくださるのを見る。つまり、われわれと共に（mit uns）である。それゆえ、われわれ人間は、他の被造物と違って、神と共に（mit Gott）ありうる。太陽と月とは、神がわれわれに近くいますようには、われわれに近くあるわけではない。神は、われわれの肉と血において到来なさっておられる。神は、人格として（persönlich）、人間となることを欲したもうた[386]。

こういうことである、ここでは、このようなことが起こっているのであり、それゆえ、それが歴史・出来事（Geschichte）であるということである。「信心の秘められた真理」（kündlich großes Geheimnis）ということである（Ｉテモ３・16参照）。歴史の内側において生起したゆえにではなく、それが「生起した」（es gechieht）こととして、到来（Kommen）、行為（Tat）、神の意志（Wille Gottes）として告げ示されている（proklamiert）ゆえにである。それゆえに、歴史・出来事であり、歴史の中の歴史（Geschichte in der Geschichte）である。受肉ということこそ、全歴史の根源（Ursprung）、目標（Ziel）、中心（Mitte）である。

人となりたもうことと人間たること（Menschwerdung und Humanität）[387]

さて、神が人となりたもうことの教説の意味を問うとすれば、まず、さし当り、一つのことが確認される必要がある。つまり、ここでは　信仰の言い表し（Glaubensaussage）が問題となっているということである。さらに、その際において、第１にそこでは事実性（Tatbestand）そのものが認識され、そして次に第２のものとしてこのような救いの事実（Heils-Tatsache）のわたしにとっての実際上の価値（Wert）が認識されるといったふうな、二つの信仰があるというのではないということである。スコラ主義（Scholastik）〔キリスト教神学の理性に基づく正当化と体系的提示に重点を置く〕は、そのような区分・区別を主張し、この規定の二重性について語った。つまり、一つの、教会の権威としての教説に対しての合意（assentire, Annehmen）であり、他は、個々人の内面に聖霊が注がれることにより結果される個々の人間の同意（consentire, Zustimmung）の二重性である。それによれば、客観的な救いの出来事（das oljektive Heilsgeschehen）と、主観的な救いへの合意（subjektiv Heilsaneigung）ということとは、分離されて（auseinander）姿を現わすが、この両方は、相互に関係し合わないわけではないとしても、教会の教導職（Lehramt）のほうが主体として前提されている客観的な救いの出来事が優位性をもつという仕方においてである。プロテスタント教会においても、残念ながら、この区分は広く受け止められており、信じられた信仰（fides quae）と、それによって信じられる信仰（fides qua creditur）との区別がされる。バイエル〔Kurt Baier 1917- オーストリア出身の哲学者。1962-67年まで米国ピッツバーグ大学教授〕は、主観的信仰（fidis subjectiva）、あるいは、本来の意味における信仰（fidis proprie dicta）、あるいは、それによって信じられる信仰（fidis qua creditur）、そして客観的信仰（これは、非本来的意味での信仰と呼ばれる信仰の教説のこと、その教説が信仰の対象であるからである）（fidis objectiva〔quae est doctrina fidei, quae improprie dictur fides, quia est objectum fidei〕(388) について語っている。このことは、のちに、啓蒙主義が、史実的真理（historisch）と形而上学的真理（metaphysisch）との間に区別を置くことと相関連し合うことである。

それゆえ、われわれは、神が人となりたもうということが、一つの出来事的・歴史的現実であると共に、したがって史実として（historisch）も捉えうる現実であるゆえに、それが人間の全歴史の連関というものの中に組み込まれてしまうか、罪の赦しの使信とは違ったものとして見なされるという危険の中に立ち続ける。神が人となりたもうということを信ずる信仰、肉となりたもうた〔神の〕言葉ということを信ずる信仰（logos sesarkoumenos ロゴス・セサルクーメノス）は、何か変わった、つまり独断的信仰（ein dogmatischer Glaube）であるように見え、より正確に言うとすれば、それは理性の犠牲（Opfer des Verstandes. sacrificium intellectus）を要求しており、他方、キリストの犠牲の上に立つ義認の信仰は、救いの信仰であり、それはわたしにおいてわたしを義とするものとして個人的に（persönlich）始まる信仰である、ということになる。聖書はしかし一つの信仰のみを知っており、正統派の教会教父たちが好んで行なったように、信仰（fides）と信頼（fiducia）は、（クェンシュテット[389]〔Johann Andreas Quenstedt 1617-1688. ルター派神学者。ヴィッテンベルク大学教授。城教会牧師〕も言ったように）、決して対立しあうものではない。信仰は、あるいは教義により――教会に対するわたしの関係――、あるいは実存（Existenz）による――わたしのわたし自身への関係――、といったものでは在り得ない。つまり、個人を超えた普遍的な信仰（fides generalis）があって、それから、個人の、個別の信仰（fidis specialis）が「悔い改めの信仰」（Bekehrungsglaube）としてあるというのではない。むしろ、罪の赦しから生きる信仰と、神が人となりたもうことによって呼びかけられ提供されているものとしての信仰とは同じものであり、後者より前者に至るものである（umgekehrt）。それは、両者を包括する一つの信仰である。したがって、神が人となりたもうたことをわたしは信じるという者は、たとえ、罪と死との力が破られぬまま彼の人生のうえに存在し続けるとしても、人間の教説の中の自称の信仰に身を屈したとしても、本当は、神の言葉も神の恵みもそこで取り去られてしまっているのではない者のことである。

そして、このことは、もう一つのことも示している。われわれがそこから神の恵みを推し量るのだということ、あの方が人となりたもうたということ、したがって恵みと人間性（Menschlichkeit）とは不可分であるということを語っている。神は、われわれに近く到来なさるための道を、人間性への道以外のものとしてはごらんにならなかった。神は、まさに、このことによって、われわれの不信仰の最も深い破れがそもそもどこにあるかということをも明らかになさった。われわれが神を考えるとき、つねに一つの「非人間的」で抽象的な、「汝、かく在るべし」（Du sollst）という形で出会いたもう神しか考えないこと、神がわれわれの只中、われわれの世界の只中に登場なさる時には、われわれは生きることができないと考えたこと、「神を見たものは、死ぬ」（出33・20参照）と考えたこと、これこそわれわれの不信仰の最も深い破れである。しかし、今や、クリスマスの奇跡が起こり、神は一人の人間の形（Gestalt）をとりたまい、われわれの中に登場してくださり、この地上を歩き、人間に語りかけ、罪人らと共に悪しき頽落した人間と共に、先祖伝来の宗教というものに久しく疎遠となってしまっていたような者たちと共に、子どもたちや女性たちと共に、端的に言えば、神は、人間を、その全生活状況、諸条件と世界の中にある人間に呼びかけ、この世界と人間とをそこで滅びに至らしめず、救われるようになさった[390]。人間は、神を、今や自らの許にあって見いだし、神はわれわれの只中に在す。これが、神の人間性（Menschheit Gottes）ということである。創造という業（わざ）が、その最深の傷を負ったその場所で、救いは設定され、希望の失せた全くの絶望の地点で、つまり、人間が神によって最も輝かしい希望に変えられるという救いが設定された。パウロは、ロマ5章においてそのことを考え、それゆえ、そこではアダムとキリストが対置されている。

したがって、今や、逆に、義認の信仰も、同様のことを意味する他はない。信仰者たちは、神の人間性の領域内で、神の人間性の助けを得て、み国（Reich）を建設する。人間の諸力といったことによらずにそれをする！　われわれが神の子とされる信仰は、神の人間性の中で恵みを証しする力をわれわれに与えるものである。なぜなら、恵みはまさにこの形でわれわれと出会ってくださるからであり、つまり、大いなる憐れみという形で、われわれがそうある形などは棄て、われわれがそうではない形、イエスのようになるという形で恵みはわれわれと出会ってくださる。人間性とは、失われた者たちに対して近くにあるということである（Menschlichkeit heißt Nähe zu den Verlorenen）[391]。人間性とは、また、神の義から、一つの「非人間的な」人間を跪（ひざまず）かせ人間を偽り者とする自己義認を造り出すいっさいに対する憎悪と激しい怒りのことである。神の義などいったいどこにあるのかと問われるならば、われわれは、イエスこそ「見よ、これぞ世の罪をのぞく神の小羊」（ヨハ1・29）である人間であることを指を差して身を守るだけで十分であろう[392]。人間性とは、受肉のゆえに、抽象的なもの（Abstraktum）でも、現実性なきイデー（Idee ohne Wirklichkeit）といったことでも、からだなき精神（Geist ohne Leib）といったものでもなく、ナザレのイエス、十字架につけられたユダヤ人の王のことであり、彼は、われわれの人間性をその人格とするお方である（er ist unsere Menschlichkeit in Person）。神を見いだし得ないというなら、それはわれわれが神の人間性ということに躓（つまず）いているからであり、われわれ自身が真の人間ではないからである。われわれの人間存在（Menschsein）ということは、われわれが罪人の存在（Sünder-Sein）であるということであり、まことに悲惨極まりない失われた存在であるということであるが、このことは、神の恵みにあっては、神の逆説的接点（paradoxe Anknüpfungspunkt Gottes）ということである(393)。神が、義しい者たちを「非人間」(Unmenschen）として傍らへ追いやり、義しからざる者、失われた者、排除された者らをこそ尋ね求め、彼らをこそ真の人間、つまり失われた子らと見なしたもうことによって、この接点が恵みであることを指し示したもう。まさに、それは恵み以外のものではない！　わたしが神からはるかに遠いものであるのに、そのわたしに神が近くいましたもうということ、わたしの人間としての存在が神から遠いものであるそのことを、神がわたしと共にいてくださるという神の近さ（Gottesnähe seines Mit-mir-Seins）に変えてくださるということ、このことが、受肉ということである。別の言い方をするなら、われわれは、その生きる全生涯が苦難の生涯である人間であるか、それとも神の子であることを欲するかどうかどちらかを選ぶ必要はなく、そうではなくて、この両者は一つのことである。この〔神の〕近さとすべての人間に対する〔神の〕交わりの中でのみ、われわれは、現実に神の子たりうる！　人間存在は、神がイエス・キリストを通してご自身に栄光を帰し、また栄光を帰せられる場所である。

さて、いまや、第三のことも妥当する。この神の然り（Ja Gottes）につねに出会う所で、より正確にいえば、神がわれわれの神でいまし、われわれ自身を人間己の手には委ねたまわない神であり、われわれを見いだしわれわれに呼びかけたもうのに神の独自で神らしいすばらしい方法を神が持ちたもうとき、その時、われわれはわれわれの現実存在・実存の根源（Ursprung）の前に立つことになる。このことは、われわれが、神を問うところではどこにあってもそのように言いうるのかもしれない。E. ブルンナーと H. バルト〔Heinrich Barth, 1890-1965. カール・バルトの末弟。哲学者。弁証法神学運動グループの一員として『時の間に』(zwischen den Zeiten）の寄稿者の一人。兄・バルトとは終生微妙な緊張関係に立った。E. ブッシュ（邦訳『カール・バルトの生涯』(新教出版社）の人名索引を検索)〕が、神を問うこと

(Gottesfrage) は、いのちの根源の問題、いのちの意味にかかわる問題を問うことだと考えたのは正しかった。したがって、この二人は、ロゴス・キリスト論 (Logos-christologie) を提唱する。二人は、このロゴス・キリスト論から受肉した言葉に赴く。しかし、わたしには、このことが問題に思われる。決定的なことは、言葉がわれわれの許へ到来することであって、われわれが言葉のほうへ行くのではない。決定的なことは、哲学的運動というものは、根源への問いから出発し、人間から出発して、しかも根源でありイデーであるものがその彼方にある限界 (Grenze) につき当たる。このような認識方法には、ここかしこに、われわれの座している空洞 (Höhle) と、われわれの影絵芝居 (Schattenspiele) を映し出す光と闇との隔絶 (Transzendenz) と亀裂 (Riß) が付いてまわる(394)。

根源なるものとの出会いということは、それが「われわれの間で成就される」という仕方において完成する。言葉が、われわれの只中に「宿り」(zeltet)「われわれはそれを見た」(ヨハ 1・14) という仕方において完成する。われわれが、その〔言葉〕が語り、歩みをすすめ、眠り、食べ、苦しみ、死んでゆくのを見るという仕方において完成する。その〔言葉〕が、われわれの只中にあるというその在りようにおいて死ぬべきものである世界を変えるという仕方において完成する。われわれが、観客のように、〔言葉が〕、一つの運命 (Schicksal)、わたしたちの運命を手に入れるのを見るという仕方において完成する。外で (äußerlich) 起こっているものと、内で、それを見るべく招かれた者たちのところで (innelich) 起こっていることとの間には深い関連がある! 「わたしのために泣くな」(ルカ 23・28) とある。この出来事、この言葉、イエスの出来事という名の許に起こっていることは、わたしに当てはまることである! 「わたしこそ、罰せられるべき者である」(395)。それはわたしに当てはまるのみでなく、彼・イエスの死においてようやくというわけでもなく、イエスの誕生の場面においてすでに当てはまる。そのことは、わたしに想い起こさせる、そのことのみが思い起こさせる、わたしが人間であるということをである。人となりたもうた神の言葉というものとの出会いにおいては、われわれは神をではなく、神によってわれわれのことを想い起こさせられるということはまことに重大な驚くべきことである。われわれがただ忘れられた者であるということだけではなく、失われた者であること、まことに深く絶望的に失われたものであること、全被造物もそれを知り嘆き悲しむほどのものであることが思い起こされる。われわれは、もはや「真の人間」ではない。そして、さらに、神は、イエスにおいて、そのことを何と見事な仕方でわれわれに思い起こさせることがおできになることであろう。神は、それを、われわれを審くというふうにではなく、――そのことならわれわれもイデーというものの許にあってそれをなしうるのであるが――そうではなくて、われわれの全実存の二つの柱（Pole）を一つにする仕方でなさる。われわれが人間であり罪人であるという二つの極を一つになさる。この二つの柱の間に火花（Funke）が上がる。

しかし、さらに、神のみが、われわれにそのことを想起させることがおできになる。神のみがである。人間が、ここで、その間に登場するなどということは、どのようにしてもできない。神は、イエスを存在（Dasein）に呼びいだし、イエスを神のご命令の許にその道を歩ませ、そして、イエスがその道を歩む歩み方、その仕方は、神のみ言葉の中にあっては、あらゆるところに賜物（präsent）としてあり、われわれはすべて、彼の仲間であると考えることができる。これは、哲学も神学さえもなし得ぬことであり、ただ神のみがなし得たもうたことである。イエスとこの世界とのこの向きあい（Gegenüber）の中で、神は語り、独自な、われわれの誰もが真似のできない言葉（Sprache）を語りかける。神は、この出来事（Geschehen）を、神の内なるものとなしたもう（verinnerlichen）。神は、イエスを鏡とし、その中に、人間が己自身をこの鏡の中に見いだす、その鏡となしたもう。これは、人間的自省とか精神的反省とかいったものではなく、霊的な種類の反省（Reflexion geistlicher Art）である。「神は、その出現（Hervortreten）により、われわれを内省（Einkehr）に導きたもう」[396]。

さて、さらに何が起こるのであろうか。根源からの認識ということに立ち至るのである。権威ある認識、そこに権威があるゆえの権威ある認識へ立ち至ることである。それは、根源と関わるゆえに権威を持つ。わたしは、この根源の権威によってある。わたしが、その根拠に立つときわたしであるものでありうる真理、それは、わたし自身の外に（extra me）ある。しかも、それは内的なもの（innerlich）であり、ただ内的な真理であるものである。それを捉えることは、偉大な転換（Hoheitswechsel）をそれ自身の内に包含する。受肉の中に、わたしの自らの根源、わたしがどこから来たものであるか（mein Woher）、わたしの独自性を捉えることによって、わたしは、わたしがその許に支配されている諸力、暴力というものを超えて、わたしは自らを高めることができる。認識ということは、したがって、ここではまさに信仰ということである。先立って信仰が認識を意味したようにである。

3. キリスト二性説の再構築
——キリスト論のいくつかの教説(397)

神にして人であるというキリストの二性（Die Lehre von beiden Naturen Christi）についての教説は、キリスト教の教理史的展開の中で、われわれを、いよいよ鮮明に摘出されるようになってきている三つの大きな問題の複合体（Fragenkomplexe）に分ける。

1．両性の違いはあっても、ペルソナ（Person）は一つ（Einheit）であるとする教説。ここでは、したがって、神的なものと人間的なものとはそれ自体混合（Vermischung）には至らない。カルケドン信条に、この二性は「混合されることなく（*άσυνχτως* unvermischt）、変化することなく（*άτδέπτως* unverändert）、」もちろん、「分割されることなく（*άδιαιϱέτως* ungeteilt）、分離されることなく（*άχωϱίατως* untrennbar）とあるようにである。〔訳文は『キリスト論論争史』（小高毅、水垣渉編、日本キリスト教団出版局）206頁に従う。『信條集』（新教出版社）前編7頁参照〕カルケドン信条は、これをもって、弁証法的方法が本来のキリスト論的なものであることを表現していると言ってもいいであろう。アタナシオス信条ものちに同様の捉え方を表明している。「彼は、神にして人でありたもうにかかわらず、しかも二つではなく、一つのキリストである」(398)。一人のイエス・キリストというペルソナにおいて分離されることなく（untrennbar）一つであるもの（Zusammengehören）は、その概念（Begriff）、その本質（Substanz）から見れば、天と地のように異なったものである。

ここから、第(2)のことが起こる。

この二性は、それ自体においてではないにしても、しかしイエス・キリストにあっては、なんらか共に並んである（miteinander）ということであれば、この共に並んであること（Miteinandersein）は、一人のペルソナにあって、その関係において、なんらか相対してある（Zueinander）ということになる。この二性は、相対しつつ（Zueinander）一定の交流（in einer bestimmten Kommunikation）の中にあるということになる。そして、ここに、さらなる問いが生まれる、もし、神的本性（die göttliche Natur）が――われわれが神の神たること（Gottes Gottheit）で考えうるいっさいのこと、すなわち、その全能（Allmacht）、全知（Allwissenheit）、普遍（Allgegenwart）、その義（seine Gerechtigkeit）、愛（Liebe）、知恵（Weisheit）――人間的本性（menschliche Natur）、その限界性（Endlichkeit）、死ぬべきものたること（Sterblichkeit）、弱さ（Schwachheit）等との関わりの中へ登場するという時、それはいったい何を意味することになるのであろうか、と。同様に、また、こう問いうるのかもしれない――この問いは提出されてはきたがほとんど十分には問われてこなかった問いである――それならば、人間的本性もまた、この関わりの中で、人間の側から、神的本性に対してなんらか一定の作用（Wirkung）をなすことはないのか、と。したがって、こう問うてもよい、この二性の交流は、それぞれの本性の独自性というものに対して、どんな意味を持つか、と。つまり、「属性の交流」（commumicatio idiomatum）の問いである。

大変やっかいなこと（das Peinliche）、弁証法的なこと（das Dialektische）、その上こう言ってもよいが、カルケドン信条の教義上でも釈義上でも重大な不鮮明さ（die dogmatisch wie exegetisch bedeutsame Unklarheit des Chalcedonense）が、ここで示されることになる。人は、神的なものと人間的なものとの分離されてあること（Getrenntsein）を強調することはできるが、混合（Vermischung）の危険性、被造物を神格化し、人間イエスを礼拝する危険を見ざるを得ないことになるのではないか。逆に、「分離されることなく（ungetrennt）」という標語（Stichwort）をもって、分離（Trennung）することの中に危険を考えて、二性の一つであること

(Einheit der beiden Naturen) に強調点を置き、この教説をキリスト論の基盤 (Grundlage) と見なすようになるのではないか。そしてさらに、人性 (Menschheit) は、神性 (Gottheit) と、ただ緩(ゆる)んだ、偶然的・偶発的に結ばれているのではないといったこと、単に歴史的に (historisch) のみでなく形而上にも結びついているということに注意を向けることになるであろう。ここで、神学者たちは問う、もし二性が一人の人格(ペルソナ) (Person) において相対してあるというのなら、この二性から何が生じてくることになろうか、と。

古代教会にあっては、この問題は、神学学派の路線論争 (Richtungsstreit) と結びついている。オリゲネス〔Origenes 184-254. アレクサンドリアで活躍した教会教父。『原理論』他〕に由来するアレクサンドリア学派は、聖書解釈にアレゴリーを優先させ、キリストにおいて神人 (Gottmensch) を、マリアの中に神の母 (テオトコス。Gottesgebärerin) を見ており、モプスエスティアのテオドロス〔Theodoros von Mopsestia 350-428,〕、テオドレト〔Theodoret 393 頃 -458 頃キュロスの主教。アンティオキア派の代表的神学者〕、ネストリオス (Nestorios 381-451. コンスタンティノポリスの主教、ネストリオス主義の主唱者〕によって決定づけられたアンティオキア学派は、人間イエスと彼の神的本質 (göttliche Wesenheit) の間を区別することに重点を置く。なぜなら、キリストを拝むのは被造物への礼拝ではなく、神の子への礼拝であるからである。マリアもまた神の母 (テオトコス) ではなく、せいぜい、救い主の母 (クリストトコス) である。ここに、それ以前のアレゴリー的解釈に対して、史的解釈 (historisch) が登場し、旧約聖書もその字義どおりの意味に従って解釈され、旧約聖書のキリスト論的理解に従って解釈されるようになる。アレクサンドリア学派はプラトン主義的であり、アンティオキア学派はさらにアリストテレス主義的であり、この場合それは形而上的であるより倫理的である。

全く同様にして、カルケドン信条的なものは、のちに、2つのプロテスタントの教派に分裂をもたらす。その際、ルター派は、よりアレクサンドリア学派のキリスト論の路線を受け容れ、そこですでに代表されていた二性の交流 (Kommunikation der beiden Naturen) を形成させてゆき、かたや、改革派は、カトリック教会や教皇レオ１世〔Leo der Große 440-461 まで教皇〕の『トムス』〔(Tomus Leoni. コンスタンティノポリスの司教フラヴィアノスに宛てた書簡集。〕と共に、より強力に西欧的伝統を守り、二性の区別に価値を置く。「有限なものは、無限のものを入れることはできない」(Finitum non capax infiniti)。

ここより、第(3)のことが結果してくる。これは、ルター派にとって本質的なことになるが、「キリストの二状態説」(der beiden Stände Christi) という第三の教説 (Lehrstück) である。この二性の属性の交流の教説をもって、一つの問いが前面に立ち現われてくることは明瞭に見てとられる。もし、キリストの人間としての本性が、神的な本性の特質 (Wesenseigenschaft) を有するのだとすれば、いったい、どの程度にキリストの人間としての本性は保持されるのか、と。古代教会におけるアポリナリス〔Apollinaris der Jüngere von Laodicea 310 頃 -390. 強力なニカイア信条支持者〕とネストリオスとの間の論争におけるように、このことにより、イエスの人間たること (Menschheit Jesu)、人間としての歴史上の展開、イエスの生成といったことは、最大の危険にさらされた。したがって、人がもし属性の交流の教説を棄てることを欲しないならば、人間としての展開の確実な独自性のための余地を創り出さねばならなかったのである。このことは、しかし、キリストの二状態、つまり二性が全く完全に一つであったという状態、人間的本性が神的本性の独自性に完全に与（あずか）っている状態――この状態は“高挙”(Erhöhung) の状態であるが――それと、もう一つの、まだそのようにはなっておらず、神の子はなお彼の権能 (Majestät) を行使しておらず、あるいはこのことをただ秘めたものとして人間であることと卑下の (Niedrigkeit) もとに隠していたといった状態――の二つの状態を区別することによってだけ可能なことである。ルター派の人々の決定的関心は、受肉を卑下の状態から区別することであり、一方、改革派の人たちにとっては、受肉は卑下である。それに対して、ルター派の人々は、人となること (Menschwerdung) をもって神人 (Gottmensch) は、その完全性においてそこにあるという命題を固持する。「言は肉の外になく、肉は言の外にはない」[(399)] と。ここに、ルター派のキリスト論にとっての最大の困難、つまりシュナッケンブルガー〔Matthias Schneckenburger 1804-1848. 神学者、ベルン大学教授〕がかつて言い表したような困難、「イエスの生涯のさまざまの局面をつらぬいてあの二重の意識（Doppelbewußtsein）を追構成する（nachzukonstruieren）という困難、そこではこの人格に到来するロゴス知（logos-Wissen）は、すべての生涯の局面で人間的に制限されたものが現実に成るために絶えず消去され続けたという困難に今も苦しめられるという困難である」(400)。

このようにして、われわれがケノーシス・キリスト論（Kenosis-Christologie）と性格づけうるタイプのキリスト論が生じてくる。それは、19 世紀において、トマジウスの重要なキリスト論にあって、広くその特質が現われたところのものである。ケノーシスの教説は、近代においては、トマジウス、ゲッス〔Wolfgang Friedrich Gess 1819-1891. プロテスタント神学者。ゲッティンゲン、ブレスラウ大学教授〕、そしてドルナーらによって展開された形態においてその困難性を明らかにする。それは二性説にとって、歴史神学（historische Theologie）がいよいよもって教会史および教理史、聖書研究の内側にあってその地位を確保するに至った時に起こってこざるを得なかった困難である。かくて、トマジウスがイエスの人格と業に関する四巻にも及ぶ書物において提出した包括的な命題(401)、それは始めから挫折に定められる他なかった命題であったが、その間、シュライエルマッハーは、二性説の全体を排して、キリスト論のための新しい命題を発見する企てに取り組み、それは、19 世紀において、やはり、広く遂行されたことであった。これらのことの〔結果〕を先取りし、これらのことの結果を視野に収めるとき、そうなる理由は、ここから正しく判断されることであり、その理由は、さし当たり二性説の解体（Abbau der Zweinaturenlehre）への理由としてはっきり現われてくる人は、その結果を注目せざるを得ないことになろう。

二性説の排除と人間論へのその帰結(402)

この際、第一等に重大になってくるのは、シュライエルマッハーである。彼は、キリスト論の構築において、驚くほどの単純化に立ち至った人である[403]。「キリストの中には、二通りのことがある。すなわち、一つは、人類の新しい全体的生の中心（das Zentrum des neuen Gesamtlebens der Menschheit）ということであり、他は、彼〔キリスト〕にあって神の存在が最も明白に語られている」という認識をもって、二性説の体系を取り除いてしまったことである。彼・シュライエルマッハーの考えるところによれば、その文言の意図するところは、イエス・キリストは神の子であり、われわれの兄弟でありたもうということであろう。もちろん、このことによって、彼の考えに従って古い公式の中で利用価値ありとされるものはすべて語られており、その他のものは何の価値もなく、古い公式は学問上の事情からも教会的利用価値という点から言っても、議論の遂行上、〔取り除いても〕抗議を受けるべきものなどはほとんど何もない価値のないものである。

シュライエルマッハーの非難（Vorwurf）は、まずさし当り、神の子の先在（die Präexistenz des Sohnes Gottes）に向けられている。このような結合を行なう主体（Subjekt dieser Vereinigung）は、以前には存在しなかったし、新約聖書の〔文書の〕状態から言えば、これらの文書によってのみ存在しているものにすぎない。しかし、シュライエルマッハーの主要な異議は、むしろ、「本性」（Natur）概念に向けられている。本性とは、「いっさいの有限なるものの存在の総括のこと（Inbegriff alles endlichen Seins）であり、われわれが本性と歴史とを対置するように、いっさいの身体的なものの総括、原素的なものに遡（さかのぼ）るところのものである。……そして、まさに、この細分化され制約されているものを（dieses Zerspaltene und Bedingte）制約されることのあり得ぬ純粋なものである神に対して対置しようとする。まさにそれゆえ……われわれは神に対してはいかなる本性をも賦与し得ない」。「本性」（Natur）という言葉は、ここでは多神教のいう意味しか持ち得ず、「神的本性」（göttliche Natur）という表現は多神教にこそふさわしい。とりわけ、一つのペルソナが二つの本性に与るようなことは想定も不能のことであろうし、まず、そこでは意志の一致（Willenseinheit）という問題において重大な困難に直面する。

シュライエルマッハーによれば、このことに対応して、このような表象は説教という点からしても使用には耐えぬものである。このような表象は境界設定（Grenzbestimmung）としてだけありうる。ここでは、また、むしろ、化現説的な（doketisch）、エビオン主義的（ebionitisch）な捉え方に対して、己を守るどころか、その方向へ誤導していくこととなる。結局、「生ける信仰を建てあげ、それを強化していこうとする」正しい信仰の教師たちにとっても、このような語法（Terminologie）は、もはや有用とはならないであろう。

このような論議を再び採り上げたのは、A. リッチュル〔Albrecht Benjamin Ritschl 1822-1889. 文化キリスト教の父といわれる神学者〕であるが、彼はカント的意味での本性とペルソナとの対置の中で、このことを強調した。リッチュルは、それに形式的要素（formale Moment）を追加している。「わたしが、わたしの救いのためにキリストの恵みの力を信じることにより、キリストがわれわれの主であり、彼をわたしの神として崇めるならば、それは、直接的な仕方での一つの価値判断（Werthurtheil）である。価値判断は、カルケドン信条がそうであるように、公平無私であるべき学問的認識の領域には属さない」(404)。ここで、学問的認識に至りうると考える人々は、「宗教的認識と学問的認識の区別を知らぬ人々であり、〔このような区別は〕宗教の領域においては元来一般的になっていないものである。宗教的な類の認識はすべて、直截な価値判断なのである」(405)。さらに言う、「神とか、神的なものとかは、われわれの救いの祝福（Seligkeit）にとっての価値というものを確認することによってだけ、その価値に従って、認識されうるものである」(406)。さらに彼は説明を加え、新約聖書はキリストの神性（Gottheit Christi）についての教説など有してはおらず、「キリストの神性の問題の神学的解決は、したがって、教団（Gemeinde）によって形づくられてきた形態での人間の救いに対するキリストの業（Wirken）の分析ということによってだけ根拠づけられうるものである(407)。このことをもって、二性説というものは、封印された墓の中に葬られ、再び甦ることはないことが学問的にも建徳的理由づけによっても証明される。

しかし、このことの結果は何なのであろうか。シュライエルマッハーに聞くことにしよう。彼の『信仰論』（Glaubenslehre）のパラグラフ99は、直接に、二性説の解体（Abbau der Zwei-Naturen-Lehre）を結論づけている。

「キリストの復活とが昇天の事実は、審きのために再び来りたもうということと同様、キリストのペルソナの教説の本来的要素としては提示され得ない」。リッチュルにあっては、充足説（Satisfaktionslehre）〔父なる神は、子なる神、人となった神ご自身の自由な意志による死によってしか充足されない。それによってしか人間性は回復され得ないとする説。アンセルムスの贖罪の重要要素〕への新しい把握から、次のような結果が生じてくる。「この方向性というものは、さし当り、どんなことがあっても、人間のいのちというものが、神とその祝福のゆえに、動機づけなどを超えて（原文のまま）この世界を貫いて高めらるべきという内容以外のものを有さない」(408)。人間の自信（Selbstgefühl）こそこの世界の拘束性から自由にされてあるはずのものである(409)。

さて、改めてここでわれわれはもう一度問いかけることが許されていよう。二性説を清算すること（Liquidierung）をもって、突如、イエス・キリストのペルソナとその業への信仰にとって中心に立っていると思われるものが破綻させられるということであれば、それは偶発的事件（Zufall）か、または内的必然性をもつものなのであろうか、と。第一に、わたしは、イエスは死への勝利者であり、人間の姿において（in menschlicher Gestalt）復活した方であるという事実を考えている。そして、第二に、赦しということは一つの価値判断（Werturteil）に立つというのではなく、ゴルゴタの丘でイエス・キリストに起こったことの上にこそ判断（Urteil）は立つのであるということである。「もし、わたしが、人間的本性のみがわたしのために苦難を受けられたのだと信じるのなら、わたしにとって、キリストは一人の悪しき救い主であり、彼自身が一人の救い主を必要としているということになる」(410)。事実は、リッチュルの理解するところに従えば、イエスの死は悲劇として、誤解されたユダヤ教的終末論との関連での破局（Katastrophe）ということになるのではないか。アンセルムスの古い文言、「罪がどのように重大なことであるかが、あなたには、まだ分かっていない」(411) は、全く正しい文言であった。罪は、単に人間の罪意識とか人間の自己理解の内にのみ、その座（Sitz）を持つものではない。キリストについて持つわれわれの観念と関わるのでも全くない。なぜなら、罪の現実は、それ自体、あらゆる観念とは無関係にそれらを超えてあるのであり、しかも、その上で、折々に、観念世界の中にも突入してくるものである。神の現臨とは、われわれが観念世界というものから罪と死の現実世界へ歩み入るということであり、その罪と死の現実世界は、信仰者たちや神なき者たちの手でたとえ隠蔽(Verschleierung) させられようとも、イエス・キリストの人となりたもうことの中で現実に白日の許に明らかにされているということを意味している。神は、審き主でいましたもう。そして、神は、単なる行為といったもので充足させられることはない。

われわれは、組織神学の内部において、二性説が解体へ導かれていった理由を、その理由が適用されて当然生じてこざるを得なかった結果をも共に示そうと企ててきた。シュライエルマッハーにおいては、そのことにより、イエス・キリストのペルソナは、この世界内の歴史としてそれ自体として見わたすことのできる生活の活動領域のことに限定される。復活の出来事は、昇天ということと同様、キリスト論から排除される。人間性の内側においてのイエスと共に始まった新しい生命の働き (Wirksamkeit) ということが、彼のキリスト論の陳述の主題である。先在 (Präexistenz) や、その教団において生き続け人類の中に活動し続けるイエスの死後の実存 (Postexistenz) といったことは、全く脱落させられるに至り、それらは思弁的なものとして信仰にとっては本質的な陳述ではないとして簡単に脱落させられる。イエスのペルソナに帰属しその完成でもあるイエスの復活を排除することは、その後、教義学の内部においても新約聖書の解釈の内部でも継続して起こったことである。

このような排除の理由は、本性概念の適用に対するシュライエルマッハーの批判の中にある。死は、もちろん、生理的現象である。神が人となりたもうということが、もし、なお、倫理的・精神的、個人的出来事であるというのであれば、したがって、それは精神的決断の領域内でのことであるというのであれば、死は、いのちの生理的終わり、腐敗 (Verwesung) と没落(Untergang) として、もはや問題にもならぬこととなろう。観念論的神学にとって、死は神に敵対する力としては存在していないと考えられているのは特徴的なことである。ルターは、しかし、語る、死は、神に敵対する何者かである、と。神の前では、断じてその名を呼ぶことの許されないことである、と。旧約聖書も、「われわれが死ぬべきものであることを教え、知恵の心を得させたまえ」（詩 90・12）と祈ることを知っている。しかし、精神についての近代的理解は、精神を無限なものとして妥当せしめ、それは己自ら生き続け、己自らをつねに新たに反復していくことができるとし、死というものをわれわれの視野から追い出したのである。人間のいのちは元来一回的なもの（einmalig）であり決して再び帰り来ることのないものであること、死と死なねばならぬこと（Sterben-müssen）についての予備知識とは、神学問題から掠（かす）めとられてしまった。そうして、「本性」概念についての無理解ということが現われてきた。身体的なるものの全領域は、いわゆる救い（Erlösung）ということから切り離されてしまい、それによって、罪と死との関連性もまた切り離されてしまった。罪は、単なる倫理的現象としてだけ理解され、もはや、その前で奴隷意志というものによって囚われて無力である他はない力としては理解されなくなってしまった。人間の倫理的自由への際限のない楽天主義が活況を呈し、聖書的意味でではなくギリシャ的意味で思惟し、人々は、罪の中に感情（Affekt）としての欠如（Defekt）を見るのみとなった。

このことは、第2の、シュライエルマッハーに続く世代のしたことであるが、彼らは、罪の場に罪意識ということを押しつけ、その罪意識の克服ということに全関心を向けるに至る。そのことによってこそ生命も解放されうるのだ、と。死による外からの脅威からの解放ののちに、意識の出来事の中においての咎（とが）（Schuld）の解消である。それは、その全世代にとって喜んで歓迎された祭儀行為（Ritschl）である。キリストは、そこでは、良き良心（das gute Gewissen）を再び与えてくれる存在であり、抑圧された罪意識からわたしを解放してくれるところの存在である。事柄は、根源的に、しかし、それとは全く別様だったのである。根源的に、彼・イエスが、わたしのために、審きの現実の裁判（im realen prozeß des Gerichts）の場に登場なさったのである。彼が、われわれの罪を担い、われわれ罪人をご自身にお招きになったのである。われわれが罪を担い得ないにもかかわらず、彼がそれを担いたもうたのである。このことによって、彼は、われわれが感じもしなければ見てもいないもの、感じようともしなければ見ようともしないものを明らかにされたのである。以前、人々は、こう教えたのである、イエス・キリストがわれわれの咎を担いたもうた、と。罪意識がわれわれの内面で屈服しようとしまいとわれわれは救われて自由である、と。告発された良心は誤るが、イエス・キリストにおける神の行為への信仰は誤ることがない、と。人々はなお承知していた、咎が意識の中に侵入してきていることを。何者も誰も、われわれが久しく抑圧してきた声を増大させこそすれ、その声を防ぐことはできないことを。咎の恐ろしさというものをなお知っていた。その前での人間の無力ということを。しかし、人は、なお、自覚的であるのみならずよく整えられ、自負した世界の中を現実に生きていた。マクベス〔シェイクスピアの三大悲劇の一つ『マクベス』の主人公〕は、王暗殺に先立って、まさに、言う、「殺(や)ってしまって、それで事が済むのなら、早く殺ってしまったほうがよい。暗殺の一網で萬事が片付き、引きあげた手もとに大きな宝が残るなら、この一事がすべてで、それだけで事が終りになるものなら……。あの世のことは頼まぬ、ただ時の浅瀬のこちら側で、それですべてが済むものなら、先ゆきのことなど、誰がかまっておられるものか。だが、こういうことは、必ず現世で裁かれる……」(412)。

しかし、神との出会いということは、わたしの現実の存在（mit meinem wirklichen Sein）との出会いということである！　そこでは、わたしは神がわたしをごらんになり見いだしておられるわたしとなり、わたしが、わたしの自己正当化と自己満足の中でわたしを見ていたわたしではなくなる。咎ということは、究極的に回復不能な現実を指示する概念であり、まさに、死のように取りかえしのつかないもののことである。王を暗殺の一網で殺しうるとマクベスが信じていたような自由というものは、一つの陥穽（Falle）なのである。それを行なう者は、それによって捕らえられ、刻印されてしまう。彼はもはや真実の中にある存在であることはできず、誤って思いこんだ適当な見かけだけのいのちへ導かれていく他はない。彼は、もはや、真実の中に生きてはいない。ここで、問いが生じる。わたしがいかにわたしの罪意識から解放されるかということではなく、罪はいかに清算されるのかという問いである！　古代の神学は、罪の問題について、それを主観的なことへ変形するという曲芸（Kunststück）を行なったのではなく、彼らは咎の現実（die Realität von Schuld）というものを知っており、意識というものに対しては不信の思いを持っていたゆえに——罪意識のないということは神の前で義とされていることではなく、実質的に見れば、わたしが義しいということを意味しているわけではない——彼らは、「あなたがすべての罪を担ってくださるというのでなければ、われわれは絶望する他はない」(413) という使信をしっかり捉えていた。彼らは、なお、キリストの代理の苦難ということを捉えていた。

しかし、誰が、この咎を「廃する」(aufheben) ことができるのか、誰がこれを担うことができるのか、その方の前では、ただ罪ある者である他はないわたしではないものでなければ……。神ご自身であろうか。他者と共に苦難を味わい、自らのために苦しむのではない一人の人間である。このような事柄にあっては、われわれは、代理などということは不可能であり、それゆえ、また、深く孤独なものなのである。しかし、イエス・キリストの死は、われわれの咎のための代理としての登場であったことが告げられている。彼は、われわれこそが受くべき裁きを、ご自身が受け止めたもうたのである。〔彼とは〕誰のことであろう。神ご自身である！　しかし、どのように（wie）してであろうか。この方の子、人間イエスにおいてである。一人の人間が、わたしというものの場に登場なさったのである。この人間である！

「罪と何のかかわりもない方を、神はわたしたちのために罪となさいました」(IIコリ 5・21)。事情は、まさにこの通りである！　このことは、それを信ずることより他にはなく、人間の考えなどの及ばないほどのことである。神が人となりたもうことにより、われわれがそれである人間を廃し、これに終りを定め、全世界に対して明らかにしたもう、人間の中のこの人間に裁きと恵みを通して終りが定められていることを。そして、われわれすべてに対していのちの新しい可能性が定められていることを。その生命は、あの尋常でない死によって生まれた生命（aus diesem fremden Tod geborenen Lebens）の可能性であることを。その生命は、イエス・キリストにおける神の行為への信仰からの生命の可能性であることを。ここで、われわれは、またやはり二つのことを目にする。つまり、われわれは、一人の人間の苦難と死において神のなさった業（Tun）というものを目の前にしているのだということである。もし、それが神の独自の業（Tat）でないのならば、咎はさらに生きのび、悪しき行為の呪いはさらに生きのびていくことになる。

われわれは、二通りのこと（ein Doppeltes）をしてきた。われわれは、イエスの復活を教団の単なる意識というところから取り出し、そして、同様に、罪についても、それを罪意識などの彼方に超え出ている実在する（existieren）或るものとして明らかにしようと企ててきた。そこでもここでも、われわれは「意識」(Bewußtsein）なるものからは身を引き、「存在」（Sein）に向かうことを企てた。こうも言いうるであろうか、われわれは神学を心理学への固執から解放しようとしたのだ、と。復活のイエス・キリストとの出会いは、目撃証人たちにとっては、全く別様のことを意味しており、イエスが死ののちもさらに生きていますこと（Fortleben）の表象（Vorstellung）を意味しているものである。この地上のナザレのイエスは、死と埋葬にもかかわらず、今、ここに生きています（da ist）のであり、かつてこの地上に「あった」(da war）人間のようにではなく、一定の測定可能な時間内に自らを示そうとした人間たちに対してだけ「あった」人間のようにではなく、今・ここに生きています。そのような〔過去にあっただけの人間〕ということは、われわれが現実を捉えようとする時いつもする思考カテゴリーの中でのことにすぎず、それは、主観的な幻覚（subjektive Halluzination）や夢としてだけ捉えうるものにすぎない。この〔復活という〕出来事は、これをわれわれが心理学的にではなくその現実性（Realität）に従って捉えようとすれば、それは時、(Äon）の限界を飛び超えているものである。他の捉え方をすれば、それは出来事であることを止めてしまう。概念（Begriff）と現実（Wirklichkeit）とは、もはや一致し得ない。

罪ということにおいても、根本的に、事情は別様ではない。この誤導（Verführung）を捉えることをわれわれに教えてくれるためには、19世紀、ないしは20世紀が始まる〔のを待つ〕他なかったのである。「あなたがたは、以前には、罪意識というものは、はるか彼方にいます審き主と罪というものに依存するものと考えていた。われわれは事柄を、ちょっと、回転させる。罪は単に罪意識の客観化にすぎない。人は、人間に、一つの記念物

（Gedächtniszeichen）、動物〔性〕を制御したものとしての良心（das Gewissen）を持ち込んだのである[414]。しかし、あなたがたが、罪からの解放ということは自分自身の中にのみあり、本来のわたしであろうとする願い（lch-Sein-Wollen）、わたしはわたしでありうること（Ich-Sein-Könneum）を知ってしまった時には、罪意識とキリスト教の贖罪観念とから遂に自由になるのである」。19世紀の自由主義者たちの企てと希望とは、その中で倫理というものが位置を占めることであり、キリスト教が退却しても持続されるべきものであったが、それは挫折したのである。

もし事柄をそのように回転させたければできるであろうが、しかしここでは問題は、いっさいか無かである！　もしキリストが、その死をもって、われわれのための代理の死を死んだのではないとすれば、われわれのために登場したもうたということではないとすれば、もし、贖い（Versöhnung）ということが、ここで、現実の場の交換（Platzwechsel）を完成したことを意味しないとすれば、神ご自身が死にたまい、われわれのために生きてお姿を現わしたもうということでないとすれば、（そこを通ってだけわれわれは罪とは何かを見うるものとなったのであり、神がそのためにどんな代価を払われたかを見るのであり、われわれが意識の変更さえすれば罪を通過しうるなどと考えている間に、神はこれらをなしとげたもうたのである。また、そこを通ってだけわれわれに地上の全被造物の間には在り得ない解放され救われた良心というものがどんなに価値あるものかも見えてくるのであり、われわれが価値ありと設定しうる価値は、他にはないことも見えてくるのである）、われわれは、罪の何であるかを知らない。復活者の意識というものもありうるであろう。わたしは、それを、イエスの復活の使信によって震撼させられ天使たちによって高められた意識と呼び得よう。さらに同様に、罪の意識というものも存在し、わたしは、それを、咎によって撃たれ麻痺させられ破壊された意識と呼び得よう。それらは、われわれがそこから脱出すべき現実である。そして、今、わたしはあえて主張したい、二性説こそは、単に頭で考え出され表象された世界とは区別される意味をもった現実性なのである、と。

イエス・キリストのペルソナにおける二性

人は、いったい、いかに「二性説」(die Zwei-Naturen-Lahre) というものを定義しようとするのであろうか。それは、啓示ということの重さを、全く、ペルソナ (Person) の上に移動させるということである。しかし、それはイエスの人格性(ペルソナ) (Persönlichkeit) について、その人格形成力 (personbildende Kraft) が人間から発するといった近代的理論のような語り方、そこでは一つのイデー、たとえば愛のイデーといったものが一人の歴史上のペルソナにおいてわれわれと出会うことになるといった語り方はしない。そうではなくて、それとは正反対の道を行こうとする。ロゴス (der Logos) は人格形成的なものであり、活動するもの (das Tätige) である。このことを、古い教義学は、ペルソナ的 (die personale oder hypostatische Einheit)、あるいは、ヒュポスタシス的結合〔井上良雄、寺園喜基の訳語は“実体的統一”、計良祐時の訳語は、“位格の結合”〕と呼ぶ。ケムニッツ〔Martin Chemnitz 1522-1586. ルター派神学者。「和協信条」に決定的に関わる。その Loci theologici (1591 年) は、19 世紀まで規範的役割を果たす。『キリスト論論争史』359 頁を参照〕は、その著作『キリストにおける二性について』(Über die zwie Naturen in Christus) において明確に表明している、「人間性が神性をとるのではない。……まして、神的ペルソナ (göttliche Person) が人間的ペルソナ (menschliche Person) をとったのでもない。そうではなくて、ロゴスの神的本性 (die göttliche Natur des Logos)、あるいは、神のロゴス (Gott-Logos) が、人間的本性の全量 (die Masse der menschlichen Natur) をとったのである」(415) と。それは次のことを意味している。神のイデーは、人が近代の大方の神学者たちにおいて読むように、〔それは〕人間イエスにおいて歴史となり、人格形成的な、さらに人格的に継続して活動をし続ける歴史となるということによって、その抽象性 (Abstraktion) から免れうるわけではないということである。神は、非ペルソナ的なもの (Unpersonale) ではなく、抽象化された何かでもなく、逆である。イエスにおけるペルソナの存在 (Person-Sein in Jesus)

は、彼が神の独り子であるということに根拠づけられている。彼の人間存在（Mensch-Sein）は、この人間イエス・キリストを顧慮して付与せられたもの（das Hinzugenommene）であり、〔その属された〕類（das Generelle）を示すものである。それは、そもそも、同じ仕方において人格形成的力を持つのではなく、それは、「アンヒュポスタトス」（anhypostatos）なもの〔神のロゴスに参与せず、それ自身では存在できない限りでの人間存在のこと〕であり、人間イエスの「我」（das Ich）を定立しうるものではない。彼イエスが、われわれ〔人間〕と一つであるという点にではなく、彼が父と一つでありたもうという点において、彼は彼であるものであり、その彼を信ずるとは、そう信じるために彼に聞くべきであるその彼が、生ける神がわれわれに対して登場なさるようにわれわれに対して登場したということを信ずることである。

したがって、われわれの注目すべき第一のことは、こうである。人間たること（Menschheit）と神たること（Gottheit）とは、イエス・キリストにあっては、同等に（gleich）関係しあうものではないということである。ここに、「二性」についての定式（Formel）が〔従来〕誤解されてきた点が示されている。神は、人間の場合と同じような意味において「本性」（Natur）をお持ちになるのではない。われわれが、神的（göttlich）として表すことのできるようなカテゴリー（Gattung）というものは存在しない。人間的本性というものは存在するであろう。つまり、一般的な意味において人間とは何かということをめぐる理解への問いは存在するであろう。この問いは、精神における傷として、未解決のままに留まってこざるを得なかった問いである。〔その問い〕が、ようやくここで真実に答えられることになる。人間というカテゴリー・類（Gattung. genus）は、このペルソナにおいて受け止められるのである。彼・イエスが人間であることは、すべての人間に関わることであるが、彼がこの失われた謎に満ちた人間というカテゴリー・類（genus）に属されることによってだけ、個々の人間とも関わることになる。そして、それゆえにイエスの言われる「わたしは、在る」（Ich bin）ということは、人間の類（人類）の中に、またイエスが最初のキリスト者であると考えるような敬虔な人間というものの内に制限されてしまうようなものではなく、人間というカテゴリー・類（genus）の只中に、「わたしは、在って在る者」（出3・14）と語るものがその背後に立っているそのような一人の「我」（ein Ich）と出会うということである。彼にあって、神の神でいますこと（das Gottsein Gottes）が受肉したのである。

加うるに、第二のことがくる。この伝承されてきた二性説において、まことに微妙な「神―人間」（Gott-Mensch）という概念規定に際して登場してくることは、まさに、この「二性」の「並列化」（Nebenordnung）ということである。あたかも、イエスが二つの本性より成るかのような、あるいは、二つの本質（Wesenheit）より構成されているかのように考えることである！　このことによって、彼は、異教徒たちのいう意味での仲保者であったり、神と人との間の仲保者的なものであったり、あるいは、真の神でも真の人でもないものとなる。それゆえ、ルターによってしばしば用いられた「義なるものにして同時に罪人」（simul iustus et peccator）というものがアナロギーとして役立てられる。イエスは、同時に、神にして人であるのだ、と。彼は、完全に両方であるので、一方を主張するには、他方を止揚するという帰結に至るということになる。同時に、全く義であり全く不義であるということ（simul summe iustus et summe iniustus）、同時に、神の子そしてマリアの子。全く神にして全く人間。つまり、〔その場合は〕彼が人間となるという時、その神たることを捨てるという事情ではない。あるいは彼が神の現実性の中に現われるときには、彼はその人間たることを捨てるというような事情にはない。むしろ、十字架に死ぬものは、まさにそこにおいて、目に見える、把握可能な、効果の期待できる神の力として〔死んでいった〕ので決してなく、また、復活した者も、目に見える、把握可能な、効果の期待できる人間として復活の顕現において姿を現わすというものでも決してない。

しかし、ここでは、まさに、神の現実性と人間の現実性とが重大である。ということは、本性などということ以上のことが重大である。「十字架の神学者は言う、事柄（ザッヘ）（Sache）は、何か」(416) と。ここで明らかにされるその人間は、罪ゆえに犠牲とされ、殺され、裁かれた人間である。それは全き深みにおいて神に棄てられた人間のことである。そして、ここで明らかに示される神は、この人間を見棄てず、この人間からはるかに遠く離れて立っている神ではなく、われわれすべての人間とご自身を一つとしたもう神である。これが、ペルソナ的・ヒュポスタシス的・位格的結合（unio personalis）である。神は、最高の独自なペルソナにあって、ご自身を、わたしの罪との運命共同者（Schicksalsgenosse）となさるのである。わたしの永遠の罪との〔運命共同者〕となりたもうのである！　彼は、そのことをもって、内なる未見の世界においてのみ真実であるものを、目に見えるもののほうへ進ませられる。今、すでにである！　これが、その人間のことである。これが、その人間の究極（Ende）のことである。その人間に目を注ぐ中に神は啓示され神が何者であるかが明らかにされる。神が人間を見棄てないこと、神が罪ある人間を義としたもうことが明らかにされる。これが、イエス・キリストにおける神の現実性である。彼がご自身を、罪人に対して、わたしの神として、わたしの創造者として、わたしの主として、わたしの心よりも大いなる方としてお示しになる、これが神の現実性である[(417)]！

われわれは、以上のことを、教義上の事実状況として注目しようと企て、著しく誹謗されてきた「二性説」なるものの上に何らか明るい光を投ずることができるようにということを企ててきた。ここで、大いに注意すべきことは、そうしなければ、まさに、地上的なものを超地上的なものに継続的に変えてゆくカトリック教会の教会についての教説のような変容（Abwandlung）が登場してくることになることを忘れてはならない。イエス・キリストは、二性の結合（Einheit beider Naturen）であるゆえに、彼が真の神であり真の人であるゆえに、「神人」（Gottmensch）、「神―人間」（theanthropos　セアントロポス）であるのではない。古プロテスタントの教義学者たちも、このような表現を、二性説の決定的定式として用いてきた。「したがって、彼は、その業の働きにおいて、神としてのみでなく、人間としてのみでもなく、そうではなく、神人（Gottmensch）として行動する」と[(418)]。これは、多くの例の内の一例にすぎない。ここにおいて見えてくるものは、この〔二性説の〕教説の展開における深い誤りであり、そこでは、神的本性と人間的本性とが二つの同等の全体として操作されるような誤りであり、イエスのペルソナの結合は、二つの「本性」から組み立てられているかのように考える誤りであり、少なくとも、理論的には、この二性はいつでも分離もされうるとした過ちである。イエス・キリストのペルソナにおける神と人間とに関わる区別は、別様に受けとられねばならず、――類比的に考えるとしても――二つの質料的なものの並在（das Nebeneinander）を通ってのことと考えられねばならない。

しかし、われわれは見てきた、二性説を抜きにすれば、神学というものは、キリスト論の二つの本質的要素を、それを保持しようとしたとしても、それらを神学的領域から心理学的領域へと移動するという方向へ押し流されていくことになるということを。一つは、イエスの復活のことであり、それは、一つのペルソナとして、それだけで（für sich）彼ご自身の復活ということであり、つまり、地上にあるものとして在ったそのように復活の主はここに在すということである。復活者において、地上的な者は、もはや捉え得ないものとして新たに別様に在るということである。なぜなら、この本体論的事実（dieses ontische Faktum）を捉える認識論的手がかり（Ansatz）は、破られているのだからである。したがって、われわれは、復活において、せいぜい、教団の信仰と教団の形成物とに出会うにすぎなくなる。そのようなことは、復活者との出会いということとは完全に違ったあるものでしかない。咎とか代理ということとか、また教義学が執り成し（intercessio）とか充足（satisfactio）ということを言う場合にも、事は別様ではない。神が、わたしのためにお姿を現わされたのである（Gott tritt für mich ein）。第三者が登場したのではない。人間イエス・キリストが、その苦難をもって、神の許に、わたしのために登場なさったというのではない。そうではなくて、神が、この世界をご自身と和解させたもう、そのようなものとして、キリストにあって登場なさったのである。このことを堅持するためには、人は、二性説というものを放棄することはできなかったのである。ケムニッツは、正当にも、こう語っている、「聖書の証言は明確に示している、イエス・キリストにおける二性の結合は、そのことをもって、和解の業、赦しの業、救いの業等が、この二性において（in）、二性と共に（mit）、キリストの二性を通して（durch）遂行されるために生起するのである」と(419)。キリストの行為（Tun）、キリストの和解の業は、そこではこの二性が関与しているという、そのようなものとして見られている[420]。

さて、また、徐々に明らかに認識させられてくることは、二性説を取り去ってしまえば、キリストの苦難の際の神的本性の共働（Mitwirkung der göttlichen Natur bei dem Leiden Christi）ということも、それゆえキリストの代理の行為というもの（das stellvertretende Handeln Christi）も捉え難いものとなるということである。同様に、人間的本性の共働ということも、もう少しよりよい表現をするとすれば、復活ということの中に人間的本性が共同参画するものとして受け容れられること（das Mithineingenommensein）も、捉え難いものとなるであろう。真の神ではもはやない苦難のキリスト、真の人ではもはやない復活のキリスト、それは、二性説を抹殺するということからくる危険な結果というものである。しかし、われわれが、イエス・キリストはわれわれの罪（Übertretungen）のために死んだということ、然り、まさにそのために彼は死ななければならなかったのであるが、そのことをわれわれが堅持するならば、われわれは、今、世界の罪（Sünden der Welt）というものがどこに存在するのかということを見ることになろう。その〔罪〕は、もはやわれわれの上にはなく、彼の上にあるのであり、罪は絶滅させられることなしに存在することはできず、〔その罪が〕廃されるためには、〔彼によって〕受け止められる他はなかったのである。イエスにあって、したがって、そうする必要の全くない一人の人が罪（Schuld）を引き受け、そのことによってわたしが自由とされるという意味での交替（ein Wechsel）が起こっているのみではなく、彼が、罪を廃し、これを無とするために罪を引き受けたもうということが起こっており、その結果、われわれは義とされるということが起こっている。さらに、イエス・キリストがわれわれの義とされるために甦させられているということを堅持するならば、そのことは、人間が、その本性に従って、神の勝利に与（あずか）っているということを意味している。神が、人間の罪と罰（Schuld und Strafe）に与っていてくださるようにである。したがって、ここでは、このような出来事（Geschichte）が問題となっているのであり、それ以上に本性（Natur）ということが問題になっているわけではない。罪ある人間の歴史（Geschichte）は、神により、人間本来の歴史（Geschichte）となる。イエス・キリストにあって神の歴史（Geschichte Gottes）は、人間もまたその歴史に緊密に関わらしめられている仕方で起こる。復活とは、人間の本性が、復活に参与するということを意味している。

神は、したがって、神的な存在の在りよう（Daseinsweise）と人間的な存在の在りようとの共在（Miteinander）ということの中にあっては、人間と同じであるというようには見られ得ない。この両者は、同列ではない（nicht gleichgeordnet）。このことを、古いキリスト論は、キリストの人間的本性のアンヒュポスタシス性（Anhypostasie）を語ることにおいて認識してきた。そのことをもって言おうとしたことは、本来のペルソナ性に一定の欠落（carentia propriae subsistentiae）があるということである(421)。「人間性は神性を含み得ない」（Non humana natura assumsit divinam）。人は、受領している本性（eine annehmende Natur, natura assumens）と受領された本性（eine angenommene. assumpta）を区別する(422)。聖書的にも哲学的にも、このことは、大いに好ましくも難解でもないというわけではないが、一つのことは正しい。つまり、神が人となりたもうということにおいては、神的なものの非ペルソナ的イデーがペルソナ性（Personalität）と具体化に至ったということではないといっている点である。神たること（Gottheit）は、人間の個人化（durch den Menschen zur Individualität）ということによってその抽象性から解消されるということはない。シェリングやヘーゲルがのちに捉えたようにである。むしろ、ペルソナ性（Persönalichkeit）、つまり、ヒュポスタシス的なものの機能は、神たること（Gottheit）にふさわしいことである。神は、ペルソナ的なもの（das Personale）であり、「我は、在りて在る者である」（出 3・14）のであり、人間たることは、類に属するもの（das Generelle）であり非ペルソナ的なものであり、一般的なものであり、イエスにあってはじめて、ようやく本来の歴史、その本来の開示（Offenbarung）を経験するものである。人間は、そのようなものであることが、今ここで開示される。現実の人間（der wirkliche Mensch）というものは、その可能性の中で理解されるようなものではなく、彼があるところの人間のことである。それは、人間は神の前に立つことはできない者であることが開示されるということである。

「キリストにあって、われらすべては死んだものである」(IIコリント5・14参照)。ここが、われわれすべて類に属するものである人間が出会う地点であり、この地点において、まさに人間は、その本性云々といった地点から脱出することになるのである！　人間の本性云々という目で見れば、人間は類に属するもの、変わらざるもの、変わり得ぬもの、時間なきものである。しかし、まさにこのことが今ここで打ち破られている。人間、アダムが、神の前で、彼の歴史を手に入れることになるのであり、審かれた者でありつつ救われている者、罪人でありつつ義とされた者である。神が人間本性をとりたもうたことにより、ある事が起こる。神が、人間を、その終りに至らせるということが起こる。神が、神の前における人間とは何者であるかを開示される。人間が、呪われた者であり死ぬべきものであることを開示される。神の前でこのような者でしかあり得ぬ者を、ご自身の歴史として自ら担ってくださる。人は、このことを捉えようとするならば、〔このことを〕信ずる他はない。このことを捉えるということは、イエス・キリストにあって、真の神と真の人間との出会いが起こっているということを知ることである。神が、ご自身を憐れみの神として現実の人間にお示しになり、それが救いとして示される恵みのことに他ならず、そして、人間は、自らが全く神に反抗する者（widergöttlich）であり、その死と裁きを受けることを通して救いの人間に至りうるものに他ならないことが開示される。われわれは人間として、神により捉えられている。われわれの生命は、神が、偽りと技巧によって隠蔽されたところの生命によってではなく、われわれの現実に対してわれわれを正しく関わらせ出会わせてくださることの中にある。人間は、まさに虚構的（fiktiv）に罪より解放されている者であるのではなく、「真実に、大いなる罪人」(veros et magnos peccatores)(423) なのである！　われわれは、罪意識（Sündenbewußtsein）にではなく、罪そのものと出会うのであり、それゆえ、審かれる者であり神の国から追放されてある者である。しかし、そのことにより、まさに、受け容れられているのである。

それゆえ、人間は、矛盾する公式（antithetische Formel）を用いてよい。キリストが、神であり同時に（zugleich）人でありたもうことにより、この双方は、相対しあう関係の中に（zueinander in Beziehung）置かれるに至る。神の義――われわれの罪。それゆえ、キリストご自身が、「最高に義なるものであり最高に、同時に義ならざる者」(simul summe iustus et summe iniustus) なのである(424)。次のことが決定的なことである。人は、人間からのものではないのみならず、また、罪人からのものでもないものを、分離するということが決定的なことである。イエス・キリストにある神の現実性から見るならば、人間存在 (Mensch-Sein) は、罪人存在 (Sünder-Sein) である。しかし、まさに、このような認識は死ぬべきものとしての認識であるが、罪と死との律法より免かれているものとして見るという見方においてのことである。キリストにあっては、われわれの本性というものは、「エンヒュポスタシス化されている」(enhypostasiert) ので、人間において己自身を見るのではなく、神と人間との間のジレンマ (Dilemma) の中で見るのであり、われわれの現実性についての認識は、つねに、神の現実性という別の認識の中に包括されている。

神の現実性とは、つまり、恵み (Gnade) を意味している。より正確にいえば、神がわれわれのために在(いま)すということであり、「われわれを罪に定める」(IIコリ5・21) 罪に関する裁判は、罪に対しても罪人にとってもすでに終っており、また終らざるを得ないもの以外ではなくなっている。あるいは、さらによりよく表現をするとすれば、神がわれわれと共に在すということを示すその他の表現をすべきであるとすれば、われわれの本性をなしている罪というものに対して、神が、その時、共に立ち向かっていてくださる (zugleich gegen die Sünde) ということである。そのような仕方でわたしのためにありたもう方だけが、このようにこの世界を愛したもう方だけが、真に (wirklich) 神的であり (göttlich)、救いの力に満ちたものであり、わたしにとって解放するものであり得たもう方である。われわれを罪に満ちた本性の中に置き去りにするような仕方でわれわれを愛しているというだけであるようなものは、真実に (in Wahrheit) われわれを愛したもうのではなく、われわれのために在さないのみならず、われわれに対して本当は (in Wahrheit) 敵対する (gegen uns) ものである。

二性説を解明するに当たって最後に起こってくる問題は、次のことである。どこで、和解 (Versöhnung) は生起するのかという問いである。神にあってであろうか、人間にあってであろうか。神のペルソナにおいてであろうか、人間の本性においてであろうか。和解は、人間イエス・キリストの中にあると言うとすれば、和解は神にあって在るということが明白になる他はなく、なぜなら、彼は、われわれのために在す神（das Für uns Gottes）であるからである。真実の神である！　真の神にして真の人、つまり、人間のために登場する神と、神に対して（gegen）振る舞う人間として自らを示す限り、ここで、神と人とは出会うのであり、わたしのために在す神（das Für-mich Gottes）が、神に敵対する存在である人間（Wider-Gott-Sein des Menschen）に対して勝利なさるのである限り、イエスこそ、神と人間との間の、彼の血によるところの新しい契約である。

「属性の交流」“communicatio idiomatum”の教説

二性説は、継続性を有している、――多くの人々は〔二性説の教説は〕決着がついていると考え除去（eine Beseitigung）しようとするが、――ルター派の神学が「属性の交流」（communicatio idiomatum）〔この訳語は計良祐時に従う。井上良雄は「イディオーマの交通」（『和解論』）、『キリスト教神学辞典』（佐柳文男訳）は「属性の融通」。〕コムニカチオ イディオーマトゥムと名づけた珍しい教説の中では継続している。わたしの見渡し得た限りでは、F. ピーパー〔Ferdinand Karl Wilhelm Pieper 1811-1889. プロテスタント神学者。美術史家でもあり、キリスト教図像学の分野で先駆的存在〕の教義学(425) 以外には、この教説をなお古い形のまま用いている近代のルター派の教義学はない。さし当り、われわれはまず問うことにしよう。「属性の交流」というこの教説においては、いったい何が問題とされたのか、と。この教説は、ルター派の聖餐についての教説と密接な関連性があることは、よく知られているところであり、「和協信条」（Konkordienformel）においても直接に聖餐論を問う仕方で詳細に扱われている(426)。しかし、決定的な問題はそれをもって終ってはいない。「属性の交流」の問題は、特殊な（sui generis）事柄であり、結果的にだけ聖餐論における態度を決定していただけであることを、改革派の神学者たちに対してルター派の神学者たちは繰り返し強調してきた。

ローマ・カトリック教会や改革派の教説の場合と違って、ルター派の側では、キリスト論というものの内側において格別の展開があったことは自負することが許されることである。それならば、この珍しい教説の背後には何が潜んでいるのであろうか。この教説については、それが「本性云々」(naturhaft) とか「エウティキアニス的」(eutychianisch) であるとして結着済みのこととする合意ならびにそれを自明のこととするなどという扱いは、まさにわれわれを当惑させることである。「属性の交流」という今われわれの扱おうとしている一つの教説が、広範な展開を見せてきているのであれば、真剣な討論が、たとえば、ブレンツ〔Johannes Brenz 1499-1570. 改革者運動を担った一人。ルターの聖餐理解をめぐる神学の代表者〕とかケムニッツとかヴィッテンベルク派の人々といった互いに親しい方向性をもった人々の間においてさえ起こり得たというのであれば、教会的にも政治的にも彼らの時代において生起した重大な困惑すべきことによって動かされないわけにはいかなかったわれわれの父祖たちが、まことに真剣にこの事柄に取り組んだというのであれば、少なくとも、彼らがまことに熟慮と論争に値するとした何かを見てとっていなかったのかどうか、その理由を問うてみるべきであろう。いったいそれは何なのであろうか。こんな風に言い得るのかもしれない、それは、カルケドン風の信条への不満 (das Ungenügen der chalcedonensischen Formel) であった、と。彼らは、もちろんルターに見ならって、〔不満である〕ということが単に 教会当局で制定された諸信条に不満であることを示すのみならず、新約聖書にまで遡ることになることを承知をしていた。彼らは、カルケドン信条の妥協的性格というものに気づいており、ネストリオスやエウティケス〔共に、異端とされた指導者〕になんらか正しい点があるのではないかということも見てとっており、さらに言うなら、真正な意味で問題とさるべきことの何たるかを見てとっていた。つまり、教会会議 (Konzil) は、十分にそれらに対し説得的に答え得なかった何かをである。なぜ答えなかったのかを、問題として問うたのである。その理由は、本性の相違性を維持することにおいて、ペルソナ的結合 (unio personalis) をもって満足したという理由ではない。一方は、具体的なもの

（konkrete）であり、他方は抽象的なもの（abstrakte）の表出である。一方は、イエス・キリストにおける神の啓示、この人間において神が人となりたもうことに遡り、他方は、しかし、神性と人性との間の抽象的区別を堅持するのである。このような区別は、人間という類（Gattung）から見れば正しいことであるが、「キリストにあって」二性は一つとなるということであれば、十分に心動かすものである他はない。つまり、結合（Einheit）ということが、ペルソナ的なことである以上、〔しかも〕二つの全くはっきり（streng）と厳しく分離されてあるべき二つの本性の結合ということであれば、その解決（Erlösung）は、まさに、ペルソナの領域、倫理的の領域の中にこそある。

われわれは、したがって、ここで非常に重大で決して逆行し得ない過程というものを目前にしていることになる。事は単純に古代教会の「二性説」の図式を受容するといったことではなく、事は聖書に遡っての修正（Revision）ということであり、福音の新しい理解ということをめぐっている。ルター自身は、この過程を聖餐の問題をめぐる論争によってのみならず、古代教会の教会諸会議（Konzilien）に対する批判ということを通して生き生きと捉えた。ルターは、19 世紀に歓迎されたような、教会の伝統を受領するということでなく、むしろ、それらに対して真剣な批判を遂行したのだということを見ておかねばならない。彼は考える。「二性説」はその持っている哲学的図式というものから引き出される必要がある、と。それは弁証法的に（dialektisch）理解されるべきであり、神が人となりたもうたということにより、「人間」（Mensch）という言葉は全く新しい意味を有することになったのだ、と。ヨハ 1・14 をめぐる回状討論（Zirkulardisputation）において(427)、ソルボンヌ提題（Satz der Sorbonne）「哲学において真実なことは、神学においても真実であるはずである」に対してこれを論駁した(428)。さらに、ある個所において「エコランパディウス〔Johannes Oecolampadius 1482-1531. ツヴィングリと並ぶドイツ・スイスの宗教改革史上最重要の内の一人。人文主義者としても出色の人〕は、正しくこう言っている。「『人間』は、ここでは形式論理におけるのとは違ったものとして理解される」と。さらに適切にも彼は言ったのではないか、「ここでは、本質の固有性

(Wesenseigenschaft) の交替 (Austausch) が問題になっているのだ」、と[429]。「属性の交流」を用いることに対して、ルターは、さらに、次のことも引き合いに出している、「われわれは、言葉のみ (nur aufs Wort allein) を支えとすべきである」と[430]。この教式 (Lehrform) は、彼にあっては、単に思弁的また哲学的のことではなく、神学的のこととして妥当性を持ち、受肉という事柄に対して妥当性をもつ。「この点からも、何か信仰に反することを語っているように見えるときにも万事を曖昧なものとする未だ理解し得ない人々 (Barbaren) に反対すべきである。われわれは、言葉に留まり、〔言葉において〕語るべきである」[431]。なぜならとルターは続け、「わたしは、人間という概念 (Begriff) を2通りに (zweifach) に捉える。一つは身体的質 (eine körperliche Substanz) であり、これはそのもの自体で成り立っているものである。もう一つは、神的ペルソナ (göttliche Person) であり、これは人間たること (Menschheit) を担うところのものである[432]。そして、キリストの神性と人性 (Gottheit und Menschheit Christi)[433] についての命題において言う、「すべての言葉は、キリストにあって、新しい意味を有するに至っており、その際、しかも同じ事柄を指さしている」[434] と。それゆえ、ルターは、実に鋭く、「語原学 (Etymologie)、アナロギー (Analogie)、結果と範例 (Folgerung und Beispiele) といったこと」に逆らう[435]。キリストにあって、すべては新しくなったのである。その結果、次のようになるのだ、と。「必然的に、『人間』という言葉、『人間たること』(Menschheit) という言葉は受難せねばならぬ……云々。そして、キリストについて語るいっさいは、新しい言葉である他はない」と[436]。

ここに、ルターが「属性の交流」に非常に精力的に固執した時、彼が考えていたと思われることのあるものがすでに姿を現わしている。いずれにせよ、彼は、このことをもって、神学と哲学との同一視 (Gleichsetzung) に対し反対し、神とは何かについても、そして人間とは何かについても、イエス・キリストにおける神の啓示にあって、われわれに対して新しいことは何も言われていないということに対して反対する。われわれが、このことをすでに知ってしまっているとか、神たることと人間たることとの間の対置は、キリストにあってすでに止揚されているかのような考えに対して反対する。

ルターは、それら以上のことを求めている。彼は、「神人」(Gottmensch) において神性と人性との対置は宥和されているというような考えは、「言は肉となった」という〔聖書〕の文言に届くようなものではあり得ないつねに哲学的思考にすぎないことを明確に見ていた。「属性の交流」ということは、したがって、われわれすべてが人間とは何かということについてあらかじめ持っている前理解 (vorgefaßten Begriffe) のいっさいを脱ぎ棄てねばならないことを言っている。もしわれわれが、「神が人となりたもうた」ということを理解しようと願うならば、そうなる。「〔神が人となりたもう〕ということは、神が十字架に向かって赴きたもうたということである。神は死なれたということ」である。

われわれは、さし当り一つのことを確認し得よう。ルター派に立つ者たちとは、二性の相互の新しい関係について、ペルソナの結合ということのみでは何も表現したことにはならないゆえに、カルケドン信条では不十分であり満足がいかないと考えた者たちのことである、と。〔カルケドン〕信条の定式 (Formel) は、彼らにとって、どっちつかずのもの (Zwitterwesen) のように思われたのである。キリスト教的――神学的頭脳を持ちながら、しかし胴体は異教的――哲学的なものであるといったようにである。彼らの側では、キリストの外にあっては、それ自体二つの本性は一つとなり得ないということを繰り返し強調してきた。そこで、彼らは問う、われわれが神的とか人間的とか呼んできた本性は、キリストにあって一つとなる (Einswerdung) ということを通して、全く新しい、以前には決して知られていなかった、あるいは、ただ考えられるかもしれない関係として、相対して (zueinander) 登場しているということではないのかどうか、と。このことの背後に、真の問題が立っているのである。結合 (Einheit) ということは、ペルソナを通してのみ与えられるというのならば、神の啓示ということは、事実、ただペルソナ的なものの上においてのみ、つまり、倫理的領域 (ethischen Gebiet) でのみ置かれていることになる。その際には、恵みと神が人となりたもうことの関連は止揚されてしまう。その際には、われわれは人間として救われることはなく、われわれは、われわれのペルソナ、われわれの倫理的現実存在において啓示と触れるということになる。イエス・キリストは、そのペルソナにおいて、その神性を啓示する人間ということになる。われわれはペルソナとしての彼によって規定され形づくらしめられればられるほど、より、われわれは、また、神に受け容れられるということになる。しかし、事は、神の恵みは、人間に対し、人間の悲惨に対し力を発揮するものであるということであり、事は、ここで、神により、われわれの人間存在自体が担われるということであり、事は、ここで、この地上をさまよい、苦難を受け、十字架につけられる者、死と滅びをご自身に負いたもうた人間が、われわれの近くに在す神の近さ（Gottes Nähe zu uns）のことであり、この神の近さは、われわれの自己理解やわれわれの理性（ratio）からすれば遠い神（Gottesferne）と呼ぶ他ないことであるが、その神が、イエス・キリストにあってまさにわれわれの近くに在すということであり、われわれの人間存在が倒錯したものとして、つまり全く非ペルソナ的な、引き裂かれ破壊されてしまっているわれわれの近くに在すということであり、まさに、この人間が、神から見れば、義とされた者、甦らされた者、生ける者であるということ――この事こそ、義とする恵みの福音である。いっさいの人間のペルソナ存在（Personsein）は、まさに、本性というものに抗して定立される。もちろん神の求めたもう人間は、その本性より切り離されてあるということはない。そのような彼が、イエス・キリストにあって受け容れられている。

イエス・キリストと共に、したがって、人類の歴史（Menschheitsgeschichte）の内部において、全くもって比類なきこと（Analogieloses）が、われわれの概念などにとっては把握不能のことが（Unfaßbares）、ほとんど終ることなどないと思われていた夜ののちに、朝の息吹きが吹きそめているということが起こっている。「夜はふけ、日は近づいている」（ロマ 13・12）。人間は、もはや失われた者、棄てられた者、放置された者ではなく、神は、その人間をご自身のものとして、神の審きと恵みの中に受け容れてくださっているのである！　今や、イエス・キリストから、希望と勝利ということが、人類のものとして成る。われわれが、彼にあって新しく生まれしめられるということを抜きにしてではなく、そうではなく新しく生まれしめられることによって、このことが人間に対し力を発揮する。人間存在であるということは、キリストのゆえに、神の恵みに与（あずか）る者であるということである。わたしが、一人の格別に真面目で敬虔な、律法のもとで自由を求めて生きる人間であるからではなく、そうではなくて、わたしが人間であるという、つまり失われた罪と死とによって刻印された人間であるという、そのことによって恵みに与るものなのである。そのように、恵みはわたしに対し力を発揮する。それゆえ、わたしは、キリストを、わたしのために苦難を負いたもう主として、わたしのために勝利しすべてをみ手に治めたもう兄弟として仰ぐ。

このことが、まずもって、「属性の交流」(communicatio idiomatum) ということである。つまり、神がここで人間として苦難を受けたもうということ、したがってこの一人の人間の苦難は、われわれの苦難ということとは異なったことを意味しているということである。それは、神が、われわれと共に、「共に苦しまれる」(Mitleiden) 神ということである。つまり、一人の人間が、神のように、われわれの前に立っているということである。神が、神ご自身の勝利と栄光との全体を、この一人の人間の上に集約されるかのように置きたもうた一人の人間が立っているということである。この地上に、この地上を超えてこの地上の間で示される全く驚嘆すべきいっさいのもの、輝かしいもの、神の大いなる業であるあの創造のみ業も、エルサレムの都における一人の人間イエスのご自身を示されたこと (Sich-Zeigen)、すなわち復活 (Auferstehung) に比すべき何ものでもない。そのように、「属性」(die idiome) は「交流する (kommunizieren)。われわれが神と呼ぶ特別なることと、われわれが人間と呼ぶものとは、互いに (miteinander) このように交流する。神の神たること (Gottheit Gottes) は、苦難のどん底にまで届く。然り、死と罪の呪いの底にまで届く。神の神たることは、このような深みにまで届く！　これらいっさいのことは、もはやわれわれを彼から離れさせることはできない。これらいっさいのことは、われわれの上にある神に敵対する力を喪失させた。キリストが、これらすべての「力を取り除いた」(コロ2・15参照) のであり、彼らの恐るべき仮面、恐怖の仮面をとり去ったのである。そして、逆に、人間の人間性 (Menschheit des Menschen) は、神の右にまで挙げられるのである。まさに、人間イエス・キリストが甦らさせられた者であり、高く挙げられた者であり、それゆえ、彼の立つその場所に他のものを置くなどということは冒瀆以外のことではない。たとえ、彼の母、おとめマリア、神を産んだ女性（Gott-Gebärerin）といえどもである。それ自体（an sich）としてではなく、人間的なもの（humanitas）や人間性（Hunanität）としてではなく、人間であること（Menschheit）が神の右に、神の栄光に至る。力ある者たちや学者たちによって繰り返し企てられた策略、政治的混沌や精神的に未熟な者たちの転落は、今日に至るも、神の生きていますことの徴（しるし）ということになろう。神たることを固守すべきこととはせず、人間が神であろうなどということを略奪物のように手離そうとはしなかったのではないイエスにあって、人間たること（Menschheit）が、彼方に到達する。「こうして、天上のもの、地上のもの、地下のものがすべて、イエスの御名にひざまずく」（フィリ 2・10）。

属性の交流と義認

「キリスト論史」なるもの、しかも宗教改革期、正統主義（Orthodoxie）、超合理主義（Suprarationalismus）、合理主義（Rationalismus）、観念論（Idealismus）、歴史主義（Historismus）の時代を包括した歴史、A・シュヴァイツァーの『イエス伝研究史』の背景をなしてきた歴史が描かれる企てがなされるならば、それは、われわれの独自の立場を明確にするためにも大いに助けとなる。そうなれば、いささか以下に述べることも確認されうることとなろう。宗教改革にあっては、特にルターにあっては、「属性の交流」の教説（Idiomenkommunikation）をもって「二性説」（Zwei-Naturen-Lehre）に全的転換をもたらす企てがなされたが、正統主義の時代にも「二性説」は確保されてはいたものの、その属性ということをめぐり、人性に神性が担われているのか、神性に人性が担われているのか、いずれの「属性」かをめぐって非常に無益な論争も行なわれた。超合理主義にあっては、属性の交流ということは養子論的キリスト論のために放置されるに至り、さらに次の時代にあっては、道徳的人格主義（ethische Personalismus）が一義的に地歩を確保することにって、属性の交流ということは回避されることとなった。キリストは、その道徳的・宗教的完全性のゆえに神の啓示である。そのためには、一つの進歩の可能性（Möglichkeit einer Entwicklung）を必要とする。

真実の人間（der wahre Mensch）とは、誘惑と試練の中にあって自己を律することができ、自己を守り、成長し生成されていく資質を有するものとされる。「神的本性」(göttliche Natur）の場に、父と子の内なる提携（innere Gemeinschaft）ということが登場し、子は、その道程のすべてと人生のいっさいの状況にあってそれを守るものとなる。

転換は、しかし、義認の教説（Rechtfertigungslehre）において、それと連携して進行する。人間はその霊的本質と自然的本質との間を葛藤しつつ生きる。人生の途上で出会う内的外的出来事のすべてを、キリストにあって経験される救いに関係づけて形成していくという仕方で、神に信頼する者として呼び出されている者として人間は姿を現わす。「義人にして、同時に、罪人」(Gerechter und Sünder zugleich. simul iustus et peccator）ということが信仰者の生活を支配しているのではなく、「全的人間は肉である」(der ganze Mensch ist Fleisch. totus homo caro）が支配しているのでもなく、「全的人間は霊である」(totus homo spiritus）というのでもなく、人間は、進化して人間となるのであり、「肉なるもの」からやがて「霊の力」を獲得していくものと考えられるゆえに、罪人であることと義人であることは順次の関係（Nacheinander von Sündersein und Gerechtsein）のものと考えられる。「同時性ということ」(Zugleich. simul）は強調されるが、「全的人間」も強調される！　キリスト論においても義認の教説においても、それぞれ倫理的契機や実践的理性ということが地歩を占め、人格的問題への関心ということが地歩を占めるならば、キリスト論においても、かつて属性の交流や受肉や言葉が受肉することにおいて考えられてきたいっさいのことに対して、それが究極的に廃止されることになるのは珍しいことではないのではないか。「従って、今や、キリスト・イエスに結ばれている者は、罪に定められることはない」(ロマ8・1)。「罪人」と「義人」の間の同時性が信仰者にあって強調されはするが、それは倫理的なもののゆえであり、イエス・キリストの出現にあって同時性が強調されるとしても、それも、イエスにおける倫理的・宗教的進化のゆえにである。たぶん、宗教改革の神学の展開の中で最も憂うべきことであったのは、義認の教説にふさわしいキリスト論というものを創造することに成功し得なかったということである。ブレンツやオジアンダー〔Andreas Osiander 1498-1552. 重要な改革者の一人〕、シュヴェンクフェルト〔Caspar Schwenckfeld 1489-1561. 宗教改革期の神学者の一人〕、ケムニッツといった人々によって引き続きなされた企ても、福音書のイエス・キリストを、さらにいえば、福音のイエス（Jesus des Evangeliums）を発見する最初の企てであり、目標に違反する企てではなかったが、やはり成功し得なかった。この方向性における近代の企て――わたしはM. ケーラーとR. ブルトマンの『イエス』(437) のことを考えているが――その企ても成功していない。つまり「同時性」(Zugleich) ということを欠いている。ケーラーにおいては、このことを義認の教説の内に残っていないことによって、ブルトマンにおいては、義認の教説の内には持っているがキリスト論においては貫徹していないことによって。キリスト論において貫徹されない限り、義認の教説においても不確実となる。われわれキリスト者は、主であり信仰とバプテスマによってその肢となっている主に似るものとして形づくられてゆくのであれば、彼に対する信仰告白においても「同時性」は把握されるべきであり、その「同時性」は、恵みによって義とされたいのちとして彼の刻印を表すはずである。

いったい、「義人は罪人にして、同時に罪人」とは何のことなのであろうか。義人は罪人の姿において現われるということであろう。つまり、何か外面からというのではなく、したがって他人から見てのことでなく、内面より、われわれがそれである自分自身、つまり人格（Person）からその姿を現わす。そのように義とされた者（Gerechtfertigte）は姿を現わす！　さらに正確にはこのことは神から見てまさにそうなのであり、〔神によって〕止揚される現実のことである。罪人が、神から、全く義と見なされる。この両方が現実のこと（Realitäten）であるが、神の現実（Realität Gottes）は人間の現実より強力である。その勝利と正当性（Recht）を信じることにあって、疑いなくわれわれの内にあるいっさいのものに直面しても、われわれの内にはないもの、それはイエス・キリストへの信仰であるが、そのイエス・キリストへの信仰ゆえに止揚される。すべての倫理的進化なるものは、この決定的なことに対しては表層を動いてゆくものにすぎない。われわれの中には二人の人間がおり、他の一人が生きるためには一人は死ななければならない。一人は見えるもの（das Sichtbare）に固執することによって生き、他の一人は、見えないもの、希望の内に生まれてくることによって生きる。一人は、目に見え証明可能な世界をその産物とし、他の一人は、神の約束の世界、信仰の独自な現実を産物とする。「義人にして同時に罪人」ということを根底にすえない倫理的なるものはすべて、業（わざ）の義（Werkgerechtigkeit. iustitia operum）である。反対に、「同時性」を手離さない時、試練も罪も赦しと希望の中に受け止められる。イエスが到来なさることにおいて、イエスが、この「同時性」を設定する。彼は義しい者たちに対して言う、「同時に罪人（simul peecatores）」と。このことによって、彼らは信じ、謙虚とされ、信ずるに至る！　彼は罪人たちに対して言う、「同時に義人」（simul iusti）と。このことによって、彼らは、もはや絶望する必要はない(438)。このような「同時性」をもって、彼・イエスは、その主権をわれわれの人生の中に確立し、彼が主（Herr）であり救い主（Heiland）であることを証示する。この「同時性」を放棄するものは、まことにイエス・キリストをそのいのちより転落させるものとなる。

この「同時性」をわれわれのいのちからも転落させるや否や（このことによって「信仰のみ」［allein aus Glauben. sola fide］も「恵みのみ」［allein aus Gnade. sola gratia］ということも失うことになる）、われわれは、彼・イエスのいのちの中にある「同時性」つまり、彼が神であると同時に人であること、いかにそのようであるか、彼が審き主であると同時に救い主であること、いかにそのようであるか、この世界のために自身を審きにわたす者であること、いかにそのようであるかということを彼の内にもはや見ることができないことになろう。かくてわれわれは、（われわれが懐疑の中にあり、罪人以外ではないとして、この「同時性」を廃するならば、あるいは、われわれは罪人であることなどは背後に置き、われわれの現在の悪しき習性の影など背後に棄てる）高慢の内にこの「同時性」を廃するならば、われわれは信仰より生きることを止め、この「同時性」をイエスのいのちからも掠（かす）め取ることにより、イエス・キリストを信じることをもまた止めることになる。この「同時性」こそ、彼・イエスがご自身でありたもうそのような地上のイエスのご生涯とわれわれが出会いうる鍵である。ある者は言う、「キリストの理念（イデー）は、まさに永遠のイデーである。それは死ぬことなどない。それは生きて働く。この地が存在する限り、それは新たに繰り返し自らを実現させ、姿を現わすほかはない。この原像的図式（urbildliches Schema）はイエスの中にこそある、それゆえに彼こそキリストである！」と。それなら、われわれは言おう、「同時に、人間〔である〕(simul homo)！　このキリストは、一つのイデー以上のものである！」と。そして、われわれは、能（あた）う限りの腹立たしさもこめて指示することになろう、あの「史実として」(historischen) のイエスを。人間であるということは、彼が特定の時と特定の場所を生きたもうたということであり、その時代の言葉を語り、その時代の考えで考えたということである。われわれは、われわれにイエスを人間として示しはするが、キリストをイデー（Christusidee）としてしまうようなことに対しては、激しく抵抗するであろう。キリストが肉の中に到来したもうたということを否定するものは、反キリストである（Ｉヨハ４・３参照)。また、「彼・イエスは、彼の生きた環境（Milieu）から把握可能であり、つまり彼を取り巻く世界、ユダヤ教の終末待望、ラビ制度、貧しい者は幸いだとする諸伝承から理解可能」と言う人々に対しても、われわれは言うことにしよう、「同時に、神〔である〕」(simul Deus）と。彼・イエスにおいて神は神であるということにおいてのみ彼・イエスは把握可能である。ここに、神は現実に在し（gegenwärtig)、ここに、この地上における神の現在（Gegenwart）がある」と。

まさに、このことが、人が属性の交流（Idiomen kommunikation. communicatio idiomatum）と名づけ、つまり、この人間が神であり、神はこの人間であるという事実、その「同時性」の第一の根底的理解が明らかとなる。まさにしたがって、このことは終始繰り返し非常に不思議なことであり、このような人間イエスは近づき難い（Unnahbare）ことである。しかし、突如として、彼は、ご自身が風も波も従わせたもう方であることを示される。彼の現在ということは、悪霊やデーモンたちが彼に恐れを抱いたということにより、霊の次元にあっては意義あるものであるかもしれない。しかし、われわれが神の世界へのご支配（Weltregiment）と呼んでいるものは、一度限り、それがこの人間によって行なわれたことをわれわれは見ている。

神の国（Gottesherrschaft）は、彼と共に、われわれの間にある（ルカ17・21参照）。それゆえ、われわれは、すでにこの人間――イエスにあって、われわれには全くもって疎遠（フレムト）（fremd）にしか見えない、まことに不思議な驚くべきことがここに起こっているのを見る。もはや、遊びの出来事としてではなく、彼を取り巻く状況としてでもなく、彼は、現実にすべてのものを支配下におく人間として、創造ということも彼の中にその主、頭（かしら）なるものを見いだすことになる人間として、彼が現実の「神の子」(Gotteskind)であり、彼をめぐって、創造ということも、死と罪、憎しみ、卑劣さによって破滅させられることのない創造となる、そのような人間として現実に考えられている。このようなことが山上の説教において考えられており、事実それが彼の世界であり、まことに不思議極まりない意味でのわれわれの世界である。全被造物は、したがって、このような主である人間を切望する。

「……だから、全自然が人間に向かって押し寄せるとき、自然がこれによって暗示を与えていることは、人間は動物生活の呪いから自然を救済するために必要であり、生存は遂に人間において一つの鏡を自らの面前に置くに至り、この鏡に基づいて生はもはや無意味ではなく、その形而上学的有意義性の内に現象するということである。しかしどうかよく考えてくれたまえ、どこで動物が終り、どこで人間が始まるのか。自然がそれのみに重きを置いているあの人間がだ！　誰かが生をまるで幸福を求めるように渇望している限り、動物がその衝動において求めるものをより多くの意識をもって意志するという違いがあるだけで、まだ動物の視界を超え出て目ざしてはいないのである。しかしわれわれすべては人生の大部分を通してそのような状態にある。動物性から抜け出ていないのがわれわれの通例であり、われわれ自身が無意味に悩むように見える動物であるのだ。しかし、われわれがこのことを把握する瞬間がある。その時、雲は切れ切れになり、われわれは、全自然と共にわれわれ自身がわれわれの頭上に聳（そび）え立つ或るものの中で自分の周囲および背後を眺める。そこには洗練された猛獣どもが走り、その真中にわれわれも走っている」[439]。

まさにこれは属性の交流の考えていることである。ここに、われわれのよく承知している人間が立っている。この人間は、われわれすべてにおいて考えられている同じ人間である。シュライエルマッハーは、これを原像（Urbild）と名づけたが、それはプラトン風に考えてのことであった。イエスは単なる原像的人間ではないばかりか、彼こそ、その人間であることにおいて、来るべきお方（der Konmende）である！　彼はこの世界の未来（Zukunft）であり、昨日の世界における明日の人間であり、そのことによって、この世界を昨日の世界とする人間である。彼がいっさいを支配する人間、主である。ただ、ご自身が、彼が眼前にして生きているお方の前で全くその僕（しもべ）であり、その父の子であり、父と並んで、またその父なしでは彼にとって世界も存在せず、喜びも苦悩もなく、生命も死も存在しないゆえに、主である。真の人間（vere homo）である！　超人（Übermensch）ではなく、一人の現実の人間である。

しかし、同様に真の神（vere Deus）である！　ここが、今や、あの、元来倫理の中にその根底を持つ新プロテスタント的な神像および人間像との間に亀裂が生じてくる点であるに違いない。倫理（Ethik）においては、神の現実性とわたしの現実性とは、わたしが偽善者、ファリサイ、律法人間（Gesetzesmensch）である時に、われわれが、律法というものを、人間性の許で理解しているものに対して決定的なものとする時、この両者は出会う。イエス・キリストは、しかし、われわれの間での神の現在（Gegenwart Gottes）ということを、彼が、人間として！　罪の赦しを宣べ伝え実現することの中で証示する。これが、倫理（Ethos　エトス）である(440)！　この人間イエスの中での神の現在ということは、義人が自らの周囲に張りめぐらす垣根、悪人対善人、僕対主人、奴隷対自由人、ギリシャ人対ユダヤ人、男対女といった垣根（ガラ3・28参照）のすべてが取りはらわれることを意味している。神の現在ということが人間イエスにあってわれわれの中に登場することによって、これらすべての境界（Grenze）は打ち払われ、すばらしい和解の日（de große Versöhnungstag）が明けそめ、彼が無条件の赦しを告知することにより、失われた者たちの只中に神の民が見いだされることになる。彼の義とは、すべて足の不自由な人、疎外された人、目の見えない人、貧しい人々のすべてが招かれ、すべてのものをご自身の許に呼び集めたもう種類のことであり、死者たちの骨が起き始める種類のことである。彼の言葉が、いのちを創造する。われわれの中での彼のこのような現在ということに対しては、創造の第一日というものだけが並行しうる。来るべきお方である彼は孤独な存在ではなく、彼の周囲にはすべての民、すべての民族よりなる民（ein Volk aus allen Zungen und Nationen）が起こされてき、滅びと死の深淵より立ち上がり、古き時（Äon）そのものの徴(しるし)を身に帯びつつも、新しい時の呼び声に動かされ、互いに兄弟となる。

神と人間との出会いにおいて、倫理的なるものが閉め出される時、「律法とは関係なく」（ロマ３・21）それが起こる時、直ちに、かの有名な無律法のプロテスタント的真空（protestantische Vakuum der Gesetzlosigkeit）が登場する。あるいは、人は、その時、人間関係とか愛とかについて語りはじめる。しかし、すべてのことは、再び、倫理的枠に関係づけられないであろうか。ここが、さらに前進すべきところである。罪の赦しと神の人間性（Menschlichkeit Gottes）とは互いに提携して進行するものだということが注意される必要がある。神は、すでに旧約聖書において生起している罪の赦しを宣言なさるというのではなく、彼・イエスが、赦しの今日（das Heute der Vergebung）が肉をとりたもうたということの徴になっている。受肉と十字架とは、明らかに切り離し得ぬものである。したがって、一つの人間存在（ein Menschsein. humanitas）があり、それは、不可分離の徴し、封印であり、救いの出来事、恵みの神の現在である。もし神が罪の赦しを宣言もなさらず、人間にもなりたもうことがないのならば、罪の赦しが、神学概念として孤立化して成立するだけのものであるとするならば、つまり降誕祭なき神概念とか、復活祭なき神概念というものであるとするならば、それははっきり言って空虚なものであり、ただ言葉だけのことにすぎず、内容のない形だけのもの、成就することのない約束、目覚めることなき夢、蜃気楼(しんきろう)（Fata Morgana）にすぎず、現実性なきものである。今や、神は、われわれが固着することが許される徴を手になさる。イデーの領域からでなく、つまり善とか真実とかいったイデーからではなく、人間の領域から、われわれがそれである肉と血とから、である。わたしは、あなたのように生まれ、あなたのように目覚め成長し、あなたのように飢え渇き、迫害され誤解され、あなたが友人たちや、わたしに従うものを喜びとするように喜び、あなたのように悲惨なことや不正義をまわりに目にし、あなたの信仰が決して空しくないように、わたしも必ずそうあると言おうとするようにである。人間イエスにあって、あなたは、ヨナの徴、罪の赦しは確実であることの徴を持つことになる。もしわれわれがこの徴に満足しようとしないならば、あなたは赦しの何たるかを理解していないことは確かとなる。

このことは、この人間にあって、われわれは罪の赦しを持つということを意味しており、弱いものであり同時に強いものであるこの人間にあって、われわれの許に在すと同時に父の許にも同時に在(いま)し、この世界のいっさいの悪の勢力によって見捨てられると同時に彼らに対し主であり審き主でありたもうこの人間にあって、われわれは罪の赦しを持つということを意味している。これが、属性の交流（communicatio ideomatum）である！　彼は、われわれの称号であり、神の称号である。このように近くにまで、神はご自身の栄光をわれわれの弱さに対して結びつけ、われわれの弱さを神の栄光に結びつける。人間の悲惨の中の神（Gott im Elend des Menschen）！

受肉、十字架、ないしキリストの復活ということは、属性の交流が決定される重大な決定的地点である。このことに携わってきた教義学は、これが信仰箇条（Glaubensartikel）ではないことを非常に明確にしてきている。ルター自身でさえ、これが一つの教説（eine Lehre）であること、聖書の内にも書き記されてはいないことを指摘している。これは一つの思考図式（Denkschema）であり、われわれが古代の思考論理に見いだす思考の精確さと明晰さに至るための教育目的をもった思考形態というものである。確かに、ソッツィーニ主義者（Sozianianer）〔イタリアのプロテスタント神学者ソッツィーニ（Fausto Sozzini 1539-1604）の名とその影響のもとにあった潮流。ソッツィーニは、スイス、バーゼル、ポーランドにおいて活躍〕たちが、永遠の実存への人間の変容を人間の本性に本来備わっており内在している可能性であるかのように、一人の自然の人間を単純に天へ昇天させたが、ソッツィーニに思考の洞察力と明晰さの点で直接の前進があったわけではない。観念論者たちが、われわれは神的なものを人間の本質の根底に見いだしうるとか、そこに神が人となりたもうことのより深い意味があるというふうにギリシャ的意味でわれわれを教えようと願った時にも、それがよりよい解決であったわけでもない。このような汎神論的解決法というものは、キリストの本性の統一性についてではなく、単に「交流」(Kommunikation)、つまり二つの本性のそもそもの属性（Attribut）の相互の嚙み合い・協力について語っただけであったゆえに、回避されなければならないことであった。属性の交流ということは、それ自体に意味があるわけではなく、キリストの充足（Genugtuung）ということやキリストの執り成し（Fürsprache）のような教説ではなく、地上のイエスの所与性（Vorgegebenheit）という限界中においてのみ意味をもつ。われわれが、このイエスという一人の人間において、神ご自身の啓示というものに関わること、この地上のイエスの生涯はただ一回的なもの（Einmaliges)、以前には決して存在しなかったもの(nie vorher Dagewesenes)、繰り返し得ざるもの（nie Wiederholbares)、この地上での歴史の出来事として、この時間の中での、キェルケゴールが絶対的なものは歴史的である（das Absolute historisch ist）と言った(441)ように、時がそこで明らかに停止するような中心（Mitte）をなすところのもの、そのようなことを捉えるための特殊な神学的弁証としてこれに関わるという限定において〔属性の交流ということは意味をもつ〕。われわれは、キリストの二性の実質上の所与性（sachliche Gegebenheit）を承認しながらも、この二性の全体性（Ganzheit）を見ていない形式主義（Formalismus）を克服するべく、〔二性説という〕古い図式の場に、新しい理解を設定した。

われわれは、神にして同時に（zugleich）人間、この人間が同時に(zugleich）神であるとの古い文言から出発した。その場合、もちろん、神が人間をご自身に引き寄せたもうのであって、人間が神を引き寄せるのではない。なぜなら、神と人間自身とが一つのペルソナにあって、つまり一つのいのちにあって出会うところでは、神は、形成するところの神であり、人間は、受け身の、それを受け容れるものである。それは、われわれのいのちの中で、神の義がわれわれの罪と出会うということと同様のことである。そこでは、罪が神の義を刻印しているというのではなく、神の義がわれわれの罪の限界と転換を刻印しているということである。したがって、神と人間とは、イエス・キリストの啓示の内にあっては、等価（gleichwertig）ではなく、われわれがここで出会う方において神は神で在す。その方が、ひとり

(allein)、神で在す。その方は、ご自身も、イエス・キリストにあって啓示されることにより、われわれにも、もちろん第二のこととしてであるが、啓示される。

だが、そのことが今われわれの関心の実際の対象ではない。それは、全く別のことである。われわれは、上述のことにおいて、このことが人間イエスにとって何を意味するのかを示そうとしてきた。われわれは、第一に、この人間が、この世界に対する関わりの中で、明日の人間（der Mensch von morgen)、来るべき人間（der kommende Mensch）としていかように登場なさり、つまり、空虚——虚無・非存在に打ちすてられた創造世界が待望し、われわれすべての人間がわれわれ自身の人間の在りようの中で待望する明日の人間、来るべき人間としていかように登場なさるのかを示そうとしてきた。しかも、この人間はご自身を取り巻く人間に対して一つの特別な関係を保持していたもうた。彼は、第二に、人間の本性（Natur des Menschen）というものも再発見なさる。人類は、神に熱烈な望みを寄せる。そのような本性の人間というものに、神が人となりたもうということ（die Menschwerdung Gottes）が妥当する。それゆえ、イエスは、人間が己の周囲に張りめぐらして、それが人間の流儀というものだとする、自らを覆っている垣根や境界というものを取り去る。第三に、われわれは示そうとした、彼は、明日の人間、来るべき人間がすでにここに現在する（Gegenwart des Menschen von morgen, des kommenden Menschen）ものとして、罪の赦しを告知することによって、これら〔の垣根や境界〕を取り去る、と。したがって、罪の赦しそのものは、人格性（Personalität）と関わることではなく、人間の在りよう（das menschliche Sein)、存在に関わる。人間存在は、まさに、つねに、義人にして同時に罪人である！　この人間を神は愛したもう。罪を想起させられはするが、それは審きのためではなく、罪がその独自の力を発揮することがないように神の恵みを呼び求める謙虚さと、人間が互いに人々と共に全体として、彼らに約束されているものが何なのか信じ得ないという葛藤の中にあって、神の恵みを呼び求める希望との内にある人間を神は愛される。すなわち、新たに生まれる他はないものとして、形成されてゆく者として〔の人間を〕神は愛される。ここから、われわれに、次の問いが生じてきている。われわれは、そのようなものとして立つことを欲しているか否かという問いである。つまり、神が人となりたもうということなしに赦しはありうるかという問いである。それは、再び、人格的なもの（Personale）の中へ、倫理的なもの（Ethische）の中へ勝手に目を転じていくということにならないかどうか。われわれの罪を赦される神は、われわれが真実の人間となることを望まれる。神は、われわれ自身と出会いたもうゆえに、罪の赦し自身が、われわれの中にあっても「受肉する」（inkarnieren）べきことを固執なさる。このことは、まだ残念ながら、「神が人であり、この人間が神である」ということを貫徹している文言の段階にあって、属性の交流の最底辺にあることの第一歩の企てと解明にすぎなかった。いずれにせよ、事柄は、神と人間との総合（Zusammenfassung）ということに至らざるを得ず、この両方を、思考の中でも分離することは許されない。「……神は神であり人間ではないということが示されるところでは、ペルソナは、すでに分離されてしまっている。なぜなら、このことを真剣に言わねばならないが、人間ではない神、人間とならないような神は、わたしにとっては、神ではないからである。ここからは、二性が互いに区別され、ペルソナが分割されることがつねに起こらざるを得ない。死とすべての悪魔たちでなければ、このような分離・分割は表明しえない。……そうではないのだ、友よ、君がわたしに神を示して見せてくれるのなら、〔神を〕人間性（menschheit）をもった方として示してくれたまえ。〔二性は〕、分離・分割されてはならないものである」(442)。

ここで、すでに、一つのことが明白になる。二性の不可分離性が言われているところでは、救済論的関心（ein soteriologische lnteresse）というものが、まず、存在しているということである。ということは、悪魔でさえ、〔二性〕を分離することは許されていず成功させることは許されていないということである。なぜなら、人間に対し慈しみ深い神（der menschen-freundliche Gott）は、まさに悪魔の代弁者ではあり得ないからである。悪魔の代弁するものは、「神、それ自身」(Gott an sich）であり、恐らくまた「人間、それ自身」(Mensch an sich)、つまり「人間のイデー」というものである外はなく、それは明らかに、人となりたもうた神ではない。驚くべきことだ！　どうして、そのようなことがあるであろう！　この人となりたもうということは、それ自身の中に、以下のようなことを結果として生じさせるからである。「もし彼が千度生まれ、そのことがわたしのために毎日非常に愛らしく歌われるとしても、わたしがそれを聴かないで、自分には関わりがないとし、自分自身のことではないとするならば、それがわたしのなんの助けになろうか」、さらに、「あなたがこの誕生をあなた自身のものとし、彼と交換し、あなたが自分の誕生から解放され、彼の誕生を受け継ぐことに注目せよ。このことは、あなたがそう信じるときに、起こる。……これがわれわれの根拠であり、受け継ぐべき財産であって、この上にこそ、よい行ないは建てられるべきなのである」[(443)]。

「理性は、『いや、神性は苦しむことも死ぬこともあるはずがない』と言うかもしれない。その時には君はこう答えてよい、それはそうだ、しかし、神性と人性はキリストにあって一つの位格（ペルソナ）であるので、位格の統一ゆえに、聖書は人性に起こったことを神性に帰し、また、その逆のこともあるのである、と。……このような真理において、神の子はわたしたちのために十字架につけられたのである[(444)]。なぜなら、神はその神性において死ぬことはあり得ないが、神と人とが一つの位格（ペルソナ）において一つとなっているので、神と一つのもの、一つの位格（ペルソナ）である人が死ねば、まさしく神の死と言われるのである」[(445)]。したがって、ここでは、統一における位格（die person in ihrer Einheit）ということと同等に、この位格（ペルソナ）のなす業（Werk）と、その特殊性（Besonderheit）ということが問題なのである[(446)]。

イエスの死　自由と必然性[(447)]

イエス・キリストの死とその死に含まれている驚くべき生命を決定づける三つの要素がある。まず、この死への道すじは、彼の自由な服従の道すじであるということである。われわれすべての人間の人生は、生まれると共に決定づけられている必然としての死に向かっている。一人の人間は、誕生するや否や、死に対して成熟している。われわれの人生にあっては、死への決断

(Entschluß zum Tode) というものはない。われわれは、すでにその本性より死によって決定づけられている。すでにアダムからモーセに至るまでの死の支配 (Königsherrschaft des Todes ロマ5・14) の領域の許にある。われわれの人生は、死によって奪い取られてしまっている人生である。ひとたび、この宇宙の発展可能性 (Entfaltungsmöglichkeit) の全体の中でわれわれの生命というものを眺めわたして見れば、このことはいよいよ明白である。しかし、イエスの道は、このような死の必然性 (Notwendigkeit des Sterbens) というものの許にはなく、自由な服従の許にある。

もちろん、もし誰かが、ここから、イエスには死ぬ必要はなかったなどと結論づけるならば、それは愚かな考え (ein absurder Gedanke) であろう。イエスの死は、自然の必然性といったものの中に属してはいない。むしろ、イエスの死は、いのちの主の死との出会いと見なすことができよう。

「死といのちとの　はげしきいくさ

いのち勝ちたり　死はのまれたり」(448) と。

フィリ2・8は、彼の死を、断念 (Entäußerung)〔新共同訳「へりくだり」〕と従順 (Gehorsam) の目指した死としている。同じように、このことはゲツセマネのイエスの祈りにおいても示されている (マタ26・36以下)。イエスは、死に対して、まことの人間でありたもう。われわれが、自己訓練や勇気、哲学や宗教的教義によって押しのけようとしているいっさいのものが、ここには現在している。死は、神より遠く見棄てられること (Gottesferne) である。死においては、神は神でなくなり、そこでは神はもはやわれわれの神では在さぬという現実 (Wirklichkeit) がそこにあるという真相 (Realität) のことである。イエス・キリストより見られている死は、われわれすべてがやがてはそこに没落してゆき葬り去られることになるところのものである。「あなたがたは、以前は自分の過ちと罪のために死んでいた」(エフェ2・1) ということである。すでに死臭を発していたラザロの置かれた場所、死と罪の支配するところに、イエスもまた登場せざるを得ない。死の囚われの許に生まれてきた人間は、その囚われの何であるかを知らない。その境界は死ではない生命というものを知らないわれわれは、じつは死の何であるかをも知らない。生ける神を知らない限り、われわれは死を知らない。神と死とが出会う時こそ、本来の、そして最後の危機（Krise）である。イエス・キリストにおいて出来事とこの出会いが、この世界の只中において、成る。

そこで、第二のことは、この出来事の必然性（Notwendigkeit）ということである。それは、下から（von unten）といったことではなく、死の王国の主（あるじ）なるものが生命に対して持ち出す要求といったことではなく、イエスが、その自由において――フィリ２・８は、「従順において」と言っているが――企てられたところの必然性である。ゲツセマネ伝承は、このことをさらに鮮明に表現している。「わたしの願いどおりではなく、御心のままに」（マタ26・39）と。イエスは、これをもって、次のように言おうとするようにである、「もし、あなたがこの出来事の根拠を問われるならば、神のご意志を問うことにならざるをえない。この死は、わたし〔イエス〕と、あの方〔神〕との意志の一致である。この死においては、あの方のご意志がなされるのである」と。それゆえ、ルターも、死に赴くキリストを、神の独自の業（わざ）（opus proprium）と名づけることができた。神は、イエスに対して、被造物に本来属しているものという意味でこの事が起こっているというのではなく、この出来事は神からのものであるということが妥当する一つの出来事であるとなしたもう。「そのことをわたしは欲し、そのことをわたしは命ずる」（Sic volo sic iubeo）(449)。その前では、われわれは沈黙して立つ他はなく、太陽も月も、この時、その輝きを失う。ここでは、もはやこの世の時間やこの世の時が支配しているのではなく、神の時（Gottes Stunde　ヨハ13・1〔新共同訳「御自分の時が来たことを悟り……」〕）が鳴っている。ここには、昨日というものになることのない今日、時の法則（Zeitgesetz）をその中に含む永遠の今（nunc aeternum）がある。

自由と必然ということは、ここで一つに出会っており、それは神のご計画とご意志においては競合しあうものではない。イエスの死が、彼のみの決断と解されるならば、ここには、死にゆく人間イエスだけがあり、その死は、当然、当時のローマへの反抗と抵抗の結果としての死ということになり、死の悲劇としてのみ理解されるということになろう。聖書は、まさにそのことに対し警告している。彼は、死なねばならないのである！　と。ここには、

「必然」(muß. oportet)、ないしは、ヘブ2・10を思い起こすならば、「ふさわしいこと」(es ziemt sich. decet) がある。

この必然 (Notwendigkeit) ということは、熟慮に値することである。聖書は、イエスの死を偶然のこと (zufälliges) とは告げておらず、神による必然の出来事 (von Gott her notwendiges Ereignis) と告げている。もちろん、ここで、われわれはこの出来事の起こったことの深み (Tiefe) とそれが持つ内容 (Einsichtigkeit) をめぐって、何ゆえ (Warum) と理由を問うことは許されている。この出来事が、決して無意味なことではなく、最高に、永遠の〔出来事〕であることの理由を問うことは許されている。神の望みたもうた意味は、意味に満ちたものとして現われるものだからである。この死は、神の望みたもうものの啓示である。そして、聖書は決定的な場を追加する、神は、単なる人間の死ではなくみ子の死としての死を彼に望まれる、と。神は、み子として、ここでご自身が死に向かわれる(450)。

われわれは、イエス・キリストの死についての教説の2つの決定的な要素について明らかにした。第一に、ここでは、イエスの従順の自由が肝心のことである、と。イエスの死は、自然のもつ必然性 (Naturnotwendigkeit) ではなく、イエスの独自の行為である。さらに、ここで必然性ということが肝心のことであるのならば、まさに神の不回避の意志のゆえにということが、つまり、受難告知における、「ねばならない」(Muß) ということが肝心のことである。

確かに、イエスの苦難は、人間のやったこと (Menschenwerk) である。〔イエスの苦難ということは、〕神がご自身をわれわれの手に委ねたもうとき、われわれはいかように神と関わることになるか、われわれはいかように啓示と契約の神に関わることになるかを示している。「神は、死んだ、われわれが彼を殺したのだ」という文言は、ニーチェよりも古い『悦ばしい知恵』(451) である。この文言は、19世紀に、『悦ばしい知恵』のその内容を現わしたということが新しいだけにすぎない。聖書においては、この文言は、全く他の光の中で姿を現わす。聖書においては、この文言は、合理主義者たちの姿をではなく、大祭司や律法学者たちの姿を、この世界をではなく教会を照らしだす。そして、そこでは、この文言は、教会の内部において悔い改めへ導き、神の民の中の只中において、その根底をくつがえす認識として姿を現わす。この点から見るならば、このことは、信仰を持つというユダヤ人を罪人として告白させ、神なき者として描き出すことになる。

われわれが、もし神の必然に立って見るならば、人間のやったことなど、せいぜい第二原因（zweite Wirkursache. Causae secundae）としてだけ作用するものにすぎず、光輝く崇高な現実の暗黒の圧迫された面にすぎない。つまり、神の意志は、神の意志をこの地上で行なう神の意志と一致する意志を見いだす。これは、この世界の大きな転換の時のことであり、新約聖書風にいえば、カイロス（kairos）、決定的な時ということである！

ここで、わたしは、なお、一つの本質的な限界づけ（Abgrenzung）をあらかじめ明らかにしておかなければならない。イエスの死は、神のみ手からの出来事として、イエスによって甘受された必然（Notwendigkeit. dira necessitas〔恐ろしき必然――ホラティウスの言葉〕）という意味での必然ではない。そのようなものは、確かにわれわれすべての者の運命ではあろう。われわれは、神を信じていても死ぬのであり、まさに、そのようにして、「測りがたい意志」の許での曲折の内に、死を受けとる。しかし、イエスの死において生起している意志は、断じて測りがたい意志といったことではなく、われわれすべてに啓示され示されている種類の意志である。暗黒の〔意志〕といったものではなく、明るい輝かしい意志である。その背後で何が起こっているのか分からぬ秘密の謎に満ちた意志ではなく、出来事において明確に示される意志である！　そのように、イエスの死と神の意志とを一つのものとして捉えうる人は、つまり、この二つのものは、彼・イエスにあっては神の憐れみと愛との二つの面であること、事実、再び、かの「同時性」(Simul)、天の生ける神と地上での死にゆくこの人間との間の「同時性」(Zugleich)、地上より天へ、天より地へ届く分離不能の同時性において〔事を〕捉えうる人は、聖書が、「主の死を告げ知らせる」(Ⅰコリ 11・26）というとき何を言おうとしているかを理解することであろう。J. シュニーヴィントは、加うるにこう言っている、「主の死は、喜びをもって（Feierlich）宣言される」と(452)。ここから、すでに明白なことは、聖書と原始キリスト教団のケリュグマに従おうとする者は、ここで単に一人の人間の死が問題になっているにすぎないとする立場をとり得ないということである。反対に、神の子の死は、卓越して（κατ᾽ἐξοχήν）終末的出来事である。彼にあって、古き契約は破棄され、新しき契約が結ばれる。「御子イエスの血によってあらゆる罪から清められ」る（Ｉヨハ１・７）。「まして、永遠の『霊』によって、御自身をきずのないものとして神に献げられたキリストの血は、わたしたちの良心を死んだ業から清めて、生ける神を礼拝するようにさせないでしょうか」（ヘブ９・14）。確実に、われわれは、われわれの良心において、神の究極の審きについての知識というものによって決定されており、われわれは、究極の清廉という意味での善・悪の関知者（Mitwissende）であり、イエスの死は、人間として最後の問いの前に立たしめられる「究極のもの」（Letztes）と関わるものとして妥当することは確実である。

したがって、イエスの十字架と死とは、この世界の中に、究極のものとして、つまりそれを超えるものなど存在しないものとして、われわれがそこに目標を定め目標を見いだす究極目標として、時と永遠とが出会う地点として立っている。ここで、われわれは神の意志を捉え、ここで、われわれは神の義を捉える。なぜなのであろうか。神の意志は、ここで、直接に、出来事となっており、何か被造物の意志が彼の意志を身に引き受けているといったような間接性においてではなく、被造物たる人間は、ここでは何者でもなく、神がここではいっさいであるという仕方において出来事は起こっているからである（IIコリ５・19）。神は、キリストにあって、この世界をご自身と和解させた神であった。神の意志が、生起している（geschehen）。イエスの従順は、イエスもこの際一人の意志する者（ein Wollender）である彼にあって神の意志が生起するというのではなく、神の意志が、ただ神の意志のみが生起することを彼・イエスは意志するということを意味している。われわれは、このことをもはや「想像する」（vorstellen）というのではなく、そのような従順の行為を解明するというのでもなく、われわれは、信じるために、聖書に従って、彼を理解するだけである。ここに、神ご自身が業をなさり、そのみ子を渡し、われわれを審きつつ救うという業をなさるその事実（Realität）に直面して、われわれは信じる者となる。一人の信仰者であるということは、神が神であるという、まさに事がそのようである事実に直面するということである。

このことをもって、ようやく、イエスの死の中にある深い強力な対置（Gegensatz）が姿を現わしてくる。人間が、自分たちの道徳的・宗教的原理を守ろうとして、神を、あるいはその遣わされた者、神の啓示者を殺すという現実に起きた出来事を超えて、神は、その口を開き、神の言葉を語り、しかも彼はその死によってわれわれの和解者であることを示されるという仕方で口を開きみ言葉を語りたもう。われわれの、神への反抗という在りよう（Wider-Gott-Sein）と、神がわれわれのためにとりたもう在りよう（Für-uns-Sein）とは、イエスの死において一つのこととなる。人間は、神を厄介払いするためになしうる最後のことをなそうとし、しかし、神は、まさにこの最後のことにおいて、イエスの死において、勝利を収められる。これが、いっさいの神無しとすることの原理的不可能性（die prinzipielle Unmöglichkeit aller Gottlosigkeit）である。神無しとすること（Gottlosigkeit）は、今からはもはや一つの仮構の可能性（eine fiktive Möglichkeit）であるにすぎない。神の敵であったわれわれは、み子の死において、和解させられた。たとえ、われわれが「騒ぎたつ異邦人」（詩２・１）であり、「この世の支配者は審かれ」る（ヨハ16・11。ヨハ12・31をも参照）その者であるにせよ、「兄弟たちを告発する者」（黙12・10）であるにせよである。「和解の言葉」（IIコリ５・19）において、神の現実性（Wirklichkeit Gottes）は、原理的にはすでに廃棄されただ「不従順な者たちの内に今も働」き（エフェ２・２）支配するにすぎない神無しとする人間の現実性を超えて、生き、勝利なさる。われわれが現実性と呼んでいるものは、イエスの死によって廃棄され疑問とされ、その根底において、神への罪と敵対の中で打ち破られた現実性である。われわれキリスト者は、したがって、「かのように……」（als ob）といったことに生きない。罪は罪でないかのような、死は死ではないかのようなところで生きない。われわれは、罪や死がそこにおいて最後の現実であった現実性を超えてその彼方に立つ。〔罪と死は、〕あった（Waren）！〔ものとなっている。〕

イエス・キリストにある神の現実性――それは、このようなものであり、われわれはこのような現実性に出会っている。それは、われわれによって一緒に設定・設立されたものではない。それに対しては、われわれは受身であるのみである。ということは、それは、そうあるように在り、完成しており、成就していることだからである。「成し遂げられた」（ヨハ21・30）ものだからである。信仰とは、この現実性の完成（Vollkommenheit）ということから生きることであり、このことを妥当せしめることである。神おひとりがなさったことを妥当せしめることである。神が、義となさるのである。それが神の完全な業である。それでいっさいは充分である（satis est）。そこから、充足（Genugtuung. satisfactio）ということがある。ルターは、このことを『ガラテヤ人への手紙』をめぐる論議において、次のように表現した、「したがって、われわれは、この義に到達するためには、何一つなさず、何もする必要はないのであろうか。わたしは答えよう、その通りである、と。なぜなら、この神の義は、徹底して、律法ないし業については、何一つなさず、何一つ聞かず、何一つ知らない。この義は、キリストが父の許に昇ったこと、今は目に見えぬものとなっていることを知っており信じている。キリストが神にあって神の右に座していること、しかも審き手としてではなく、われわれのために神により知恵と義と聖と救いとになりたもうていることを知り信じている」。要約すれば、彼が、われわれのために現われたもう大祭司であり、われわれを超えて（über）、われわれの内に（in）あって恵みをもって支配していたもう。そこでは、罪は見いだされず、恐れも、良心の呵責も感知されることもない。なぜなら、この義の中には、どのような罪も入り来ることはないからである。……罪は、したがってここではもはや場（Raum）を持たず、良心も恐れも悲しみも場を持たない。それゆえ、ヨハネは言う、「神から生まれた人は皆、罪を犯さない」と（Ｉヨハネ３・９）[(453)]。

充足（Genugtuung）としてのイエスの死

自由と必然というこの出来事の只中に、なお、第三のことが、イエスの死についてのすべての報告と不可分に結びついて登場する。彼は、「われわれのために」(für uns）とか「この世の罪のために」(für die Sünden der Welt）ご自身を与えられたと言われている事柄である。

伝統の中には、この問題に関して、2つの道が存在している。アンセルムス〔Anselms von Canterbury 1033-1109. Cur deus homo. 他〕の道とアベラルドゥス〔Petrus Abaelardus 1079-1142〕の道として一般に知られているものである。わたしは、この道を、充足説（Satisfaktionstheorie）、ないしは、受容論（Akzeptationstheorie）と呼びたい。この教説は、イエスの死の出来事をもって「充分に果たされた」（genuggetan）ということから出発する。「充足」（Satisfecit）、すなわち、「無償性」（Umsonst. gratis）ということは、「充分」（Genug. satis）であるということであり、また、その逆でもある。神は、自ら、われわれの罪を引き受け、それをわれわれのために廃棄なさった。ここに、しかし、アンセルムスが投げかけ彼を動かしている一つの問いが残っている。罪の赦しのために、神は、み子の死を望みたまわねばならなかったかという〔問いである〕。この必然性（necessitas）は、どの程度、その死と関わるのか。神の憐れみということは、彼なしには在り得ないのであろうか。この問いは、一つの業の中で相互に働く二つの本性の交換（Austausch der beiden Naturen）の教説へ至る。「……問題の要点は、他の方法の採用も可能と思えるのに、なぜ、神は人をその死を通して救うために人となられたかということでした。それに対して、あなたは多くの必然的理由を挙げて答えられ、人間的本性の回復が実現せず放置されるべきではないが、また人がその罪に対して負うものを償わずには、それが起こり得ないこともお示しくださいました。その負債は巨大で、人間のみが負うものですが、それを償うことのできるのは神だけですから、同一人物が人間であるようにまた神でなければなりませんでした。そこで、その本性からすると償うべきだが、それが不可能であった者が、その位格において償うことができる者であるように、神が人間を位格の一致に取りあげることは必要でした」(454)。

これに対し、アベラルドゥスの理論は、死の中に神の愛の徴（しるし）を見るものであり、死に至るまでの愛の中に和解（Vesöhnung）の証拠を見いだすものである。ここでは、さし当り行為（Handlung）というものが人間的に理解され、そののちに、神的に意味解明がなされている。神は、死を、贖い金（Lösegeld）として受領される。そのように考えて、人は、出来事の必然性というものを回避しようとする。しかし、「われわれのために」ということは、二つのペルソナにかかっている。われわれがそれである人間、われわれのため全傾注（Einsatz）をなさることにおいてご自身である神、である。

この神の行為、それは神の独自の行為であるゆえに、人間がそれと共働したり人間の本性が参加しうるような行為ではなく、全く神の意志の許にある行為であり、それは、充足（satis-fecit）している。彼は、充分に（genug）事をなさったのである！　ここには、すべての行為が意味をなさない現実（Wirklichkeit）が設定され、「充分ということ」（Genug. satis）が挙揚（Aufhebung dieses Genug）されており、そのことをもってまさにこの行為の「無償性ということ」（Umsonst. gratis）も存在しているに違いない。この現実性は、われわれには、ただ贈り物としてだけ、賜物、恵みとしてだけ経験しうるものである。事柄をそのように妥当させる時のみ、人は、このことの中で、このことによって生きることができる。この新しい現実性という門の上には、神のご支配の国という現実性の門の上には、その門からわれわれはその国に入っていくのであるが、こう記されている、「あの方は、充分になし遂げてくださった（satis-fecit）！と。局外者たちは、これは静寂主義（Quietismus）か内面的確実性（securitas）の規定であるという考えに繰り返しつき当たることになるであろう。しかし、われわれはここで神の前に立つことになっており、このことは掟（Gesetz）――聖書の言う、義（δικαιοσύνη, dikaiosyne ディカイオスネー）――その許にわれわれが神の目の前に立ちうる義ということを考えるべきであろう。われわれの中には、次のように言う根絶しがたい声がある、すべての神学論議にもかかわらず、そんなことは在り得ないとする声である。なぜなら、そこでは善と悪とが一つテーブル、一つ家にあって、一つの祝宴に招かれているといった態のことであるからだ、と。そんなことは在り得ない、と。とりわけ、そのような神は神ではあり得ない、と。事はこのようである徴（しるし）のために「あの方は、充分になし遂げてくださった」という言葉が、あの門の入口に掲げられている。したがって、その意味は、いっさいの行為をそのようなものであらしめよ、ということである。ここに、神の大いなる安息（der große Sabbat Gottes）がある。ここに、多くのことではない、なくてならぬただ一つのこと（das

Eine）がある[455]。

イエスの死においてわれわれの出会う現実性に対しては、われわれは全く受身（passiv）のものである。なぜなら、ここで、われわれは、意志そのものである意志（Wille, der Wille bleibt）[456] に直面するのだからである。しかも、彼が意志したもうことはその本質において成就するのであり、その意志は、われわれが欲するような何かではなく、われわれを欲したもう意志である。それは、慈しみの意志、われわれを見棄てず、イエスの死においてわれわれに対して立ち向かおうとなさること以外のことは何も欲したもうことはない神の意志である。これは、律法の彼方にあり、しかもそれを成就し、キリストの犠牲に錨をおろしている義というものである。われわれは、この以前には決して知られていなかった現実性、新しい現実性、神ご自身が主でありたもう世界の中に召されており、招かれており、その中に登場する。しかも、われわれがそれに付け加えるべきものは何もなしにである。ここには、不足のものは何もない。われわれ自身にも何ものも欠けてはいない。われわれは、ここに、われわれ自身以外の何ものも持ち出してくる必要はない。「このことは、あなたのために、生起したのだ」ということの意味は、ここには、現実性という言葉が包括しているいっさいが設定されているということであり、天と地、神と人間、善と悪、死といのちを包括する世界、完成し成就した、われわれが生きている世界とは区別された世界が設定されているということである。われわれが、その本性から生き、また神の意志など成就することはないと考えるような知識をもって生き、さらにまた「君は、かくあるべし」というところから生きる現実性というものは、在るべき現実性ではない。それなのに、われわれはその現実性の中に生き、その現実性を生きている。その現実性は、われわれが形づくる限りでの現実性にすぎない。それは、真に事そのものに即した（Ding an sich）現実性ではない。われわれが、この現実性を脱し、倫理的にではなく認識し、この現実性にあって積極的に行動するとすれば、この現実性はそれ自身にあって崩壊してゆく。この現実性というものは仮象の世界、見せかけ（*φαινόμενα*, phainomena）の世界である。その中にあっては、われわれは、神がご自身の業（わざ）についてお持ちになり、われわれも持ちうる安息や平和を持つことはない。しかし、イエスの死の中には、平和がある。新約聖書における平和（εἰρήνη, eirene）とは、そこに事の果て（das Ende）があり、目標（Ziel）に到達しているということである。したがって、われわれが、われわれのなすことによる義の法則（Gesetz）というものを取り込むことは許されない。したがって、われわれがこの世の法則（Gesetz dieses Äons）とイエスの死において到来している新しい確実性と混同するということは許されない。

これが、充足（Satisfaktion. satis-fecit）！　ということである。あの方は、充分に事を成し遂げたのである！　あの方は、神の意志を成就し、その結果、われわれは神の求めるところを成し遂げた者として、あの方に出会うことになる。あの方が神の意志を成就した所で、しかもあの方が神の意志であるというそのような仕方で、われわれは神の意志に出会う。このことこそ、まさに、この地上に生まれた方と出会うということの最高のこと最後のこと（das Höchste und Letzte）である。

したがって、「無償性」（gratis）ということと「充足」（satis）ということとは相呼応し合うものに違いない。神の恵みは、神がこの現実性の前で身を退かれ、願望と夢の国のほうへ歩み去され、われわれも信仰者としてそれに従うといったことを意味し得ない。「無償」（das Umsonst. gratis）ということは、負い目（Schuld）を返済する可能性がないからということを意味しない。神から遠く、死に定められ、律法と罪とによって形づくられた現実性が、わたしよりも、神よりも、諸君たちよりより強力であるからということを意味しない。われわれは、この世界を支配する諸力、つまり権力とか衝動とかマモンとかといった諸力の前で無力であるからということを意味しない。一方ではこれら諸力が強大であるということがあり、他方には人間の無力と苦悩が大きく、どんな宗教も倫理的なもの（Sittlichkeit）もそれに対しては実在性（Realität）を欠いてしまうからということをも意味しない。そうであれば、諸君、人よ、わたしよ、神よ、われわれを彼方に（in das Jenseits）、この世界の外なるところへ（in die Außerweltlichkeit）、疎遠なるものへ向けて移動させよ。この世界は、その神々共々、没落させよ！　しかし、諸君、人間は新しい故郷を――わたしの中に発見し、わたしは、わたしの真の支配を、あなたの中に発見しよう。われわれが、この世界の外なる王国、霊と真理との王国を打ち建てるなら、それは、「充足」(satis) なき「無償」(gratis) となることであろう(457)。

二つの状態についての教説

われわれは、最後に、キリストの二つの状態についての教説 (die Lehre von den beiden Ständen Christi)、つまり、彼の卑下 (Erniedrigung) と高挙 (Erhöhung) をめぐる教説について語る段階にきている。受肉 (Inkarnation) をキリスト論の奇跡 (Wunder) と呼び、神学的主題ないしはキリスト論の学問上の問題として二性をめぐる教説、交流の教説、キリスト論の弁証としての本性相互の共動 (Zusammenwirken) の教説を〔とりあげたならば〕、二つの状態 (beiden Stände) をキリスト論内部の出来事性 (das Ereignishafte) をもつものとして見なし得よう。

さし当り、まず、この教説 (Lehrstück) の意味、内容について問うことにしよう。卑下と高挙の教説は、その前に起こったことから不可避的整合性をもって生じてくる。なぜなら、神の子が人となりたまい、人となりたもうこと自体が出来事として信じられ宣べ伝えられるのであれば、ここでは、一つの決定的変化が登場していることが言われ得るのでなければならず、その変化とは、神が自らご自身をわれわれの間で啓示したもうたという意味での変化であるからである。イエス・キリストにおいて、単なる人間 (purus homo) が問題であるというのであれば、イエス・キリストが一人の貧しいみじめな人間以外ではないというのであれば、われわれは、卑下ということについては語り得ない。しかし、イエスがその救いの業(わざ)を完成したもうその状況 (Stand) というものは、聖書の考えに従うなら、一つの引き受けられた状況 (ein amgenommener Stand) である。イエス・キリストは、その力を断念し、人間としての存在 (Dasein)、下僕(しもべ)となることを、生と死の低さ (Niedrigkeit) において神に対する従順 (Gehorsam) とわれわれに対する愛の徴(しるし)として選びとられた。これは、事実、聖書の一致した語り方である。わたしは、とりわけ、フィリ2・6以下の有名な〔「従順であられた」とある〕ケノーシス (Kenose) の個所を思い起こす。そこでは、下僕の姿

(knechtsgestalt) をとることが、それをもって神と等しくあることを止めること (aufgeben) でなく、断念する (preisgeben) こととして理解されている。神と等しくあること (Gottgleichheit) は、フィリピの信徒への手紙から知られる原始キリスト教団の讃歌の考えであるが、み子について、彼がその神と等しくあることを人間となることに対して主張しているかのような意味において捉えているのでも固守しているのでもなく、この神と等しくあるということは、死に至るまで、然り十字架の死に至るまで神の下僕として忠実であったこの人間に与えられており付与されているものである。

同様に、ヘブライ人への手紙にわれわれが次のようにあるのを読むとき、同じことを言っている。「信仰の創始者であり完成者であるイエスを仰ぎ見よ。彼は、持ち得たであろう喜びに代えて、十字架を忍び、恥を考慮せず、神の右に座したもうた」と (ヘブ 12・2)(458)。「喜びを捨て」〔新共同訳〕(statt der Freude「喜びの代わりに」)(459) というギリシャ語の表現は、ヴルガタ訳聖書 (Vulgata) においては、pro proposito sibi gaudio (〔日本語ラゲ訳「イエズスは、己に備われる喜びに代え〕) と訳されている。この「喜び」ということにおいてキリスト者にも苦難に対して与えられる「報酬」が考えられているのではなく、ルターもまたその翻訳において「彼は喜びを持ち得たとしても」(obwohl er Freude hätte haben können) と訳しているように。同じ考えは、コリントの信徒への手紙 (二) にも見いだされる。つまり、本来のパウロ神学の領域内においても、キリストについて、「あなたがたは、イエス・キリストの恵みを知っている。彼は富める者であるのに、貧しくなられた。それによってあなたがたが豊かになるためであった」(IIコリ 8・9) とある時、それが見いだされる。ロマ 15・3 にも恐らく同様のことが保持されている、「(なぜなら) キリストは、聖書に『あなたをそしる者のそしりが、わたしにふりかかった』(詩 69・10) と書いてあるとおり、御自分の満足はお求めにならなかった」とあるとおり。このことは、彼がわれわれの恥・そしりを担いたもうたということを意味し、そのことにより、ここでは、強い者は弱い者の弱さを担い、自分自身を喜ばせてはならないというキリスト者への警告が与えられている。

ここで、卑下ということは、己が何者かでありうるとする力と強さとの断念のことが意味されていることが明白となる。代わって、弱い者との連帯、弱い者を突き離したり落胆させたりしないために、己の力を放棄することである。このことは、さらに、エフェソの信徒への手紙の興味深い個所へ導く。そこでは、詩編の引用の結びにおいて、「『昇った』というのですから、低い所、地上に降りておられたのではないでしょうか。この降りて来られた方が、すべてのものを満たすために、もろもろの天よりも更に高く昇られたのです」(エフェ 4・9 以下）とある。

ヨハネによる福音書もまた同様、「天から降って来た者、すなわち人の子のほかには、天に上った者はだれもいない」(ヨハ 3・13）といい、また 6・62 には、「それでは、人の子がもといた所に上るのを見るならば……」とある。加えて、こう考えられている、一人の人間が天へ上りうるのではなく、もしそうなら、この人間は天から降って来た者であるということであろう。この際、人間の〔考える〕天というものの神話（Mythos）に近づくことになるが、新約聖書は、むしろ逆の考えを強調していることが確保さるべきであろう。つまり、一人の人間が天から来たのではなく、逆に、地上から天へ上った人間は、彼が天から来たものと同一のものであるゆえに、それが可能だということである。ここでは、一人の人間が天に上に上げられたのではなく、昇る（Aufsteig）とか高挙（Erhöhung）ということは、イエスの地上での出現が卑下（Erniedrigung）であったことを前提としているということである。

なお数多く引用可能なこれらの個所から、たとえば「変貌の物語」を指示することを通して、また「受難予告」を通して、卑下と高挙とは連関しているという一事が明らかとなる。そして、卑下は高挙に移行し、高挙によって消失するという事情ではないばかりか、逆でもある。高挙は、神の右に挙げられた地上のイエスが低くされた者（der Erniedrigte）であったことを前提している。ここに、復活の光が地上のイエスの状態の上に投ぜられている。復活から、イエス・キリストのこの地上での時（Erdenzeit Jesu Christi）は、上からの到来（Herabkunft）、卑下（Erniederigung）であることが明らかとなり啓示される。

高挙は、したがって、われわれには、低くされた者として出会う方の啓示のことである。それは、地上のものとして、苦難を担う者として、死ぬ者としてわれわれの間に現われた方が何者であったのか、何者であるのかを啓示する。したがって、二つの状態についての教説で肝心なことは、人間にまで己を低くして下り、ここで殺され、父の力によって高きに復活する神の子のドラマである。死に復活する神についてのこのドラマは、キリストの二つの状態と大いに似て現われるという事実は特別な解明を必要としている。このような神話の背後には、第一に、人間の実存の悲劇的理解というものがある。人間の実存は、存在の無意味性の中に投げ棄てられ見棄てられているものであるということが意味されており、死にゆく神とは、人間が自身を理解し、その没落において彼の霊的本性が勝利するということに望みを託すことの表現、象徴である。わたしは、このような神話的なプロセスの一定の思考方式が、イエス・キリストの人となりたもうことや復活や卑下や高挙の何であるかを明確化するために利用され必要とされていると考えたい。なぜと言うに、イエス・キリストの卑下ということは断じて悲劇的実存の受容といったことではなく、全く反対に、彼がそれであるものの放棄（Preisgabe）のこと、このことによって、われわれもそのようになる事態に接近することのためであるからである。神は、神で在すことを固守することによって神であるのではなく、神がわれわれ人間に接近するためにご自身を放棄してわれわれの神また救い主であるという点において神である。これが、キリスト論において起こっているもの（Ereignishafte）である。われわれは、ここで、人間の実存の悲劇的なるものと関わるべきではなく、むしろ、われわれ自身の実存の悲劇的理解の只中に、大いなる転換が書き込まれており、このことによって、われわれのいのちは、神の勝利の内に取り込まれているということに関わるべきである。悲劇性（Tragik）ということは、われわれ自身が下す決断に関してすでに決定がなされているということであり、われわれの上には不思議な法則が置かれており、その許で没落していく他はない法則性があるということである。われわれはそのような人間として生まれてきているということである。悲劇性ということは、そのようにある他はない、その許でわれわれは挫折していく他はないわれわれの上に君臨している暗い運命の不可変更性（Unabänderlichkeit eines so und nicht anders über uns stehenden dunklen Schicksals）を意味している。

キリストの二つの状態の教説において、悲劇的なものの場に、一つの明るい、確実で動的な中心というべきものが登場してきているとわたしは考える。キリストは、彼が卑下した方であり高く挙げられた方、下僕であり主である方、苦難を受けたもう方であり勝利する者、始めであり信仰の完成者であるこの両方である点において、そのお姿を現わす。それは、出来事（Geschichte）であり、よりよい表現でいえば、ここにおいてこそ明らかになる信仰の運動（Bewegung）また現実性（Wirklichkeit）のことである。それゆえにまた、キリストの二つの状態の教説は、そこに信仰の模範が示される勧告的なるもの（das Paränetische）への移行でもある。つまり、キリストが人間と等しくなるためにご自身を低くされたように、つまり、神性（Gottheit）を放棄したように、信仰者もまた弱い者失われた者たちと等しくなるべく己を低くすべきであり、またそれができるということである。それが、彼がその卑下の状態においてわれわれと出会いたもうことの中に秘められているものである。これは、彼とわれわれとの現実の共同性（wirkliche Gemeinschaft）であり、卑下においても高挙においても同様に経験する聖なる交わり（communio sanctorum）である。なぜなら、卑下は、まさに、高挙のゆえに完成するのであり、高挙の中に、卑下は、卑下によって等しいものとなってくださった兄弟たちを高挙の中へ受け容れることになるからである。卑下と高挙によって、神性自体の中での生成（Werden）が完成するのではなく、イエス・キリストにあって、人性をとり、そのことによってわれわれ自身が互いを受け容れ合うべき模範を持つことになるキリストにあって、生成と出来事は完成する。神が人となりたもうことによって、人性それ自体が高く挙げられるのではないが、われわれ自身は、信仰者として、われわれ自身の固有の在り方、われわれが人間であることを、謙遜な奉仕、隣人愛、隣人の咎と運命への共同参加（Anteilnahme）のために用いることになろう。イエス・キリストの卑下のゆえに、人性の内部でこのように奉仕の業を推進し働く人性だけが、救いということの場である。

しかも、このことをもって、格別に不思議なことが起こる。すなわち、このことが成就する時には、われわれのそれであるいっさいのことは他者のためにのみ用いられるということが起こる。われわれの承知していることは、問いの形で姿を現わす。われわれのなしうることは、無力となるという形で姿を現わす。共苦（Mitleiden）の形で姿を現わす。われわれの義は、義なき者たちとの交わり（Gemeinschaft）の中で姿を現わす。われわれのいのちは、それを放棄することの中に、死のかたちの中に姿を現わす。ルターは、ある説教の中で言っている、貧しきラザロは信仰者の写し（Abbild）であり、彼は彼のなすことをもって、福音にとって、巡礼（Wallfahren）、礼拝堂建設、あるいはそれと似た愚行（Narrenwerk）以上のことをしている、と。「今やその死の後に彼・キリストは、その災い、飢え、悲惨をもってこの世に仕える。彼の身体的な飢えはわれわれの霊的飢えを食し、彼の身体的な裸はわれわれの霊的な裸を食し、彼の身体的な災いはわれわれの霊的な災いを癒す。こうして、たとえ地上でわれわれにとって事がうまく運ばなくとも、われわれが信じるならば、彼は彼の模範をもってわれわれを教え、神がわれわれをみ心に適うものとしてくださるか、われわれを慰めてくださる。また彼は、不信仰の中にあってわれわれに事がうまく運んでいるならば、神がわれわれに対して怒りをお持ちであるかを示して、われわれに警告なさる……。この方が貧しいラザロにご自身の災いと飢えと貧しさをもってしてくださったように、いかなる王がそのすべての財貨をもって全世界にこのような奉仕をすることができるであろうか」(460)。

卑下ということは、したがって、単にキリストがその神性を自ら止めたもうたということのみならず、さらにもう一つのこと、すべての霊の賜物をもってわれわれを豊かにしてくださるための道こそがまさにこの道であること、またまさに、イエス・キリストが、この地上の最も低きところへ降りたもうたその道が、天よりの霊の賜物を分配する道であるということである。ルカ15・1-10の説教において、ルターは、次のように表現していた。「そこに神が来られ、ご自身を示し、おごった霊の持ち主を手酷く引き倒し、激しい一発を食らわして、以後は自分で自分を打たざるを得ないようにさせ、『黙れ、兄弟よ、慎め。お前はしょせん粗布そのものにすぎないのだ』と言われる。こういうことによって、神は、われわれがみな同じもので、一匹の驢馬（ろば）が他の驢馬を『あの袋担ぎども』と呼べないのだとお認めになる。なぜなら、われわれはみな同じ肉から生まれているからである。このことをわれわれは今ここで、例として挙げられている二通りの人々によって見ることができる。一人は偽善者であって、正しい人であり、耳の上まで聖(きよ)さに浸かっている。もう一人は明らかな罪人、徴税人であって、耳の上まで罪に浸かっている。だから彼は見せかけの聖人から蔑まれ、自分たちとの交わりにふさわしくないとされる。そこで神がその間に割って入られて、審きを下し、こういう偽善者たちが身をかがめ、罪を自分の肩で負い、担い、自分の義と正しさをもって他人を罪から助けるように考えるがよいと言われる。いや、彼らは決してそのようなことはしない。そうならば、本当にこうならざるを得ない。すなわち、真のキリスト教的行ないとは、人が身をかがめ、巻き込まれ、罪に浸かるほどに、罪の泥に深くまみれ、その罪を自分に担い、その穴に身を潜め、その罪が自分自身のものであるかのようにすることである」(461)。

したがって、卑下ということは、羊飼いが失われた羊を探し求めることに出発することを意味している。自ら羊の迷いこんだ砂漠に赴くことである。人となりたもうた神は、罪人・徴税人らと共に食卓に座し、神に近くある者たちを正しい者たちの中には見いださず、立ち帰る罪人たちの中に見いだされる。自らを低くするということは、根源的に、わたしは神の義を、罪と悪とが廃されている賢い者たちの中に働くというのでなければ、それを持ち得ないであろう。わたしは、わたしのために神の義を持つということはないであろう、わたしが、わたしとは同じでない人々と関わるということの中でそれを持たないならば。卑下・身を低くするということは、同等でないこと(Ungleichheit)が前提されており、高挙ということは、同等でないものが同等を得ることを意味している。卑下とは、神が人間と等しくなりたもうことを意味し、高挙は、人間が、神の在すところ、すなわち神の右に座せしめられるということを意味している。

身を低くすること・卑下(462)

われわれが今携わっている問いは、まず第一等に、「自分を無にし」(ἑαυτὸν εκἑνωσεν, heauton ekenosen)(フィリ2・7)という言葉に関している。ここで言われている「無にすること」(Entäußerung) とは、何を主張しているのであろうか(463)。神ないしは神のロゴスが、人となることによって、ロゴスであることを止めることを言っているのであろうか。したがって、自然の諸力 (Naturgewalten)、飢え、渇き、苦痛、孤独といった魂の危機、死の苦しみについて、神自らが人間のいのちのかたち、その存在様式 (Daseinsform)、死ぬべきものたること (Sterblichkeit)、過ちを犯すこと (lrrtumfähigkeit)、弱さ (Schwachheit) を引き受けることによって、神が神のかたちを変えること (Gestaltwandel Gottes) が登場するということであろうか。あるいは、われわれは、「無にすること」について、神の神たること (Gottsein Gottes) がそれによって小さくされたり限定づけられたりすることはないという形で語るべきなのであろうか。今までの思考の道すじからすれば、われわれは、この最後の立場を決定的なものと見なすべきことは明らかである。つまり、み子が、その神のかたちを無にすることを通し、下僕の形をとることによって、み子であること、三位一体の第二位格 (ペルソナ) であることを止めることはないということである。フィリ２・７の有名な個所の解釈を詳細に見ていくなら、「無にする (ケノーシス)」道こそ彼にふさわしい道である。この讃歌にあっては、彼は神のかたちであるということが言われており、E. ローマイヤー〔Ernst Lohmeyer 1890-1946 プロテスタントの神学者。ロシア秘密警察の手により殺害された。〕が彼のフィリピの信徒への手紙の注解書において実に見事に示してくれたように、この神と等しくあること (Gleichsein mit Gott) を略奪者 (ein Räuber) のように自分のものとしてもぎ取っている (reißen) ということが言われている(464)。彼は、下僕のかたち (Knechtsgestalt) をとり死に至るまで身を低めることを通して、彼が神に等しく値するもの (Gottebenbürtige) たること、神の独り子である彼でありたもう。したがって、彼が人間となり、ないしは、人間のかたちを取ることによって彼が彼であることを止めるのではない。他方、彼は、その神たること (Gottsein)、その主権、卓越性、――わたしはこんなふうにも言いたいが――人間離れし世界離れしていること (seine Menschen-und Weltferne) を手離さなくとも、その神性 (Göttlichkeit) を転倒させる (pervertiert) のか。彼は、神と等しきものである、彼は神のかたちにおいてある。しかし、彼は、彼自らあるところのものを、彼とは較べることもできない者、つまり人間と等しくなることにおいて（in die Ähnlichkeit）登場することによって表現する(465)。ここにまさに問いが生じてくる、このような〔事態〕こそ、神の義、知恵、力、愛ということの特質ではないのかという問いである。このような神の特質とは、較べることもできぬものと同じになるということではないか、イエス・キリストにあって啓示される神的義とは、義なきものを義とするということとして、そのような認識と洞察へわれわれをもたらすものとしてあるのではないかという問いである。それは、われわれが見つめるにはあまりにも高すぎ、明るすぎ、明白すぎて、その前ではわれわれは目を閉ざすほかはなく、ただそのことを確認するしかない光としてではなく、われわれを照らす真の光として、聖書の諸所に、光り輝く者とか光の子とキリスト者が呼ばれるに至る光としてである（エフェ1・8、ヘブ6・4、IIコリ4・4）。神は、ご自身の主権と知識とをもって、低い者たちや失われた者たちやものが見えない者たち、闇の中に住む者たちよりご自身を切り離されるのではなく、そのような者たちをご自身の中へ、つまり、神がそうありたもうその中へ引き入れるという仕方で神ご自身でありたもう、そのようなあり方においてまさに主（Meister）でありたもう。このように、人間をご自身のありたもうものの中へ参加させてくださる能力（Vermögen）こそ、み子が人となりたもうことにおいて成就される「無にすること」の中で啓示されるものである。

悪魔的原理、非人間的な悪霊的なファリサイ的なものというのは、それに対して、フィリピの信徒への手紙にあって、われわれが、義とか知恵とか生命とかすべて神の属性とされるものをわれわれ人間の所有とし、それらを思いのままにしうるように見なす点にこそある（ロマ15・3参照）。しかも、そのことを、人間が何者かでありうるかのような自己栄誉化、然り、自分が現実にある以上のものでありうるかのような、他者や、とりわけ他のものの前でそれ以上のものであるかのような自己栄誉化の意味でそうする。これこそまさにサタンの原理であり、歪曲であり、途方もないこと（Verteufelung Gottes〔直訳すれば、神を悪魔化すること〕）である。己を神の前に立つに値する者と見なすような義人というものは、イエスの物語においては、己を低くする者の敵なのである。われわれがすべての知恵と生命と救いと贖いがあるとする神の下僕（しもべ）と彼らとの間には、争いがあるだけである。彼らは神の下僕を十字架につける。なぜなら、彼らは、神の慈しみと愛との真の代表たるものを殺さずにはおれないからである。なぜなら、神の下僕は、彼ら流の神であること（Göttlichkeit）や義へ、己を無としない仕方や方法で強奪物のように神の賜物に固執することを、不信仰の固有の罪（Verbrcehen）として、審きたもうたのだからである。そのことは、イエス・キリストがご自身を「無にすること」によって起こり、彼が、神であることを略奪物のように固執しないことにより、彼が、自身を自身のための存在（Für-sich-Sein）としてだけ孤立化させるのではなく、ご自身であるものを、人類の歴史全体の本来の主題となる世界全体に及ぶ決断（Entscheidung）が下されることとすることにより起こっている。その訳は、神との出会いというものはいずれも、われわれを、われわれが神を神としているかどうか、イエスに似たものとなることを願っているかどうか、われわれが彼に対して、まことに死ぬべき失われた人間であるかどうか、われわれが距離を超えて神の属性をわれわれのものにしようとしていないかどうかという問いの前に立たせるからである。人間の神との関係について不可避のものとして設定されたこの決断は、イエスの身を低くするこの決断が神からの決断として起こらざるを得ぬ種類と方法のものゆえに、それが、われわれすべてがそこから判断をするいわゆる通奏線（Generallinie）たらざるを得ない決断だからである。それゆえ、この聖書の個所の冒頭において、「互いにこのことを心がけなさい。イエス・キリストにある交わりに対応するように」（フィリ２・５〔イーヴァントの私訳に従う〕）と警告がなされるのである。あなたがたが、神からのもの、神の恵みによる者であることを固執するのであれば、神と等しくあることを略奪物（Raub）のように見なすときキリストも神ではないように、あなたがたも神無きものとなるであろう。

もし、このようなことが己を「無にすること」において考えられていることだとすれば、このことをめぐって生じた論争において、非常に多くのことが明白となるであろう。とりわけ、キリストの状態の定義に際して改めて出会うことになる契機も設定される。なぜなら、このような方法で主に従うキリスト者というものは、キリストが生の模範である以上、二つのことをつねに自らに担うことになる。主の身を低くしたもう卑下（Erniedrigung）と死（Sterben）の中に、高挙（Erhöhung）と栄化（Verklärung）とが隠されているということである。Ⅰコリ4・10を想起する、「わたしたちはキリストのために愚か者となっているが、あなたがたはキリストを信じて賢い者となっています。わたしたちは弱いが、あなたがたは強い。あなたがたは尊敬されているが、わたしたちは侮辱されています」、あるいはⅡコリ4・12-16「……こうして、わたしたちの内には死が働き、あなたがたの内には命が働いている……。だから、わたしたちは落胆しません。たとえわたしたちの『外なる人』は衰えていくとしても、わたしたちの『内なる人』は日々新たにされていきます」。さらに重要な個所Ⅱコリ6・8-10「……わたしたちは人を欺いているようでいて、誠実であり、人に知られていないようでいて、よく知られ、死にかかっているようで、このように生きており、罰せられているようで、殺されてはおらず、悲しんでいるようで、常に喜び、物乞いのようで、多くの人を富ませ、無一物のようで、すべてのものを所有しています」の個所。ここで、キリスト者が、無一物のようですべての物を所有するという事実において、われわれが馬小屋の飼い葉桶と十字架において見る神の貧しさと、にもかかわらず（doch）すべてのものを所有しているという神の貧しさについて、まずいくばくかの光が投ぜられる。

「いと小さきものとなられた幼子
すべてのものを、ひとり　御手に」(466)

二重の義（die doppelte Gerechtigkeit）についてのルターの説教（1519年）の中に、適切な解釈が見いだされる。ルターは、そこでこう言っている。イエスの神のかたち（Jesu göttlich Gestalt. forma Dei）とは、神たる実質（Substanz Gottes）を意味しているのではない。なぜなら、キリストは、人間が人間のかたち（Gestalt des Menschen）を人間の実質（menschliche Substanz）とは呼ばないのと同じように、ご自身を無にしたのではないからである。そうではなくて、神のかたち（göttliche Gestalt. forma Dei）ということは、ここで、知恵、力、義、恵み、遂には自由ということを意味しており、キリストは人間として自由なものでありたもうたこと、力があり知恵があり、何者にも従属せず、すべての人間においてそうである過ちにも罪にも従属することはなく、……にもかかわらず、このようなかたちであることを誇りとすることなく、自身を喜ばせることなく、他者を侮辱せず、無視せず、下僕となりさまざまな苦悩を忍びたもうた……等々。ルターは、さらに言う、キリストは、ファリサイ人と違って（ルカ 18・11）、彼が神のかたちであることを父なる神に帰し、自らはそれらを「無にし」たもう。神の称号をわれわれに対して用いようとはなさらず、われわれと違ったものであろうとはなさらず、むしろ、われわれの一人となり下僕のかたち（Knechtsgestalt）をとりたもうた(467)。もちろん、このことの背後には、代理としての苦難（Gedanke des stellvertretenden Leidens）という考えもある。彼は、われわれの罪と罰とを引き受け、それらのことがご自身のものであるかのようにご自身の内にあってこれらのものと苦闘し、格闘したもうた。そしてそのことによって勝利したもうた。彼は、そのようにわれわれの神であるために、われわれの下僕、われわれに仕えるものとなることを願われた。（ここに、われわれが誤って、カルヴァン的外部［Extra-Calvinisticum］と名づけたものが反響している。正確には、このことは、改革派の神学者たちが、ロゴスについて、ロゴスは自らを無にすることによっても神の内のロゴスと等しくあるものに留まっていると主張した時に考えていたことである。）

カルヴァンは、その『キリスト教綱要』（II、13／2）においてわれわれと同様フィリ 2・7を扱い、こう言っている、パウロはここで、キリストとは誰かについてわれわれを教えようとはしていない。そうではなく、彼がいかように行動したもうたかを教えている。この世に対して、彼の栄光を眼前にすることのできた彼は、その権限より距離をとり、自ら進んで（freiwillig）己を無とし、全く肉なるものの姿のもとに（unter der Hülle des Fleisches）その神性（Gottheit）を隠したもうた。ここでは、神の憐れみを示すために、人間性、身を低くすること、病めること、死に与(あずか)ること、苦痛と苦悩に参加することが中心を占める。「無にすること」とは、神に近くあること（Gottes Nähe）や権能（Majestät）を断念したり喪失したりすることを意味せず、反対に、隠すという形においてわれわれにそのことを現わすこと、あるいは、こんなふうにも言ってよいならば、その独自な形にあって、そのことがわれわれのものともなる形においてわれわれにそのことを現わされたと。したがって、身を低くなさる状態のイエス・キリストは、やがて〔天への〕高挙に至る道にある者に置き代えられるというふうに考えられてはいない。また、自らを低くする状態を通して、自らを道徳的に堅持し、そのことをもって神から主（Kyrios）の称号を与えられるという事情でもない。そうではない。身を低くするという状態に留まる。高挙において、〔身を低くすることが〕廃されるのではない。彼は、キェルケゴールの〝瞬間〟の示すように、時の中に永遠の中に留まり続ける。われわれは、高く挙げられた者の中に、低くせられた者の痕跡を見、脇にうけた傷も、〔十字架に打ちつけられた〕釘跡も見る。神のみ前に、その血を流している高く挙げられた者として留まり、高く挙げられた神の小羊と呼ばれる。そして、とりわけ、決定的なことは、このような彼こそ、あの『キリスト讃歌』（フィリ 2・10）におけるイエスであるということである。

高挙（Die Erhöhung）(468)

若きルター（der junge Luther）が、好んで、十字架につけられた者を隠されたる神（Deus absconditus）と呼んだように、自らを低くした者（der Erniedrigte）こそ隠されたる神である。この方と並んで他に神はなく、この隠されたる神は、この世界に、ないしはわれわれに、ただ神ご自身によって啓示されることを待つ。このことが、高挙（Erhöhung exaltatio）である。神の啓示は、この自らを低くし、罪と死の呪いの下に身を置いたこの人間を視野に入れるときだけ意味を持つ。神の啓示は、この彼に関係づけられる。ここ、彼において神はご自身を啓示なさろうと欲し、ここにおいて、われわれは彼への信仰に到達すべきである。ここ、われわれが自然神学の根底に立つとき持ち出してくる全ての概念から彼が身を退く所で、彼は、彼がそれであるところの、つまり、天と地の主として、生命と死との主としてご自身を啓示される。

このことをもって、既に、他の一切のことの前でも堅持されるべき一つの重大な点（ein Moment）が姿を現わしている。つまり、身を低くするということは、一つの通過段階（Durchgangsstadium）でも一つの局面（phase）ということでもないことである。自然の諸経過（Naturprozesse）の中での例えば死といったことのように、新しい形が成るために必然的に通過せざるを得ない段階、局面のようなものではないということである。かえって、聖書の証言は、至るところで、身を低くした者が高く挙げられた者（der Erhöhte）である！　と言っている。われわれがこの目で見、その言葉を耳にした方、われわれが苦しめた肉体が、命の言葉である（Ⅰヨハ1・1参照）。これは、正しく理解された意味での自同律（Identitätsaussage. praedicatio identica）である。ここでは、身を低くすることや謙遜の理念が理想化されたり正当化されたりしているということではない。身を低くした者というのは、神顕現（Theophanie）ということが言われる場合のように、神が本来のその真のかたちに向かうために、そこで、われわれに神が顕現する像（Bild）というようなことではなく、その場合には、肉体というものは、せいぜい透（すか）し絵（Transparent）か永遠的なものを時間的なものの中で輝やかしめるための手段（Mittel）のようなものにすぎない（史実のイエス！）。そうではなく、この身を低くした者、この肉をとりたもうた言葉、それが高く挙げられた者ということである！　再び来りたもうこと（Wiederkunft）において、われわれは、この方以外のものに出会うことはない。これが、復活者の顕現の意味である。〔あれは、〕「主だ！」（ヨハ21・7参照）と。時の終りというものは、すでに告白されており、しかもこの終りということから始めて全く解明されその全約束において明らかとされる歴史という徴（しるし）の中に立つ。逆にいえば、われわれが、この「地上のもの」（das Irdische）に出会うときには、来るべきお方とも出会っている。再臨（Parusie）という場に立つことなしには、この「地上のもの」はその未来より彼自身の未来よりわれわれに姿を現わされるということなしには、人は、高く挙げられるということについて何も語ることは出来ない。それゆえ、わたしは、キリストの二つの状態についての教説を、キリスト論における出来事性をもったもの（das Ereignishafte）と名づけたのである。ここで、われわれはキリストの出来事（Geschichte）に出会う。われわれがその内側に組み込まれて動いており、われわれの全人類史をもって動いている歴史（Geschichte）に出会う。その歴史は、一つの完結した円環（der geschlossene Kreis）であり、われわれはそのなかを歩んでいる。われわれの歩みは、閉じられているのではなく、ただ部分的にだけ見渡されうるものである。人類史は、それ自体を見れば、目に見えるものとなっている過去から、一見、知られざる未来への移行を絶え間なく続けている。しかし、キリストの歴史は、それ自体の中で完結している啓示であり、時の充実（die Fülle der Zeit）である。それは、身を低くされた方が高く挙げられた方であり、高く挙げられた方が身を低くされた方であり、われわれは、一方を他方なしで知ることは出来ず、過去と未来は、一つになるときに過去も未来も確実なものとなり、すでに到来なさった方が来るべき方であること、来るべき方は、到来なさっている方であることをこの目で見、信じることが出来るとき、イエス・キリストは昨日も今日も永遠にわたって同一のお方であるからである。彼がその同一のお方であることは、したがって、謎のようなこと（Rätsel）、秘義（Geheimnis）、何か捉えがたき（unbegreiflich）ことに留まる他はないであろう。それが、信仰がそこに固着し、そこから信仰は生きはじめるといった何ものかである他はないであろう。新約聖書が、彼をそのようなものとして証言しようとしていることは、われわれは、イエスの名が、しばしば、高く挙げられたことをめぐって語られるような個所で（ルカ23・42、ヨハ20・31、使1・11、3・13、Iコリ12・3、IIコリ4・10、ヘブ2・9、フィリ2・11、ヘブ10・9）際立っていることにおいて認識する。

第2の重大な点は、高く挙げられるということを特徴づけていることが、次のようなことである点である。つまり、それは素晴らしい直接の神の行為そのものであるということである（フィリ2・9、使2・24、ロマ8・11を参照）。確かに、神は、ご自身によって（von）、ご自身を通して（durch）いっさいのことをなし、すべての事は、神によって、神を通して存在する（ロマ11・36参照）。しかし、高く挙げられるということは、聖霊の力における神の直接の業（わざ）（Werk）である（ロマ1・14）。聖霊とは、神の現在（Gegenwart Gottes. praesentia Dei）のことである。この出来事（Geschchen）にあっては、父と子の直接の相互性（Ineinander）と共同性（Miteinander）が肝心のことであるということは、大祭司の祈り（ヨハ17・5）も示している。神は、このイエスが、人となった子が甦り、神の右に座すということの中でご自身の栄誉を示される。このイエスが、人性（Menschheit）を脱ぎ棄てるのでなく、人間イエスとして、神により死人の内より甦らされることの中でご自身の栄誉を示される。復活ということは、したがって、さし当り、またとりわけ、父と子は一つであること、神は生きていますこと、神は教団（eine Gemeinde）が存在することに立脚してではなく、神は復活においてこそ作用なさるということに連れ戻す。聖霊は神の霊であり、教団の意識（Gemeindebewußtsein）といったもののことではない！　高く挙げられるということは、高く挙げられた者は、神と共にある（Dieser hat Gott mit sich）ということである。それは、その身を低くすることと高く挙げられることにおいて起こった神の歴史（Gottes Geschichte）である。われわれも、その中に組み入れられている歴史のことである。イエスが高く挙げられるとは、そのようなことである。これが、「接合点」（Anknüpfungspunkt）ということであり、神の約束は、わたしに対しても有効である。神はイエスを高く挙げられたので、わたしをも高く挙げてくださったからである。彼が死はもはや何の力も持ち得ないことの保証である彼が死への勝利者である。

事情がそうであるゆえに、われわれもまた、陰府に下ることも勝利（Triumph）と理解すべきであり、それは死の苦悩の中へ打ち棄てられてあること（Preisgegebensein in die Todesqualen）として理解すべきではないであろう。なお、死の苦悩のもとで多くの苦しみを「受ける」（passus）としても。イエスは、死によって、地獄を、死者の国を、無となさったのである。イエスは、その権利（Recht）を、その実質（Substanz）を奪い取っておられるのである。

高挙と再臨・再び来りたもうこと（Erhöhung und Wiederkunft）

二性説と新プロテスタンティズムのキリスト論との決定的相違は、次のことである。新プロテスタンティズムにあっては、シュライエルマッハー以後に急激に学派を形成していく経過の中で、復活もキリストの再臨・再び来りたもうこと（Wiederkunft Christi）も、キリストのペルソナについての教説の中には属さなくなっているということである(469)。しかし、以前からの叙述によれば、二つの状態、つまり地上の日の生涯と高く挙げられたもののいのちとは、交互に相互的に引き合いに出されており、一方は他方なしには考え得ぬものである。こうも言いうるかもしれない、一方は他方より光を得ており、地上のものは高く挙げられたものより、高く挙げられたものは地上のものより光を得ている、と。これに対して、この両方のどちらか一方を削除するなら、キリスト教という宗教の創始者また原点（Ursprung）として独りそれに値しうる地上の日のイエスを発見する内なる光の源（eine immanente Lichtquelle）を〔どこかに〕見いだすことを余儀なくされることになろう。その光源は、彼の宗教的・倫理的意識といったことの中に求められることになろう。これは、新プロテスタンティズムの思惟がその開始と共に達成してしまった奇怪な急変（der ungeheure Umschwung）であり、それは、復活ということをただ教団の意識の中においてだけ生じる過程のこととして姿を現わすのみのこととするが、その際、キリストのペルソナということは、主体（Subjekt）として見なされることはない。シュライエルマッハーが、復活を分離する（Absonderung）ために挙げた根拠は、根本的に次のことである、第一に、ここではイエスに対してなされる神の行為ということが問題となっているのであって、イエスの行為が問題となっているのではないとする点である。そして、さらに、もっと注目すべきことは、このこと〔復活〕は、イエスの和解者（Erlöser）としての業(わざ)に対して何の意味ももたないとする点である。シュライエルマッハーは、パウロとは遠く隔たっている。シュライエルマッハーは、ここで聖書の中にある何かは見ているとはいうものの、実際の生活の座（Sitz im Leben）、つまり和解者の信仰の全体のいのち自体に即して、その背後にある組織的に本質的に必然的根拠づけということが重大であるということをどうでもよいこととしている。

われわれが、この機会に、このことを最も重要なことの一つとしている近代の異端（die modernen Häresien）について、いささか厳密に明らかにしうるなら、より有益であろう。異端をめぐっては、二つの面がある。一つは、それぞれの神学の異端的表現というものを規範とすべき信仰告白の尺度に照らして判断することである。これは、シュライエルマッハー自身が、ここで、「使徒信条」(Credo) の言い表しに照らして、一つの為し損ない (Verfehlen) をしているということである。彼は、単なる批判ということからでも理論的根拠からということでもなく、他のより深い理由、つまり、まさに彼の言葉に従うなら、復活はキリストの和解者として出発するその業の完成ということには関係がないとする理由から、キリストの業 (Wirksamkeit) はキリストのペルソナのわたしへの内面への作用ということである限り、復活をキリストのペルソナから排除する。

ここに、いまや、一つの新しい、もう一つの面が、新プロテスタンティズムの展開するキリスト教において姿を現わしてくる。人間進化の内側に完結する生命の出来事としての信仰は、それ自体、教説の意味あるいは無意味というものがそこから引き出されてくる組織的根拠となるものである。聖書的にいえば、このようなことは、あの原始キリスト教のグノーシス的表象、つまり、死を、信仰の行為ないしは「キリストにあること」(Seins in Christo) によってすでに排されているものと見なした表象に属しているものである。和解者としてのイエス・キリストとの出会い――それが、生命である！　墓を破り地獄に勝利した復活者から分離された表象が、天に、つまり神の右に座を占め、それは直ちにイエス・キリストご自身との出会いということの中で自らの内に経験しうるかの実存論的生の神話論的形態として姿を現わすものとなる。それゆえ、人は、復活を、キリストのペルソナの教説にとって不可欠のもの (konstitutiv) ではないとして排除し得たのである。このような人たちは、われわれが神の子であるというそのことが今や現実に現われており、われわれはそのことをキリスト者としてわれわれの表情に映し出すことさえしており、かの貧弱で外的な表象でしかなかったいっさいのものをわれわれの内に持っており、実存的にそれを実現させもしていたのであるが、そのような神話的に考えてきた表象をもうわれわれの背後にすぎ去ったものとしたのである。死が、すでに背後にしりぞいていることが確実であるゆえに、キリストが地獄と死に対しての勝利者であることを意味する以外ではないからである。あの方が復活者として姿を現わされているその地点に彼らもすでに到達しているものと考えたからである。復活者の生命は、彼らのそれぞれの生まれかわり（Wiedergeburt）の中で力強く目に見えるものとして見いだされると考えたのである。そのことが、あの方においては現われてはいるが、ごくわずかな目撃証人者のあまり確実とはいえない報告の中でだけ見出されることであるとしてもである。そのように、復活は、すでに罪を解消させており、全くの罪意識の欠如の状態についても、つまり、義しい者たちにおける罪ということについても、もはや何一つ知ろうとはしなかったし、死についても何一つ知ろうとはしなかったのである。死は、彼らにとって、一つの過程（プロセス）にすぎず、自然現象（Naturereignis）であり、彼らは死を観察したのである。しかし、人間は死を観察するなどということはできず、恐れることができるのみである。死の恐れの中で、われわれは死を知る！　死の恐れというものが、いかに深くわれわれの中に座を占めていることか、誰も測り知りうる人はいない。聖書が、神の怒りと呼んでいる罪と死との間の恐ろしい結びつきについては何人も語るものを持たないからである。この結びつきを、しかし、復活者は解き、彼の死と復活とによって、この結びつきは断ち切られ、われわれは、あの方において、またその復活において死が克服され廃棄されたのを見る。Ⅰコリ15章が明確な言葉をもって語った通りである。

中世の教会が、

「キリスト　甦りたまわざりしならば
この世は　すぎ去らざるを得ず」(470)

と歌ったとき、この点において、はるかに正しかったのである。

甦らせられた方は、次のように証言している、彼にあって、死は打ち勝たれたと。人間と死とは出会うが、死は人間を解放する他はない仕方においてであると。この一人の人だけが死に勝利し克服したといった芝居（Schauspiel）・見せものとしてではなく、人間が死への勝利者イエス・キリストにおいて立ち現われてくるというふうにであり、したがって、神は人間を見棄てず、人間を血肉をもった者として死に対して義とし（rechtfertigt）弁護（verteidigt）すると。神は彼を甦らしめたまい解放したもう、死は神に仕える他はないというふうに。神は、神の前に立ち得ぬ人間、その罪と神に見棄てられているということを通して決定されており規定されている人間を死に至らしめたもう。しかし、また逆に、必ず人間を一つの別の新しい神に象どられた人間として自由になさり、人間の力の限界を発見しているゆえに神の子とならしめたもう。

甦らされたイエス・キリストは、ペルソナとして、死の境界（die Grenze des Todes）である。われわれからではなく、彼にあって、われわれは、死がいかに遠ざかっているかを見る。彼から、われわれは喜び歌う、彼の権威（Macht）は、神の権威（die Macht Gottes）から全く遠いものではないということを。

甦させられた方、この方の高挙が、イエスのペルソナの教説の中に属している限りである。ということは、彼はご自身を死への勝利者として示されると共に、まさに陰府に降る（Nicderfahrt zur Hölle）ということにおいても、また天に昇り神の右に座したもうことにおいてもご自身を示されるということである。しかし、このことのいっさいは、これらの出来事が、下から、地上のイエスから現実に照明され明らかにされることによって意味をもち解明されるものとなるということである。エルサレムにおいてご自身を弟子たちに示された主が、十字架に釘づけにされた方と同一であり、この方がナザレのイエスである！

ここに、もちろん、さらなる考察が挿入される。新プロテスタンティズムの精神態度というものは、考えうる限り、地上のイエスの可視性は廃さるべきであったかとか移調（transponieren）されるべきであったなどとするということからははるかに遠かったということである。彼は、今は、目に見えざる主である！　そうでなければ、彼の身を低くするという状態も持続し得ず、世の終りが到来することになるであろう。不可視性（Unsichtbarkeit）の中へ引き退りたもうことを通して、彼は、彼の使信を伝える使命の余地というものをつくり、この世に対する神の忍耐の時と教団にとっての喜びと宣教の時である固有の救済の時（Heilszeit）というものを効力あらしめる。教団にとっては、彼が去ることはよきことである。不可視性の中へ引き退りたもうことは、神の許における執り成し（Fürsprache）という他の面を保証する。つまり、世界の罪は、もはや天に届くことはないということである。サタンや告発者たちは、神の座の前では転覆させられており、このことにより、天はすでに勝利だけを、救いだけを大きな歓びをもって期待しうる場となったのである。それゆえ、新約聖書の中には、天から来られる救い主への絶えることのない待望が生きており、雲を通って下ってこられる人の子でなく、天を、われわれのために、死も痛みも罪も到達することのない場とするイエス・キリストへの待望ということが生きている。

光と闇の力との抗争は、なお、この時の中で一つの問題ではある。しかし、それは何か絶対の、決着のつかない、われわれのなすべき決断にかかっているといったこととしてではない。そうではなく、良き人々は、悪が勝つかのように誤認すべきではない！　ファリサイの人々も、自分たちを人類を分ける（zerteilen）〔ファリサイの原義は、分離〕標語を掲げることに使命があるとする根拠をもはや持たない。なぜなら、この世の君たち（Fürst dieser Welt）は覆されているのだからである。キリストが、神の右に座しておられ、神の右とは、そこで神がこの世界をご支配なさっているところだからである。この世界支配（Weltregiment）が成り立つその方は、その方において神の義がこの地上に現わされているその方と同一の方である。この世の支配者たちというものは、神の世界支配の中に、彼らの持つべき規範を見ている。もし彼らが、支配ということを行なおうとするならば、その血を罪人のために流し、神なき者たちを義とし、われわれのために死に打ち勝ち、慈しみを天の国の掟として啓示した方が、神の右には在さぬように支配を行なうことになる。もし彼らが支配ということを行なおうとするならば、彼らの背後に、彼らの自身のための掟を持つもののように、無益の下僕のように振る舞う以外ないであろう。なぜなら、イエス・キリストにおける神の真実なご支配とゴルゴタも復活も起こらなかったこととするような人間の支配者との間には、大きなアンチテーゼ（Antithese）が広がらざるを得ないであろうからである。このアンチテーゼは、地上にあるわれわれと明るい太陽との間に、雲のように動くということになろう。そして、その神なき支配は、（キリストの名の許にもそれは起こるであろう、もちろん、キリスト無しではあるが(471)）、この地上にある教団にとって最悪の試練となることであろう。

イエス・キリストへの信仰は、それゆえ、「マラナ・タ、主・イエスよ、おいでください！」との祈りにおいて、ようやく、実現する。彼は、再び来りたもうであろう。来りたもうに違いない。単に、われわれの内での生まれかわり（Wiedergeburt）とか、あるいは、悔い改めとか、「義人」や「善人」の中にだけ生きたもうキリストは、再び、現われる必要はない。彼は、すでに、そこに在す。しかし、善人でもなく、完全なものでもなく、死の力や悪の力に勝ってもおらず、そこから解放もされていない他の者たちは、彼が再び来りたもうという使信を、彼らが希望と名づけたものの成就することに固着するであろう。やがて、二つは全く一つとなるであろう。地上のものであり高く挙げられた方、目に見える主であると共に見えざる主、教会と世界、死者たちと生者たちは、全く一つとなるであろう。キリストが再び来りたもうということ（Wiederkunft Chrtsti）は、一つの帰結を持つ他はないであろう。この世界は、彼の前で〔すでに明らかになっているように〕明らかにされるであろう。

注

(371)　イーヴァントの標題は、「受肉の教説」。Die Lehre von der lncarnation.

(372)　F. Nietzsche, Zur Genealogie der Moral, 1887. I, 10, Bd. 2, 782.（『道徳の系譜』）

(373)　J.W. Goethe, Faust I, 3432f.〔Johann Wolfgang Goethe 1749 - 1932. ドイツの作家。訳文は、池内　紀訳に従う。第一部　アルテの家の庭におけるファウストの科白（せりふ）〕

(374)　イーヴァントは、意味が合うようにして、1818年3月30日付の書簡におけるシュライエルマッハーによるF・H・ヤコービ〔Friedrich Heinrich Jacobi 1743 - 1819. 作家・哲学者。実存主義哲学者の一人。「ニヒリズム」という言葉を用いる〕の性格描写を引用している。「あなたは、理性においては異教徒ですが、心情（Gefühl）においてはキリス者です」Der Brief Schleiemachers an Jacobi, ZThK 68, 1971. 195-212 特に206・210。このことの資料と文言引用に関しては、O. Bayer教授（テュービンゲン大学）の教示に負う。

(375)　R.M.Rilke, Das Stunden-Buch. I〔Rainer Maria Rilke1875-1926 オーストリアの詩人、詩集『形象詩集』『ドゥイーノの悲歌』小説『マルテの手記』等〕（『時祷集』 I　僧院生活の巻より、訳文は富士川英郎訳に従う）

(376)　イーヴァントの私訳。

(377)　M. Heidegger, Was ist Metaphysik?.（『形而上学とは何か』）の Antrittsvorlesung（就職講義）の結びの問いを参照。〔「なぜいったい存在事物が在って、かえって無ではないのか」大江精志訳『ニイチェ全集』第1巻616頁〕

(378) M・ルターによって好んで引用されたJuvenal, Sat. 6・233の格言「わたしはかく欲し、かく命ず」〔『ギリシャ・ラテン引用語辞典』岩波書店〕

(379) F. M. Dostojewski, Die Brüder Karamasow.〔『カラマーゾフの兄弟』を参照〕〔Fyodor M. Dostojewski 1821-1881. ロシアの作家。『貧しき人々』『罪と罰』『カラマーゾフの兄弟』等〕

(380) W. Shakespeare, Richard Ⅲ.（シェイクスピア『リチャードⅢ世』）を参照。

(381) イーヴァントの標題は「神が人となりたもうことの教説」(Die Lehre von der Menschwerdung Gottes)

(382) J.W. Goethe, Faust. Zweiter Teil, V. 11954f.（相良守峯訳「岩波文庫」、池内紀訳「集英社」参照）

(383) M. Luther, Kleiner katechismus, BSLK, 511.（『小教理問答書』）参照。

(384) ニケヤ信条（BSLK, 26.）を参照。

(385) M. Luther, Predight über Jes 9, 1 1ff, 1532. イーヴァントは、EA 6, 42より引用。

(386) M. Luther, Predight über LK 1, 26ff, 1532. イーヴァントはEA 6, 201より引用（WA 36, 144, 16-18)。

(387) イーヴァントの標題、「神の人となりたもうことの意味について」(Von der Bedeutung der Menschwerdung Gottes)

(388) H・シュミットに従う。DELK § 41, 1, A.1.

(389) H・シュミットに従う。DELK § 41, 1, A.9.

(390) イーヴァントの欄外メモ、「われわれと共にあること――共に語ることの前提！」(Mit uns sein-Voraussetzung des Mit-uns-Redens!)

(391) イーヴァントの欄外メモ、「これは、同じという理念と反対のことである」(Das ist der Gegensatz zur Idee der Gleichheit!)

(392) イーヴァントの欄外メモ、「物語、神の義の歴史」(Erzählung: Geschichte von Gottes Gerechtigkeit!)

(393) イーヴァントの欄外メモ、「神は、われわれが人間であるということと、その際、結びつくのである」(Gott knüpft dabei an, daß wir Menschen sind!)

(394) プラトン『国家論』(Politeia), Ⅶ, 514a ff.

(395) P・ゲルハルト〔Paul Gerhardt 1607-1676. 詩人、ルター派の神学者。有名な賛美歌詩人〕の讃美歌、『ドイツ福音主義教会讃美歌 EG 84, V.4.』〔『讃美歌21』295番の3節あたりに相当〕

(396) Per suum exire nos facit ad nos ipsos introire. (M. Luther, Römerbriel, vorlesung, s.o.s. 121, Anm. 279.『ローマ書講義』).

(397) イーヴァントの標題、「キリストの二性についての教説」(Die Lehre von den beiden Naturen Christi)

（398）原文は、Qui licet Deus sit et home, non duo tamen, sed unus est Christus. (BSLK 30)〔BSLKは、ルター派の信条文集〕

（399）原文は、Ut nec logos sit extra carnem, nec caro extra logon.（J. Gerhard Loci theologici tom. 1, loc 4, cap. Ⅶ, 121. E. Preuß版、1863, Bd. I, 502b).

（400）M. Schneckenburger, Zur Kirchlichen Christologie. Die orthodoxe Lehre vom doppelten Stande Christi nach lutherischer und reformierter Fassung, 1848, 25.

（401）S. o. S. 46.

（402）イーヴァントの標題、「二性説の排除。その理由と結果」(Die Ausscheidung der Zwei-Naturen-Lehre. Gründe und Folgen)

（403）F.D.E. Schleiermacher, Der christliche Glaube, Bd. 2, § 96, 1.2.（『信仰論』）

（404）A. Ritschl, Die christliche lehre von der Rechtfertigung und Versöhnung. Ⅲ, 1883, 369.（『義認と和解』）

（405）Ebd.

（406）Ebd.

（407）A. a. O., 386.

（408）A. a. O., 492.

（409）A. a. O., 495.

（410）M. Luther, WA 26, 319, 37-39, 1528.（キリストの聖餐。告白）

（411）Nondum considerasti quanti ponderis sit peccatum. Hg. F.S. Schmitt, Warum Gott Mensch geworden.〔『何故、神は人となり給いし』〕1956, 74.〔古田暁訳『アンセルムス全集』（聖之社）499頁を参照。「貴君はまだ罪がいかに重いものか考えてはいない」（第1巻21）〕

（412）W. Shakespeare, Macbeth, I. 7.（『マクベス』）〔訳文は、福田恒存訳『シェイクスピア全集』第13巻　新潮社版による。ただし、一部現代表記に変更〕

（413）N. Decius, O Lamm Gottes, EG 190, V.I.（『神の仔羊』ドイツ福音主義教会讃美歌）

（414）F. Neitzsche, Zur Genealogie de Moral II, Bd. 2, 799f.（『道徳の系譜』）参照。

（415）Non humana natura assumsit divinam, …nec persona divina assumsit personam humanam, sed natura divina tou logou seu Deus logos assumsit …massam humanae naturae…….(H. Schmid, DELK § 32 A. 10による）

（416）Theologus cruceis dicit id quod res est.（M. Luther, Heidelberger Disputation, 1518, Th. 21, WA 1, 354, 24).

（417）イーヴァントの標題は、〔イエス・キリストは、同時に、神にして人〕(Jesus Christus ist zugleich Gott und Mensch)

（418）Proinde in operibus officii non agit ut Deus tantum, nec ut homo tantum, sed ut theanthropos…. (H. Schmid, DELK §33 A. 22に従うJ. Gerhard)

(419) Scripturae testimonia manifeste ostendunt, ideo factam unionem duarum naturarum in Christo, ut officium redemptionis, propitiationis, salvationis etc. in utraque cum utraque et per utramque Christi naturam perficeretur. (H. Schmid, DELK §33 A. 225 に従う)

(420) イーヴァントの欄外注、〔教義学上の表現は、アポテレスマ〕「特定の目的」(Der dafür geprägte dogmatische Ausdruck ist "apotelesma")

(421) H. Schmid, DELK § 332 A. 6 (Hollaz)〔David Hollaz〕

(422) A. a. O., §32 A. 10 (Chemnitz).

(423) Heidelberger Disputation, 1518. 参照。WA 1, 370, 9f. WA1、370頁9行以下。

(424) M. Luther, Operationes in Psalmos, 1519-21).Ps 22, 1, WA 5, 602, 32-603, 3.

(425) 米国ミズーリ州・福音ルーテル教会総会編 (1946年) Christliche Dogmatik.〔キリスト教教義学〕。

(426) FC, Sol. Decl. VIII,Von der Person Christi, BSLK, 1017ff. (『キリストのペルソナについて』)

(427) M. Luther, WA 39 / II, 1-33 (Disputation de sententia: Verbum caro factum est, 1539).

(428) idem esse verum in Philosophia et theologia (a. a. O., 3, 7f).

(429) Pulchre loquitur Oecolampadius, quod homo aliter hic sumitur quam in arbore Porphyriana Melius dixisset esse communicationem idiomatum (a. a. O., 12, 3-5).

(430) Nos debemus tantum niti in solo verbo (a. a. O., 12, 2f).

(431) Itaque resistendum est barbaris, qui aequivoca faciunt omnia, si quid videtur impingere in fidem. Sed nos debemus in verbo manere et loqui (a. a. O., 17, 2-4).

(432) Ego capio hominem dupliciter, uno modo pro substantia corporali per se subsistente, alio modo pro persona divina, sustentante humanitatem (a. a. O., 17, 4-6).

(433) M. Luther, a. a. O., 92-121 (Disputation de divinitate et humanitate Christi, 1540).

(434) Certum est …, omnia vocabula in Christo novam significationem accipere in eadem re significata (a. a. O., 94, 17f).

(435) Quare cavendum est in hac re ab etymologia, analogia, consequentia et exemplis (a. a. O., 94, 11f).

(436) Ita necesse est, vocabula: homo, humanitas, passus etc. et omnia de Christo dicta nova esse vocabula (a. a. O., 94, 23f).

(437) M. Kähler, Der Sogenannte historische Jesus und der geschichtliche,

biblische Christus（『いわゆる史的イエスと歴史的・聖書的キリスト』）（1892, E. Wolf によって新しく刊行された ThB 2, 1953）; R. Bultmann, Jesus, 1926.

(438) イーヴァントの欄外注、indicantur-iustificantur, DS51, 6 : Rö 3, 4.

(439) F. Nietzsche,『反時代的考察』Unzeitgemäße Betrachtungen, Ⅲ. Schopenhauer als Erzieher, 1874, Bd. 1, 322f.（『反時代的考察』Ⅲ、「教育者としてのショーペンハウエル」）〔邦訳　小倉志祥訳『ニイチェ全集』第 4 巻　335 頁–236 頁〕。

(440) イーヴァントの欄外注、「まず彼のペルソナ的態度によってではなく、現実に、つまりその誕生より」(Nicht erst aufgreund seiner persönlichen Haltung, sondern wirklich : von Geburt her.)

(441) S. Kierkegaard, Abschließende unwissenschaftliche Nachschrift, 1846.（『完結的非学問的後書』）

(442) M. Luther, WA26, 332, 33-338, 8（Von Abendmahl Chisti. Bekenntnis, 1528).（『キリストの聖餐について』）

(443) M. Luther, WA 10/I, 79, 14-16; 73, 16-22（Kirchenpostille, 1552〔『教会暦標準説教集』ここでは徳善義和の訳に従う〕

(444) M. Luther, WA 26, 321, 3-322, 4（Vom Abendmahl Christi. Bekenntnis, 1528).〔三浦義和訳『キリストの聖餐について　信仰告白』、邦訳『ルター著作集』第一集第八巻（1971）97 頁〕

(445) M. Luther, WA 50, 590, 19-20（Von den Konziliis und Kirchen, 1539).

(446) イーヴァントの欄外注、「ここから、ある人は、属性の交流（Communicatio Idiomatum）について、『二つの本性の相互媒介的で緊密な合流の結果としての共通の業として完遂された職務的行為』〔ペリカン『教会と教義の改革』第 4 巻第 7 章において、〈official work〉を、〈アポテレスマ〉に宛てて用いている。邦訳では「職務的行為」。鈴木浩氏の教示による〕という意味において（属性の交流について）語る」〔原文は、Daher spricht man von einer Communicatio Idiomatun im Sinne eines apotelesma（apotelesma）als opus commune, ex communicativo et intimo naturarum confluxu resultans.〕（zitat von Quenstedt nach H. Schmid, DELK § 33, 25）

(447) イーヴァントの標題、「イエスの死」(Der Tod Jesu)

(448) M. Luther, Christ lag in Todesbanden, EG 101, V. 4.（「主は、死につながれ」『福音主義教会讃美歌』）

(449) S. o. S. 159, Anm. 378.

(450) イーヴァントの草稿は、ここで大きな中断があることを示している。手書きのメモは、対応してなされていた講義の中で、「イエスの死」と「ニーチェにおける神の死」のテーマで説明がなされたことを示している。本質的なことは、本書の以下のところで要約されているように思われる。このことについて目指された視点の若干のものは、原著の「付録」（496–498 頁）に印刷されている。

(451) F. Nietzsche, Die Fröhliche Wissenchaft, 1882. Ⅲ. 125, Bd. 2, 127.(『悦ばしい知恵』) 参照。

(452) Καταγγελλω (Kataggelloo「告げ知らせる」「宣べ伝える」 等) Hg. G. Kittel, ThWNT, Ⅰ, 70(『新約聖書神学辞典』)〔J・シュニーヴィントの執筆〕

(453) M. Luther, WA 40 / Ⅰ, 47, 15-26 (Galaterkommentar, 1535.『ガラテヤ書(大) 講解』)。Hg. H. Kleinknecht, D. Martin Luthers Epistelauslegung, Bd.4 (『マルティン・ルター博士による使徒書講解』 参照。

(454) Anselmus von Canterbury, Cur deus homo, Warum Gott Mensch geworden, Ⅱ. 18 ; a. a. O., 142. (何ゆえ、神は人となりたまいし) ――〔ラテン語原文の引用、省略。訳文は、吉田 暁訳『アンセルムス全集』 に従う〕

(455) イーヴァントの欄外注「充足と信仰のプロ・メ」(Die Satisfaction und das pro me des Glaubens)

(456) イーヴァントの欄外注「神の目標」(Thelema tou theou)

(457) イーヴァントの欄外注「逆に。充足の事実!」(Satis-factum!)。充分である事実、それゆえ、法的正当性を持つ。神の法廷でという究極の意味における法的正当性。それゆえ、法的義 (forensische Gerechtigkeit)

(458) イーヴァントによる私訳。

(459) anti tes prokeimenes autoo charas「御自身の前にある喜びを捨て」(ヘブ12・2)(新共同訳)。

(460) イーヴァントによる M. ルターの引用、WA 10 / Ⅲ, 186, 22-187, 19.〔徳善義和の訳に従う〕

(461) イーヴァントによる M. ルターの引用、WA10 / Ⅲ, 218, 11-29.〔徳善義和の訳に従う〕

(462) イーヴァントの標題、「無にすることとケノーシス」(Die Entäußerung und die Kenose)

(463) W. Foerster, ThWNT Ⅰ, 472-474 ;『ThWNT』ἁρπαγμός(略奪?、固執、固守) の項、A. Oepke, ThWNT Ⅲ, 661f ; F. Loofs, *Κενόσις*,「ケノーシス」の項。RE[3] 10, 246ff. 参照。

(464)「……神に反抗する悪魔的な略奪という軽蔑されるべき道。その背景には、悪魔というものは、かつて、神と等しくあること (Gott-gleich-sein) を、略奪物のようにもぎ取ったという見方が存在する」(KEK Ⅸ, 13. 92,〔KEK は Kritisch-Exegetischer Kommentar の略号。〕)

(465) イーヴァントの欄外注、「彼は、あらゆる似ていないということ (Unähnlichichkeit) を廃棄し証明する、罪は人間に属さないことを」。

(466) M. Luther, Gelobet seist du, Jesu Christ, EG 23, V. 3.(『福音主義教会讃美歌』)

(467) イーヴァントによるルターの引用、WA 2, 147f.

(468) イーヴァントの標題による。

(469) F. D. E. Schleiermacher, Der christliche Claube, a. a. O., Bd2, § 99.（『信仰論』）

(470)「キリストは　甦りたまえり」(Christ ist erstanden, EG 99.)（『福音主義教会讃美歌』）

(471) ドストエフスキー『カラマーゾフの兄弟』(Die Brüder Karamasow) 中の「大審問官」の個所を参照。

編者による解説

真の神との開放的出会いの『キリスト論』

エーバハルト・レムプ
エドガー・タイディグスマン

内　容

Ⅰ．中心主題

人間が人間であることを超えてそれ以上であろうとして立ち去ってしまった地点を、神ご自身は、ナザレのイエスという人間において、人間の失われた人間性（die verlorene Menschlichkeit des Menschen）を再び確立するためにそれを占有された。

これが、イーヴァントの『キリスト論』の根本の考えである。このことをもって、人間には、神のみでなく、自分自身が人間であるということもいまだ未知のものであるということが言われている。神が神であることと、人間が人間であることとは、同時に（zugleich）失われるものであるとともに、同時に（zugleich）獲得せられるものである。真の人間存在の開示（Offenbarung）と確立（Aufrichtung）ということと、イエスにおいて人となりたもうたことおよびその十字架と復活における真の神の啓示（Offenbarung）と確立（Aufrichtung）ということとは、同時に（zugleich）起こる。

このイーヴァントの考えの中には、神がイエス・キリストにおいて人となりたもうということの意味は、「悲惨でうぬぼれた神々というものから真実の人間を創ることである」というルターの認識が影響を及ぼしている(1)。

しかし、イーヴァントの『キリスト論講義』のキリスト論的・救済論的な根本の考えは、ルター神学の再解釈の一つとして展開されているのではない。ルターと現代との間には、ルター派正統主義（lutherische Orthodoxie）におけるキリスト論の概念上・教説上の展開があるのみならず、とりわけ啓蒙主義（Aufklärung）が介在する。啓蒙主義は、教義（Dogma）の中で告白され熟考されてきたものを解体し、永遠なるもの（das Ewige）と時間的なるもの（das Zeitliche）、理性的なもの（das Vernünftige）と史実的なもの（das Historische）とを分離する。そこから生じた結果の一つは、キリスト論上の問題設定の歴史的考え方による変形である。この変形に対置して、ヘーゲル〔Georg Wilhelm Friedrich Hegel 1770-1831. ドイツの哲学者。主著『精神現象学』『論理学』等。神学上でも絶大の影響を与えた〕および神学的ヘーゲル派〔ヘーゲルの哲学を種々の方向へ発展させた人々の内、左派と呼ばれる、青年ヘーゲル学派の人々を指す〕の人々は、思弁的観念論に従い、またそれを道具としてキリスト論刷新を試みた。イーヴァントの意図は、まさにこの思弁的観念論によるキリスト論の再生は挫折に直面し、また歴史的思考の勝利とそれゆえのイエスを倫理化して受けとろうとする事態にも直面して、キリスト論を刷新しようとするところにある。その際イーヴァントにとって導きの糸となったのは、キリスト論と義認論との間にある根本的関連性であり、それはすでに『義認論とキリスト信仰』（Rechtfertigungslehre und Christusglaube）と題されたルター研究をめぐる彼の教授資格請求論文における努力の対象であった。このキリスト論の刷新に際してイーヴァントの意図したことは、歴史的考え方と思弁的考え方との間の相互に対立しあっているキリスト論の方向づけの中に、それぞれの真理契機は確保しつつ、それらが誤った形式からは解放されなければならないということであった。この形式は、イエス・キリストにあって神に由来して一つであるものを分裂させ、二つの互いに権利主張をしてゆずらない相対立する現実性を分裂させてしまうからである。思弁的キリスト論は、イエスの人間たることを、弁証法的に媒介する神的ロゴス・霊（Logos-Geist）の原理に消失させ、他方、キリスト論を史的イエスに還元してしまうあり方は、人間イエスを他のすべての人間と同じ類の「それ自身」(für sich）歴史的存在としてしまい、「わたしのために」(Für mich, pro me プロ・メ）や「われわれのために」(Für uns, pro nobis プロ・ノービス）の意味で、単なる人間の、人間による、人間のための価値判断に引き渡してしまう。こうなれば、イーヴァントによれば倫理（Ethik）ということがイエスを修得する根源的次元のこととなる。これら二つの反対方向に向かっているキリスト論の変形に対して、イーヴァントは、これら二つの道の持っている真理契機はとりあげつつ、批判的に、その真中にあるものを妥当せしめようとする。そのため、イーヴァントは、予備的意味において、「キリスト二性説」(Zwei-Naturen-Lehre）を新たに徹底的に考えぬこうとする。「二性説」は、「属性の交流」(Idiomenkommunikation）ならびに罪の教説の助けによって、聖書的・終末論的に訂正される。イーヴァントは、そのようにして、神と人との同時性（das Gleiche）を、両者の健全にして悦ばしい同伴性（Miteinander）と相対してあること（Gegeneinander）の中で、中心に推し進めていく。ここに、神の神たること（Gottsein Gottes）とともに人間の人間たること（Menschsein des Menschen）への鍵もある。ここに、罪人であることと義とされてあることの動的な同時性を内容とする義認論の根拠がある。それは、キリスト論的同時性ということと逆対応しているものである。

イーヴァントの神学の形成過程を見てゆくと、一面においては宗教哲学的な問題設定から出発し、他面において、いわゆる「ルター・ルネッサンス」(2)といわれるルター神学の再発見から出発している。しかし、『キリスト論講義』では、キリスト論の刷新ということを、その始めは弁証法神学（Dialektische Theologie）として神学史に登場してきた神学運動との関連の中で見ている。この神学運動の中から新しいキリスト論の企ては成長してきた。とりわけ、ゴーガルテン〔Friedrich Gogarten 1887-1967. ゲッティンゲン大学教授。弁証法神学運動の担い手の一人〕、ブルンナー〔Emil Brunner 1889-1966. スイス改革派の神学者。チューリッヒ大学教授。日本でも

1953-1955年まで国際基督教大学を中心に活動〕、フォーゲル〔Heinrich Vogel 1902-1989. ドイツの神学者。ベルリン神学大学、フンボルト大学教授〕、バルトらが、イーヴァントにとっての対話の相手であった。思弁的キリスト論の道と史的キリスト論の道の誤りに対してキリスト論を刷新することに現実に成功するか否かは、イーヴァントにとって、神が現実に真実に神であることと「同時に」(simul = gleich) 現実に真実に人間が人間であることとがイエス・キリストの使信に基づいて認識され展開されうるかどうかにかかっていた。イーヴァントは、当時の神学は特別の仕方でイエスという現実で真実な人間存在に立ち帰り、そこから人間の人間であることを視野に据えるという要求のもとに置かれていたと見ている。ここにこそ、ヘーゲル学派の人々のキリスト論の挫折の根と史的イエスから出発する考えの誤りがあると思われた。イーヴァントが繰り返し強調しているように、この両者は、人間イエスを原理的に周知のものとして前提しており、一般に知られている人間存在と類比させて理解している。さらに、イーヴァントにとって決定的なことは、観念論への批判に発した青年ヘーゲル学派やニーチェ〔Friedrich Nietzsche 1844-1900. ドイツの哲学者。『悲劇の誕生』他〕やハイデッガー〔Martin Heidegger 1889-1976. 実存主義哲学者。『存在と時間』他〕らの、神無くして (ohne Gott)、神に反抗して (gegen Gott) 人間理解を遂行しようとしたあの影響力著しい思想運動〔いわゆるニヒリズムと呼ばれる事態〕に対して、神学は相対する力を持ちうるか否かということであった。イエス・キリストにおける神の啓示に即してキリスト論を展開する苦闘において、イーヴァントにとって重大であったのは、現実で真実の神認識と共に現実で真実の人間認識というものが同時に獲得され、形をなしうるかどうかということであった。

イエス・キリストにおける神認識と人間認識との「同時性」(Zugleich) をもって、イーヴァントの考えは批判的態勢を構築する。キリスト論的中心のゆえに、イーヴァントにあって、神学は同時に「批判的人間論」(kritische Anthropologie) (3) となる。

一面では、人間が自分自身を神と同一視し、そのような神として自由に手なずけて用いうるとするような(人間の)イデオロギーの呪縛からの神の解放（Befreiung Gottes）が肝心な問題であるならば、他方、自分自身で自分に気づき自分を手に入れ自分を確立し自らを同定しうるとする人間を、自由な神（der freie Gott）が、罪人である人間の実際の姿を認識させ新しい自己形成へ向かわせることが問題である。このように自己を確立していこうとする人間の廃棄ということは、イエスの人となりたもうたこと、十字架につけられること、死と復活において、代理的にまた終末論的妥当性をもって生起する。そこで人間は己自身が不真実であるという真相に気づく。しかも、その時にはすでに真実というものによって自分が包まれており、不真実というものからは解放されている者であるという自分自身に気づく。このようにして、代贖というカテゴリーが、新しい創造というカテゴリーと並んで、イーヴァントのキリスト論における中心のカテゴリーとなる。自分というものの外で、つまり、わたしやわたしたちの外で（extra me と extra nos）、イエスにおいて、人間の不真実ということが認識され、しかもそこでその不真実は審かれ人間の真実性が和解的に確立される。イーヴァントによれば、人間イエスにおいて、歴史の只中ですべての歴史の真実は生起し明らかとなる。それゆえ、イエスこそ来るべき方であり、彼が人間でありたもうことにおいても、まさに彼こそ来るべき方である。

人間が人間存在の現実と真実に立ち帰ることは、イエス・キリストにあって、神の神たる存在がその愛し審き救う義の中で確立されることによって成就する。人間が自分自身やこの世界を把握する概念やカテゴリーは、ここから、一つの転換（Umkehrung）を余儀なくされる。イーヴァントのキリスト論講義においてこのことが起こるのは、人間をその現実認識、新たに創造される真実の認識から覆いかくすようなカテゴリーをイエス・キリストに適用することを通して、イエスをも、またイエスと共に神と人間をも人間自身の自己理解・世界理解・神理解というものの捕囚状態へ導いてしまうところにおいてである。神、人間、世界という対象においてこそ、これらのカテゴリーはその限界を知らされ、新たなものに変えられてゆく。イーヴァントは、このことを、特に、史実（Historie）、歴史（Geschichte）、歴史性（Geschichtlichkeit）、自己理解（Selbstverständnis）という諸概念において示そうとする。直接に言及されることは少ないが、神話（Mythos）という語においてもそのようにしようとする。イーヴァントのキリスト論講義が行なわれていた時期〔1953年以降、56年以降〕、これらの概念は、とりわけブルトマン学派（Bultmannschule）〔ルードルフ・ブルトマンの影響のもとにあった主としてマールブルク大学神学部の流れ〕の神学に支配的な概念であった。

人間というものに強力に方向づけられていた近代の神学と教会とが、何か独自なものを発言しうるかどうか、必要な貢献ができるかどうかは、イーヴァントにとっては、神学のキリスト論的中心にかかっていることであった。ここが、神の神たる存在と力とによって、人間の現実の姿が不真実なものに他ならないことが見いだされると共に、人間の真の現実というものも確立されるところの神の証言が獲得されるかそれとも失われてしまうかの点である。この地点においてこそ、キリスト教の使信というものが、人間の自己との関係と世界との関係を形づくる一つの構造体の中で最終的には不必要となる礎石の一つにすぎないものなのか、それとも、それは人間を真実の光と力の中に置き、自己自身というものに決定的に捕囚され、結果として迷妄となり昏迷させられている事態から解放するものとなりうるかどうかについて決定がなされる。キリスト論と批判的人間論との関連性の結果として、このような中で、イーヴァントは、とりわけ近代における哲学的理性的な人間の自己理解と批判的対話に入る。

Ⅱ．その語調・文体について（Zur Sprache）

イーヴァントの講義に参加した人々の報告によれば、イーヴァントは、独特の語り口（語調）をもって講義を展開させる神学教師であったと証言されている。そのことは、講義の草稿を見る限りでも判然としており、印刷された場合においてもいっそう認めうる。このことの中には、事柄の本質に関わることがある。キリスト論の講義のスタイル、特に、1958年から59年にかけての講義〔本書『キリスト論　序説』――ボン大学講義は1953/54年。『キリスト論　Ⅰ・Ⅱ』――ボン大学講義は1958/59年〕を見るとき、十分に認められるが、それは、イーヴァントが「キリスト論」において何を対象として見すえていたかにかかっている。キリスト論の教説が展開されるとき、それは、聖書の言葉に十分に立脚して語られるという語り口においてのみならず、キリスト論の対象に対するつねに新たな取り組み（Wendung）が企てられているということである。もし、対象に対するこのような語り口・語調というものが、公平に納得のいくように評価されないならば、人は、イーヴァントが自分勝手な動きをしているだけだと見ることになろう。イーヴァントの語調・文体を特徴づけている独特の動きというものは、事柄そのものに即そうとする彼のすべての叙述を通して一貫していることであるが、それは、キリスト論の対象への証言として語られようとしているというところからきている。単なる思考や言葉というものが彼を捉えているというのではない。その語調は、しばしば、繰り返し断言的語調として登場してくるが、それは、「約束」ということ（Promissio, Zusage, Verheißung）を主張するということに立とうとしているからである。「キリスト論」の講義は、事柄（Sache）そのものを捉えようとしての苦闘そのものである。そして、この事柄そのものを捉えようとする苦闘は、この講義において、何をキリスト論の真の対象として捉えようとしているかを示すその表現の場において、繰り返し特徴的に現れてくることになる。

Ⅲ．新プロテスタンティズムの中でのイーヴァントの位置

(a)「義認論とキリスト信仰――初期ルターにおける義認論の構造の研究」(Rechtfertigungslehre und Christusglaube. Eine Untersuchung zur Systematik der Rechtfertigungslehre Luthers in ihren Anfängen. 1930）と題されたイーヴァントの教授資格請求論文（Habilitationsschrift）を抜きにしては、イーヴァントの「キリスト論」の内容はおろか、その神学史上の意味というものも正当に理解されることにはならないであろう。この論文は、師であったR. ヘルマン（Rudolf Hermann）を通して参加することとなった、いわゆる「ルター・ルネッサンス」〔注(2)参照〕との関連の中で成立したものである。ヘルマンに宛てられた手紙は、このことについての印象深い証言といえよう(4)。この論文は、しかし、ルター神学の形成とその宗教改革の中心についての貴重な貢献であるのみならず、ルターを専念研究す

ることは、イーヴァント自身を、神学の宗教哲学的基礎づけをめぐる苦闘と独自の神学的思考へ至る道の行き詰り（aporia）から助けだしてくれるものでもあった[5]。

この論文の標題は、ルター研究の関連で、イーヴァントが二面よりなる立場をとっていることを示している。「義認論」(Rechtfertigungslehre) という点では、ルターにおける「信仰のみ」(sola fide) による義認についてのカール・ホル〔Karl Holl 1866-1926. 神学者、教会史家。古代教会史、ルター研究者として著名〕の立場に理解を示しており、また、この「信仰のみ」ということにおいて、人間己のなした業（わざ）で己を評価し判断するという業による人間の義認ということに関し、批判的であることを示している。キリスト信仰（Christusglaube）という標題においては、あの古ルター派の信条の神学が指示されている。とりわけ、イーヴァントは、T. ハルナック〔Theodosius Harnack 1817-1889. アードルフ・ハルナックの父。ルター派神学者〕[6] におけるキリスト論と和解論の中に、ルター神学の教義の内実を引き出そうとしている。イーヴァントは、義認論とキリスト信仰との関連性を初期ルターから引き出すことにより、人間を、業を行なう者（Werk-Täter）とし、そのような自己評価と自己理解をする人間経験の実相（Erfahrungswirklichkeit des Menschen）に対し、信仰のみによる義認ということを、批判的関係にあるものとして捉える。イーヴァントは、その際、ホルやホル派の人々の自由主義的な人格原理（liberale Personale Prinzip）というものを退ける。それは、義認論の真実を良心経験の直接性に係留しようとするものだからである。キリスト信仰という標題は、義認論を、イエス・キリストにあって啓示されキリスト論において反映さるべき神の義ということの中に係留すべきものとして指示する。しかも、キリスト論は、人間経験の実相ということを通して、義認論の媒介によって、教義的固定化から自由になる。キリスト論の教説と批判的人間論とは、相互に関連しあっている。「信仰と業との対置という関連性を見失うキリスト論というものは、思弁的なものに転落するか、歴史的なものの中に転落してゆくかのいずれかである他はない」[7]。キリスト論は、義認論との相関性（Korrelat）に基礎づけられるものであるとき、それは、人間経験の実相というものに向かっても一つの特殊な通路を切り開くものとなる。キリスト論は、信仰のみ(sola fide) による義認ということは、万事を、しかもなにより第一に神を自分自身と関わらせ、自分にとって利用可能なものとして考えるような人間の勝手な「わたしのため」(プロ・メ pro me) とか「われわれのため」(プロ・ノービス pro nobis) ということとは同じことではないという条件を提示する。「批判的」人間論は、人間が自分勝手な価値判断をする者であることを人間に認識させ、それを告白せしめるという仕方で、イエス・キリストにおける神のなさる「わたしのため」「わたしたちのため」ということを、そのような人間のために (für)、そのような人間に抗して (gegen) 妥当させ、そのような人間を (その自己中心性より) 解放する。したがって、イーヴァントによれば、「われわれの内に」(in nobis) ということは、「われわれの外で」(extra nos) ということにかかっている(8)。人間によるこのような勝手な価値判断と評価 (Werten und Verwerten) に対して、全く自由なる神が、イエス・キリストの現実と真実においてご自身を啓示なさる神として、人間には隠されている人間の現実の真実へ向けて人間を導かれる。イーヴァントは、ルター神学の形成途上において、ルターがいかにイエス・キリストにおける神の義と人間の義認をめぐる認識について、アリストテレスの倫理学を通しそれから摂取しているだけでなく、アウグスティヌスに由来する、見えるものと見えざるもの、有限性と無限性、自然的なものと超自然的なものといったカテゴリーの新プラトン主義的なものを通して、そこから摂取しているかをも示したのである。イーヴァントは、ここに、観念論的二律背反 (Antinomie) という問題の歴史的形態を再発見し、この問題に、宗教哲学的立場から取り組む(9)。これらのカテゴリーとは適合しないキリスト論というものがここにはあり、それは、これらのカテゴリーを「廃し」(aufheben)、約束 (promissio) と信仰 (fides) との関わりの中に、神と人間の現実性への独自な道すじを切り開くキリスト論である。このようにして、宗教改革の神学の中心点の発見ということは、イーヴァントをして、19 世紀の神学へ立ち帰り、それをこのようなキリスト論の中心よりあえて批判的に見てゆくことを必然とした。

(b) 自由主義的神学については、イーヴァントは、特に、A. リッチュル

〔Albrecht Benjamin Ritschl 1822-1889.「文化的キリスト教の父」と呼ばれる〕の神学を視野に入れている。リッチュルの神学においては、神学というものが、思弁的体系が挫折し歴史主義的思考というものが支配的になる中で、カントの認識批判の領域、つまり、倫理（Ethik）という領域へ軸足を移動させていること、また、それがどのように行なわれているかをイーヴァントは明らかにする。リッチュルは、形而上学へのカントの決定的批判というものを受け容れる。神学は、したがって、存在判断（Seinsurteil）ではなく、価値判断（Werturteil）に立つことになる(10)。このことにより、廃棄し得ざる、認識論的にも方法論的にも構造的（konstitutiv）であるものとして「わたしのために」ということが、いっさいの信仰表現に対し妥当せしめられることになる。リッチュルは、プロテスタンティズムの実質原理（Materialprinzip）としての義認の確かさ（Rechtfertigungsgewißheit）という点から、このことを正当化したのである。この点でも、リッチュルはカントに従い、神学を倫理の上に打ち立てる。イエスの固有な事柄（Sache）である神の国の宣教も、人間性の倫理的目標の実現にとっての決定的要素として主張され展開される。決定的なことは、この目標に向けられたものとしての神の意志に対するイエスの行動的服従ということになる。罪の認識も罪の赦しも、この目的実現という関連の中での要素であるにすぎない。しかもこのような理解の仕方が、新約聖書に対する歴史的・批評的方法の適用によって正当化される。キリスト論の位置に、今や、形而上学批判としての、歴史的意識に適合したイエス理解というものが登場してくることになる。イーヴァントが見ていたものは、リッチュルとその学派の神学の命題（Ansatz）を撤回するような方向転換（Umkehr）が神学に求められているということであった。カント風の認識批判、理性批判を実行するという「提案」（Angebot）に屈するならば、また、「自由が理性の事実として（！）絶対的なものとして確立される地点に軸足を移し、信仰の形態というものがまさに絶対的な主観性（absolute Subjektivität）として言い表されるということが受け容れられるということになるならば(11)、いったい、どうであろうか」と。このことによって、信仰は、啓蒙された理性によって確立された本性（Natur）と倫理性（Sittlichkeit）の対置の中に組み込まれてしまい、倫理的人格性は、本性の優越性（Naturüberlegenheit）に仕えるだけとなろう。キリスト論は、イーヴァントにとっては、自己意識と自己批判的な理性に対する橋台（Widerlager）であり、予想しうるまた予想不能の現実というものの領域を支配するものであり、信仰に、現実には存在しないと思われる場所を示し、それが実現することをも、指示するところのものである。

（c） 神学がカントの理性批判によって確立された限界（Grenze）なるものに適合させられてしまうのではないかとの批判は、イーヴァントをして、ヘーゲルに接近させた。もちろん、ヘーゲル哲学の出発点は、信仰と知識との対置、教義（Dogma）と歴史（Geschichte）との対置ということの中にあるが、この両者は、啓蒙された理性なるものによって、切り離されてしまう[12]。ヘーゲルへの接近において、イーヴァントは、このような対置が、キリスト論的教義を理性的に受け取ることによって、和解させられうるということも視野に入れている。ヘーゲルにあっては、理性は、知識の中へ教義を止揚してゆくことを通して弁証法的に（dialektisch）に正されてゆくのであり、理性と歴史、永遠と時間、信仰と知識、宗教と哲学はもはや対立しあうものではなく、弁証法的に和解しあうものとされる。もちろん、その場合の和解は、信仰とその対象とを、理性の手段をもって修復し正当化するという仕方での和解であり、結局は人間の自意識をモデルにしての和解である。精神（Geist）は、ヘーゲルにあっては、イエス・キリストにおける神の言葉と行為の恒常的対置を吸収してしまうものであり、その結果、教会の自意識が信仰の実質となり、それが絶対なるものの哲学的意識の中でなおいっそう明瞭化される。D. F. シュトラウスにおいては、信仰の対象が、教会の神話化されていく自意識の中へ解消されていくのであるが、イーヴァントによれば、それはヘーゲルにおいてキリスト論の教義の修復というカーテンの背後に隠れていたものを白日のもとにさらすということになる。シュトラウスは、いわゆる純粋に神話論的な形態で展開した批判という徴（しるし）の許に、キリスト論が歴史主義的に（historisch）形成されていく時代の開始を告げる鐘を鳴らした。このことは、よしシュトラウスにあってはほんの断片的なこととして（sporadisch）言及されているにすぎないことであったにせよ、イーヴァントにとっては、異様な（markant）ことであった。

⒟ イーヴァントがキリスト論の問題設定をいかに把握すべきかということにあたってヘーゲル派の神学者 I. A. ドルナーと、F. C. バウルといった教義を思弁的に捉え復興しようとした人々に向かっていったことは、驚くにあたらず、むしろ、イーヴァントらしい特色に属することである。思弁的観念論の挫折と、キリスト論の再建（Wiederherstellung）ということから、イーヴァントは、19 世紀後半期の神学の中に歴史主義的意識というものが支配的になっていく事態（die Herrschaft des historischen Bewußtseins）を捉える。この挫折と再建との二つの方向性は、イーヴァントには、対立しあっているように見えて実は互いに関連しあっているものに見えた。それらは、イエス・キリストの出来事という歴史（Geschichte）における神の言葉と行為とにおいて結びついているものを分離させようとするのであるが、その分離を通して、思弁の力によるのであれ歴史主義的なものによるのであれ、理性の力をもって事がなされ決定されるということによって、互いに関連しあう。思弁的方向と歴史主義的な方向とのこの二つの道への神学の逸脱（Ab-Wege）を、イーヴァントは、キリスト論における化現説的（doketisch）な、またエビオン主義的（ebionitisch）な誤った展開の新しい形態での再来として捉えた(13)。そこでは、イエスの人間存在（Menschsein）は、その神たること（Gottsein）のために等閑に付され、その人間存在が主題とされるときでさえ、ただ歴史的に（historisch）に知られた限りでの人間存在という意味あいのもとに置かれ、神たることとの「同時性」（Zugleich）において理解されてはいない。これに対して、イーヴァントによれば、イエス・キリストの言葉にあって人間に神の前における人間存在の現実と真実を立ち向かわせ、そのことによって、そのことを人間の中に知らせ、そこから、終末的更新、「終末の日に新たになること」（in ein eschatologisches Neu-Werden）の中で、そのことは到来するとする。キリスト論というものは、イーヴァントにあっては、カントと共に、理性が、すべての人間理性の前提となるある種の理性的事実（eine Art Vernunft-Faktum）を発見する場所というものを指示するものである。それは、ただ一回的に起こった歴史の出来事（einmaligen geschichtlichen Ereignis）という意味での事実（Faktum）である。この事実は、それについての使信な

しであることはない。つまり、それは同時に、十分に聞かれ受け容れられる言葉と共にあるということであり、理性は、それとの交流なしであることなどは同意し得ない。言葉と事実（Wort und Faktum）とは、聖書にあっては不可分のものであり、一方は他方なしにはあり得ないものである。これが、教会の宣教に委ねられたところのものである。この両者が、イーヴァントにとっては、人間とこの世界を、神の真実の光の中で認識する条件である。

(e) 信仰を知識の中へ止揚してしまうヘーゲル流に対する批判は、イーヴァントをして、シュライエルマッハーへ特別に接近させた。原像（Urbild）というキリスト論のカテゴリーは、シュライエルマッハーにあっては、イエスという人格において、歴史的なもの（das Geschichtliche）と超歴史的なもの（das Übergeschichtliche）とが、一つの面が他の面によって吸収されてしまうということはないように見えるという仕方において結合されている。この原像の、この原像によって起こった歴史的全生命（geschichtliche Gesamtleben）との関係において、シュライエルマッハーは、イエス・キリストとその教団（Gemeinde）との連関性を考えており、同様に、イエスの神意識（Gottesbewußtsein）の恒常的で力強い優越性を考えている。イーヴァントは、しかしながら、この原像というカテゴリーを批判的にとりあげる(14)。つまり、イーヴァントは、この原像を、その内に持つ敬虔なる自意識というものの捕囚より解放し、その歴史的媒介ということからも解放し、本性（Natur）の、精神（Geist）による媒介と結合されることによっての観念論的な過剰な造成（Formung）ということからも解放しようとする。イーヴァントは、原像のカテゴリーを、人間に語られる言葉のカテゴリーと結びつけ、決して敬虔なる我（fromme Ich）の意識とか、教団の意識とか、歴史の相互作用史（Wirkungsgeschichte）といったことと結びつけることを断固として退ける(15)。この原像は、十字架につけられ復活したもうたイエス・キリストの言葉において、罪人でありつつ（Sündersein）、しかもその真実において義とされたもの（Gerechtfertigter）、新たに創造されたもの（neu Geschaffener）として、終末論的徹底性（in eschatologischer Radikalität）において人間と出会う。十字架につけられ復活したもうたイエス・キリストの言葉は、それを認識し、それによって新たなものとされることによって、人間を、この終末論的出来事の生き生きとした動き（Bewegung）の中へと連れ来る。シュライエルマッハーにおいてキリスト論として捉えられていた歴史（Geschichte）というカテゴリーが、そのキリスト論より、終末論的に把握されることによって、イーヴァントにあっては、死はもはや最後の現実（letzte Realität）ということではなくなり、人間の身体性（Leiblichkeit）ということも観念論的に誇張されることもなく、罪と赦し、解放、和解、救いということも人間の自意識の中に呪縛され続けることもなくなる。

このようにして、ようやく、人間はその現実認識において幻想を抜きにして（illusionslos）見られることとなり、同時に、約束に満ちたものとして見られることになる。

（f）イーヴァントは、ルターにとっても宗教改革にとっても、イエス・キリストにおける神の義の成就という使信としての「約束」（promissio）と批判的・解放的神学的人間論（kristisch-befreiender theologischer Anthoropologie）の核心点（Kernpunkt）とは相関連しあっているものであることを示した。

義認の教説は、いわば、キリスト論の人間論への終末論的省察である。「プロ・メ」とイエス・キリストにおける「プロ・ノービス」とは、互いに結合・連結されている肢（Glied）である。その根本的連関は、その確かな錨（Anker）を義認の教説それ自体の中にではなく、キリスト論の中におろしている。もし、義認の教説とキリスト論とが切り離されることになれば、それは、偽りの「プロ・メ」と偽りの「プロ・ノービス」に仕えることになり、神の新しい創造の業としての人間論に仕えるものとはならないであろう。このことは、ルターを出発点とした神学徒としてイーヴァントの眼差しを、罪人の義認の教説が真実なものである故に、キリスト論に向けさせたものである。

キリスト論をこの事態に即して展開するということこそ、宗教改革においてもルターにおいても十分に達成できなかったことであり、それを達成することが課題となる。属性の交流（Idiomenkommunikation）の教説において、伝承されてきた二性説（Zwei-Naturen-Lehre）に対して前進があったことをイーヴァントは誤認していはいない。にもかかわらず、――イーヴァントは慎重に判断してのことであるが――「おそらく、宗教改革の神学の展開のなかで最も憂うべきことであったのは、義認の教説にふさわしいキリスト論を創出することに成功し得なかったということである」(16) といっている。キリスト論は、まずその正統主義的形態でのキリスト論にあっては、自意識に対する批判的理性を保持しえず、啓蒙主義のそれにあっては、特別の仕方で、キリスト論の教義を人間にとって都合のよい「われらのための神」を「プロ・メ」「プロ・ノービス」に対して適合させるためだけに吟味したのである。このような勝手な適合（Anpassung）は、教義というものを「史実のイエス」という点から批判的に解体（Dekomposition）するか、あるいは、教義というものを観念論的な理性の地平にあって再建する（Rekonstruktion）かといった形で起こってきた。このような批判をもってしても、キリスト論の教義そのものにまで及ぶ批判としては不徹底なものであった。それが十分考えぬかれた展開であったにせよ、せいぜい、その神学的思考は、イエス・キリストにおける神と人間と共にあること（Beieinander）をめぐっても、神の力によって人間を真の人間存在に導くといった程度のことへ行くのを助けたにすぎない。

しかし、イーヴァントにとっては、イエス・キリストにあっての神と人間との「同時性」(simul) ということは終末論的な真実なのであり、人間の義認の教説のいわんとするところは人間は罪びとであると同時に（zugleich）義人であるということである。もちろん、このことはイエス・キリストにあってそうなっているのであり、逆の類比において、われわれ人間は、それに向かっての途上にある（im Werden）ものである。

1953/54 年の「キリスト論」講義が、二性説への言及とその属性の交流の教説との違いにおけるキリスト論の諸問題への「序説」(Einführung) として閉じられていることは注目に値する。イーヴァントは、キリスト論的伝承を再度とり上げることの問題を認識しておりその問題を示してもいるが、古いカテゴリーはいずれもその認識論的条件を喪失してしまっていることを指示している(17)。そのような事情により、イーヴァントは、神の真実と人間の真実とは出会ってきたのだとする歴史主義的思考にも観念論的思考にもそれぞれ独立的に存在する真理契機というものは批判的にそれを受け止め、義認の教説の真実と根底のゆえに、キリスト論を更新する労苦を目指す。その場合、現代のキリスト論がしたのと同様に、イエス・キリストの存在（Dasein）と人格（Person）、特にその業（Werk）というものに格別の強調点（Akzent）を置く。

その核心となることは、人間イエスの存在（Sein）ということを、神と人間との「同時性」(Zugleich）として捉えるというところにあり、人間に関していえば、人間とは「何者であり（ist)」、その「存在」(Sein）については何が妥当するかということについて、批判的解放的であり新たなものを創造する力というものを承認させるということである。このことは、十字架と復活という地平（Horizont）においてこそ生起する。

(g) イエス・キリストの十字架と死こそが、その終末論的意味において、人間論の中心的基準（Bezugspunkt）をなす。

人間の人間たることは、この点からのみ獲得せられ、そこで、十字架にかけられ死に渡された者という、この世界から追放され虚無という非存在（Nichtsein）に引き渡された者の姿において、神が、真に服従する人間であるゆえに真に自由な人間と共にいるということも獲得せられる。人間が、もはや自分を支えうるものを何一つ持ち得ない夜（Nacht）と「出口喪失状態（Wegelosigkeit)」こそ、イーヴァントにあっては、十字架につけられ復活したイエス・キリストにおいてご自身を啓示なさった神への信仰が成立する場である。この意味で、十字架の神学（Kreuzestheologie）は「信仰の学校（Schule des Glaubens)」[18] である。こここそ、信仰の現実（Realismus）と神学の現実（Realismus）とが示される場である。この十字架の神学こそが、神学を存在学（Ontologie）やある種の人間論と同一視することを不可能とするものである。このことを通して、神学は、理性的判断の中で確立されるような意味での存在（Sein）とは違った存在に基盤を持つということが明白になる。イーヴァントのキリスト論にあっては、無の経験（Erfahrung des Nichts）というものは、ヘーゲルを始めニーチェさらにはハイデッガーにいたる諸哲学をさまざまの仕方で刻印してきたそれとは違うものである。イエスの十字架の神学においてこそ、この無の経験というものは徹底した虚無化（Zunichtewerden）と全く新しい創造（Neuschöpfung）の中で、はじめて根元的に捉えられることになる。カントをはじめ、イーヴァントが格別な対話を交わしてきた哲学者たちであれ、そうでない哲学者たちにおいてであれ、神など存在しないのだとする神非在（Nichtseins Gottes）の思考経験（Denk-Erfahrung）というものは、人間の思考と思考する人間を強固なものとしてきたものであり、それはまた予測不可能なほどの実際上の結果を生んできたものである。神非在をめぐる思考経験こそ、人間というものを、虚無（Nichts）の経験ということから人間の新しい思考を強固なものとする地点へ向けて——その最も魅力的な哲学の形は無からの創造という形のものである！——上昇させていく手段となるものであった。神学的観点からしても、ここに決定的なものがあり、それは恐ろしいほどの要求を持ちだしてきているものである。それに対して、十字架につけられることにおいて、イエスの死と復活において味わわれ撤回された非存在（Nichtsein）こそ、人間の自分の力をもって自分を強固たらしめようとすることの終り（das Ende）であり、同時に、新しい創造をなさる神の力によって生きる人間の原点（Ursprung）なのである。

イーヴァントが、キリスト論と批判的・解放的人間論というものの関連のなかで、真に現実で真実な人間をめぐる論争の中へあえて入っていったというのであれば、正に、そのことは事態の「転換」（Umkehr）ということを願ってのことである。

イエスの十字架と死という夜の中での新しい人間の誕生というイーヴァントの考えは、ニーチェの預言と接触するものであり、ニーチェの衆知の考えの中での人間は没落へ向けての移行のなかにあることが決定づけられており、真実で全面的に肯定できるところの、また自らも首肯できる人間というものは、神が死ぬことによって（durch den Tod Gottes）初めて見いだされるものである。

しかし、古い人間の没落（Untergang）と新しい人間の生成（Werden）をめぐる神学的真実は、イーヴァントにあっては、全く別様のものである。それは、神の死によってでもなく、新しい人間の生成ということも、自分を中心とする人間の自己媒介（Selbstvermittlung）によってでもなく、またさらにあらゆる否定を通って弁証法的に起こるということでもない。キリスト論は、イエス・キリストの死と復活を通して、人間のために、人間のなかに、第一戒を確立するということを描き出すものである。

Ⅳ．その時代の神学的論議の中でのイーヴァントのキリスト論の位置

イーヴァントは、キリスト論についての自らの諸考察を、包括的な神学運動との関連の中で位置づけて見ている。このことは、特に、1953/54年の冬学期における「序論」(Einführung）において明らかである。イーヴァントが討論しているゴーガルテン、ブルンナー、フォーゲル、バルトらのキリスト論に対する企て（Entwurf）というものは、いずれも、弁証法神学(Dialektische Theologie）といわれているものから出現してきたものである。イーヴァント自身も、接近度の大小の差はあれ、自らをこれらの系列の中の一人に属するものと見なしている。

(a) R. ヘルマン宛ての手紙が示しているように、バルトらの弁証法神学(19)に対して、当初、イーヴァントは懐疑的であった。

『義認論とキリスト信仰』(Rechtfertigungslehre und Christusglaule）において明白なことであるが、義認のキリスト論的前提という問題は、イーヴァントをして、その事柄上（sachlich）バルトへの接近ということに導いたのであった。バルトへの接近は、バルトの『キリスト教教義学』(Christliche Dogmatik 1927）の出現と共に、さらにバルトのアンセルムスへの転向（Anselmwende）――(Fides quaerens intellectum. Anselms Beweis der Existenz Gottes 1931）――ののちに、バルトの神学がキリスト論的に遂行されてゆく『教会教義学』(Die Kirchliche Dogmatik）の出現によって、教義というものの新たなる取得（Aneigung)〔古典的信仰告白信条等に依りつつ学びつつ内容的には新しいことを企てる方向性。本項の注(17）を参照〕ということとの関連の中で、(バルトへの接近）は決定的なものとなった。このことは、神の言葉の神学という旗印（Zeichen）のもとで遂

行されていったことであった。もちろん、イーヴァントのバルトへの接近ということは重要な違いもまた持っており、その違いは二人の神学的思考の相違をも示している。イーヴァントにとっては、キリスト論と義認論との関連性こそ、批判的開放的神学的人間論（kritisch-befreiende theologische Anthoropologie）への鍵となるものであり、その根底にあるものは、イエス・キリストにあって成就した律法、奴隷意志（unfreie Wille）とその転換（Umkehr）ということであった。イーヴァントのキリスト論的において遂行された神の言葉の神学は、人間が得手勝手に表象する軌道というものから神を解放することであり、人間を終末論的地平の中で真実の人間性に向けて解放することを目ざしたものである。そのとき、イーヴァントにあって特徴的なことは、人間の己の歴史と自意識において理解された人間というものへの批判を遂行することであった。この批判は、一面では、キリスト論的啓示とその成就という弁証の形で、他面では、人間は神から見て終末論的な現実と真実の中にあるとの慰め（Zuspruch）と具体的な人間との間の矛盾ということの中で遂行されていくものであった。バルトは、これに対して、『教会教義学』以来、キリスト論的成就ということを終末論的な弁証という方向にではなく類比（Analogie）という方向に向けて進んでいった。

(b) イーヴァントのキリスト論の批判的人間論への先鋭化は、形の上では、ブルトマンへ接近させる。イーヴァントが詳しくその著作『イエス・キリストの宣教』(Die Verkündigung Jesu Christi）と取り組んだゴーガルテンは、イーヴァントによって、ブルトマン派の組織神学者として事実上見なされた人であった。ブルトマンによれば、十字架につけられた者と復活した者の使信の意味は、人間の自己理解（Selbstverständnis）というものから解放されるところのものであった。信仰は、脱世界（Entweltlichung）と未来性（Zukünftigkeit）という意味において、終末論的自己理解というものを媒介するところのものである。このことによって、イーヴァントにおいてもそうであるが、人間の自己理解というものは、その可能性と共に、カント以来の認識批判（Erkenntniskritik）の「方法論的プロ・メ」(methodische pro me）という意味で、使信の真実に対する決定的な鍵となるものである。非神話化（Entmythologisierung）の要求は、その帰結である。この帰結との対決（Auseinandersetzung）ということが、直接目に見えて現われている個所は少ないとしても、イーヴァントのキリスト論の講義にはつねに随伴してくる。

イーヴァントからすれば、この新約聖書の使信の非神話化という要求は、1941年という年に起こってきたとされるが、その年には、政治的観点からも神話というものが衝撃的な仕方でその力を発揮しはじめていたことが、まず、確認される。ブルトマンやゴーガルテンが、新約聖書の使信のもつ世界像の諸要素を切除するために試金石として導入した学問的・技術的世界理解（Wissenschaftlich-technische Weltverständnis）では、イーヴァントによれば、人間を呑み込んでしまう力としての神話の再来を妨げることは不可能と思われた。イーヴァントによれば、新約聖書の使信のもつ世界像の諸要素は、歴史と世界とをイエス・キリストにおいて啓示された現実と真実という地平において真剣に受けとる条件を排除するものとなるだろうということである。歴史と歴史性（Geschichte und Geschichtlichkeit）というカテゴリーは、身体性（Leiblichkeit）にかかわる聖書的なるものを吸収してしまい、つまり、死は、生存の地平に留まる。世界と歴史とを真実に受けとる試金石となるものは、イーヴァントによれば、人間イエスと、その歩んだ道すじ、十字架、代理としての苦難と死、神の判決の力の中での復活である。この代理において、古き人間の死と共に、新しい人間の登場（Aufgang）が成り、またこの世界も、古い過ぎゆく世界に属するものではあるが、新しい生成（Neuwerden）の約束の許にあることになる。新しい生成は、時間化され（verzeitlicht）また人間化（vermenschlicht）される。いわゆる新約聖書の世界像の諸要素というものは、イーヴァントによれば、その使信に属しているものである。この使信は、この世界を、その身体性と死につながれたもの（Todverfallenheit）という状態の中で、彼方において約束されそこに根拠づけられている終末論的生成の中へ受容している。このキリスト論的中心から、いわゆる聖書の使信の世界像の諸要素は、この世界を、人間が人間となっていく光の中へ、転換・悔い改め（Umkehr）というものを通して、移していく。十字架につけられた者、復活した者の証人たちは、古い世界の過ぎ去りゆくことと新しい人間の世界の到来に順応していったのであり、そのことのために登場してきた人々である。世界の諸力（Welt-Mächte）と人間の非神話化ということは、イーヴァントによれば、キリスト論からこそ実現されうるものである。そのような非神話化は、キリスト論的・終末論的現実性（Realismus）をもって、この世界との連帯（Solidarität）を放棄することはしない。もちろん、ブルトマンの神学とは別様の仕方においてではあるが[20]。

ブルトマンは、十字架とイエス・キリストの復活のケリュグマの背後に、人間イエスを、史的に（historisch）問い直すということは神学的に合法とはいえぬとして拒否した。ブルトマンの弟子たちは、しかし、史的イエスを問う問いを受けとり直し、しかも、使信を神話と交換してしまうという議論をする人々とは別の仕方でそうした。イーヴァントは、使信から人間イエスを理解し、人間イエスから使信を理解する。こうすることによって、使信は、人間の自己理解に立って非神話化を行なうという補正（entweltlichende Reduktion）から自由とされ、この世界における人間の道というものとは結合されてゆく。その際、人間イエスとその道すじとを、史的・批判的方法（historisch-kritische Methode）をもって人間の普遍的・一般的図式に適合させるということは廃される。イエス・キリストが「人間に対して」（dem Menschen）類比（analog）化されてはならないのであり、イエス・キリストによって、「アダム」として、古き過ぎゆく人間となりたもうたイエス・キリストによって、人間が人間とされ、彼に類比化されてゆく。「人間」が、イエスと対置されることを通して、逆に、彼に類比したものとされていく。十字架につけられ、復活された方のように、われわれ人間が生成されてゆく。このようにして、そこでは神が栄光を受けたもう（人間の）人間性への転換（Umkehrung zu der Menschlichkeit）ということが起こる。

V．イーヴァントのキリスト論の教会政治的また政治的次元

本書に収録されたイーヴァントの『キリスト論講義』（Vorlesung）は、50年代において成立したものである。当時のさまざまの事件、教会内における諸抗争、政治の次元での諸闘争といったことは、この講義においては、ほん

のわずかしかその痕跡は残されていないように見える。講義に参加した学生たちの証言は、イーヴァントが、しばしば、準備された講義原稿を超えて、教会的、政治的次元の事柄に言及して、口頭で（mündlich）〔講義原稿より離れて〕それら諸問題に触れたことを示している。教会や政治的問題に対するこの時期のイーヴァントの態度決定は、そのキリスト論と批判的・解放的人間論との関連性の中にその根を有するものであった[21]。ルター派に属する者たちを信仰告白的に結集してゆくということは、抵抗に出会うことではあったが、そこでは、イエス・キリストへの告白は、神の言葉というものを（バルメン宣言・第一項〔1934年に、バルメンにおいて発表されたドイツ教会闘争の中の歴史的宣言。起草者 K. バルト〕）教会の所有物のように見なすことはできないということであり、事柄自体に即すべき呼びかけ（Ruf）であり、転換・悔い改め（Umkehr）への呼びかけと同じことであった。そこに、イーヴァントは、プロテスタント教会の中で今までに伝承されてきた諸信条・諸信仰告白の戦うべき全戦線を貫く教会闘争なるものの委託を見た。「キリスト教的西欧世界」（Restauration eines christlichcn Abendlandes）の再建への道は、イエス・キリストについて熟考することが、神を、人間の利害と願望とそこから生じてくるさまざまの前線（Front）から解放することだけを目標にすえるだけならば、不可能なことである。イエス・キリストの死と復活における神の義の確立を通して、人間の勝手な正当化（Gerechtigkeit）からの解放ということが起こるときには、事は政治的意味を持たざるを得ず、西も東も、生死に関わる闘争を互いに自己正当化で武装して闘争するというところでは、事はまさに政治的意味を持ってこざるを得ない。

交わりの共同体（Gemeinde）たる教会（Kirche）は、イーヴァントにとって、神の義が証しされる場であり、人間がそのためにこそ召されている場である。教会は、人間がそこで神の義の使信を聞くことにおいて、人間の勝手に自己正当化して作りだした境界（Grenze）を超えて、互いを兄弟姉妹として認め合い求め合うべき運動の中へと設定されている共同体として存在するとき、教会なのである。転換・悔い改めへの呼びかけは、目下のところ自分たちこそ正しい立場に立っているのだと自負する〔統一前の当時の〕西ドイツと呼ばれる人々の自尊心（Selbstgefühl）の中に、彼らの歴史についての視点において批判的省察力（Kritische Besinnung）を持ちうるかどうか、すでに期限の来ている悔い改め（die fällige Umkehr）というものを惜しげもなく実行しうるかどうかということである。「ダルムシュタット宣言」（1947年）〔イーヴァントは、K. バルトと共にその起草者の一人であった。戦後ドイツの教会の発した重大な宣言文の一つ〕でイーヴァントの目指したことは、そのための明確な指標（Signal）を示すことであった[22]。イーヴァントの神学は、そのキリスト論的中心よりして卓越した意味において、教会の神学なのである。その教会性（Kirchlichkeit）というものは、その共同体の宣教と実践行動において、全世界に啓示の神と啓示の人間とを明らかにする形においての教会性である。まさにそのゆえに、教会は宗教的連合といったものではあり得ないし、そうあることなど許されてはいない。まさに、このようにして、イーヴァントの神学における教会性ないしは共同体に関わる関わり方は、矛盾するこの世界に対して、キリスト者に委託されているとは思えないような責任性という意味において政治的意味を有するものである。教会が、教会の関わるべき事柄（Sache）に留まるところで、というより、教会が教会の関わるべき事柄へ向かって転換し、悔い改める方向へ身を向けるならば、そこで、正当に、神に出会い、人間性（Humanität）は、人間の自己正当化の只中で、そのところを手に入れることになる。イーヴァントは、そのことが、人々（Publikum）の中に、社会の全領域に向かっても輝きわたり、教育や学校といった領域にも及ぶことを確信していたのである。

注

（1）　M. Luther, Operationes in Psalmos（1519-21）〔マルティン・ルター『詩編講義』――邦訳『ルター著作集』第二集第三巻所収〕中の編5・2 Ps5, 2, WA5, 128, 38. イーヴァントはこの個所をしばしば引用。『ゲッティンゲン説教黙想集』（略号『GPM』） I, 438.『旧編　遺稿集』（略号『N W』）2, 284, Gesammelte Aufsälze 1959.（略号『GA』） II 48. を参照。

（2）　宗教哲学的問題設定の特質を示すものは、学位請求論文、Über die methodische Verwendung von Antinomien in der Religionsphilosophie. これは、

カール・ハイムの『信仰の確実性』(Karl Heim「Glaubensgewißheit」) に対して書かれた学位請求論文。1924年にケーニヒスベルクでタイプ印刷された学位論文集の主題要約集に収められ、1924年4月11日に承認され公に印刷された。『旧編　遺稿集』(『NW』) 6, 327-329に収録。

「ルター・ルネッサンス」との関連については、特に、教授資格請求論文、Rechtfertigung und Christusglaube. Eine Untersuchung zur Systematik der Rechtferitigungslehre Luthers in ihren Anfängen 1930.〔『義認論とキリスト信仰――初期ルターにおける信仰義認の教説の構造研究』〕略号『RuC』。

現在、Theologische Bücherei München〔略号『TB』〕14, 1966に所収を参照。神学の宗教哲学的基礎づけ、ならびにルター研究の宗教哲学的基礎づけに関しては、特に『ルードルフ・ヘルマン宛て書簡集』(Briefe an Rudolf Hermann『NW』6. 所収のもの、および、Peter-Paul Sänger, Iwands theologische Lehrer〔『イーヴァントの神学教師たち』〕を参照。これは、J・ザイム / M・シュテール編『ハンス・ヨーアヒム・イーヴァントの神学への寄稿論集』(Beiträge zur Theologie Hans Joachim Iwands, Arnoldshaimer Texte) Bd.51, 1988, 3-60. に所収。同じく、P・ゼンガー / パウリ編『ハンス・ヨーアヒム・イーヴァント――時代の中の神学・生涯・書簡記録・著作文献書誌』Hans Joachim Iwand ―― Theologie in der Zeit, Lebensabriß und Briefdokumentation, Bibliographie, 1992. を参照。

(3)　イーヴァントにおける「批判的人間論」についてはE. タイディグスマン『啓蒙の弁証法における神の義――ハンス・ヨーアヒム・イーヴァント神学への接近』Gottesgerechtigkeit in der Dialektik der Aufklärung. Annäherungen an die Theologie Hans Joachim Iwand, 1990. を参照。キリスト論と人間論の連関性、とりわけ、『説教黙想集』『GPM』におけるそれについては、J. Seim, Christologie bei Hans Joachim Iwandを。前掲のJ. Seim / M. Stöhr編, Beiträge jzur Theologie Hans Joachim Iwands. の189-225, 192f. を参照。

(4)　ルター・ルネッサンスについては、H. Assel, Der andere Aufbruch, Die Lutherrenaissance 1944. を、E. ゼーベルク〔Erich Seeberg 1888-1945. ラインホールト・ゼーベルクの息子。プロテスタント神学者〕との関係についてはP. P. ゼンガーの前掲書を。E. シュトゥルム「……われわれが失ってしまった神と人間との間の境界を再発見すること」『ドルトムントの時代（1937−1945年）におけるイーヴァントのルター神学の研究』(Hans Joachim Iwands Arbeiten über Luthers Theologie in seiner Dortmunder Zeit 1937-1945)――これは、Hg・J・Kampman Aus dem Lande der Synoden. Festgabe Für Wilhelm Heinrich Neuser zum 70. Geburtstag, 1996, に所収。その261-297. 特に270ff. を参照。

R. ヘルマンに対するイーヴァントの関係については前掲の『NW』第6巻を。A. ヴィーベルとP. P. ゼンガーによる、未公開書簡および諸論文でのヘルマンとイーヴァントの関係についての論考を参照。「イーヴァント資料文庫」（Iwand-Archiv）1993年1月発行の報告第1号の中で、P. ゼンガーは、『NW』第6巻への訂正と補修を記録している。

（5） R. Heinrich, Verheißung des Kreuzes. Die Christologie Hans-Joachim Iwands,〔『十字架の約束――ハンス・ヨーアヒム・イーヴァントのキリスト論』〕「Fundamentaltheol. StudienNr. 4, 1982の特に第1部、Der Problem-horizont der Christologie〔「キリストの問題次元」〕29ff. 以下を参照。
G. C. Den Hertog, Befreiende Erkenntnis. Die Lehre vom unfreien Willen in der Theologie Hans Joachim Iwands』（Hg・W / . Huber u. a, , Neukirch-ener Beiträge zur Sytematischen Theologie. の第6 Bd. 16, 49ff. を参照。

（6） 特に『義認論とキリスト信仰』RuC 94ff. NW 5, 42f. 176を参照。

（7） 『義認とキリスト信仰』RuC 3

（8） イーヴァントのルター解釈について、E. ヴォルフ〔Ernst Wolf 1902-1971. ルター派神学者〕は、まさにこの見方をとる。E. Wolf, Die Rechtfertigung-slehre als Mitte und Grenze reformatorischer Theologie. ヴォルフのPeregrinatio Bd 2所収。Studien zur refomatorischlen Thelogie, zum Kirchen-recht und zur Sozialethik. 1965, 11-21, 16f.

（9） 『義認論とキリスト信仰』中のライプニッツ（Leibniz）、レッシング（Lessing）、フィヒテ（Fichte）、ハイデッガー（Heidegger）についての注を参照。イーヴァントのルター研究に目を向けるとき豊かな鍵となるのは、『ルターの神学』（Luthers Theologie『NW』5, 51のK・ホルへの覚書（Bemerkung）である。「若きルターとの対論にホルが観念論者（Idealist）としてあり、まさに観念論への回帰者として対論に入っていったことである」

（10） たとえば、『義認論とキリスト信仰』(RuC), 33. 55；NW6, 67f. 77. 98 NW 5. 50を参照。『死と復活』の講義中の第4章の1.「信仰は価値判断ではない」（425頁以下）〔本書、未訳〕

（11） NW 2, 336. 322を参照。

（12） 特に、NW 2, 17ff.

（13） 特に、『キリスト論Ⅰ』Christologie Ⅰ（1958 / 59）, Kap. 3. OS. 241ffを参照。〔本書　未訳〕

（14） 『キリスト論　Ⅰ』Christologie Ⅰ（1958 / 59）, Kap. 4. 2. o 260ff 8を参照。〔本書　未訳〕

（15） シュライエルマッハーへの批判と同意。NW 2, 354f. M. Hoffmann, Bezeugte Versöhnung. Die trinitarische Grundlegung der Ethik bei Hans Joachim Iwand. Hg・F. Heckman, Teologie im Gespräch. 所収第四巻（1988年）、Bd. 4 1988, 39を参照。

（16） Christologie. Eine Einfühurung. 195.〔本書『キリスト論 序説』〕（271頁）

（17） 『キリスト論』講義（1953／54年）の結びの言葉に関連して、次のような補遺が見いだされる。「この講義の疑問、それは思考様式が古くさいということ（Das Problem dieser Vorlesung: die alten Denkformen!）。恐らく、それは、いつかはわれわれが打ち砕きうる足場というもの以上のものである。しかし、一つのことは確実である。われわれが、あの方、イエス・キリストを、あの方がかつて在りたもうたようなお方に従って、つまり、ご自身を低くした方であり高く挙げられた方、神であって、人、罪人であって義人、死んだ方であり生きています方として、われわれが、再びあの方を手に入れる時には、いのちの新しい形というものを手に入れることになるだろうということである」。

(18) 「十字架、信仰の学校」（das Kreuz die Schule des Glaubens）『キリスト論 II』Christologie. II , 1959, 409.〔本書　未訳〕

(19) NW 6, 167f. 171. 223. 参照

(20) なお、J. Schniewind, Antwort an Rudolf Bultmann. Thesen Zum Problem der Entmythologisierung. hg. H.-W. Bartsch, Kerygma und Mythos I 1967[4], 78-121 所収。とりわけ、テーゼVII、110ff 以下を参照。

(21) 告白教会におけるイーヴァントの戦いにとってのキリスト論の意味については、G. den Hertog, Iwands Verarbeitung der Inkarnation im Kirchenkampf als Ursprung einer theologischen und politischen Neuorientierung, J. Seim / M. Stöhr (Hg.) ., A. a. O, (Anm. 2) 134 / 154. 参照。

(22) H. Ludwig, Die Entstehung des Darmstädter Wortes, JK 1977, 付録 8 / 9 28 頁。B. Klappert〔Bekennende Kirche イーヴァントに深く注目している神学者。ヴッパータール神学大学教授〕, Bekennende Kirche in ökumenischer Verantwortung. Die gesellschaftliche und ökumenische Beudeutung des Darmstädter Wortes』（ÖEH 4, 1988, 115f.〔B・クラッパート『和解と希望――告白教会の伝統と現在における神学』（寺園喜基他訳。321 頁以下に収録。新教出版社）〕

訳者あとがき

ハンス・ヨーアヒム・イーヴァントの『キリスト論』そのものについての訳者あとがきは、引き続きの刊行を願っている未訳の本論の巻末に記すつもりであるが、ここでは、本書『キリスト論　序説』（上巻）のための凡例と本書“献辞”だけを記しておきたい。

H. J. イーヴァントの『キリスト論』は、ボン大学における三度にわたって行なわれた講義（Vorlesung）であり、1960年、60歳にしての突然の死ののち、40年たって、ようやくその原稿の整理が完了し、全500頁を越える一巻として刊行されたが、本訳書（上巻）に収録されたものは、その第1回講義『キリスト論　序説』である。この部分だけでも200頁を越える。イーヴァントの神学の全貌はおろか、その名も日本ではなお知られているとは言い難い点も考慮して、日本の読者の便を考え、できる限りの訳註を〔　〕の中に記しておいた。その訳註は『RGG$^{3.4}$』(Religion in Geschichte und Gegenwart)、『Theorogische Realenzyklopädie』（全36巻2006年完結。略号TRE.）および日本語でも紹介されている各種神学辞典・事典を参照させてもらったが、特に、『Evangelisches Kirchenlexikon』（ゲッティンゲンVandenhoeck & Ruprecht社、1997年完結。全5巻、略号EKL）に依っている。原注は、数字をふって、まとめて置かれている。神学用語は、すでに日本語として定着しているものはそれに従い、なお未定着のものについては、妥当と思われる訳語を選び、原語表記を付した。人名・事項索引・聖書引用個所、イーヴァントの全著作・論文・研究書文献目録等は、（下巻）の巻末に収録の予定。

本訳書は、何よりも、1968年より70年までの2年間、ドイツ・ヴッパータール神学大学での再研鑽の機会を与えてくださったドイツ福音主義合同教会（Evangelische Kirche der Union）、およびヴッパータール神学大学への感謝の徴（しるし）として献げたい。

また、その時期、その勉学の機会を許して諸般の支えをいただいた日本基督教団田浦教会、その兄弟姉妹たち、その間の代務をしてくださった河井希充牧師ご夫妻にも心からの感謝をもって本訳書を献げたい。

2007年12月　　　　鈴　木　和　男

すずき かずお
鈴木和男

1932年、静岡県沼津市に生まれる。
旧制・沼津中学校、新制・沼津東高校を経て、東京神学大学大学院卒業。
1968年より1970年まで、ドイツ・ヴッパータール神学大学において、ゲオルク・アイヒホルツ教授に学ぶ。
日本基督教団田浦教会、長野県町教会、鎌倉教会、青森教会牧師を経て、現在、隠退教師。

著書
『説教集——徒労に賭ける』(教文館)、『津軽の野づらから』(日本キリスト教団出版局)、『ひとつの契約の虹のもとに』(燦葉出版社)
訳書
『カール・バルト説教選集』第13巻、15巻(共訳、日本キリスト教団出版局)、H. J. イーヴァント『約束の陽は昇る——ゲッティンゲン説教黙想』(日本キリスト教団出版局)、A. フクスフーベル『世界で一番美しい星』(アドベント・カレンダー 燦葉出版社)、J. エッフル『天地創造』『アダムとエバ』(教文館)

H. J. イーヴァント
キリスト論 序説

2008年1月25日 初版発行

訳 者 鈴 木 和 男
発行所 日本キリスト教団出版局
〒169-0051 東京都新宿区西早稲田2-3-18
電話・営業03(3204)0422、編集03(3204)0424
振替 00180-0-145610
http://www.bp.uccj.or.jp

印刷・三秀舎 製本・市村製本所

ISBN978-4-8184-0655-1 C3016 日キ版
Printed in Japan